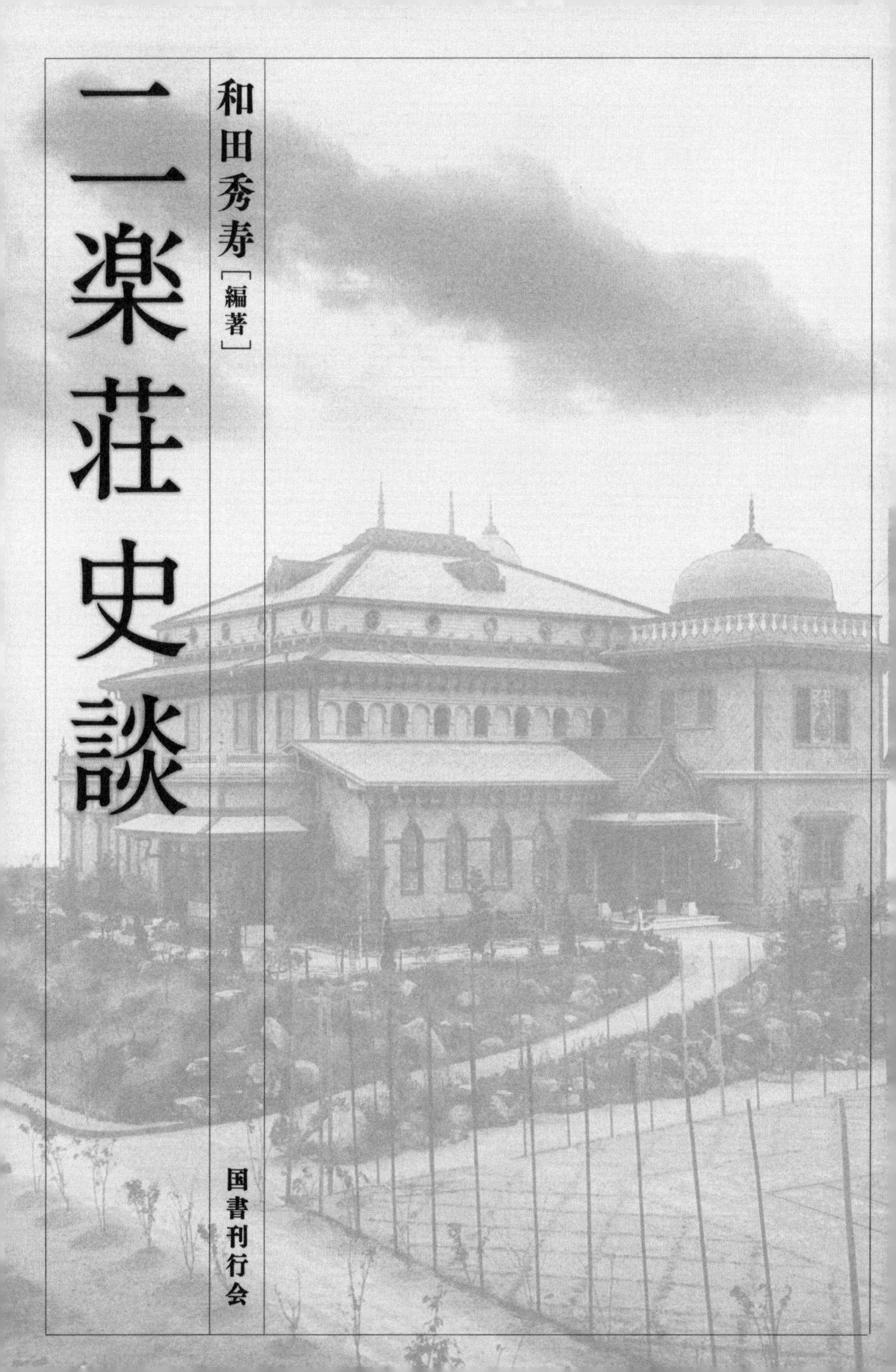

二楽荘史談

和田秀寿［編著］

国書刊行会

▲口絵１　大谷光瑞：二楽荘本館アラビア室にて

▲口絵２　久原房之助邸から見た二楽荘遠景

◀（次頁）口絵３　上空から見た二楽荘本館と前庭

兵庫縣武庫郡全圖

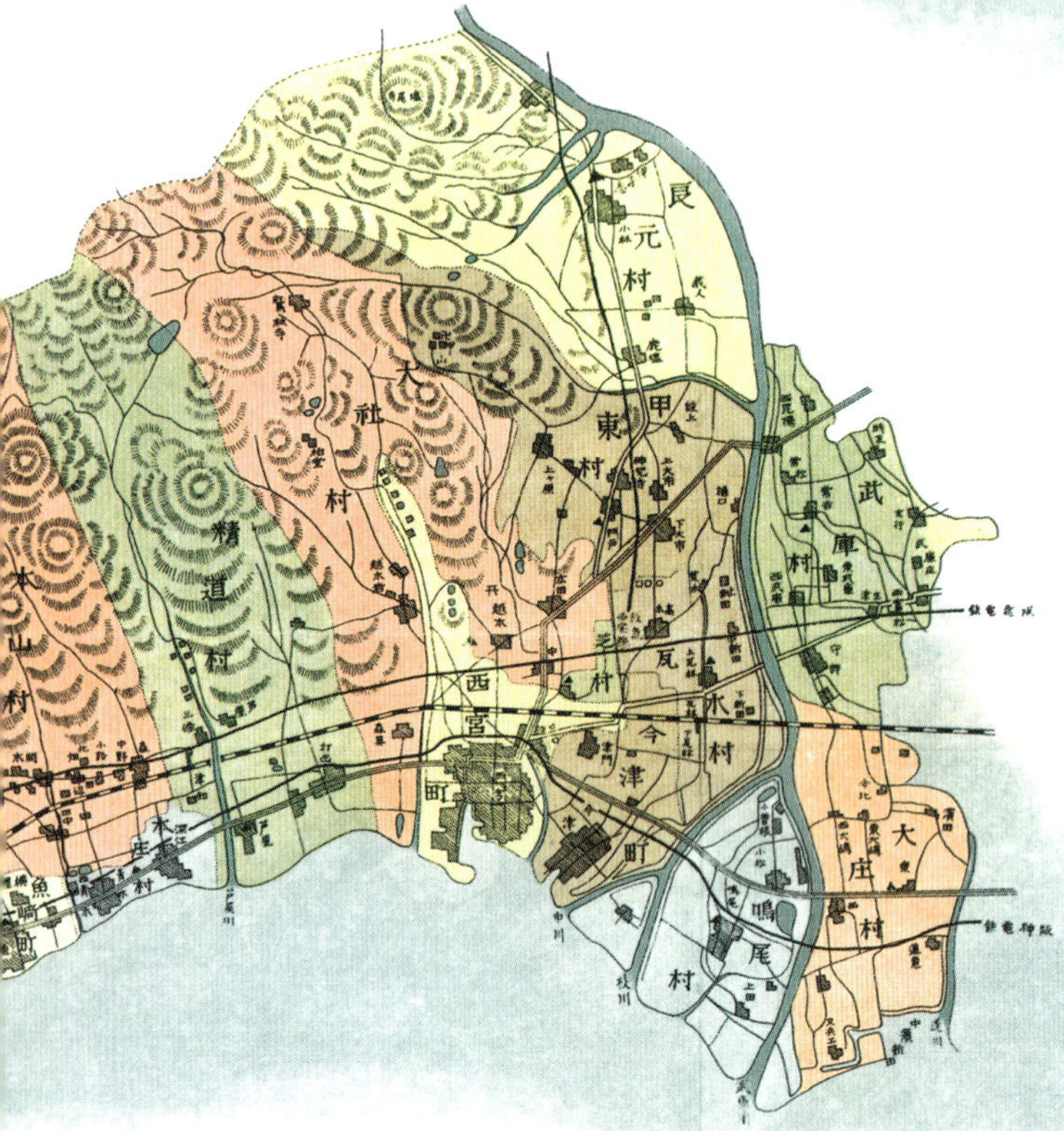

町村名＼種目	役場	學校	郡役所	警察	税務署
西宮町	西宮	西宮	西宮	西宮	西宮
今津町	今津	今津			
鳴尾村	鳴尾	鳴尾			
大庄村	東	東			
武庫村	常吉	常吉			
良元村	小林	小林		寳塚	
甲東村	門戸	門戸			
大社村	越水	越水			
瓦木村	上瓦林	上瓦林			
芝村	芝	芝			
精道村	芦屋	芦屋			
本庄村	青木	青木			
本山村	田辺	田辺			
魚崎町	魚崎	魚崎			
住吉村	住吉	住吉			
御影町	御影	御影		御影	

種目	印
國道	═
縣道	‖
里道	│
鉄道	▬
電鉄	┃
川溝	∫
池	●
郡役所 税務署 警察署	○
家屋	▚
神社	⛩
寺院	卍
村界	┆
郡界	┆
國界	┆
町村役場	▲

該圖拾万分之壹ニ縮ス

▲口絵４　兵庫県武庫郡全図：『武庫郡誌』（大正10年発行）附図。二楽荘は武庫郡本山村岡本に建築された。

二楽荘が建築された地域は温暖な気候で、交通機関も整備されて、景勝地、保養地、富裕層の別荘地として賑わいを見せていった。【⇒序章】

▲口絵 5　須磨遊園地新吉野　絵はがき

▲口絵 6　原色版須磨名所　摂州須磨寺遊園地　絵はがき

月見山別邸は、二楽荘以前に須磨に建築された大谷光瑞の別邸である。その後宮内省によって買い上げられ、武庫離宮となった。【⇒第一章】

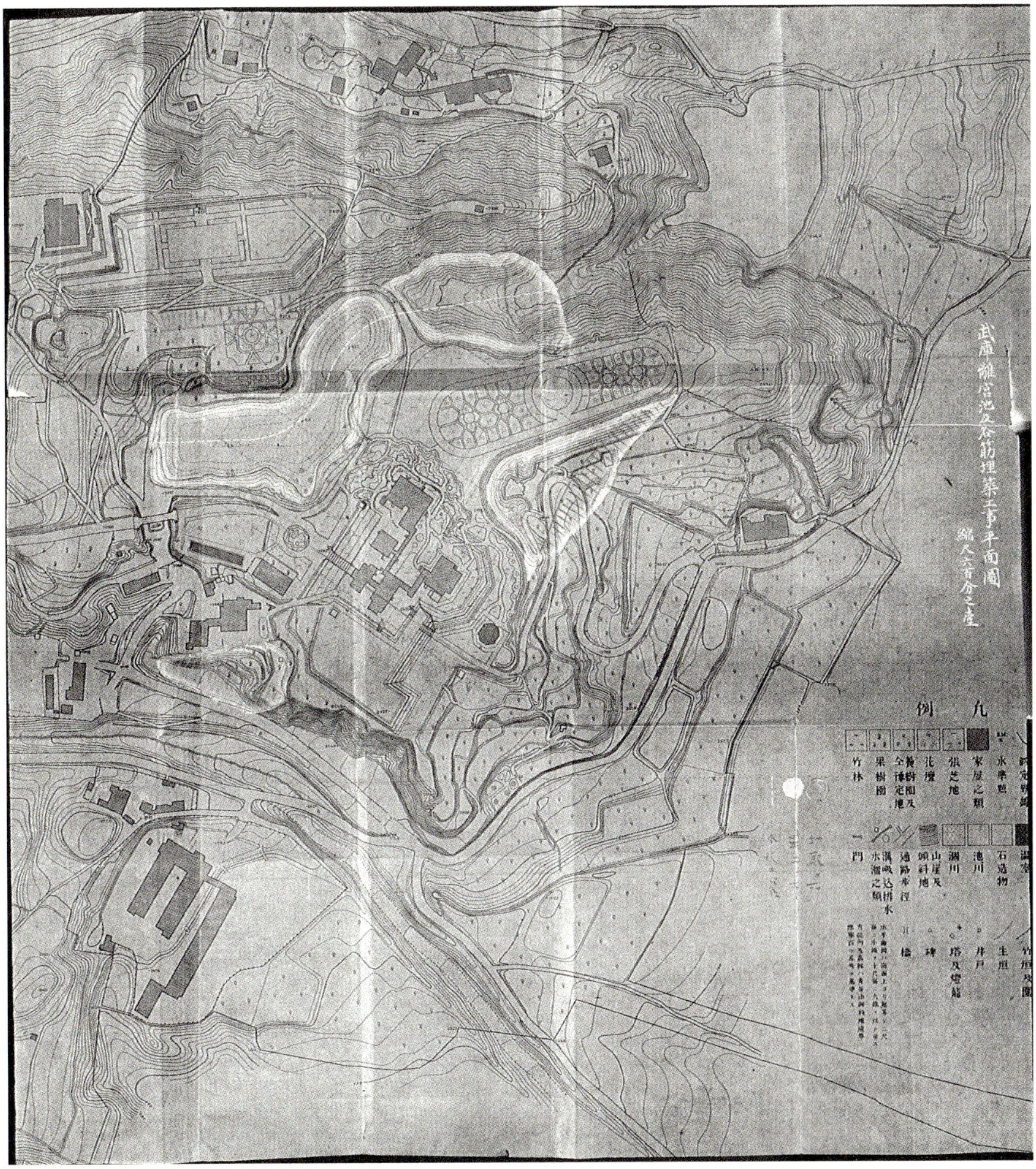

▲口絵７　武庫離宮　池及谷筋埋築工事平面図：この平面図は武庫離宮建築以前のもので、月見山別邸の建物配置が読み取れる。

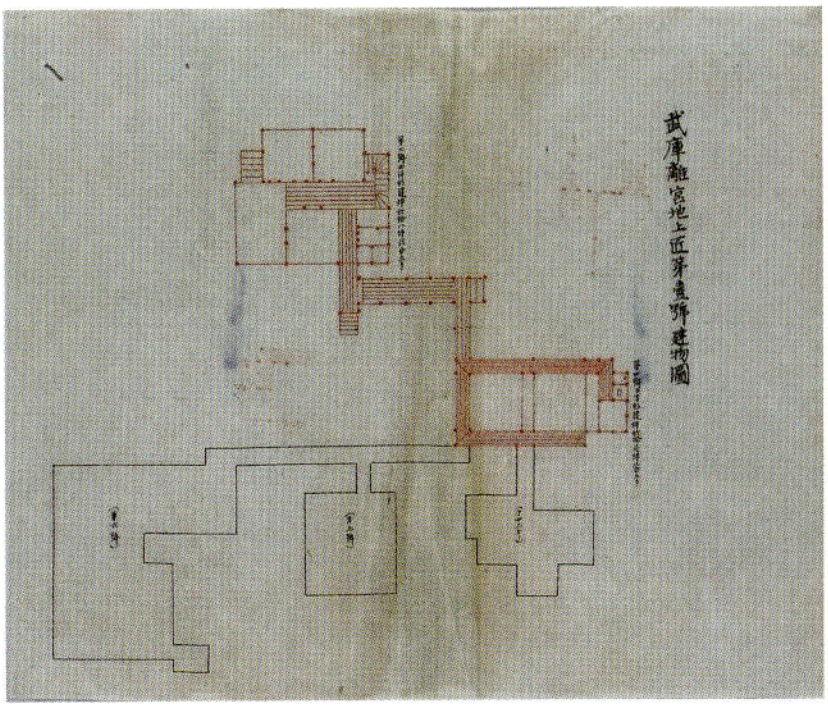

▲口絵９　武庫離宮　在来建物第１号建物図：朱線の建物は、帝室林野管理局京都出張所に移築された。

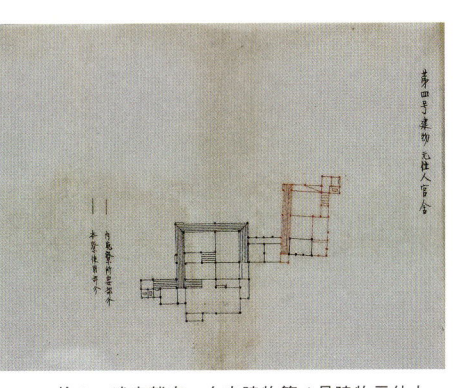

▲口絵８　武庫離宮　在来建物第４号建物元仕人官舎建物図：朱線の建物は、武庫離宮造営時に庭園造築事務所に利用された。

奇抜で壮麗な建築の二楽荘は、阪神間の奇観として、地元の耳目を集めた。そして大正元年ついに一般公開され、多くの観覧者が詰め掛けた。【⇒第二章】

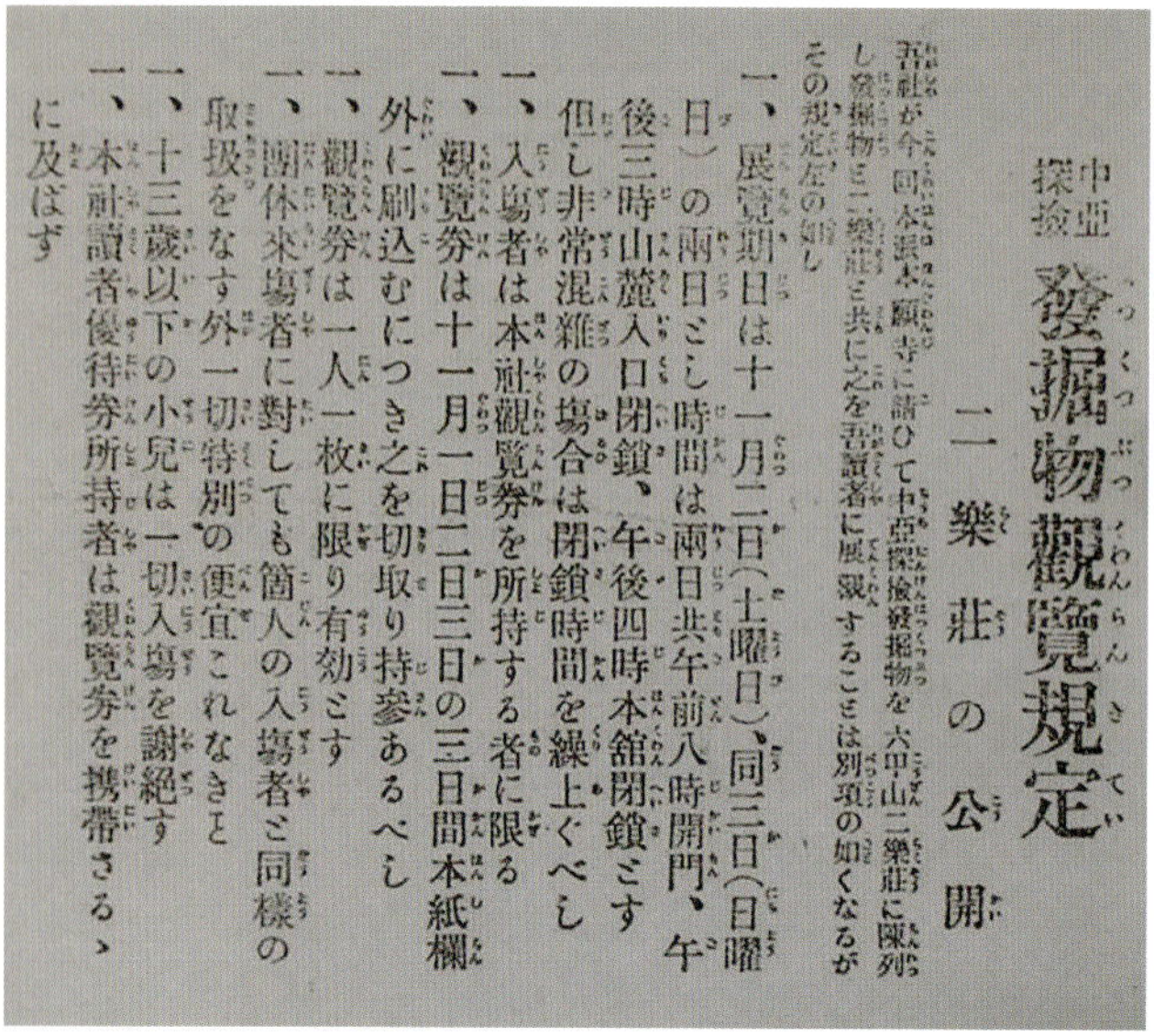
中亞探檢 發掘《くつ》物《ぶつ》觀《くわん》覽《らん》規《き》定《てい》

二樂莊の公開

吾社が今回本派本願寺に請ひて中亞探檢發掘物を六甲山二樂莊に陳列し發掘物と二樂莊と共に之を吾讀者に展覽することは別項の如くなるがその規定左の如し

一、展覽期日は十一月二日(土曜日)、同三日(日曜日)の兩日とし時間は兩日共午前八時開門、午後三時山麓入口閉鎖、午後四時本館閉鎖とす但し非常混雜の場合は閉鎖時間を繰上ぐべし

一、入場者は本社觀覽券を所持する者に限る

一、觀覽券は十一月一日二日三日の三日間本紙欄外に刷込むにつき之を切取り持參あるべし

一、觀覽券は一人一枚に限り有效とす

一、團体來場者に對しても箇人の入場者と同樣の取扱をなす外一切特別の便宜これなきこと

一、十三歲以下の小兒は一切入場を謝絕す

一、本社讀者優待券所持者は觀覽券を携帶さるゝに及ばず

▲口絵10　「中亜探検発掘物観覧規定」:『大阪毎日新聞』に掲載されたもの。『大阪毎日新聞』は公開にあたって二楽荘を特集する連載を組んだ。

▼口絵11　御影名勝　二楽荘及び御影町　絵はがき:公開は大盛況で、その後も有料公開が継続された。

武庫中学 は寺院子弟のために二楽荘で運営された学校である。武庫中学（後に武庫仏教中学）には徳富蘇峰や平福百穂らも訪問した。【⇒第三章】

▲口絵12　平福百穂画による二楽荘遠景

▲口絵13　平福百穂画による「敦煌の仏画」（二楽荘展示）

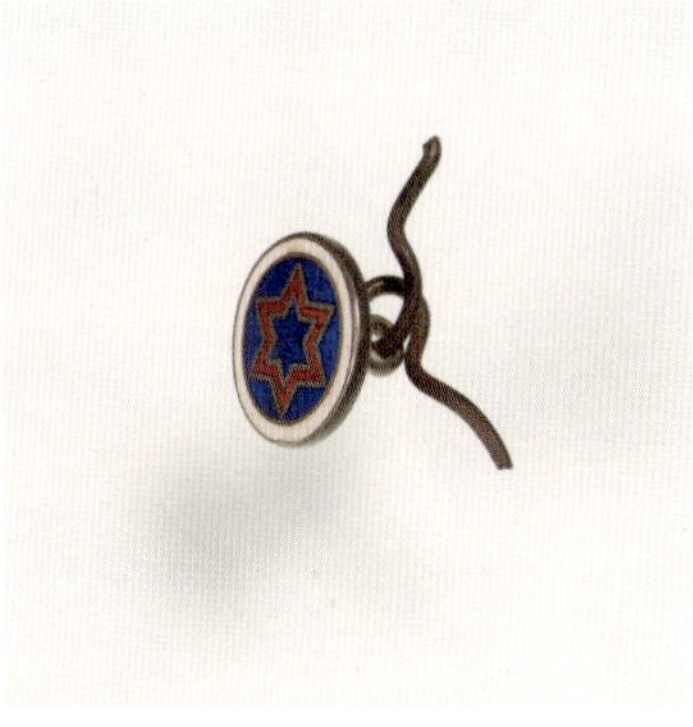

▲口絵14　武庫仏教中学の校章：制帽に付けられた。

園芸や気象観測などの事業も二楽荘で展開された。当時の雑誌などにその目覚ましい成果を見てとることができる。【⇒第四章】

郊外生活　二〇

阪神沿道の氣候は日本第一である

六甲山測候所　中川源三郎

私は曾て恩主大谷伯猊下から「日本で一番優勝な氣候の土地は何處か」調べて吳れと請はれた節に、諸所方々の觀測結果を調査して見た中で、別莊地として居住に最も適良な土地は、この甲南沿道の山地であらうと答申したことがある。今の二樂莊の位置は此點から決定せられたことと思ふ。其當時別莊地と云へば海岸、保養所と云へば海水浴に限られたもので、田園、郊外、山地などは殆んど顧みる人もなかつた。現にこの近くでは須磨、舞子、明石の海岸などが、最流行の別莊地として繁昌したものである。然るに其當時阪神沿道の勝地は、誰も見向きもしない片田舍であつたのに、近頃はどうでしやうか、別莊住宅は沿道に櫛比して建造せられ、追々山地の方に擴がつて來る、今に阪神兩市は家屋で連絡するであらうこの素晴らしい發展は、單に風景の美、交通の便のみではない、人生に最緊な天惠の氣候が自然人氣に適ふ爲めで、實際この土地は他の地方よりも良好な氣候である。日本國中無類の勝地であると斷定して差支なからう。何が爲にさう斷言するかと、私は多年此地方の觀測から之を證明したいと思ふのである。

試に先づ地理上から其位置を觀察して見やう。

一　地方の地位を定めるのには經緯度に基づくを常規とするが、この經緯度を見ると、この地は北緯三十四度四十四分、東經百三十五度十六分に位する、ソコで本邦の最南端は、臺灣の南岬北緯二十二度から、最北樺太の境界五十度に終る、其中央は三十五度である。又經度は澎湖島の東經百二十度から、千島の東端百五十度に亘る、其中央は百三十五度である。

此地點から見て當地方は中央經緯度を占め、正に本邦の中央に位することが判明する。

尚は又本邦の地圖を切り拔いて、其中點が何處にあるかを要めて見よ、其點は正に阪神地方にあることを知るであらう。然らば此地方は地理上兩緯の點から觀察して、全く本邦の中央に位する適良の土地であると斷定する所以であるが、尚ほ精しい氣候上の要項を調べて見なければ滿足出來ないと、成程さうでもあらう。

次に氣候の主要な溫度、濕度、風、雨量等が、皆其中庸を得て居る事を觀測から明かにしやう。

氣溫は氣候の標準として其土地の寒暖を表示する主要素であるが、この氣溫と云ふのは、普通地上二、三尺の高さ日陰の溫度を意味するのでこれを空氣の溫度、略して氣溫と云ふのである、今先づ沿海地方と山地との小差異を扣除し、住吉を中心としての全年平均氣溫を調べて見ると、攝氏十五度六（華氏六十度）である、此溫度は本邦中央緯度の地方に比較して高いか、低いか。本邦各地

▲口絵15　「阪神沿道の気候は日本第一である」：二楽荘の六甲山測候所長中川源三郎が『郊外生活』に発表したもの。

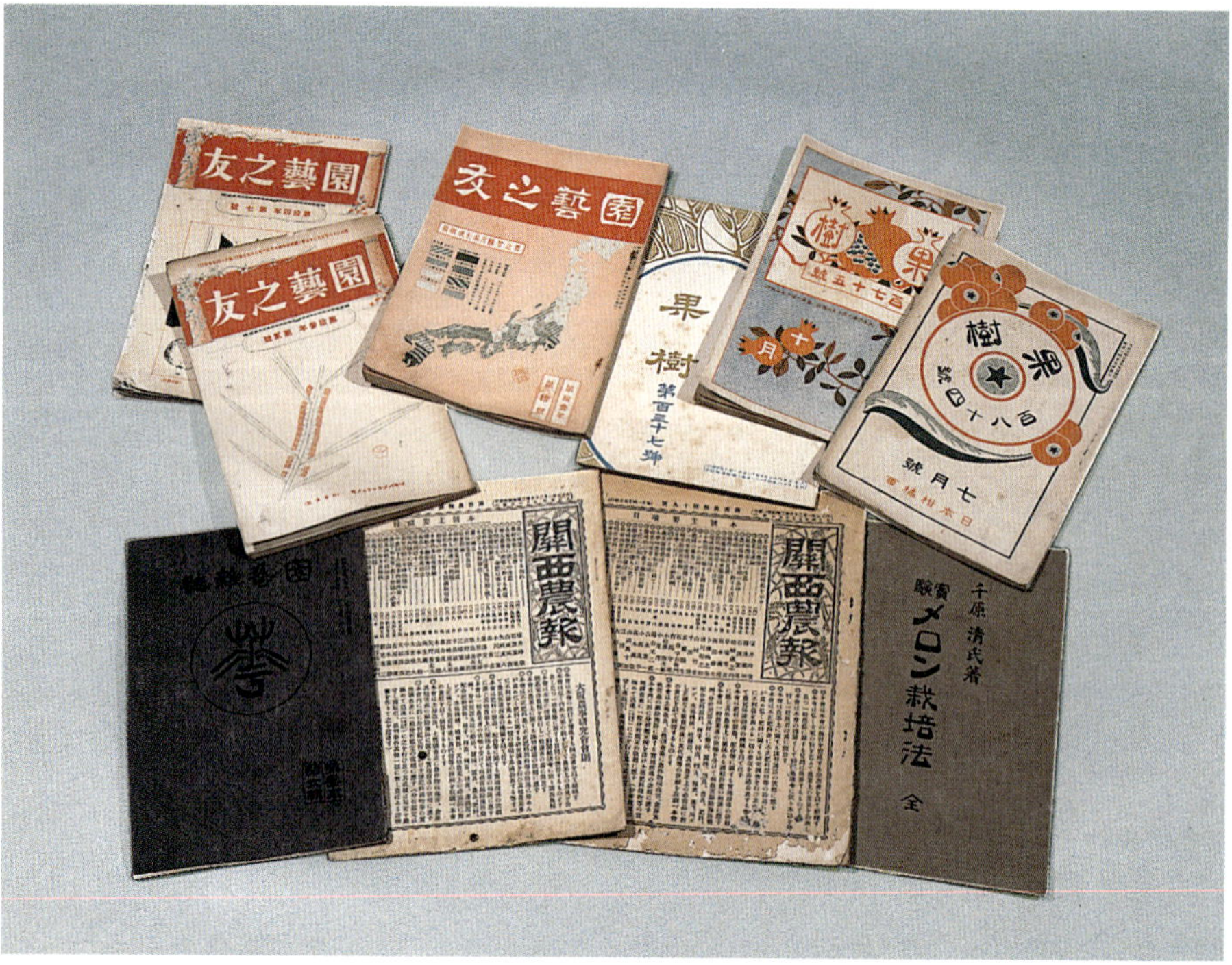

▲口絵16　明治期から大正期にかけての園芸関連の雑誌・書籍：二楽荘園芸部主任千原清はマスクメロン栽培などで顕著な成果を残した。

出版や印刷も二楽荘内で行われ、仏教学などの定期刊行物や書籍が刊行された。印刷所には職工とともに学生も業務に従事していた。【⇒第四章】

▲口絵17　二楽叢書

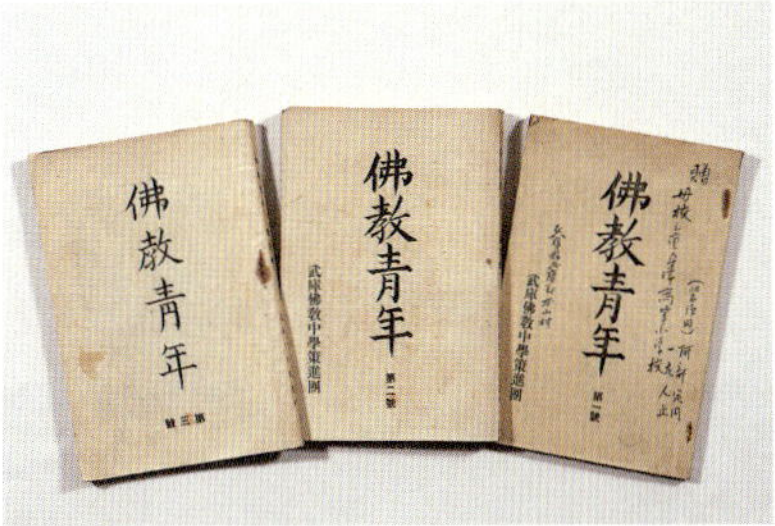

▲口絵19　仏教青年

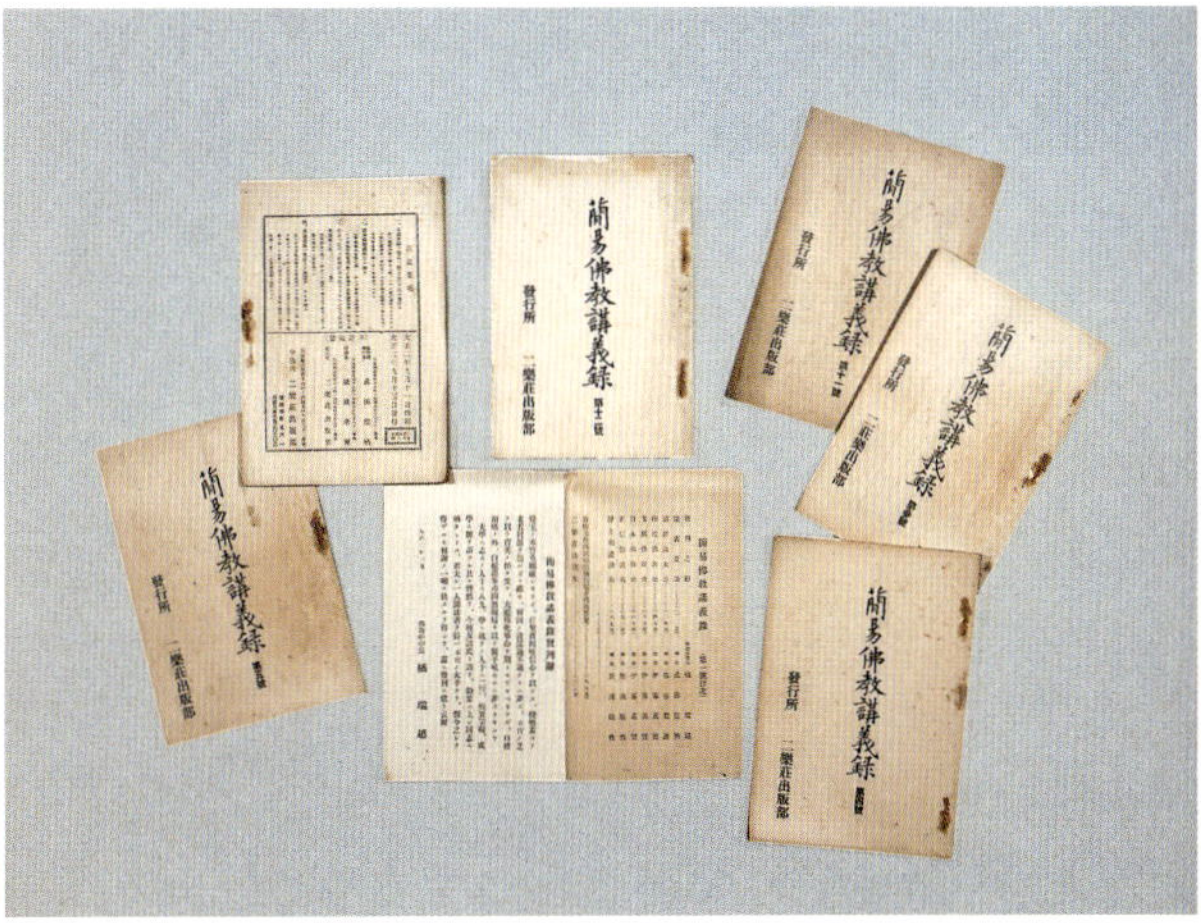

▲口絵18　簡易仏教講義録

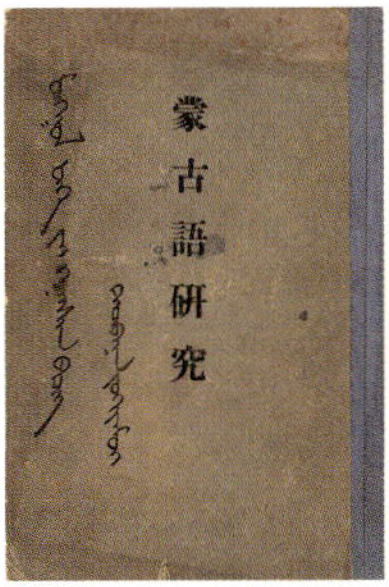

▲口絵21　蒙古語研究

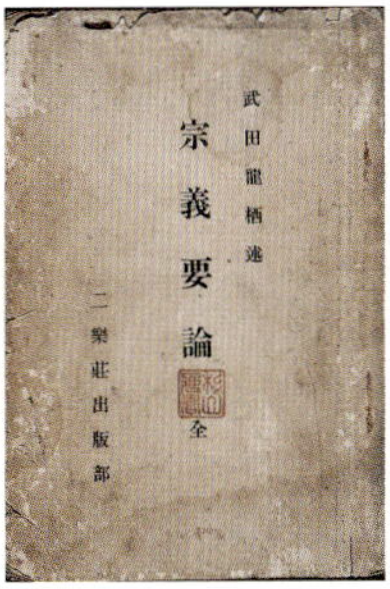

▲口絵20　宗義要論

絵はがきは、当時としては最先端の技術を用いた原色版のものもある。一般公開の際に販売されたほか、光瑞や学生の私信にも使用された。【⇒第四章】

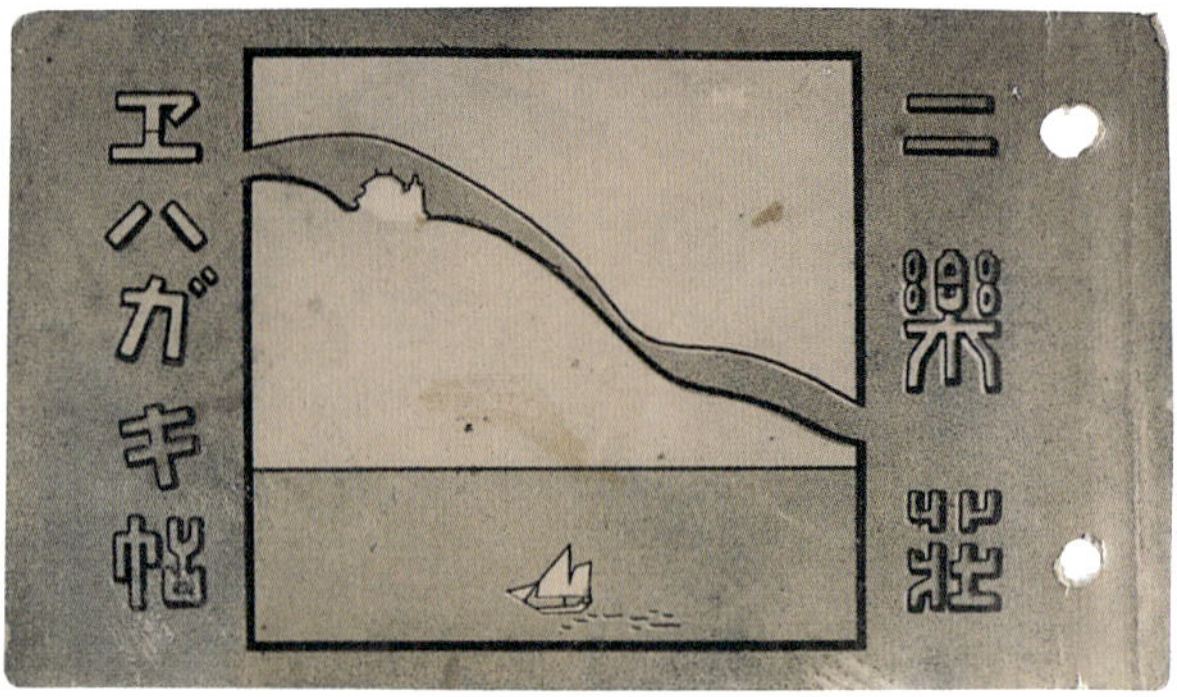

▲口絵22『二楽荘ヱハガキ帖』表紙

▲口絵23　二楽荘絵はがきのいろいろ

▶口絵24　二楽荘絵はがきに押されたスタンプ

久原房之助　に大正五年に売却された二楽荘であったが、六甲の山並みにみられる宏壮な姿は、その後もたくさんの人々に強い印象を与えた。【⇒第六章】

▲口絵25　「阪神名勝図絵」赤松麟作画（大正５年）：松の間から二楽荘がみえる。

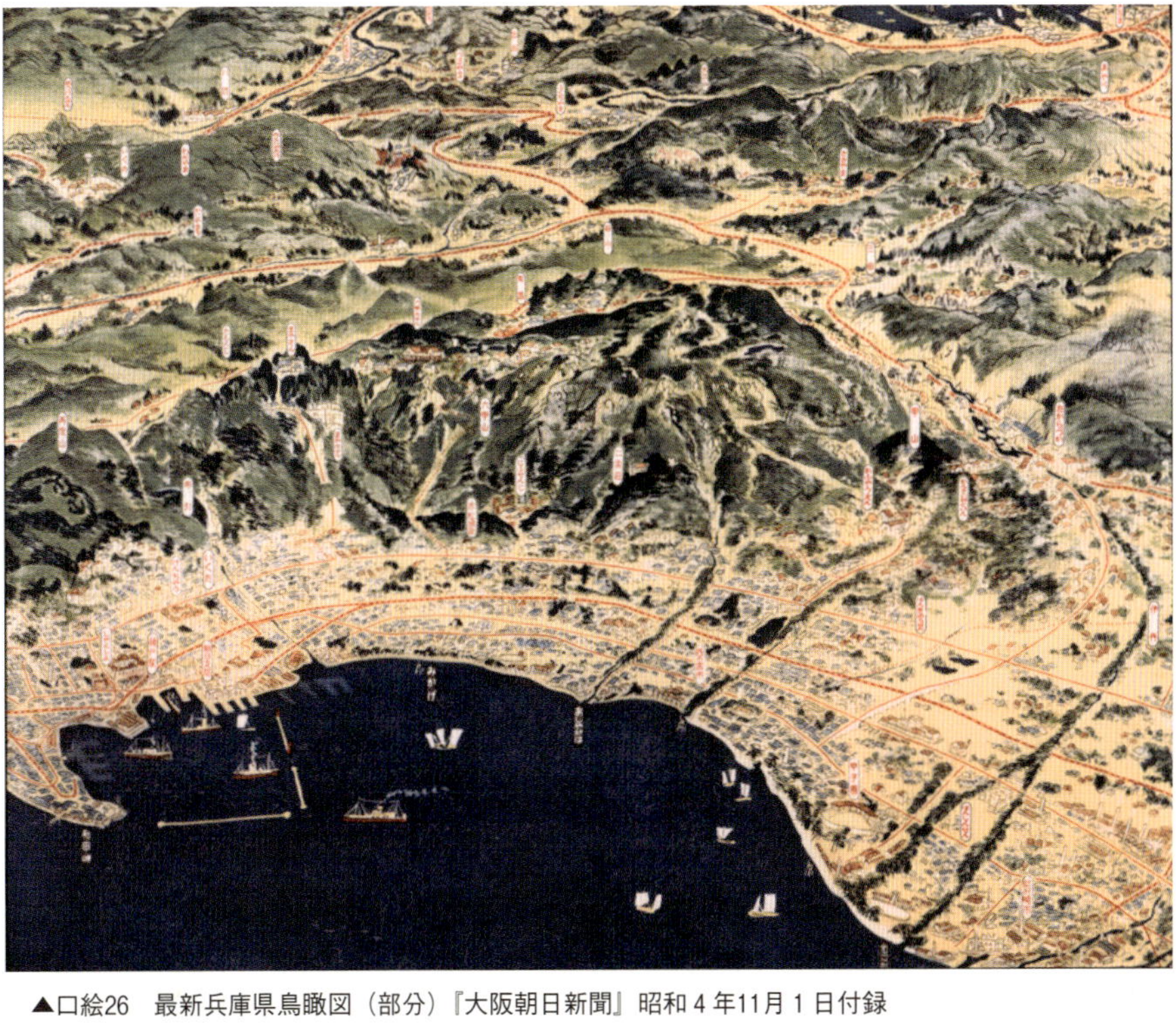

▲口絵26　最新兵庫県鳥瞰図（部分）『大阪朝日新聞』昭和４年11月１日付録

数々の思い出

を残した二楽荘であったが、昭和七年に不審火によって炎上した。写真帖や、跡地から発見された遺物から、当時の息吹を感じることができる。【⇒第六章】

▲口絵27－1　二楽荘に設置された龍の石造品（雄の頭部拡大）

▲口絵29　温室側壁に利用された特殊煉瓦

▲口絵27－2　龍の石造品（雄）

▲口絵28　龍の石造品（雌）

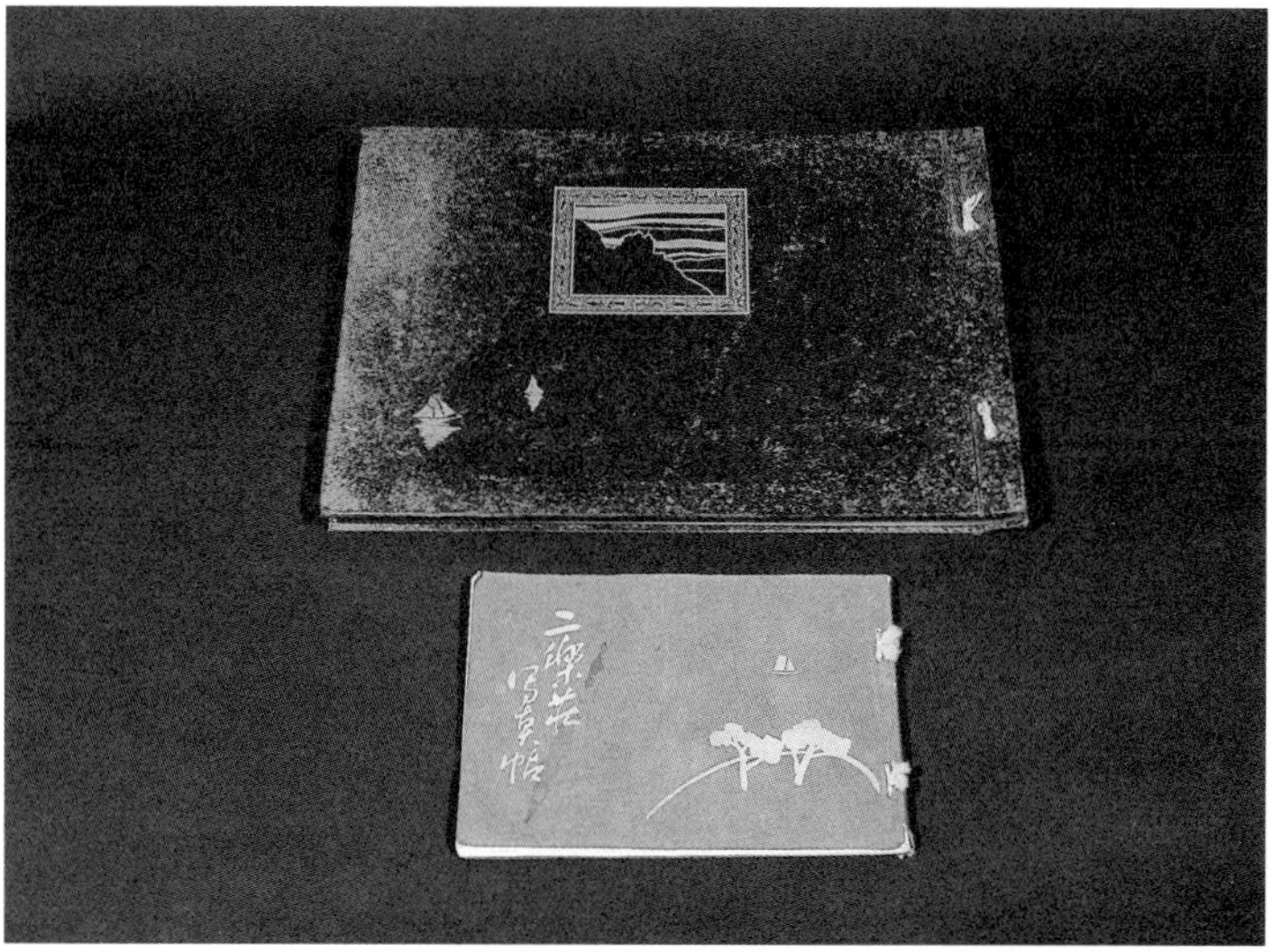

▲口絵30　『二楽荘写真帖』：（上）明治45年刊行のもの。（下）大正３年刊行のもの。

※次頁以降に、二つの写真帖に掲載された全写真を転載した。キャプションでは便宜的に、明治45年刊行の写真帖をM、大正３年刊行の写真帖をTで示した。掲載順や写真のサイズは掲載にあたって適宜調整した。

なお、明治45年刊行のものには『二楽荘写真帖』の題字は印刷されていないが、龍谷大学蔵の写真帖には、『新西域記』を編纂した上原芳太郎が『二楽荘写真帖』と記した付紙が挿入されているため、本書では『二楽荘写真帖』と仮称する。

M－1　二楽荘（山麓より望む）

M－2　二楽荘内第一ケーブルカー線

M－3　武庫中学事務所

M－6　厩（うまや）

M－4　武庫中学教員宿舎

M－7　武庫中学薬局

M－5　武庫中学教員集会場

M－8　武庫中学講堂内仏間

M－10　武庫中学寄宿舎炊事場

M－9　武庫中学第一教場

M－11　武庫中学生徒

M－12　武庫中学学生自治団幹部員

M－14　武庫中学寄宿舎自習室

M－13　武庫中学寄宿舎廊下

M－15　武庫中学寄宿舎寝室

M－18　武庫中学第一寄宿舎の乙部

M－16　武庫中学寄宿舎浴場

M－19　果樹園

M－17　武庫中学第一寄宿舎の甲部

M－20　武庫中学寄宿舎浴場内部水浴場

M－21　二楽荘本館夜景

M－23　二楽荘本館正面

M－22　二楽荘本館（寄宿舎より望む）

M－24　テニスコート

M－25　二楽荘全景

M－26　二楽荘本館前庭

M－28　二楽荘本館客間アラビア室

M－27　二楽荘本館支那室広間

M－29　二楽荘本館内食堂

M－30　二楽荘本館

M－32　二楽荘本館客間印度室

M－31　二楽荘本館食堂

M－33　二楽荘本館内書庫

M－35　二楽荘本館前庭

M－34　園芸瓜類温室

M－38　温室内部

M－36　温室内部

M－39　瓜類温室

M－37　温室内部

M－40　温室全景

M－42　果樹園

M－41　庭園の一部

M－44　果樹園

M－43　果樹園

M－45　果樹園

M－48　開拓の一部

M－49　山上風景

M－46　第二ケーブルカー線路（工事中）

M－47　第二ケーブルカー線路（工事中）

T－1　事務所

T－2　講堂

T－3　山麓ヨリ登坂ケーブルカー

T－4　二楽荘聚遠閣

T－5　二楽荘聚遠閣前景

運動場（海拔九百尺面積一千五百坪）

T－9　運動場

聚遠閣前庭

T－6　聚遠閣前庭

武庫佛教中學全景

T－10　武庫仏教中学全景

花卉培養溫室

T－7　花卉培養温室

上部索道ヨリ俯瞰セシ景

索道機械場

T－8　上部索道ヨリ俯瞰セシ景、索道機械場

Ｔ－14　幹部員生徒事務所

Ｔ－11　運動時間ノ開墾

Ｔ－15　教場

Ｔ－12　教場ヨリ食堂及運動場ヲ望ム

Ｔ－13　食堂・教場、食堂内部

博物標本室

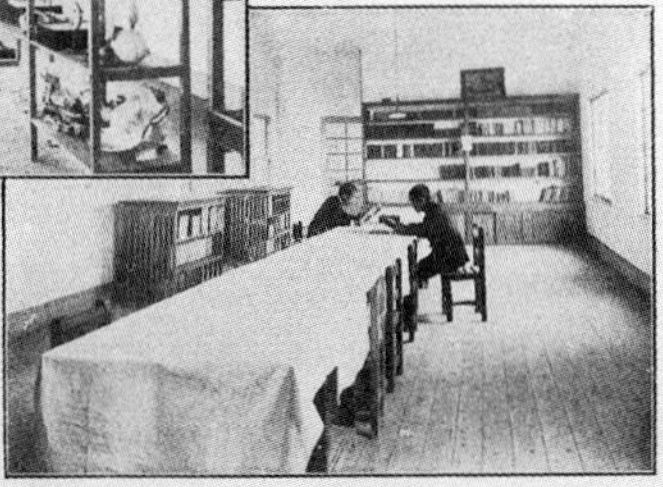

圖書室

T－16　博物標本室、図書室

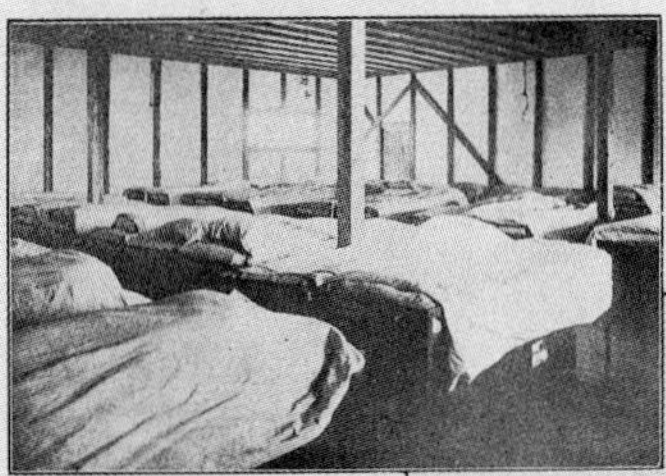

寢室

鐵製ノ寢臺ニ藁蒲團ヲ置キ敷布ヲ掩ヒテ毛布二枚ヲ使用ス寢臺ノ下ニハ支給被服ヲ納ムル箱ヲ置ク

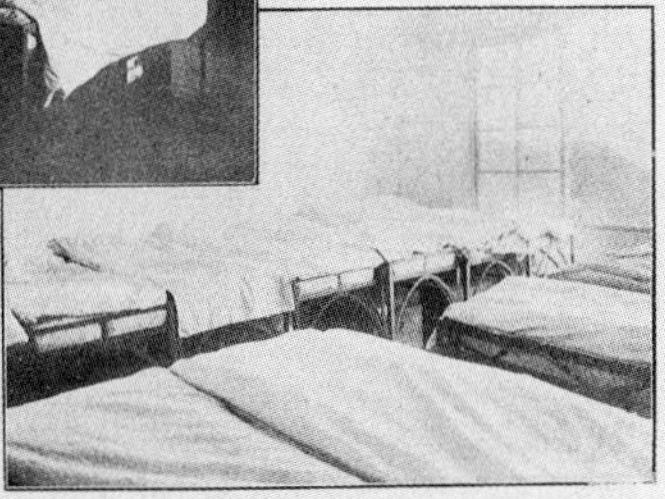

T－17　寝室

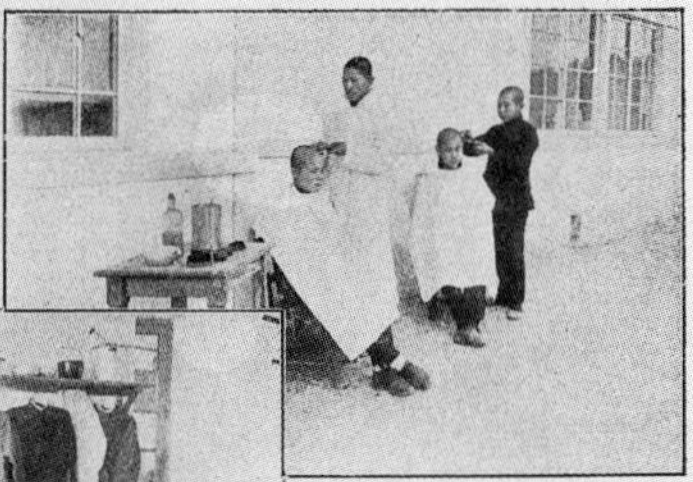

散髪

支給品

T－18　散髪、支給品

Ｔ－21　第一総班生徒

Ｔ－19　策進団幹部員

Ｔ－22　第二総班生徒

Ｔ－20　策進団総班部員

Ｔ－23　第三総班生徒

T－27　教職員倶楽部、教職員宿舎

T－24　含秀居

T－28　機械部生徒

T－25　果樹園

T－26　医局、健康診断

印刷部外景

印刷部内景

T－29　印刷部外景、印刷部内景

園藝部牧場

T－30　園芸部牧場

二楽荘へのいざない

入澤　崇（龍谷大学教授・龍谷ミュージアム館長）

学生の頃、写真で二楽荘を見たとき、奇妙な感覚におそわれたことをいまでもはっきりと覚えている。それほど私にとっては異様な建造物であった。日本建築ではない。さりとて洋館でもない。何の建物なんだろう、これは。しばし夢想に浸ったものである。

後に、二楽荘が大谷光瑞の別邸であったことを知るに及んで、腑に落ちた。「このような建物を構想するとはいかにも光瑞師らしい」とひとり納得した次第。大谷光瑞と二楽荘が見事に溶け合ったのである。

大谷光瑞。西本願寺第二二世宗主であり、大谷探検隊の総帥として名高い。二楽荘は大谷探検隊を抜きにしては語れない。なにせ、大谷探検隊がインド・中央アジアからもたらした収集品は二楽荘で整理・研究され、わが国のシルクロード学は二楽荘で始まったのである。

一九〇二年八月十六日、大谷探検隊はインド・中央アジアを目指すべくロンドンを出発した。インド・中央アジアの調査は一九一四年に終結するまでに三度行われた。この三次にわたる大谷探検隊の調査は空前にして絶後の大調査となった。夥しい数の収集品はその多くが神戸・岡本の地に建った二楽荘にもたらされた。二楽荘は大谷探検隊の終着点といってよい。

一九世紀後半から二〇世紀初頭にかけて、西欧列強が競って中央アジアへ探検隊を派遣した。スウェーデンのスウェン・ヘディン、ロシアのコズロフ、クレメンツ、オルデンブルグ、イギリスはハンガリー生まれのオーレル・スタイン、フランスのポール・ペリオ、ドイツのル・コック、グリュンウェーデルたちである。西欧諸国が力をつけていた時期、支配領域を拡大せんとアジア最奥部にまで調査の手が及んでいた。国家を背後にもつ探険家たちは極めて有能で、次々と新事実を明るみに出していた。キリスト教徒の探検家たちが中央アジアで陸続と仏教遺跡・仏教文物を発見していたのである。とりわけヨーロッパの東洋学は中央アジアに熱い視線を注いでいた。とうに失われていたと思われていた仏典写本が、極度に乾燥した中央アジアで次々と発見されていたからである。

大谷探検隊は西欧の探検隊と異なり、国家が派遣した調査隊ではない。大谷探検隊は西本願寺が派遣した。西本願寺の先進性は光瑞の父である大谷光尊（明如上人）の開明精神に由来する。

明治の仏教界はたいへんな危機に直面していた。明治初年の廃仏毀釈は各仏教教団に仏教復興の強い念を起こさせ、とりわけ明治新政府を支援していた西本願寺の危機意識は尋常ではなかった。沈滞せる教団を賦活させるためにとった方法が西欧近代文明の導入だった。仏教の近代化である。その中心に大谷光尊はいた。たとえば、西本願寺は伝統を墨守するために西欧の教育制度を取り入れ、時代を担う人材の育成に乗り出した。西欧の教育・学術動向の情報が陸続と西本願寺にもたらされていた。この「進取と伝統」が大谷探検隊の背景にある。

仏教研究においても西欧社会で新たな潮流が起きていた。原典への志向である。漢訳経典中心の日本仏教に対して、西欧でサンスクリット、パーリ語の仏典研究が盛んになっていた。東西両本願寺は西欧に優秀な留学生を送り込み、原典研究の成果を取り入れようとしていた。後に大谷光瑞が原典研究に乗り出すのも、この西欧の仏教学研究の潮流を受けてのことである（＝光華会の活動）。仏教伝来の様相に関しても、中央アジアの歴史的地理的解明がすすみつつあり、玄奘の『大唐西域記』も英訳・仏訳がなされ西欧社会に知られるようになっていた。

伝統を墨守する立場の光瑞は西欧で生まれた学術研究の手法を積極的に取り入れた。「仏教モダニズム」と呼ぶのがふさわしい。光瑞は伝統宗学に西欧近代に勃興した仏教学研究を接続させ、それを基盤としながら地理学、地質学、気象学などを連結させようとしたのである。彼はイギリス王立地理学協会の会員であり、気象学のスペシャリストでもあった。仏教はいかなる環境のもとで繁栄し、いかなる環境のもとで衰退するのかが中心命題であり、その探求が大谷探検隊となって具現化したのである。他の誰も試みたことのない斬新な発想が彼を突き動かしていた。

光瑞はインドに誕生した仏教がどのような経路で日本にまで到達したかを探ろうとした。さらにはアジア一帯に広まった仏教の具体相を把握しようとした。

調査に基づいた研究が二楽荘で行われていた。また二楽荘には武庫仏教中学が併設され、気象観測所まで設けられていた。が、二楽荘の活動は短命であり、やがて歴史の闇に埋もれていった。伊東忠太が二楽荘を評した「本邦無二の珍建築」という言葉だけが空しく響いた。二楽荘は伝説と化したのである。

そこに、「阪神間モダニズム」という観点から二楽荘へアプローチした人物が現れた。和田秀寿氏である。平成十一年（一九九九）秋に和田氏が中心となり芦屋市立美術博物館で「モダニズム再考　二楽荘と大谷探検隊」という展覧会が開催された。この展示は二楽荘関係の資料をできうる限り集めた画期的なもので、四年後の平成十五年（二〇〇三）には同テーマのパートⅡが開催されるに至った。本書はその二回の展示図録を再構成し、さらに新聞記事などの文字資料を拡充し、諸氏による新規論考を加えたものである。二楽荘が「阪神間モダニズム」の萌芽ともいえることは本書を読んでいただければ了解されるであろう。

今年二〇一四年は大谷探検隊のシルクロード調査が終結してちょうど百年目にあたる。二楽荘の活動が終焉を迎えた一九一四年、奇しくも宝塚少女歌劇が産声をあげた。「阪神間モダニズム」の華が大きく開こうとしていた。

二楽荘は「仏教モダニズム」と「阪神間モダニズム」が緊密に結びついたところに誕生した。だが二楽荘はもうこの世には存在しない。二楽荘を記憶する人も少なくなった。

ここに、歴史の闇から二楽荘が浮上した。知られざるモダニズム。本書をとくとご覧あれ。

なお、京都の龍谷ミュージアムでは「二楽荘と大谷探検隊」のパートⅢを開催することにした（二〇一四年十月四日―十一月三十日）。ここ十余年に和田氏が確認した新出資料が中心であり、展示は本書と補完関係にある。

二〇一四年秋、二楽荘が甦る。

二楽荘史談▼目次

【凡例】

一、「二楽荘史談」は、芦屋市立美術博物館において開催された展覧会「モダニズム再考　二楽荘と大谷探検隊」（一九九九年）・「モダニズム再考　二楽荘と大谷探検隊Ⅱ」（二〇〇三年）の図録内容を再構成したものである。ただし、大幅に加筆・修正を施し、一部文献等の翻刻を新たに行った。第五章「二楽荘と大谷探検隊」は片山章雄が、それ以外の各章は和田秀寿が執筆した。

二、「書き下ろし論考」に掲載の論考は、すべて本書のために書き下ろしたものである。

三、「参考資料」には、二楽荘を研究する上で有用な文献の翻刻を収録し、その他、二楽荘に関連する参考資料をまとめて掲載した。「二楽荘関連年譜」「二楽荘関連主要新聞記事一覧」「『教海一瀾』に掲載された主な二楽荘関係記事」「主要参考文献」は、和田秀寿が作成した。

四、本文中ないし巻末に引用した新聞記事等については、掲載時の表現を最大限尊重し、表記の統一などは行っていない。ただし、読みやすさを考慮して、基本的に新字とした。人名を中心に慣用に従って旧字を使用している場合もある。振り仮名についても、原資料に付されているものを踏襲し、その統一は行っていない。また難読字および特殊な読み方を示しているものを除いて、その多くを割愛した。原資料にはない句読点やルビ等について、特に補う必要があると思われる場合は（　）で囲み、原資料記載のものと区別した。

五、主に人名についての注記を〔　〕で施した。また、参照すべき図版番号等を【　】で記した。

六、引用文献中には、現在の人権意識に照らして不当・不適当ととられる語句や表現があるが、原資料の時代的背景や歴史的価値に鑑みて、そのままとした。また文中では基本的に敬称を省略した。読者諸賢のご理解を賜りたい。

二楽荘史談

序章

阪神間における郊外住宅地の形成

第一節　阪神間という地域

浄土真宗本願寺派第二二世宗主大谷光瑞《おおたにこうずい》〔一八七六―一九四八。法名は鏡如《きょうにょ》〕の別邸二楽荘は、兵庫県武庫《むこ》郡本山《もとやま》村（現在の神戸市東灘区）の六甲山中に建築された【口絵4】。二楽荘を語るにあたって、阪神間というその立地を看過することはできない。そこで本章では、二楽荘の歴史を掘り起こしていく準備作業として、二楽荘が建築された阪神間、さらに二楽荘が建築される以前に光瑞の別邸があった景勝地須磨《すま》（現在の神戸市須磨区）にも目を配りながら、現在の神戸中心部から見て東西にあたるこれらの一帯が、どのような歴史的背景や地理的特性を有しているのか、駆け足で触れておこう。

自然環境と産業の構造

阪神間は、気候の温暖な沖積地という自然環境を有している。そして近世中頃以降その自然環境を生かして、酒造業・絞油《こうゆ》業・素麺《そうめん》業などの諸産業が発展し、油の原料となる綿や灯油の原料となる菜種などの商品作物等も栽培する、代表的な商業的農業地域となっていった。そして、これら諸産業を支える、水車業（絞油・精米・製粉等に用いる）、酒樽業、廻船業など多くの関連産業も萌芽し、村々では農民の階層分化や社会的分業も進んで、商品生産に秀でた先進的な地域として発展を続けていった。

一方では農閑期を利用した酒造業への出稼ぎや、漁村における漁稼《ぎょかせぎ》・船稼《ふなかせぎ》、自家用の牛などを利用した六甲越えの荷物運搬、石材の採石や運搬などといった余業も漸増していった。これらの余業は、村民にとって生計を維持する上で欠くことのできないものとなり、阪神間一帯の経済構造を成立させる上で重要な役割を担っていく。

参考までに、住吉川東岸の本山村・魚崎《うおざき》町、西岸の住吉《すみよし》村・御影《みかげ》町における産業種別の状況を『武庫郡誌』（大正十年）から見てみよう。明治三十七年（一九〇四）の時点で、本山村では農業に従事する戸数が八五％、素麺業・石工（石臼）が五％を占めている。農業の副業としては藁製品業（網縄《あみなわ》・罎苞《びんつつみ》）、柿渋《かきしぶ》など、すべて酒造業に関連したものが行われている。魚崎町では六三％が酒造関連の販売業に属しているが、海岸部に面していることから漁業に従事する戸数も相応にみられる。御影町でも酒造に関連する業種が多くみられ、他には石材業・素麺業がある。住吉村では三四％が農業に従事し、酒造や採石関連の職種も多くみられる。業種やその割合に若干のばらつきはあるものの、江戸期に形成された経済構造を踏襲しながら、村々が明治期に発展していった様子が見てとれよう。【図1―1、図1―2】

また立地について言えば、阪神間は、大阪・神戸の二大都市の中間に位置する。明治期以後、大阪・神戸は近代都市として日本資本主義経済の成長の主要な舞台となり、めざましい繁栄をみることになった。阪神間は、両都市の影響を受けながらさらなる発展を見せていくことになるのである。

交通機関の整備

地域の発展に大きく寄与したのが交通機関の整備であった。明治七年（一八七四）五月に大阪―神戸間に官営の鉄道が敷設された。開通当時の駅は大阪・神崎・西宮・住吉・三宮・神戸の六駅のみであった。列車の運行数は上り・下りともに一日八本。大阪―神戸間で所要時間が一時間一〇分、最も低い下三等級でも片道三〇銭かかった。当時、米一升（約一五キロ）が五銭、日本酒上等が四銭の頃であるから、かなり高価な乗物であったと想像される。先祖代々の土地を壊される、生業に支障をきたす、などの理由で、鉄道敷設に賛同しない村民がいたことも事実である。

明治十年代に入ってからは、関西地方では民間の鉄道会社も相次いで設立された。明治二十年（一八八七）私設鉄道条例が公布され、政府が私設鉄道の設置を積極的に奨励する意向を示したため、私設鉄道経営はますます

図１－１　石稼業　住吉石本徳三郎

図１－２　酒造業　御影細谷仁兵衛

盛況を来した。

官営鉄道敷設から一四年後の明治二十一年（一八八八）十一月には、山陽鉄道の兵庫―明石間が開通した。ちなみに同年十二月には、次節で登場する「須磨停車場」が西須磨村浜町に開場している。その翌年、明治二十二年（一八八九）には、神戸―姫路間の開通で、官営鉄道ともつながった。

明治三十二年（一八九九）には摂津電気鉄道株式会社が設立され、翌年社名を阪神電気鉄道株式会社と改称し、神戸―大阪間の電気鉄道敷設を進めた。阪神電気鉄道は、明治三十八年（一九〇五）に出入橋《でいりばし》（現在の大阪市北区梅田）から神戸までの開業にこぎつけ、煤煙を飛ばさない八〇人乗りの最新式車両（ボギー式）を導入した。神戸―出入橋間の運賃は二〇銭、所要時間は約一時間半であった。

開業日には停車場や沿線は見物人でごった返し、弁当持参の人まで現れ周辺は大混雑であったと、開業日の運転手は語っている。[*1] ただ当時の新聞によれば、官営鉄道の開通後三〇年余りを経た後も、敷設の用地買収に際して「町の中を電車が走るのが危ない、騒々しい」とか、「エレキ（電気）のために酒の味が悪くなる」などの反対意見が各所で聞かれたようで、地元住民にとって汽車・電車はまだまだ生活の一部とはなりえなかったのかもしれない。

明治四十三年（一九一〇）三月に、兵庫電気軌道株式会社が兵庫―須磨間で私設鉄道の営業を開始した。すでに開通していた官営の山陽線（私設として開業された山陽鉄道が、明治三十九年に国有化され山陽線となる）の山側を走り、東・西須磨村には「月見山」「須磨寺」「須磨」の三駅が新設され、この地域の交通網の利便性をさらに増していった。兵庫電気軌道のダイヤは午前六時から午後一一時まで五分間隔で運行され、所要時間は一六分であった。料金は一区間三銭、二区間で五銭。明治三十八年（一九〇五）に開業した阪神電車の一区間六銭からみれば安価ではあったが、米一升が一五銭の時代、地元村民にはなおも贅沢な乗物であった。

とはいえ、商品流通の側面から見ても鉄道を中心とした交通機関の整備は大きな力であった。住吉駅を中心に通運業が飛躍的に伸び、住吉川流域の一帯では、在地の農民や商人・職人が、大阪の商人などと連鎖的に結びついて、商業的農業地域という特性をさらに強めていったのである。

第二節　景勝地・住宅地としての発展

諸産業や交通網の充実によって経済的な発展を続ける一方、阪神間は、夏は涼しく冬は暖かいという自然環境を強みとして、保養地としても開発が進められていく。本節ではまず初めに、古くより景勝地として名高い「須磨」に目を転じて、その様子を例示してみたい。

須磨浦療病院

「須磨」は、背後に六甲山地の横尾山・高倉山・鉄拐《てつかい》山・鉢伏《はちぶせ》山がせまり、南は明石海峡をへだてて淡路島に対している。海と山が近接するこの地域は、摂津国の西端すなわち畿内の西の境界に当たり、交通・軍事上の要衝であった。そして海岸部は白砂青松の景勝地として、古来より『万葉集』『古今和歌集』『伊勢物語』などの歌集や歌物語に取り上げられている。江戸時代には松尾芭蕉もこの地を訪れ、その時の叙情を紀行文『笈の小文』に綴っている。

明治二十五年（一八九二）刊行の『須磨名所独案内』【図2】には、「須磨」と呼ばれる地域は、西須磨村と東須磨村を示し、前者は三五〇戸、後者は二五〇戸ほどであると記されている。行政上では、八部《やたべ》郡須磨村（西須磨・東須磨・大手《おおて》・板宿《いたやど》・西代《にしだい》・妙法寺《みょうほうじ》・多井畑《たいのはた》・車《くるま》・白川《しらかわ》）が、明治四十五年（一九一二）四月の町制によって武庫郡須磨町となり、大正九年（一九二〇）に神戸市と合併、昭和六年（一九三一）の区制実施に伴い須磨区となって現在に至っている。

山を負い海に臨む須磨は、冬は紀淡《きたん》海峡から来る海風で暖かく、夏は南北から吹く風で涼しく、空気が清らかで風光明媚な地域でもあった。この恵まれた環境に注目したのが、鶴崎平三郎《つるさきへいざぶろう》であった。鶴崎は須磨の緻密な気象観測を行い、大阪に比べて平均気温が、夏は二度低く冬は一度高いというデータを導き出し、避暑や保養に最適な場所と考えた。

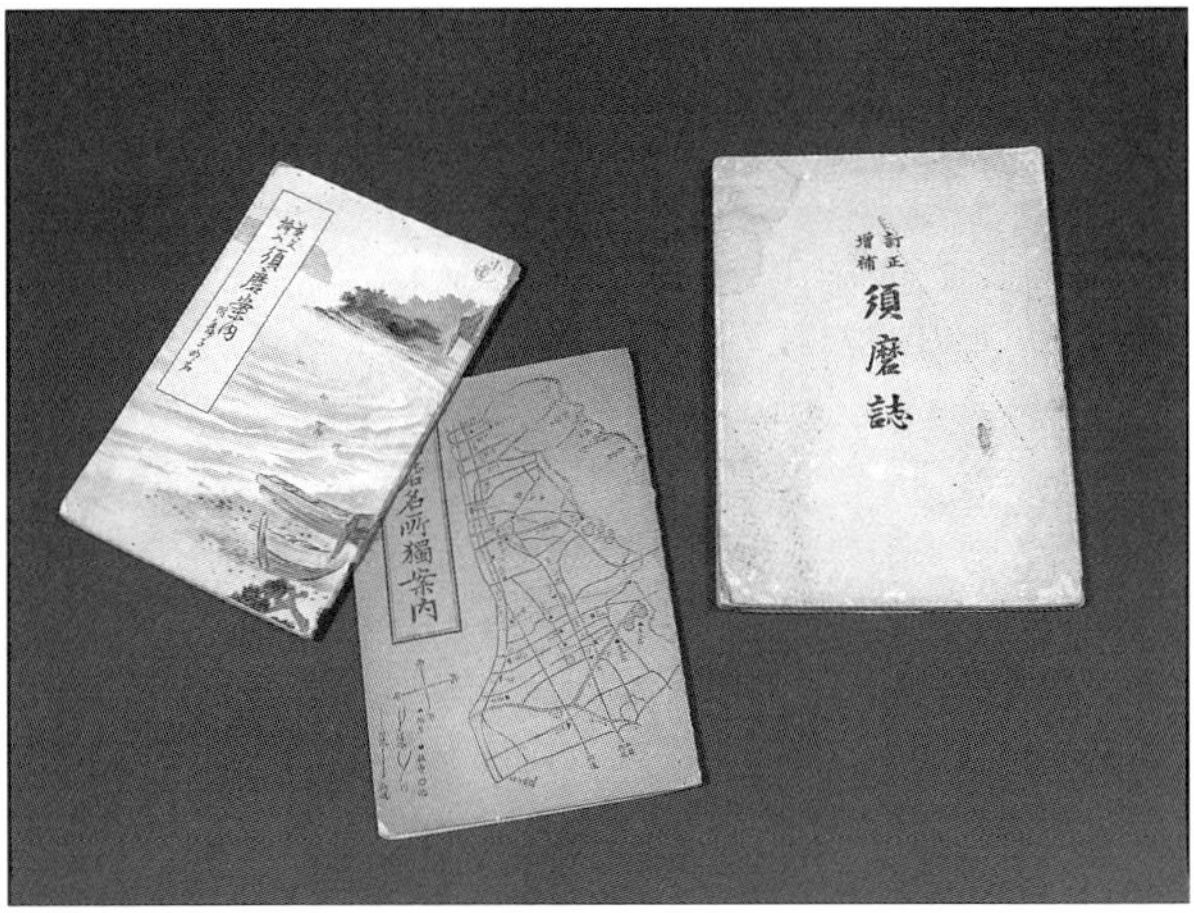

図２　須磨を紹介した明治期の書籍

そして、明治二十二年（一八八九）八月十二日、鶴崎は、現在の須磨浦公園の背後に位置する一ノ谷から三ノ谷にかけての約一万六千坪の広大な土地に、日本最初の結核療養所である須磨浦療病院（現在の須磨浦病院）を開院した。鶴崎の「須磨（浦）療病院設立の趣意」には、「新鮮の空気を呼吸し、海水に澡浴し、滋養の食料に飽き、専ら体質をして健康ならしむるは保養院の主要とする所なり、而て更に病を診し症を察し薬を投し剤を施し、患者をして一の遺憾無らしむるものは病院の要務」であると述べられており、後述する須磨保養院と連携した病院の必要性が切々と説かれている。[*2]

八月十二日の開院式には八〇余名の来賓があった。「正門には大国旗を二旒《りゅう》」「各所の入り口には小国旗」を掲揚し、「無数の球燈は院の内外に連吊《れんちゅう》せられて珊瑚の珠を連ねしが如」く、祝宴には「土地が須磨といふだけに松風村雨にも紛ふばかりの」三〇名の妓女（芸者）が花を添えたという[*3]〔松風・村雨は在原行平が須磨で寵愛したとされる伝承上の姉妹の海女」。

須磨浦療病院【図3】の建物は第一号館から第五号館の五層に分かれ、一号館のみ西洋造りの二階建【図4】、他はすべて日本造りの二階建で、総病室は三六部屋を数えた。明治三十八年（一九〇五）当時の新聞によれば、特等四名・一等八名・二等一六名・甲種特等四名・二等八名ほか、すべての病室が満員という盛況ぶりだったようで、兵庫電気軌道の須磨停留所から徒歩数分といった交通の便、電話の架設、観測所の設置など、病院としては模範的なものと高く評された。[*4] このような名声もあって多くの患者が来院し、地域の総合病院としての役割を

図3　須磨浦療病院全景　絵はがき

図4　須磨浦療病院（一号館）　絵はがき

果たしていった。

来院者の中には、浄土真宗本願寺派第二一世宗主大谷光尊《おおたにこうそん》〔一八五〇―一九〇三。法名は明如《みょうにょ》。大谷光瑞の父。島地黙雷らをヨーロッパに派遣し、宗制、教育制度などの改革を進めた〕の名もみられ（明治二十四年一月三十一日から七二日間療養）、見舞いのため大谷光瑞も明治二十四年（一八九一）一月から三月までに三回、同病院を訪れた。[*5] また大谷光瑞が、院長鶴崎平三郎に伴われて、診察のため東上した旨も記されており、[*6] 院長鶴崎と大谷家との間に深い関係があったことも窺うことができる。

図５　須磨保養院の建物：その後「須磨海浜保養院」は「須磨保養院」と改称された。

図６　須磨花壇門前　絵はがき：明治40年にはさらに「須磨花壇」と改称された。

須磨海浜保養院

須磨浦療病院から見て海側には、料理旅館兼保養施設である須磨海浜保養院【図5、図6】があった。予定に二カ月遅れて、明治二十二年（一八八九）八月九日に開業、須磨浦療病院開院の三日前のことであった。八月九日の開院式では、附属する海水浴場で「午後四時三〇分の頃一発の煙日《はなび》を合図に遊泳競争を始め」るなど多くのアトラクションが催され、「（午後）八時二一分須磨（停留所）発の汽車で大概帰途に就」くまで饗宴にふけっていたという。*7

この保養院は、明治二十一年（一八八八）春から計画されていたもので、一時計画が中断したものの、発起人によって*8翌年二月に計画を再始動し、開院にこぎつけた。官林八千四百坪の敷地には、日本風の平屋や二階建の独立棟が第一号から第六号まであり、全一六室の客室に加えて、浴場、料理屋、人力車帳場、そして海浜には附属の海水浴場も完備されていた。一泊の宿泊代金は、部屋に応じて五〇銭・四〇銭・三〇銭の三つに区分され、食事は一飯一二銭（ちなみに、当時米一俵［六〇キロ］は二円）、西洋料理も仕出しされ、海水浴用の浮きや笠なども有料で備え付けられていたようで、『須磨名所独案内』が須磨第一の旅館と評しているのも頷ける。そして、今で言う観光ガイドブック的な冊子『神戸乃花』（明治三十年）や『山陽電鉄案内』（明治三十四年）に広告を掲載するなど、宣伝活動にも力を入れていたようである。*9

この施設には、俳人・歌人の正岡子規〔一八六七―一九〇二。帝国大学中退後、日本新聞社に入社し、社長陸羯南《くがかつなん》の庇護を受けながら革新的な俳句や短歌を発表した〕も療養に訪れている。正岡子規が陸羯南〔一八五七―一九〇七。新聞人・評論家。明治二十二年（一八八九）新聞『日本』を創刊、社主となり、政教社の雑誌『日本人』とともに国粋主義を主張して、徳富蘇峰らの民友社と明治中期の言論界を二分した。正岡子規の文学活動を後援したことでも知られる〕に宛てた明治二十八年（一八九五）七月付の書簡には、「拝啓電報ニテ申上候如ク廿三日退院同日直ニ須磨へ参り申候　一日一日と軽快を覚え申候　そろそろと歩ミ候へば十町位ハ歩め申候　当地須磨療病院ハ保養院のすぐうしろニ有之候故時々診察を受け服薬致居候（中略）当地風光ハいふ迄もなき事ながら当保養院ハ其位置形勢ニ於テ甚タ大磯ノ松林館ニ類似致候　須磨の駅をはなれて松林の中ニ幾棟か建並べいと閑静ニ御坐候（以下略）」と記され、山手の須磨浦療病院にも診察を受けに行きながら、充実した療養生活を送っている様子が綴られている。

海水浴場と桜の名所と

須磨浦療病院や須磨海浜保養院に附属する海水浴場も名所の一つであった。明治期に刊行された須磨の地誌【図2】には「海水浴　明治十四五年の頃兵庫県庁より保養院前の浜に浴場を設ける」と記されている。[*10] これが現在の須磨海水浴場の嚆矢であろうか。また、須磨浦療病院や須磨海浜保養院附属の海水浴場の他にも、山陽鉄道の沿線案内[*11]に紹介されているように、「海水温泉」と称する一ノ谷の海月館、境川の境川温泉場などが、須磨周辺にはあった。

当初、海水浴は娯楽というより、海水に浴して病気治療をする浜湯治として流行したようで、当時の新聞には、温泉場や茶店に人があふれ入場制限される事態や、山陽鉄道が混雑するさまが報じられている。[*12]

特に夏の期間を中心に盛況だった須磨浦療病院、須磨海浜保養院、海水浴場といった海の手の一方、須磨停車場から見て山側、須磨寺周辺の発展にも目を見張るものがあった。明治二十年代に須磨寺住職の長原蜜浄《ながはらみつじょう》は、寺の再興を図るため、須磨寺の二万余坪の境内を開放し、『源氏物語』「須磨之巻」にも登場する銘木「若木の桜」にちなみ、桜の名所「新吉野」【口絵5】とすることを計画した。有縁の人々に桜の寄付を呼びかけるもので、神《こう》田《だ》兵《ひょう》右《え》衛門《もん》（一八四一―一九一二。明治―大正時代の公共事業家で、神戸市会議長。明治初期の教育施設である明親館などを設立した）の協力を得て、伊藤博文（一八四一―一九〇九。一八六八年政体書によって成立した兵庫県の初代県令に就任している）らの寄付によって、千本を超える桜の植樹を成し遂げた。

さらに、同じ方法で、別荘を持つ居住者らに梅を植樹する寄付を募り、山陽鉄道にも費用の三分の一を負担してもらって、一大梅林を造る計画も持ち上がっていたようだ。[*13]

第四章で詳しく述べるが、阪神間から須磨にかけての一帯は、園芸を行うのに最適な自然環境であり、公私設の果樹園芸場が多く散在していた。須磨では明治三十八年（一九〇五）五月の時点で「百々園」（東須磨村）、「百果園」（多井畑村）、「清友園」（大井村）、「桃楽園」（妙法寺村）が経営されていた。「百々園」の園主名倉《なくら》周蔵《しゅうぞう》は、明治三十五年（一九〇二）岡山県赤磐《あかいわ》郡から桃樹の苗木二千八百本を定植し栽培や販売をしていたが、「百々園」が山陽鉄道鷹取《たかとり》駅の北に立地し、須磨寺とも近接することから、名倉は須磨寺と提携し、花の見ごろには果樹園を開放した。そして園内各所に茶亭を設けて店舗を開き、来園者を誘致した。

須磨寺周辺に観光客を呼び込む動きが功を奏したのだろう、須磨寺境内において絵画展覧会も併せて開催された明治三十七年（一九〇四）の春、桜と梅の二大競演と百々園の春期開園にあたって、須磨停車場の乗降客はなんと五千五百余名にも及んだという。[*14]

このように山麓地域で展開された取り組みは、海岸地域における保養客誘致を凌ぐ勢いであった。その勢いにのって、秋の紅葉にも有志者の寄付を募り、池では蓮や菖蒲を殖し、茶店を建て、四季を通じての一大観光地「須磨寺遊園地」【口絵6】を造成する構想へと進んでいった。当時の新聞に、進行中の第三期工事（自転車レース用運動場・大池周辺の道路拡張）や、須磨寺仁王門から小屋川への新道を建設する第四期の工事計画について、詳細に記されている。[*15] そして、もとは季節によって人口の増減が著しかった須磨の地は、やがて山でも海でも四季を通じて賑わうようになっていった。

富裕層の大邸宅

保養地に適した自然環境は、もちろん居住環境としても優れていた。特に、国鉄住吉駅周辺は、住吉川の谷口を要に形成された住吉川扇状地の一部で、日当たりや眺望も良く、砂礫層を地盤としていることから河水が多く伏流して、良質の井戸水の供給源となっていた。また近世を中心に展開された水車産業によって、水車を稼働するための灌漑用水路が他地域に比べてより緻密に配置され、農業生産に欠

図７　住吉川周辺の土地利用（明治44年）

くことのできない水利形態を確立してもいたから、農業地としても比較的整備された地域であった【図7】。そして、官営や私設の鉄道が次々に開通したこともあって、流通経済がいよいよ促進され、結果として阪神間は、神戸や大阪の近郊住宅地として新たな発展をみることになった。

ところでこの頃神戸は、横浜とならんで日本最大の貿易港となり、紡績業・製糸業・造船業・マッチ業といった近代工業の確立期にあった。多くの労働力が必要とされるなか、過酷な労働条件、低賃金、非衛生的な環境などが都市問題として浮上し、労働運動を引き起こすことになっていく。生活環境も悪化し、多くの人々は近郊への転出を志向したものの、一般の労働者にとって、郊外の一戸建て住宅に住むことは高嶺の花であった。それら

図８　久原房之助邸（大正５年）：（上段）ロシア風洋館「寿昌楼」、（中段）大座敷・仏間の前庭、（下段）「大寒霞渓」石組池

の住宅の多くが、関西の富商・豪商と呼ばれる人たちに占有されていた。

明治三十年代初め、村山《むらやま》龍平《りょうへい》〔一八五〇―一九三三。新聞経営者で、『朝日新聞』の創刊にも深く関わったほか、政治新聞の『東京公論』『大阪公論』『国会』など多数の新聞も経営。衆議院・貴族院議員なども務めた〕は、中心地の一つであった御影町大字郡家に数千坪の土地を取得し、郊外生活者の先駆けとなった。また、明治三十八年（一九〇五）、阿部《あべ》元《げん》太郎《たろう》〔日本住宅株式会社社長。阪神間の代表的な住宅地を開発した住宅地開発の先駆者〕は、住吉川西岸沿いの雑木林として荒廃していた観音林全域を坪七厘で村より借受け、田辺《たなべ》貞吉《さだきち》〔一八四七―一九二六。明治―大正時代の経営者。東京師範学校長を辞職後、住友家に入り、住友銀行創立に際し支配人となる〕・静藤治郎・才賀《さいが》藤吉《とうきち》〔一八七〇―一九一五。明治末期―大正初期の実業家、代議士。京都で才賀電機商会を設立した後、各地で電気会社や鉄道会社の経営に参画し、電気王と称された〕らを発起人として、上水道を完備した住宅地を開発する計画を進めた。その後、観音林と同じような環境にあった南側の反高林《たんたかばやし》の土地も包括され、周辺の約六万坪に及ぶ土地の開発が一気に進められることになった。

住吉川東岸沿いの本山村野寄《のより》では、明治三十七年（一九〇四）、山林であった小字平林《たいらばやし》に久原《くはら》房之助《ふさのすけ》〔一八六九―一九六五。久原鉱業所、日立製作所などを創立。その後政界入りし、逓信大臣、政友会総裁などを歴任〕が敷地面積三万坪をこえる大邸宅を構え【図8】、明治四十年（一九〇七）には、小字東坂口にドイツ人ヴィクトル・ヘルマン〔「シーメンス事件」でその名を知られるドイツの電気通信企業シーメンス（ジーメンス）社の極東支配人〕邸も構えられた。

「須磨」についていえば、明治三十八年（一九〇五）の戸数は一六五二戸と、山陽鉄道が開通して間もない明治二十五年（一八九二）の戸数と比べて約二・八倍になっている。その中には、九鬼《くき》隆輝《たかてる》〔兵庫県農工銀行頭取〕邸、藤田《ふじた》伝三郎《でんざぶろう》〔一八四一―一九一二。藤田組を設立するほか、太湖汽船、大阪紡績、阪堺《はんかい》鉄道、山陽鉄道などの設立にも参加し、大阪実業界の長老と言われた〕邸、第一五代住友吉左衛門（住友《すみとも》友純《ともいと》）〔一八六五―一九二六。住友銀行を創設するなど各種事業を経営し住友財閥の地位を確立するほか、茶人・風流人としても知られる〕など大阪や神戸の財界人による大邸宅が含まれていた。そして、浄土真宗本願寺派第二一世宗主である大谷光尊もこの地に居住していた一人である。また、

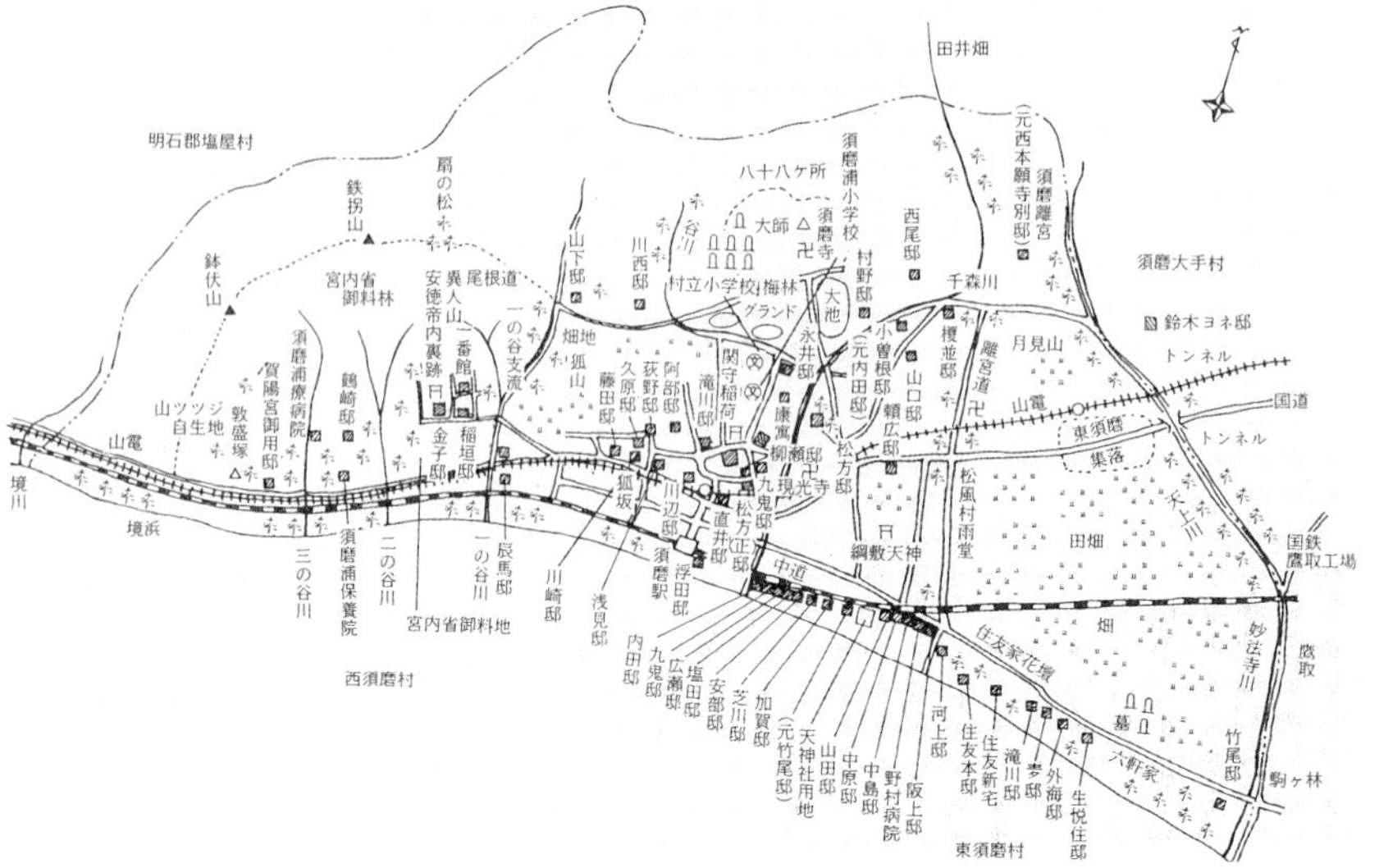

図９　明治末から大正期にかけての須磨の別荘地

英国人技師ジョン・ホールなどの外国人も須磨の地にあこがれ、一ノ谷の高台、通称異人山に邸宅を構えた。この異人山には、神戸居留地にみられるような屋敷番地が一番館から五五番館まで付けられていたようである。

その後、生活の場としての環境整備が次々と進められ、紡績関係会社や山部文吉《やまべぶんきち》、阿部房次郎《あべふさじろう》（一八六八―一九三七。東洋紡績社長。後に貴族院議員となる）、鐘紡の山口八左右《やまぐちはちさゆう》、外海銕次郎《そとみてつじろう》（一八六六―一九三三。明治―昭和時代前期の実業家。丸松合資を設立しメリヤス製造業を営む）、造船業の山下亀三郎《やましたかめさぶろう》（一八六七―一九四四。大正・昭和前期の実業家。海運業で成功し、昭和十二年（一九三七）山下汽船社長。山下高等女学校を設立するなど、教育にも尽力した）、川崎芳太郎《かわさきよしたろう》（一八六九―一九二〇。川崎造船所（現在の川崎重工業）に入社し、後に神戸川崎銀行頭取となる。大正六年（一九一七）には川崎商船学校（現在の神戸商船大学）を創立した）、マッチ工業の滝川弁《たきがわべん》三《ぞう》（一八五一―一九二五。明治十三年（一八八〇）神戸で清《せい》燧《すい》社（後の東洋燐寸）を設立。後に神戸商業会議所会頭、貴族院議員などを歴任）、酒造業の辰馬悦蔵《たつうまえつぞう》（一八三五―一

九二〇年。清酒「白鷹」創始者）らが、争ってこの地に私邸を構えていった。[*16]【図9】

住宅地の形成にあたって転用された用地は、田畑などの耕地のみでなく、松林や石屋の帳場などが相当の面積を占めていた。本来、雑木林は、農業の生産性において田畑の比ではなく、第二義的・従的な機能を果たすのみの極めて経済効率の低い土地であった。しかし、住宅地への適正という別の側面から見れば、田畑に比べて好ましい場所が多かった。郊外住宅地の形成は、土地の利用形態においても画期的なものであったと言える。

地価の高騰

このような人口増加によって、財政は豊かになり、地元商業の進展にも結びついていくものの、一方では物価や地価の高騰といった生活問題も生じてくる。交通網がまだ整備されていない閑静な農村や漁村であった頃に坪二〇銭で売買されていた田地が、坪六五銭で売買される所も現れた。須磨停車場周辺の海の手においては、なんと坪六、七円で取引されていたという。[*17]明治四十年頃になると、須磨停車場付近は坪百円となり、山の手の最安値でも一三円以上となって、地主は容易に土地を手放さなかったようである。[*18]別荘生活する人たちの影響からか、「色と酒に身を窶《やつ》し多くもなき祖先伝来の資産を蕩尽せんとする青年多く」「心ある人々は眉を顰めている」とも新聞に報じられた。[*19]そして海辺の砂利を盗む窃盗犯が横行し、小船一杯につき一五、六円で取引され、庭園に利用されていたことも同紙に伝えられている。[*20]

地元の人々と郊外居住者との確執は、教育の場にも及んだ。明治三十年代、東・西須磨村の校区には、村立の須磨尋常高等小学校と東須磨尋常小学校の二校が存在していた。しかし、川崎芳太郎や鳴滝幸恭《なるたきゆききょ》（一八四九―一九二五。初代神戸市長として上水道の敷設などに尽力した）ら郊外居住者が発起し、須磨尋常高等小学校の近接地に、明治三十五年（一九〇二）十月に私立須磨浦尋常小学校を開校した。地元の人々は、「別荘学校」とか「ぼんぼん学校」と言って、羨望と嫉妬のまなざしでみていたようである。以後この学校は、移住してきた有産階級の人々が財政的援助をしたこともあり発展していく。

こうして著しい貧富の差が生じ、鉄道を境にしながら、衣食住から教育まで、その形態が懸隔していった。当時の様子を『武庫郡誌』（大正十年）は、「経済状態稍々潤沢なりと称するを得べきも、一般に貯蓄心乏しく、恒産なきもの些かならざるは遺憾とする所なり」とか「移住者の影響を受けて、上品にうつりこそつれ、粗暴野卑等に変ずる憂いなし」などと様々に記している。[*21]

また、須磨を三、四年ぶりに訪れた神戸新聞記者は、「ここ十年たたずして須磨は一層盛んなる海岸の小京都となるべし。左れば船頭山に登り漁師は山奥の畑仕事に変化し、須磨の古簾も富貴の別荘の硝子障子と変わるべし」と、その変貌ぶりを風刺的かつ的確に綴っている。[*22]

以上、明治中頃から兵庫電気軌道（現在の山陽電車）が開通する明治四十三年（一九一〇）前後まで、須磨を中心として、その変貌の様態を見てきた。多くの土地機能を兼ね備えた須磨は、交通網の整備によって郊外住宅地・観光地・保養地などとして、より一層の発展を遂げた。この間須磨では、須磨郵便局の開設、電報や電話業務の開始、神戸電灯株式会社による電灯の供給、教育施設の拡充なども行われ、日常生活における利便性はいや増しに増していったと言えよう。一方で、須磨に古来より続く文化が犠牲になったことも否めない。神戸御影や住吉周辺の住宅地にも同じような状況が当てはまり、時代の趨勢によるものと言えるだろう。

第一章

二楽荘前史

第一節　月見山別邸の建築

須磨海荘

明治二十五年頃、山陽鉄道須磨停留所の東方、西須磨村の海岸付近（住友別邸の西隣）に浄土真宗本願寺派第二一世宗主大谷光尊の別荘が建てられた。序章で述べた通り、風光明媚な土地である。「須磨海荘」「松雨荘」とも呼ばれたこの別荘には、光尊の病気見舞いや自身の静養を目的としてだろう、大谷光瑞もたびたび訪れた。ちなみに、明治二十六年（一八九三）三月十三日には、別荘の東側拡張に際し、光尊はその建築地を実検している。また、明治二十九年（一八九六）七月十日には九条道孝《くじょうみちたか》（一八三九―一九〇六。幕末明治期の華族で、後の貴族院議員。その三女籌子《かずこ》が大谷光瑞の妻に、四女節子《さだこ》は大正天皇の后（貞明皇后）となる）、明治三十一年（一八九八）七月には近衛篤麿《このえあつまろ》（一八六三―一九〇四。学習院長、貴族院議長、枢密顧問官などを歴任。東亜同文会、国民同盟会を組織した）らも別荘を訪問している。

明治三十六年（一九〇三）一月十八日、大谷光尊の遷化によって、光瑞は浄土真宗本願寺派第二二世を継承する。光瑞は明治三十五年（一九〇二）八月からインドに渡り、仏蹟の発掘調査に当たっていたが（第五章で詳述）、宗主を継承するため帰国し、その後公務と静養のため西本願寺と須磨を往復する日々を続けていた。[*1]

そして、光瑞は、光尊の別荘の北方約一キロの月見山《つきみやま》の山林（現在の須磨離宮周辺）に、インド仏蹟調査の整理や研究をなす目的で、須磨月見山別邸を建築する。この別邸の建築経緯については定かではないが、明治三十五年（一九〇二）十月四日に「月見山の特売見合」と題して、所管の岡本大林区署が同月二日に地所販売の特売広

図10　明治末頃の西須磨村周辺：中央に建っているのが月見山別邸。山手の山林に建てられている。

告を掲載したものの都合で特売を見合わせる新聞記事が掲載されているから、[*2] おそらくこの頃に土地購入の話が具体化したものと考えられる。

光尊の別荘は海浜部にあったが、月見山別邸の土地の選定にあたっては、住宅地化した海岸部の雑音や、電車の騒音を避けることが望まれたようだ。光瑞自らも、避暑地や別荘地としては海岸より山手の方が優良であること、その理由として、海岸の白砂浜では日中照り返しが強く、朝夕には風があるので暑苦しい一方、山地になると山や谷から風が吹き爽快であることを指摘していたようである。[*3]【図10】

山麓にテントが

起工に先立って、明治三十六年（一九〇三）五月二十一日の時点では、すでに月見山別邸の建設地には天幕（テント）が張られ、足利《あしかが》義蔵《ぎぞう》（一八七二—一九四四。後の明治四十二年（一九〇九）には大谷光瑞、籌子夫人のインド経由のイギリス巡遊に際して随行長となり、多くの仏蹟調査を行う。二楽荘建築のキーパーソンで、武庫中学初代校長、本願寺執行長などの要職を歴任）を主任とする研究員二〇数名を従えて資料の整理や研究が行われていたという。[*4]

東京の高輪仏教大学を卒業して、その一員に加わった禿氏祐祥《とくしゆうしょう》（一八七九―一九六〇。仏典の書誌学的研究で知られた仏教学者。『仏教大辞彙』の編集主任、真宗史編纂所主監などを歴任）は、明治三十六年（一九〇三）六月二十五日に月見山別邸に赴いた。山麓中腹のわずかな平地に、インドのエドワード皇帝の戴冠式に使用したと言われる大小五、六張のテントが設置され、そのうち大テントは光瑞用と研究用の二張があり、テーブル、椅子、夜間用の石油ランプが完備されていた。このテントでは書見もできるようになっているが、昼間は土木作業などにも使われていた。他のテントは、食堂や事務所といった機能に応じて使い分けがなされていた。[*5] この月見山別邸を同年八月十九日に訪問した島地黙雷《しまじもくらい》（一八三八―一九一一。浄土真宗本願寺派の僧。明治五年（一八七二）より渡欧し、海外の宗教事情を視察。執行長を務めるかたわら、明治二十一年（一八八八）女子文芸学舎を開設し、日本赤十字社の設立にも関わった）は、後に「観月山荘所見有感」と題してその時の様子を漢詩に詠んでいる。[*6]

彼岸会《ひがんえ》の後には編纂部テントを除いた生活用のテントを引き払い、光瑞自身は西本願寺に常駐する旨が報じられた。[*7] 背景には、日露戦争が接近し、西本願寺が戦時奉公・従軍布教を展開するのに応じて、研究に従事していた人員もその本務に戻らねばならないといった状況があった。継続的な整理、研究はできなくなってきたが、光瑞は断続的に月見山別邸に赴いて、滞在可能な研究員とともに整理、研究を漸次進めていった。[*8] ちなみに、その労いの意味が込められてであろうか、明治三十六年（一九〇三）十月二十五日の日曜日には月見山別邸で園遊会が開かれたようで、「電燈を利用して夜の茸狩を催せし由」が「他に類のなき珍談」として「大谷法主電燈で茸狩」と題した新聞記事に報じられている。[*9]

仏蹟巡拝記の編纂が細々と行われるなか、月見山別邸の建築工事も本格的に進められていった。光瑞（一万一千九百坪）、池永三章《いけながさんしょう》（千百坪）、龍江義信《たつえぎしん》（一八七四―一九五三。明治二十九年（一八九六）西本願寺文学寮高等科を卒業。在学中は瑞艇部に所属。西本願寺国内留学生として、東京帝国大学理科大学の聴講生となり、坪井正五郎に付いて人類学を学ぶ。明

図11　須磨月見山　絵はがき：左から「八角暖室」、「西洋二階木造」、日本風平屋と続く。

治三十年（一八九七）から、帰国を挟み六年間、南洋諸島の調査に赴く。須磨月見山別邸の建築にも関与」（七千六百坪）の名義で土地が取得され、その敷地面積は総坪数約二万六百坪という膨大なものであった。初めに京都西本願寺の奥御殿の一部である墨竹之間が移築された。続いて龍江義信設計によるものと言われる「スレート葺西洋二階木造一棟」（三五坪）が建築され、順次附属施設や庭園、果樹園や乗馬場、池などが造られていった。建築費の総額は、四〇数万円とも言われている。

月見山別邸の建築

眺望がきく月見山の最高位には、「スレート葺西洋二階木造一棟」（三五坪）と、それに続く日本風平屋四棟が連なっていた。この建物群は、北側の池（通称「山の池」）の掘削土を利用した、高低差約三メートルの高台につくられていた。この高台の下、南側には「硝子葺八角暖室（温室）」（九坪）があった。また、建物群の西側に楕円形花壇（長軸八五メートル、短軸二二メートル）、池の北側に四角形花壇が存在していた。池の西側には長さ二〇メートルの温室をはじめ、

図12　月見山別邸　絵はがき「本願寺須磨月見山別邸桃林之景」

仕人官舎など付属施設が数棟あった。【図11】

四角形花壇の周辺や建物群の西側、池の北側一帯などには桃林や林檎畑があり、温室では苺が栽培されていた。桃の木は約一万七千本に及び、明治四十年秋には水蜜桃《すいみつとう》を宮中に献上している。この桃林の一部は、「本願寺須磨月見山別邸桃林之景」（現在の須磨離宮公園駐車場にあたる）として絵はがきに掲載されている。【図12】果樹園は、わずか一〇人の植木屋によって一〇日間で仕上げられたという。[*10]

四角形花壇の北方、標高七八メートルの地点には、「最高ノ景勝地ヲ占メ展望頗ル宜シク海上ノ気象万千一眸ノ内ニ入ル」と評された「山亭」が位置していた。[*11] 建物や庭園は、自然の樹木をうまく利用しながら配置されていたと想像され、「風情は却々《なかなか》に得難き趣きがある」と評す新聞もあった。[*12]

この別邸は後述するように、後に武庫離宮建築用地として国に買い上げられることになるが、武庫離宮の工事録には、「御殿前面ノ地勢変更全背面元テニスコート跡ノ鋤《すき》取リ」と記されているから、[*13] テニスコートがあったことも推測される。

上下水道や電話・電灯など生活関連の設備がどうなっていたのかについては、現状では詳細には分からない。ただ電灯がすでに設置されていたことは、前掲の「大谷法主電燈で茸狩」で見た通りである。絵はがき「本願寺須磨月見山別邸庭園之全景」【図13】には、建物群や果樹園まで数箇所に架線柱がみられるから、随所に配電されていたのだろう。ちなみに、須磨町に電灯が供給されたのは明治三十五年（一九〇二）九月五日のことであり、

図13　月見山別邸　絵はがき「本願寺須磨月見山別邸庭園之全景」

その約一年後には設置に至っていたことになる。電灯が供給された当初、須磨町全体では一二七灯を数えた。[*14]電話についても、武庫離宮の工事録に架線の配置が記されている。[*15]須磨町において電話交換業務が開始されたのは、明治三十七年（一九〇四）四月のことである。[*16]

庭園施設に散水するための水は池から引いたものと考えられる一方、月見山別邸の立地から考えれば、上水は谷からの水をいったん貯水池のような施設に溜め、簡易な水道管をもって各所に配水したものと想像される。

月見山別邸においては、仏蹟巡拝記の編纂のほか、園芸事業も進められていたことが果樹園や温室の存在から想定されよう。しかし当時の園芸関係雑誌にも記載がみられず、その事業内容については不明である。ただ、月見山別邸内に建物を建ててもらったこと、そこで母方の祖父母が管理人をしていたことを回想する記載もあるので、[*17]委託されて庭園やその他施設の管理に従事する人員もいたようである。

月見山別邸の様相について、これ以上掘り下げて言及することができないのが現状である。とはいえ、後に武庫郡本山村に建築されることになる二楽荘の立地形態や施設配置、各事業の初期形態は、ここ月見山別邸においてすでに整っていたと考えられるであろう。

宮内省による買い上げ

宮内省は、神戸という土地柄、天皇の保養に加えて国賓の宿泊や接待などの公的行事も行える行在所《あんざいしょ》〔天皇の巡幸の際の仮宮〕が、この地域でも必要であると考えていた。明治二十三年（一八九〇）から三十六年（一九〇三）にかけて、神戸沖では三回の海軍観兵式、大演習観艦式が挙行されたが、その度に、天皇は舞子《まいこ》にあった有栖川宮《ありすがわのみや》家の別邸に仮行在することとなった。このような背景のなか、宮内省は新たに行在所を置くべき場所の調査に取りかかる。[*18] そして、神戸御料地《ごりょうち》〔皇室の所有地〕に称された旧専崎弥五平《せんざきやごへい》〔一八三〇―一九〇一。摂津八部郡出身で、維新後に神戸で旅館や回漕業を営んだ幕末・明治期の商人〕邸（現在の神戸市東川崎町）に明治三十九年（一九〇六）から離宮の造営が開始されたが、自然環境の問題で中止となった。[*19]

一方西本願寺ではこの当時、日露戦争などによる負債が未整理であり、明治四十四年（一九一一）に迎える大遠忌〔宗祖親鸞の遠忌のこと〕法要を前にして、教団の財政事情は必ずしも良くなかった。公表された負債総額は、六〇万円であり、そのうちの二五万円余りは西本願寺特別会計からの流用であった。[*20]

このような両者の状況が絡み合い、明治四十年（一九〇七）、西本願寺は当時帝室制度調査局副総裁であった伊《い》東巳代治《とうみよじ》〔一八五七―一九三四。兵庫県訳官を経て、伊藤博文の知遇を得て明治政府の工部省に出仕。大日本帝国憲法の起草に従事。その後、農商務大臣、東京日日新聞社社長、枢密顧問官などを歴任〕に月見山別邸を売却する依頼をし、宮内省との折衝を築地別院輪番《りんばん》であった後藤環爾《ごとうかんじ》〔一八七一―一九三六。浄土真宗本願寺派の僧。明治三十八年（一九〇五）より東京築地本願寺勤務。関東大震災に際しては難民の休息所や簡易診療所を開設するなどの社会活動に尽力した。昭和四年（一九二九）より本願寺執行長、また千代田高女などを創立した〕が担当した。こうしてようやく、神戸沖を眺望する風光明媚な武庫に在していた月見山別邸を離宮の造営地として選地することが決定した。

図14　武庫離宮（大正10年）：一般の人は「須磨離宮」と呼んでいた。広大な土地には、26棟の建物があり、すべてヒノキ材が使われた。

図15　武庫離宮の遠景

明治四十年（一九〇七）三月末に手続きを完了し、[*21] 月見山周辺の大谷家が所有する土地、村有・民有の土地、計約六万坪が売却されたようで、その時の売却費用は計二二万円とも言われている。[*22]

明治四十四年（一九一一）七月六日、離宮を新築する予算として五七万四七五四円四〇銭が可決され、同年十月七日から請負業者の選定や測量などの準備が行われた。そして十一月二十五日から本格的な土木工事が実施された。それに伴い、旧月見山別邸の建物【口絵7】は、工事関係で再利用される建物以外、撤去または移築される手筈となった。工事事務所には、第四号建物元仕人官舎がそのまま利用され、さらに大正二年（一九一三）二月にはその一部が庭園造築事務所として代用された。【口絵8】

高台の建物群にあった「二階建洋風建物一棟」と「日本風平屋一棟」は、帝室林野管理局京都出張所（現在の環境省京都御苑管理事務所）の庁舎として移築された【口絵9】。明治四十一年（一九〇八）二月七日に帝室林野管理局長官渡辺《わたなべ》千秋《ちあき》名で内匠頭《たくみのかみ》〔建築・土木などに関することを管掌する宮内省の部局内匠の長〕片山東熊《かたやまとうくま》〔一八五三―一九一七。明治の建築家で数多くの宮廷建築を手掛ける。東宮御所造営技監となり、赤坂離宮の造営にもあたった。その他の代表作には日赤病院、奈良国立博物館、京都国立博物館、東京国立博物館表慶館などがある〕に立案書が提出され、四年後の明治四十五年（一九一二）二月十九日に移築は完了した。[*23]

旧月見山別邸の建物で最高位に位置し「最高ノ景勝地ヲ占メ」ていた山亭は、「構造粗悪ニシテ再利用ノ見込ミノナラス新築建物ト対照スレハ頗ル調和ヲ欠キ風致ヲ損スル」とされ、[*24] 撤去を要する建物とされた。

一方、建築に瑕疵のない建物は、結局そのまま残された。天井川沿いの「茅屋一棟」「瓦葺草葺混交木造平屋（八三坪）四棟」「瓦葺二階建木造（約二〇坪）一棟」「檜皮葺亭形平屋（約六坪）」「瓦葺四阿舎（約一坪）」「草葺祠堂形木造平屋（約二坪）」「檜皮葺吹放四阿舎（水屋）（約二坪）一棟」「瓦葺丸木造（約九坪）一棟」がその建物にあたる。[*25]

なお、当初この離宮は「須磨御用邸」「月見山離宮」などの仮名称で呼称されていたが、明治四十一年（一九〇

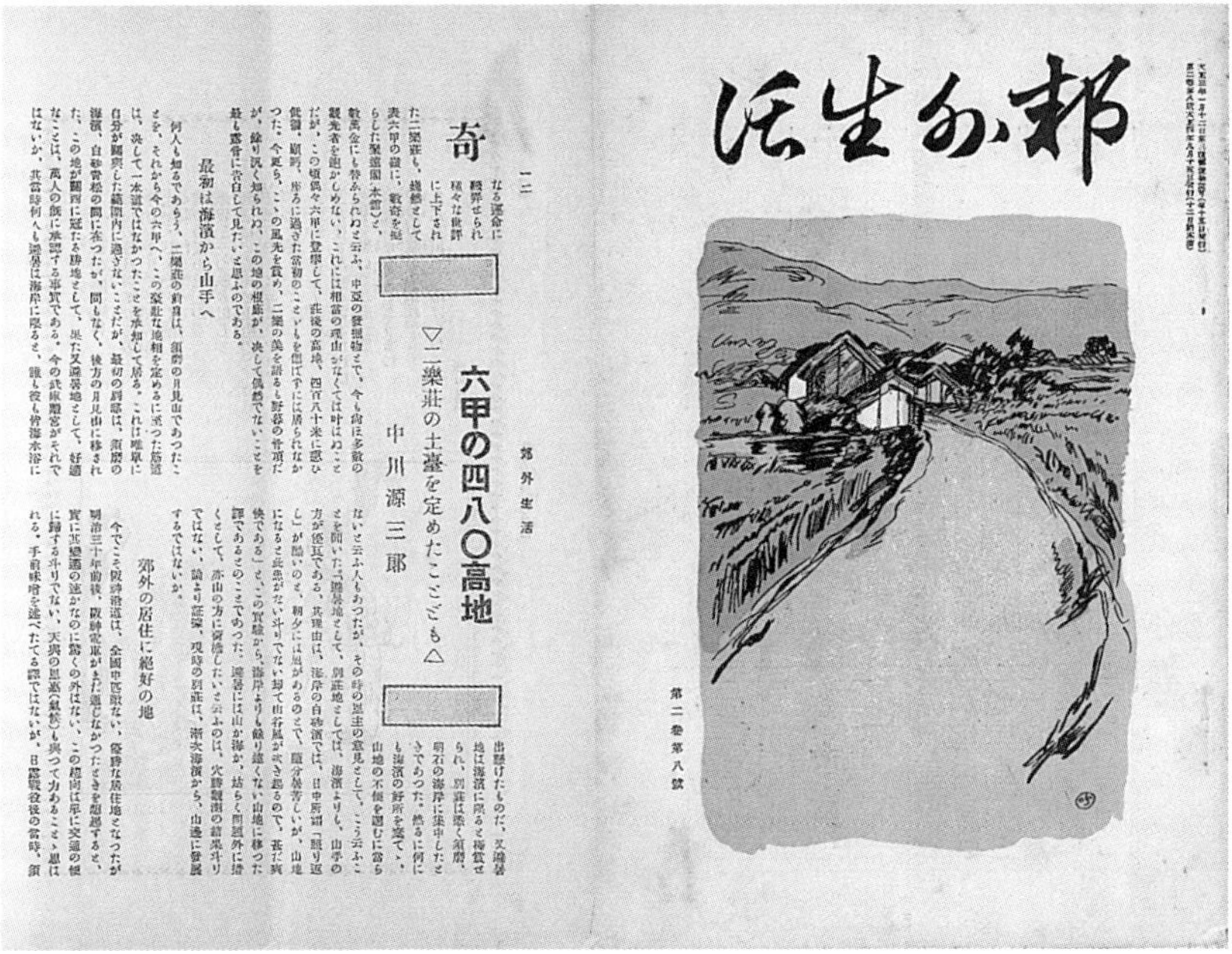
郊外生活

第二巻第八號

郊外生活

六甲の四八〇高地

▽二樂莊の土臺を定めたことども△

中川源三郎

最初は海濱から山手へ

郊外の居住に絶好の地

図16　「六甲の四八〇高地」（『郊外生活』第２巻第８号）

八）二月に「武庫離宮《むこりきゅう》」と正式に改称された。【図14、15】

第二節　二楽荘の選地から工事まで

四八〇サガセ

月見山別邸の宮内省による買い上げが浮上した明治四十年初め頃、大谷光瑞は別邸を移転するための建築前委員会を設置し、大谷尊重《おおたにそんじゅう》〔一八八五—一九六一。大谷光尊の三男。尊重は法諱で、後に光明と改めた。明治三十八年（一九〇五）より執行長〕、大谷尊《おおたにそん》由《ゆう》〔一八八六—一九三九。大谷光尊の四男。明治四十一年（一九〇八）から執行長、大正十年（一九二一）に管長代理〕、柱本瑞俊《はしらもとずいしゅん》〔一八八八—一九五八。第二次大谷探検隊のインド隊員の一人〕、橘瑞超《たちばなずいちょう》〔一八九〇—一九六八。大谷探検隊の第二次・第三次西域探検に参加し、楼蘭・敦煌遺跡を調査。ウイグル文字の研究で著名〕らを委員に任命した。明治三十八年（一九〇五）中国より帰国した光瑞の側近上原芳太郎《うえはらよしたろう》〔一八七〇―一九四五。明治三十五年（一九〇二）大谷探検隊インド調査に参加。翌年には僧籍を持たない門徒として本願寺室内部長に就任。昭和十二年（一九三七）には大谷探検隊の成果報告書である『新西域記』を編集刊行。戦中には、西本願寺の法宝物を疎開させて守りぬき、「本願寺の生字引」と評された〕も後に二楽荘の設計、建築に関わっているから、その建築前委員会にも参与していたことであろう。西本願寺の外部からも委員を選出しており、当時神戸測候所所長であった中川源三郎（第四章で詳述）もその一人であった。その後二楽荘の付属施設である六甲山測候所所長に就任した中川が当時を回想した「六甲の四八〇高地」[*26]【図16】には、二楽荘の建設地選定が難航した様子が克明に叙述されている。

光瑞から提示された場所選定の条件は、

一、気候の最優勝な土地（須磨に匹敵するか劣らない所）
一、特殊の地形（南方に海岸を控える場所）を完備する地形
一、交通（京都から）至便な土地
一、天災の被害（地震、暴風雨は無論主に雷災）を避けられる土地
一、清良な水が最も豊富な所

で、すべての条件を満たす必要があったようだ。全国を探し求めたが、どこも一長一短であった。

第一候補として選定されたのは、阪神沿線の表六甲であった。表六甲といっても相当な範囲であり選定に困惑していたとき、外遊先の中国にいる光瑞から選地の採決文が返電された。電文には「四八〇サガセ」とのみ書かれていた。「四八〇」とは海抜（米《メートル》単位）を表すことが判明し、六甲山の地形を検地すると、武庫郡本山村の打越山《うちこしやま》の標高に相当することが分かった。この打越山から南方に派生した丘陵地（扇山）は、まさに各条件を満

たしていて、その山裾に鎮座する素盞嗚《すさのお》神社の風致林と背後の扇山が作り出す景観が素晴らしく、良好な環境と思われた。中川源三郎を中心に扇山周辺の気象観測が約半年間行われ、住環境には最適であるという結果が出た。

　土地の取得についてはかなり難航し、気象観測と並行して協議がなされた。その模様は、月見山別邸の売却に関わる手続きが完了して間もない、明治四十年（一九〇七）四月二十八日の『中外日報』に初めて取り上げられた。*27 該当する土地が本山村岡本の共有山林であったため、各戸の同意を得るのに時間がかかり、地価の基準も定まらなかったようである。交渉は六月に入ると土地代三万五千円（三分割払い）での売却で収まりかけたが、別荘敷地内を通る村有の道路に関連して問題が生じ、またもや難航することになった。とはいえ、同年九月十一日には、元神戸信託銀行社員横井時春が仲介となりその問題も解決し、同月十三日村民と西本願寺の双方を交え、魚崎村の聴松亭で和解の宴が開かれた。*28

　これをもって、場所の選定作業から気象観測の実施、用地買収に伴う地元との調整などの問題は終了し、ついに武庫郡本山村岡本小字天王山に別邸が構えられる見通しとなった。候補地決定から数えて五カ月後、明治四十年（一九〇七）九月のことであった。

廃船を利用して

　別邸の地所が決定し、地元本山村岡本へは明治四十年（一九〇七）十二月二十七日に開発地の登録税として九三銭が納付され、翌年から本格的な基礎工事が実施された。明治四十一年（一九〇八）から四十四年（一九一一）の岡本村『金銭出納帳』には「大谷家松茸山売却代」として一〇円が常収入として記されているから、一部の地代は分割で支払われていたと思われる。

　別邸の建築設計は、光瑞を中心に西本願寺技師・鵜飼長三郎《うかいちょうざぶろう》、同技手・大概乙次郎《たいがいおとじろう》、壁画揮毫人・伊藤快実《いとうかいじつ》、建築請負人・雑賀長三郎《さいがちょうざぶろう》、同現場係主任・福田秀吉《ふくだひできち》が担当し、助言者として当時東京帝国大学工科大学教授であった伊東忠太（一八六七―一九五四。建築家・建築史家。日本建築の源流を求め中国、インド、トルコなどを踏査。雲崗石窟を紹介したことでも知られ、日本・東洋建築史の体系を築くなど、偉大な業績を残す。築地本願寺、真宗信徒生命保険株式会社社屋（本願寺伝道院）などの建築も手掛けた」も加わった。[*29] 建築はまず約一五〇坪の洋館一棟（本館）から着手されることになった。そこで問題になったのが、建築資材、人件費のコストをいかに少なくするかであった。光瑞は、なんと神戸沖の廃船を利用することによって、資材の材料費やその運搬費、人件費や加工費をある程度削減できるものと考えた。

この廃船[*30]のチーク材は、洋館の部屋の壁や床、窓枠や階段などに用いられた。また、船側《せんそく》の鉄板は機械室へ、煙突は山中の水道管へ、などと工夫を凝らした利用方法が試みられた。

他にも建築上の工夫はなされたようで、「涼風《すゞかぜ》の通ふ家　本願寺の別荘学理応用」と題した新聞記事によれば、「信州群馬県にある風穴《かざあな》の理《り》を応用して背後の山に洞穴《ほらあな》を作り」「夏時《かじ》は室内自然に涼風《れうふう》の通ふ装置を為し」「屋上は銅にて包み銅の樋《ひ》を以て地上に通じ自然に避雷の作用を起す計画もある」ことが取り上げられている。[*31] また経費削減を求める一方で、光瑞は地元岡本村に対する気配りも忘れず、村内の各戸に土産金を配分している。[*32]

そして、建築部分の掘削、地ならし、養生、工事関連施設の工事をほぼ終え、いよいよ明治四十一年（一九〇八）三月十七日に起工を迎えることとなった。まずは建築資材を山上に運搬する必要がある。運搬には蒸気で稼動するトロッコが利用されたという。

明治四十一年（一九〇八）八月十二日には棟上げが行われるが、その一カ月半ほど前には別邸の名称が「二楽荘（ニラクソウ）」と本願寺室内部より公式に発表された。[*33]「二楽」の由来については公表されていないが、大正元年（一九一二）十一月に二楽荘を一般公開するに際して光瑞から相談を受けた関露香《せきろこう》（一八六六－一九三七。本名は貢米。英語教師を経て大阪毎日新聞記者となり、明治四十二年（一九〇九）に光瑞のインド旅行に随行し報道を連載。後に二楽荘印刷部長。大正七年（一九一八）には富山日報主筆。橘瑞超述『中亜探検』の編集にも携わる）の著書『大谷光端』【参考資料】には、光瑞談として「私一人で山と海の此二景を占領して楽むといふよりも、寧ろ公衆一般に開放して衆と共に楽しみたい…」という言葉が記されているから、[34]「二楽」は山と海の二景を楽しむ意であったと解釈できそうである。

地所に費やした費用が一五万円、建築資材や作業員などを含めた建築費が一七万円と報じる新聞あり、[35] あるいは予定していた支出三〇万余円を超過し、設計変更や多くの作業員の解雇がなされた旨を報じる新聞あり、[36] いずれにしても相当の金額が費やされていたことは確かであろう。

新聞による建築取材

本章の最後に、当時の新聞による建築取材の記事を見ておこう。「西本願寺の新別荘」として『大阪朝日新聞』に掲載された記事では、場所の説明から始まって、子供が煉瓦を山頂に運ぶ姿なども描写され、にぎやかな建築現場の様子が伝わってくる。

▼西本願寺の新別荘
比類なき眺望／法主光瑞師の山上生活／村の学童が煉瓦を運ぶ

神戸から汽車で大阪へ来る途中住吉近くなると前方の山を切開いた跡の赭々《あかく》と、さも大工事の行はれつゝあるが如く見えるのが即ち西本願寺法主伯爵大谷光瑞氏の新別荘である、大谷家では四十余万円を投じて拵《こしら》へた須磨の別荘を去る三月頃御用邸として宮内省へ召上られる事となつたので直《す》ぐと其の代りに此処へ別荘を建てる事にした。場所は住吉駅から二十町ばかり、武庫郡《ごほり》本山村字岡本村の中《うち》であつて梅林から見上げると一むら鬱蒼とした松山がある、麓《ふもと》に鳥居があつて茂松《もしよう》の間を上る事五六町、そこに山王《さんのう》といふ社《やしろ》がある、依《よ》つて山は山王台《さんのうだい》と呼做《よびな》されてゐる（。）此の山王台の絶巓《ぜつてん》を平面に切崩したるもの即ち法主の新別荘である（。）二月頃から工事を初めた許《ばか》りで未だ建築にも取掛らず、今は只だ僅かに土台を据えた許りであるが、場所は阪神の間にあつて海面を抜くこと四百五十尺、この平地に立つて眼を放つと東は大阪を遥《はるか》に望み、尼崎、鳴尾《なるを》、西宮などの民家が趣《おもむき》ある海浜に散在するのを見る、眼下には青々とした田畑、処々《しよしよ》に海士《あま》の苫屋《とまや》の群がるのも手に取るやう（。）西は住吉、御影を初め、神戸、兵庫は愚か、和田の岬は陸に上る鰐《わに》の尾の如く、遥に須磨の浦さへ認める、前を見れば広々とした大阪湾の波は静かに、浪は鱗の如く白帆《しらほ》は鷗に擬《まが》ふ、堺、貝塚などの土地は雲煙の間に模糊《もこ》として摂《せっ》河泉紀伊《かせんきい》の連山も一々指摘し得られ淡路島、苫《とま》ケ島の夢の如くに浮ぶに至つては形容の辞《ことば》に窮する、先づ是れ丈の眺望のある別荘は恐らく他《た》になからうと思はれる、今は山麓から軽便鉄道を敷いて木材を頂上に運びつゝある、麓に建築事務所を設け、請願巡査を置き技師を宿泊させ百余人の人夫を使役して手斧の音、檜《ひのき》の匂い淋しひ村がそのために賑はつてゐる（。）建物は洋館一棟で百五十坪位、これが八月頃には竣工するとのことだ。茲《こゝ》に面白いのは法主光瑞師の山上生活である、絶巓の平面より一段低き松林の中に奥行二間、間口四間位、樵夫《きこり》の小舎《こや》のやうな家に法主は二人の従者と共に滞在してゐる、別に二棟の仮小舎に料理番と二人の雑役をするもの合せて六人が此の不便な山上に暮してゐる、併《しか》し法主は表向《おもてむき》京都にゐる事になつてゐて、何人《なんぴと》が来ても面会せず、昼は背広の洋服を着てデブ〳〵した腹を突出して、工事を見廻り、夜は其の小舎の中に松風を友に瞑想に耽つてゐる、二十六日の晩などは粗末な屋根から雨が漏つて法主は寝ながら濡鼠《ぬれねずみ》になつたので仕方なく漁船の苫《とま》を買つて来て屋根に置き僅《わづか》に露を凌《しの》いださうな、最一《もひと》つ面白い事は山が高いので煉瓦一つも山頂へ運ぶと運賃の為に高いものに付く、因《そこ》で近所の子供に幾らやるから此を上へ持つて行けといふ（。）子供は遊び半分に煉瓦を運ぶ（。）日々《にちく》学校が済むなり大勢の子供がどや〳〵と遣つて来ては工事を手伝つてゐるなどは頗《すこぶ》る珍だ、兎《と》に角《かく》此の別荘が出来上つたらば縦し建築の点で宇内《うだい》に覇《は》は称せずとも眺望の点では優に関西第一たるを得るだらう。

（『大阪朝日新聞』明治四十一年四月三十日・九面）

他にも、明治四十一年（一九〇八）五月二十日、神戸又新《ゆうしん》日報の記者が本館の建築取材に行ったときの様子も「六甲山の新緑――大谷法主の山荘を観る」（上・下）と題された記事になっている。[37] 取材の時、光瑞は不在であったが、工事主任が説明を担当した。その記事には、「途中にバラックがある。一間に三間計りの小さいのであるが、一軒は草葺で一軒はトタン屋根である。此方に法主が宿泊して居る」と記されている。前掲の『大阪朝日新聞』の記事からも見てとれるように、また『教海一瀾』四〇二号（同年）の「六甲山別邸より二月十三日帰山」や、『大阪朝日新聞』（同年三月三十日付・三面）の「二月二十八日より工事視察のため当分滞在予定」との記載からも分かるように、光瑞は何度か別邸建設地に足を運び、自ら指揮を執って工事の進捗状況をみながら、山上で生活していたものと思われる。

建築工事中のエピソードを一つ。

▼極楽往生請合の男
　本願寺法主の帽子を冠る

武庫群本山村の内岡本村字天王山《うちをかもとむらあざてんのうやま》北部にて目下西本願寺別荘工事中なるが数多《あまた》の人夫日々《にちく》地均し工事に従事なし居り法主大谷伯及壽子《かずこ》夫人も右模様検分のためと見え目下バラツク生活の窮屈さを忍びて出張し居れるがつい此程法主が登山の後建築事務所に帽子を置忘れたる事に気がつき誰か使をやりて帽子を持来《もちきた》らすべく家従の者に命ぜしに家従は其処に居合せし人夫の一人たる田辺村の百姓角谷権右衛門《つのたにごんゑもん》の倅寅蔵《せがれとらざう》なる者に下山して帽子を持来るべく命じたるに寅蔵は直に下山して事務所に抵《いた》り其帽子を受取しが手にブラ提げて行けば邪魔臭いと幸ひ自分の頭に冠りたる儘《まゝ》スタ〳〵登山して頂上に達する頃には汗しとゞになり帽子の内側はビツシヨリ濡れたるにその儘脱いで家従に手渡したるが家従は帽の内側を検《あらた》めて見るに手もつけられぬ汗だらけなるに大《おほい》に恐縮しコレは何《ど》うしたのだと詰問《きつもん》せしに寅蔵が頭に冠つて登山せし事判りしかば家従は大立腹で叱責したが今更詮方《せんかた》なければ密《ひそか》に乾かして何喰はぬ顔で法主に手渡せしが人夫仲間にては此寅蔵は本願寺の法主様が冠物を直接《じか》に頭に戴きたる男ゆゑ極楽往生疑ひなし果報な男だとて大評判なる由

（『神戸新聞』明治四十一年五月四日・七面）

第二章

二楽荘観覧案内

第一節　二楽荘の建築細見

落成した二楽荘本館は、沿線からでも山上にそびえるその威容を眺めることができ、当時物見遊山に訪れる者が絶えなかったようである。ちなみにこの頃には、すでに大谷探検隊による将来品の一部が、二楽荘で整理・研究されていたと思われる。

ついに一般公開

しかし、明治四十四年（一九一一）から翌年にかけて、二楽荘は第三章で述べるように武庫中学の運営も軌道に乗り、その附属施設の建設も大詰めを迎えていたため、これらの事業に支障をきたすことのないよう、事前の入山許可がなければ誰一人として入ることはできなかった。二楽荘に寄せる興味は、おそらく宗門関係者も同様だったようで、『教海一瀾』には第五〇三号から第五〇八号にわたって、入山には本願寺通報所長（堀賢雄《はりますお》）の許可が必要である旨の記事が掲載されている。二四時間前までに通報所長に届出すること、訪問時間は午後二時から四時までであることなど、厳密な規定内容であった。

後日の談になるが、二楽荘で発行された『二楽荘月報』第二号（大正二年）には、「本館は申すまでもなく一私人の所有物で殊にその住宅である以上公開すべき性格の物ではないが、然しこの天然の好風景と、此花卉の美しい庭園と、幾多の歴史と、美術に関する物品とを一私人が壟断するは甚だ惜む可きことであるから広く天下の公衆と共に此楽みを頒つのが至当であろうと思ふて之を開放するに至つたのである」とする光瑞の弁が述べられている。光瑞は二楽荘本館及び庭園の公開に踏み切ることにした。

ここで登場するのが、後に二楽荘の印刷部長となり、その後『大谷光瑞』【参考資料】を著すことになる関露香である。関は当時大阪毎日新聞社に勤務していたが、営業部に掛け合い、同社独占公開ということで許可を取り付け、公開日を大正元年（一九一二）十一月二・三日の二日間と決定した。

同紙の大正元年十月三十一日・三面には「二楽荘公開・中亜探検発掘物展観」と題して、公開が一般に告示された。その「観覧規定」【口絵10】には、入場者は『大阪毎日新聞』欄外に刷り込まれた観覧券を持参した人に限ると明言された。また公開の前日大正元年十一月一日には、詳細な観覧案内も掲載された。

▼二楽荘観覧案内

▽何処で下車するか　二楽荘へ赴かるゝには汽車なら官線住吉駅、電車なら阪神電鉄魚崎停留場が最も近距離なるが若《も》し多数の人力車を要せらるれば阪神電鉄住吉駅若くは御影停留場に下車が便利とす青木《をうぎ》停留場よりの道路も亦好し

▽道路に指導標　道路は幾筋もあれど阪神電鉄にて各停留場よりの順路に夫々《それ〴〵》指導標を立つることゝなりたれば道に迷ふやうなことは少しもなかるべし

▽観覧券を受付へ　本紙欄外に刷込める観覧券は一人一枚に限り有効にて必らず各自《めい〴〵》に一枚宛《づゝ》観覧券を持参あるべく携帯なき方は一切入場を謝絶すべし而して六甲山麓に本社受付掛あればまづ観覧券をこの受付掛に提示して「二楽荘案内記」を受取らるべし

▽登山に二路あり　当日は多数混雑すべければケーブルカーは一切運転せざるにつき各自《かくじ》徒歩にて登山ありたし登山路は二つあり即ち

（第一路）ケーブルカーの軌道を登るものにて稍険峻《やゝけんしゆん》なるも近道なり、道程《どうてい》約《およそ》五町

（第二路）山麓受付口より左に取りて山路《やまぢ》を登るもの、稍遠きも勾配少なく風致に富む、道程約八町

▽老人には無理　固《もと》より困難ではなきも何分上り下りのあることなれば老人などにはチト無理かも知らねば見合わせらるゝことならんか

▽休憩所の用意　本館前に広場あり此処に出来得る限り休息の設備をなしたり唯非常の多人数を充分に収容し得る丈の大広場なきは遺憾なるが其点は予め御断りし置くものなり

▽弁当等の販売　当日来場者のために二楽荘管理の下に

（一）弁当及すしの販売（二）神戸ミカドホテルの西洋料理店開設をなす由にて尚二楽荘にて記念絵葉書をも発行し希望者のため販売する計画あり
▽履物を包む御用意　本館入門に際し各自の下駄及び靴は一切御自身において始末されたく従つてこれを包む風呂敷とかハンケチとかを必らず携帯さるゝの要あり塵芥《ごみ》となり易き新聞紙とか紙類とかを遠慮ありたし又何分山道なれば靴の外は草履、雪駄等が便利なり
▽館内の巡覧　館内は成べく滞らざるやう敏活に各陳列室を観覧し順路を前進せられたし特に陳列品に手を触るゝことは堅く御用捨《ごようしや》

▽庭園と下山道　美しき庭園を損せざるやう又下山道の風致林を毀《きず》つけざるやう先刻御承知のことなるべけれど予め御注意を乞ふ
▽山麓迄の車賃　御影署に於て左の如く定められたり
一、御影、住吉両停留場より　二十銭
一、魚崎、青木両停留場より　廿二銭
一、官線住吉駅より　十八銭
但し雨天の際は孰《いづ》れも三割増
而して若し不当の要求を為す者あらば法被《はつぴ》又は車体番号を御影署へ通知ありたしとのことなり
（『大阪毎日新聞』大正元年十一月一日・一一面）

観覧案内を読むと、当時の人々がどれだけ二楽荘に注目していたのか、興奮が伝わるようである。大阪毎日新聞社は、公開に先だって「光瑞法主と二楽荘」と題する十回もの連載記事も掲載している。そこで本章では、二楽荘の独占公開を行った『大阪毎日新聞』による連載記事を引用し、また『建築工芸叢誌』（後述）に掲載されている二楽荘の写真や、原色版の絵葉書を併せて掲載しながら、当時の人々に近い目線で二楽荘を観覧していこう。【図17〜図19】

「せみ郎」と記名があるこの『大阪毎日新聞』の記事を執筆した担当者は橋詰良一《はしづめりよういち》。当時大阪毎日新聞社の内国通信部兼社会部員で、活動写真班にも加わる第一戦の記者であった。この連載記事の内容からは、橋詰が二楽荘に直接足を運んで取材したこと、その時の二楽荘側の対応者が光瑞の近侍の一人、柱本瑞俊であったことが分かる。柱本は以後、橘瑞超が中央アジア探検に行っている間の二楽荘の実質的な責任者となった。

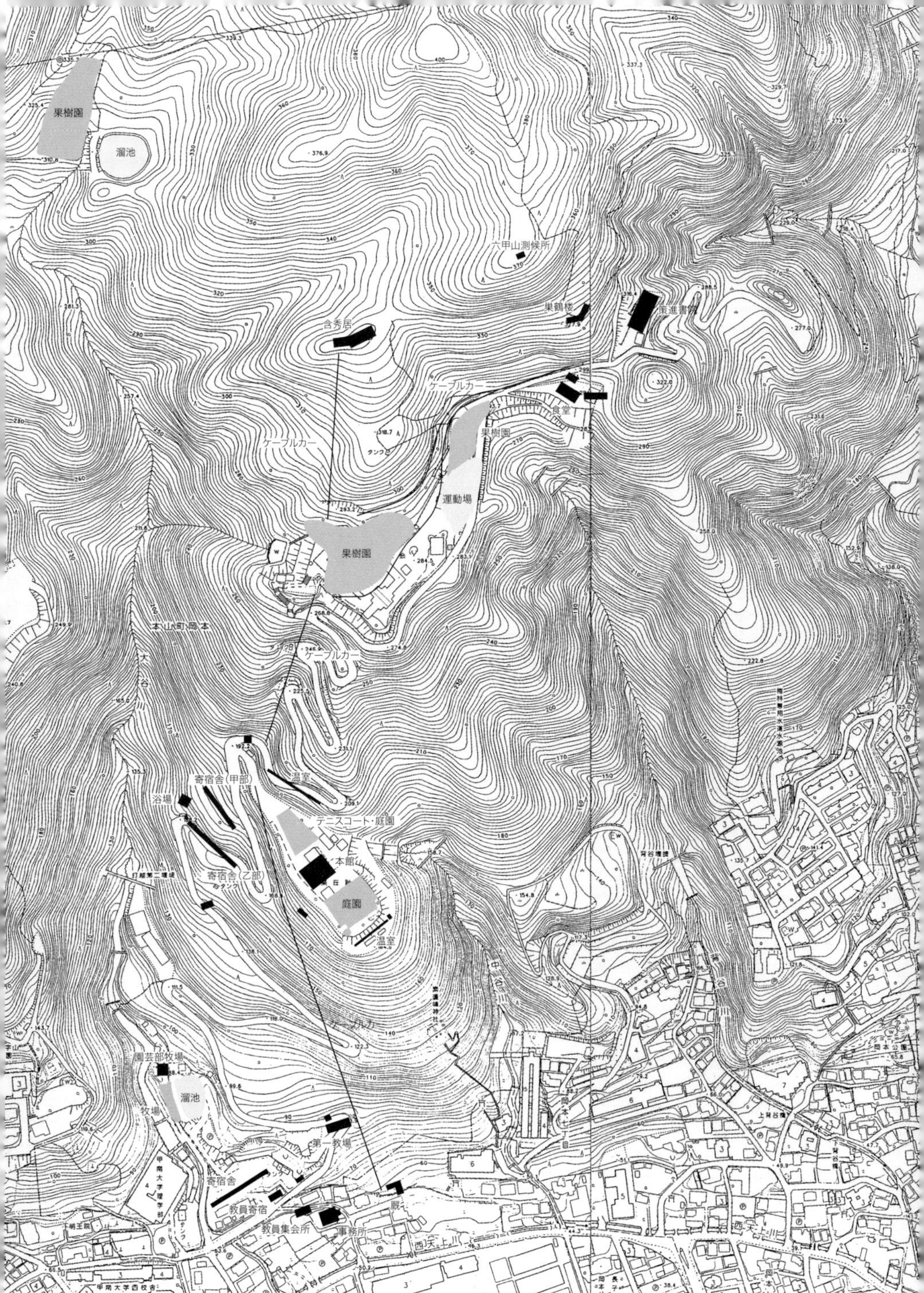

図17　二楽荘本館及び附属施設の配置図（推定）

▼二楽荘内の各国室

ゴシック式、レネサンス式、或はサラセン、マホメダンなどと騒廻る世の中に、純乎《じゆんこ》たる印度式によつて設計せられた二楽荘が、素人目にも品彙匹儔を絶するの観あるは当然のこと。

二楽荘の外見は主として印度アクバル大帝時代に於ける古代建築の粋を摸さうと苦心したもので、赤のサンドストーンと赭褐色のサンドストーンで造り上げてある、印度宮殿の夫《それ》に形取つたのが、屋根の赤色スレートと、四方の壁にある菫色のスレートである。

遥に望めば単に朱屋の如く、ケーブルカーによつて次第に近づくに従ひ漸くに壁色の菫に近きを見出す心持は誠に印度探検家ならでは思ひ出さぬ面白さだと柱本氏はいふ。

二楽荘の一角に塔の如く突き立つたケオスクといふ尖房の屋根の形が普通建築のベランダとは趣を異にして居るところや、高き中央の大屋根が他のドームと異風をなして居るところなどは、少しく建築を知るものゝ直《たゞち》に看守する点だと聞いたが、教へられて見ると首肯《うなづ》かれる節が多い、機関室の前に第一ケーブルカーを棄てゝ、摂海の遠望を前景としながら二楽荘の北側へ近づくと其所が玄関。

玄関の台石から、両側の柱に彫つけた山形のやうな模様も、欄間に箝めた鉄格子の模様も、凡て印度模様で、窓の取りかたから庇《ひさし》の腕木《うでぎ》まで、細大漏らさず法主が手づから下絵を作つたデザインに拠つたもの。

法主が此二楽荘を設計した最初の方針は、坐《いなが》らにして常に五大洲を巡錫《じゆんしやく》するの快を独占しやうといふにあるので、全山の形式こそ印度式なれ、屋内に入れば各国の室あり、室に各国の珍宝什器あり、更に各国人のボーイを各室に配して各国固有の接伴をさせやうといふ企《くはだて》であつたといふが、各国人を各室に配するといふ点以外は今、概ね其目的を達して居る、然しボーイには支那人も居る、室内の動物には英国の猫が居る、埃及の犬も居る、露西亜産の大犬も居る、剝製のものに至つては固より世界各国に渉つて備はらざるなしである。

室は階下に五、玄関を入つて右にあるのが英国現代の建築、箝木細工の印度模様を敷き詰めた鏡の如き廊下の右に当つて、英国室に隣つたのが支那室、廊下の左にあるのが亜剌比亜《アラビア》室と、英国封建時代式の大室、事務室、それに純洋式の浴室と便所とがある、階上には八室、印度室、廻廊式書庫、埃及《エヂプト》室と外に洋式の客室が四ツ、法主の寝室が一ツ、そしてケオスク尖房の一室が、今は悲しき筺《かたみ》となつた裏方籌子の仏間である。

更に三階には倉庫用の数室がある、そして其窓や写真暗室の明取《あかりとり》を見ると、いかさま舷側《げんそく》の船材だと思ひ当る。

また更に地下には料理部屋、小僮部屋があつて、其屋根が舷側の鉄板で蔽ふて青芝の庭になつて居るのも振つたもの。

要するに此の上下十数室を見ると如何に法主の知識の多方面なるかを観取することが出来る。

（「光瑞法主と二楽荘（四）」『大阪毎日新聞』大正元年十月二十六日・三面）

図18－１　二楽荘本館外景（玄関面）（『建築工芸叢誌』より）

図18－２　二楽荘本館外景（庭面）（『建築工芸叢誌』より）

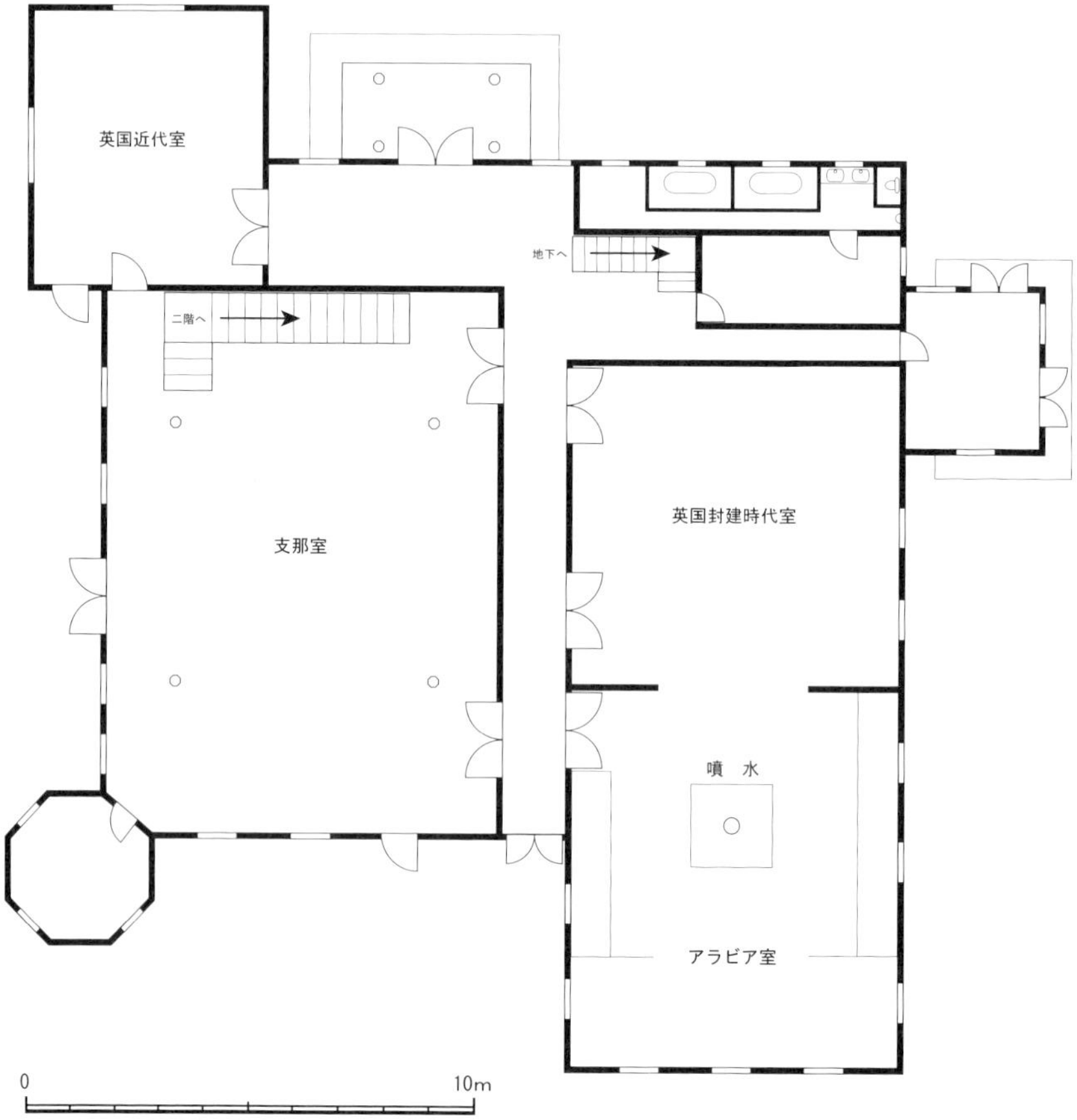

図19－1　二楽荘本館１階平面図（推定）

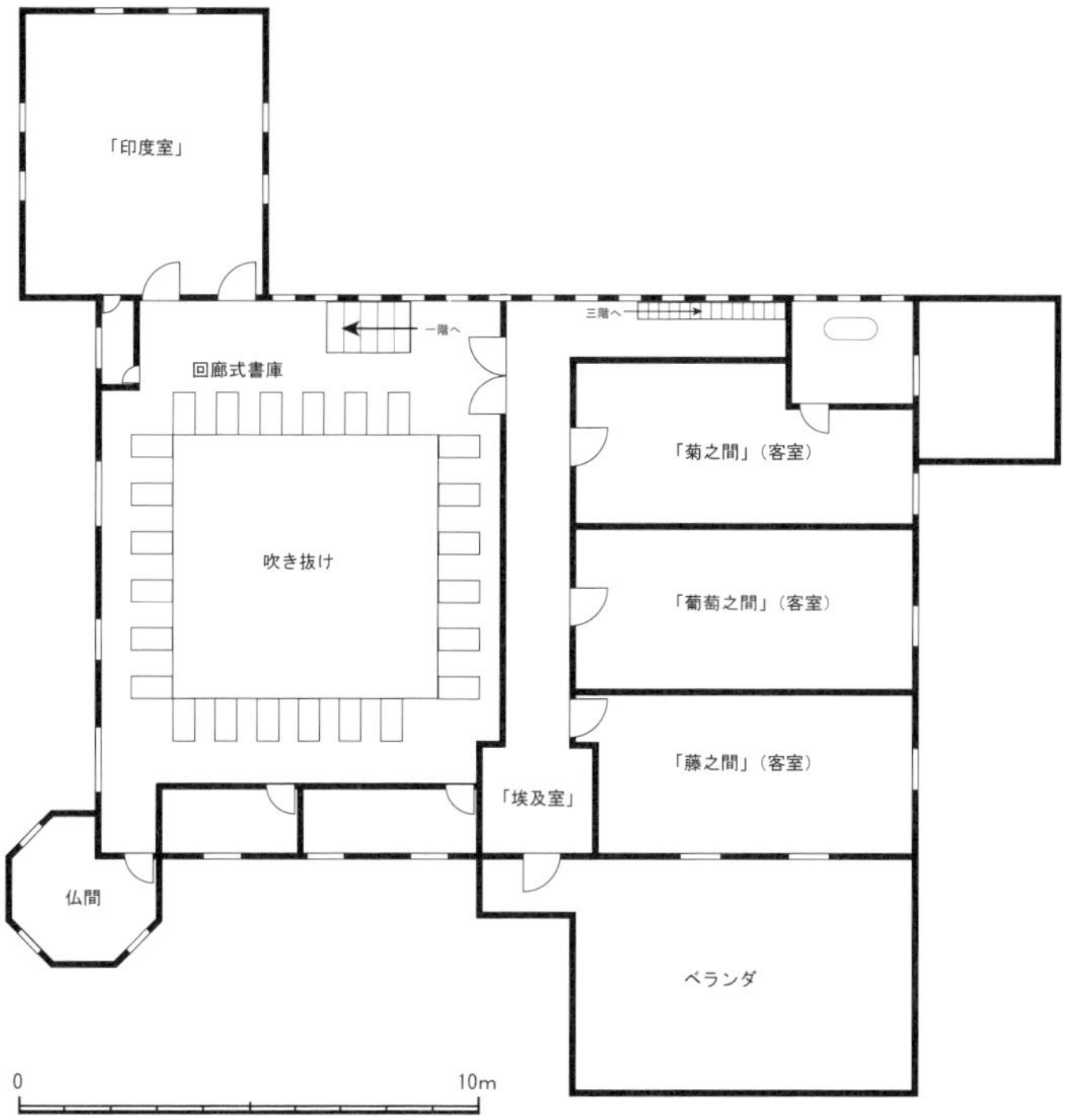

図19－２　二楽荘本館２階平面図（推定）

図19－３　二楽荘本館地下平面図（推定）

図20　二楽荘（聚遠閣）絵はがき　支那室

▼支那室と亜刺比亜室【図20〜図23】

中央廊下の右にある支那室は広さ三十坪即ち七十畳の四角な室で、窓も天井も一切支那風になつて居る（。）

先づ周囲の壁には法主が支那旅行中に蒐集した大石碑や墓碣類《ぼかつるい》の石刷がズラリと貼つけられてある、大きいのは高さ一丈に余り、幅六尺に達したのがある、諸葛武侯《しよかつぶこう》祠堂碑《しどうひ》、等慈寺碑《とうじじひ》、大宗皇帝経文、九成宮醴泉銘なんど何《いづ》れも見上ぐるばかりのもので、好事家の垂涎に価するもの。欄間の奇形図、階子段《はしこだん》の横張にした大宗皇帝廟の石馬の石刷など古蒼を以て勝つたものばかり。

瓦敷きの上に並べた、机も椅子も大テーブルも一切を支那式にして、諸所に支那古文の衝立がある、巨蟒《うはばみ》の頭に傘を着せた奇抜極まる電燈台にギョッとしながら、天井の天人図を仰いで居ると、何《ど》うしても日本に居るとは思はれぬと誰でも言ふ。

其の天井の中央が真四角に切抜けて、ズッと高い大天井の八角形穹窩《きうくわ》が見透される、其周囲の手摺の内が即ち階上の書庫なんだが、夫《それ》は後廻しとして、先づ廊下を隔てた亜刺比亜室へ転じやう。

図21　二楽荘（聚遠閣）絵はがき　アラビヤ室

亜刺比亜室は実に階下に於ける第一の美しいもので、床は白色の大理石と、黒色の大理石とを碁盤がたに敷詰めて、其中央《まんなか》に池が出来てあつて、池の中央に噴水が絶えず淙々《そう〳〵》の響を為して居る、勿論冬は低く流れしめて泡沫を飛はせぬやうにしてあるが、暄《あたゝか》いことは温室の如く、地辺の珍草は秋でも冬でも常に五彩の妍《けん》を競ふて居るのである。

周囲の柱から壁から天井の彫かたまで総てマホメット式のデザインによつて法主の選択したもので、アラビヤのアルハンブラ宮殿内なる王室の壮観を摸したのだといふが、蒸菓子の青餅や、栗饅頭や藤色の蒸餅を並べたやうな天井の美しいのと、上段の間の天井に土耳古《トルコ》式のデザインを使つた明るさとが見事に配合されて、室内を一層に明るくして居る。

こゝに並べた土耳古、亜刺比亜室式の安楽椅子によつて、窓越しに前庭の直線美を見て居ると、身は日本に居る感じが消えて仕舞ふ。

（「光瑞法主と二楽荘（五）」『大阪毎日新聞』大正元年十月二十七日・七面）

図22　支那室（『建築工芸叢誌』より）

図23－1　アラビヤ室（『建築工芸叢誌』より）

図23－2　アラビヤ室（『建築工芸叢誌』より）

その北隣の英国（封建時代）室（イギリス室）は、白土で塗られた大きな梁が天井を走り、テーブルや椅子などすべての調度類が頑丈で素朴な英国風、そして壁一面に鹿などの角や頭蓋骨が飾られていた。この部屋には、徳富蘇峰や平福百穂（第三章で詳述）、二楽荘を後に買い上げた久原房之助（第六章で詳述）も来室したと山本晃紹《やまもとこうしょう》（一八九八―一九七六。仏教学者。ハワイ本願寺教団からの依頼で『真宗聖典』を英訳、『教行信証』『歎異抄』なども訳した）は回想する。*1

▼英式の封建室と近代室【図24、図25】

曲線に富み、色彩に富んだアラビア室から其隣にある英国封建時代室に這入ると、極端な直線式が先づ観者の眼を刺激する、真角な細い柱が約二尺四方ほどの碁盤目に組み合されて四方の壁を飾る処真角な同じ柱が天井の中央と両端に亘つて、其の柱の間隔に肋骨の如く方柱の渡つて居る処、全て粗朴にて、豪健にして、シカモ黒褐色の角柱が白壁の上を縦横に走れる配色の単純にして調子の強烈なるところ、寧ろ壮快な感じがするのである、其色彩のセピア式なるところ不思議にも趣味において洋画のセピア作品と一致するの感あるも面白い。

十字壁の処々、各地の獣類の頭が修飾的に配列されてある、崑崙《コンロン》山陰の牧羊、ウラル山陰の兎、曰く何山の鷲、曰く何山の狐、法主が世界旅行の土産ばかりだと聞くに至つて更に一層の面白味がある。此の直線的なる封建室から、歩を英国近代室に転ずると、頓《とみ》に花やかな色彩が感情をソヽルに堪へぬ、室は漸うく十六坪、真四角な小房ながら、窓は思ひのまゝに高く、壁はエメラルド、グリーンのやうな薄緑に塗り尽され、天井には図案画の色目も麗《あざやか》に隅模様の心地よさ、これを日常の食堂にして、法主が裏方籌子とゝもに支那ボーイの給仕を興がられたる其の在し日を思ひ出でますれば此の秋日和も曇るやうですと柱本氏は鼻を詰まらせる。

床は一面に本山の山形模様を組木にして黒く白くスリッパーの触りも滑らかに、黄絹を掛けた衝立の裏には地下の厨房より膳部を運ぶべき直立穴《たてあな》がある、斬髪の支那僮子が雪白のエプロンを掛けて時に客に侍《はんべ》るの状は、今も尚ほ見られるが、一汁三菜、銀椀に盛つた挽割麦の御馳走と、廃物利用の建築とを併せ思ふとき坐《そゞろ》に法主の雅懐が偲ばれるのである。

（「光瑞法主と二楽荘（六）」『大阪毎日新聞』大正元年一月二十八日・三面）

図24　二楽荘（聚遠閣）絵はがき　イギリス室

図25　英国封建時代室（『建築工芸叢誌』より）：表記は異なるが「イギリス室」と同じ部屋である。

図26　二楽荘（聚遠閣）絵はがき　印度室

続いて階段で二階へ上れば、大きな廻廊室へ出る。

▼廻廊室の書庫 【写真帖M―33】

支那室の天井が四角に抜けて、階上の其の周囲が書庫になつて居るとは曩《さき》に書いた通りだが其の書庫に入つて試みに各部に属する幾万、幾十万の書籍を見たときに、僕の友人中の書物好きな或男なんど垂涎三千丈、たゞ懵々《ぼうぐ》として歩く脚もだるくなつたと呆れ却つたのがある。

僕の見たときにあつた回廊の書棚はザット廿五六、支那各地の秘誌とも思はるる唐本のみでも幾千巻、史類に属する珍籍もまた幾千冊、支那より次第に西蔵《チベット》、印度と其の範囲を広げて遂に世界に及んで居る、而《し》かも爰《こゝ》は単に東洋語を主としたる法主の当用書籍を置いたばかりで、山頂の白亜殿に移した世界各国語の書籍こそ実に二楽荘の書庫として誇るべき珍籍の大部分を占めたものですと柱本氏は笑ふて居た。

勿論仏籍の如きは総て山頂殿の奥深く納められてあると思《お》ぼしく、影を棚架に現して居ないのが別けても驚かるゝところで、日本の教育書類、倫理書類、哲学書類、さては地理歴史に属するもの、特に多いのが政治に属するもの、法制に属するもの、測量に属するもので、経済

伯爵大谷光瑞氏別邸二樂莊印度式居室（兵庫縣）

図27　印度室（『建築工芸叢誌』より）

書もある、数学の書籍もある、地図や、海図は固《もと》よりのこと、航海術がある、船舶信号の書物もある、天文書も沢山なことだ、気象の書籍は特にドッサリと並んで居る、友人の某氏ならぬまでも驚かずには居られなかった。

（「光瑞法主と二楽荘（七）」『大阪毎日新聞』大正元年十月二十九日・七面）

▼思出多き印度室【図26、図27】

汗牛充棟の書架を繞らせる回廊室の西北に隣つて、別に小房の添ふた一室がある

印度式なる二楽荘の外形と相適ふた印度式の内容に富める此の一室こそ、轡《くつわ》を夫君《ふくん》と並べて紫海黄嶺、万里の風雪に馬蹄の薫《かんば》しきを驚かしめたる故籌子方の部屋に充てられたもので、今は主なきソフアーのたゝずまゐにも、印度彫刻の椅子、卓子《テーブル》にも、四囲の諸什器にも、将た取り添へたる小房の化粧室にも、なべて思出のみ多きものとなつて居る

純印度式を摸した一室の按配は総てアクバル大王の居室に則り、天井から隈組の工夫は、主としてアクバル宮殿内の大臣室に擬したものだとか

熱風熱砂を捲いて吹き入るを防がんために窓は何れも二重戸を用ゐたりといふ印度宮殿の夫《そ》れによつて、比較

的に小さい六ツの窓に二重の硝子戸と、尚ほ一枚の雨戸を取りつけられたのは先づ誰が目にも止まるべきもの
　四壁に掛けられた印度壁画の濃彩図が、アクバル宮殿内なる真壁画の破れをも其儘に摹《も》してあるところ、また観者《みるもの》の目を惹くべき第二のもの
　ヒマラヤの大写真は裏方の手に齎らされたる大旅行記念品の一《いつ》と、見れば天鵞絨《びろうど》刺繍の如く、近づいて細視すれば黒色大理石に各色宝石の象眼図を刻出《きざみだ》せる精巧の大額も亦、裏方遺愛の旅行記念品で、印度の大建築タジマホールの附近に鬻《ひさ》げるもの
　印度仏教を大成せるアクバル大王の遺業絢爛として文物の華美遂に其頂点に達せるシャージヤハン王の妃を祀るために王が全力を傾倒したりと称せらるゝタジマホールなる大白亜殿の柱梁が、赤黄青緑の瑪瑙《めのう》象眼を以て鏤《ちりば》められつゝある大美観は常に印度旅行家の舌を捲いて語るところ、其ホールの摸型と共に、各種の瑪瑙象眼の品々が参拝紀念としてアグラ附近に販売されて居るとも印度巡礼の説くところだが、朝風暮雨、此の好紀念品に向かつては甘泉殿の楽みに代え、静に手冊の旅行記を繰返しては九華帳の歓びに比したる闊達な故裏方の趣味がアリ〳〵と此一室に現はれて居る
　（「光瑞法主と二楽荘（八）」『大阪毎日新聞』大正元年十月三十日・七面）

▼埃及室と毛氈庭【図28、写真帖M―26、M―35】

　各種の埃及《エヂプト》模様と、各種の埃及彫刻と、ナイル河畔の大壁画とピラミッドの大壁画とを繞《めぐ》らした小さな埃及室を南へ抜けると、屋上のベランダから一目に南庭の氈園《カーペットガーデン》が瞰下《みおろ》される
　支那室の南窓からでも亜刺比亜室の南窓からでも、真下に見える五色の庭園は即ち之で、二楽荘の奇観に平面の美観を添へて居るのである
　アクバル大王のシャマルバーグに擬したもので、カシミルやラホールには何れも此の式によつた大庭園があつて、植物の葉色と、葉の落つる頃に咲き出づる花の色と、栄枯凋落の変化を考へて巧に各様の色彩を直線的に配合されて居る、そして其中央には必ず方線式の泉水が純印度式に配置されてある。
　而も其の結構の大部分を摸して遺憾なきに至る迄には尚幾年を要するけれど、着手後三年の今日、まづ〳〵之で印度式の庭園と称するに差支はないので御座いますと

図28　エジプト室（『建築工芸叢誌』より）

柱本氏は説明を加へた

今此中にある秋季の草花《そうくわ》は三百種に上らないが、季節の変化に応ずべき山内の温室には優に一千五六百種の草花が用意されてある

今は四隅にある尺金《さしがね》がたの緑紋と、南北に並んだ緑黄各色の印度模様に使つた緑葉草に苦心が存して居るのですが余り眼につける人はなからうと思ふ、其四隅の端にあるのは中亜オルホンの草で、純印度産の珍草木は多くマダ苗床にある時季ですと千原技師は語つて居た

其珍中の珍なものといへば、釈迦正覚の地ブダガヤの菩提樹で、摩耶夫人之を手折らんとする時其脇より釈迦誕生ましたといふアソカ樹なるものは即ち之だが、釈迦仏滅後百四五十年、阿育王《アソカ》の時代に至つてブダガヤに繁茂したゝめアソカの名を得たといふ此仏家至重《してう》の樹は法主手づから持ち帰られて今はモウ大丈夫といふまでに培養が出来て居る、オルホンの菖蒲も、オルホンの金皮柳も橘師、柱本氏等が印度、西蔵の大旅行から持ち帰つた名も知らぬ熱帯の珍卉《ちんき》幾十種も軈《やが》て此の氈上の配彩たるべく色素栽培に注意されて居るといふも愉快だが、六百尺の山頂に此の庭園を構えて、印度式の池泉に夏冬を別たぬ清泉を湛えて居るなどいかにも法主式を発揮して居る

而も其数段の庭園を見越して摂海の蒼々たるを見るの快に至つては、殆ど比喩の辞がない

（「光瑞法主と二楽荘（九）」大正元年十月三十一日・七面）

次いで、『大阪毎日新聞』の記事に掲載されていない事柄についても補足していこう。二楽荘が取り上げられ伊東忠太が巻頭言を寄せた建築誌『建築工芸叢誌』では、工事設計監督技師だった鵜飼長三郎による「二楽荘建築工事概要」が掲載されており、内部の構造・間取り・室内装飾や防火・暖房・電灯・電話・電鈴・避雷針などの細部の点まで詳細に報告されている。[*2]【参考資料】

防火設備については、山上水源地より給水し、一・二階にそれぞれ三カ所の消火栓を設け、二重巻ホースを付けた。そして、戸や窓は鉄板張の引き戸を採用した。暖房装置としてはアメリカ製ラジエーター会社の温水式暖房機を各室に取り付けた。暖房をより効果的に利用できるように、また避暑や防音も目的として、外壁材に漆喰塗り、内壁に石綿を用いて、壁・床の空間には籾殻を充填したという。

雷嫌いの光瑞師

ところで、中川源三郎による半年にわたる気象観測から、この地域が居住空間として適した地であることが判明したが、数年に一度は暴風雨を直接受けることも予測された。そのため、外部施設として避雷針を設置することについて非常に慎重に計画された。光瑞の雷嫌いは当時の新聞記事などにもたびたび触れられているが、二楽荘の設計に関与した上原芳太郎も雷嫌いで、その随筆「芦の屋漫筆」五に、「避雷針は最初の一撃には効を発揮するも、再び第二撃あらば却つて危険な場合もある。そこで、一基よりは数基を立てて相互に連絡せしめ、しかして年一回必ず検査せねばならぬ、と。二楽荘本館には数基を立て、之より銅線を以て荒き網目を作り、殆ど全館を裏《つつ》んで安心し得る工事を施した」と、その設計段階から工夫を凝らして避雷設備が設けられたことを記している。[*3]ここにみられる「銅線を以て荒き網目を作り、殆ど全館を裏」むとは、塔二箇所、大棟二箇所の避雷針から外壁へと直接、銅の電導線を碁盤目状にはわせて地面まで達する仕組みのことであろう。

「白い洋館」含秀居

光瑞は本館の建築後、新たに二楽荘本館の上方、標高二八〇メートルの地点に住居を構えることになった。その工事は明治四十四年（一九一一）末頃より進められ、まず、資材を運び上げる軽便鉄道の敷設工事から始められた。二楽荘本館から居住域までを直線で結ぶため、山麓部分をコの字状に掘削し、その底面にレールが敷かれた。含秀居《がんしゅうきょ》【図29、写真帖T―24】の建築が行われた時、第三年級だった久我通則は、「上のトロッコには山を崩した土を麻袋に詰めて積み、下にはセメントなどの建材を積みこんで、電話でもういいかい、もういいよの連絡合図で、上げ下げする仕組みの作業が生徒の受持ちとされました」と記している。[*4] 二楽荘本館の公開が間近に迫った大正元年（一九一二）十月には、含秀居の外観が完成し、内装に移行しようとしているところであった。[*5] 翌年一月には内装もほとんど終え、光瑞の蔵書類も移動していた。徳富蘇峰に宛てた手紙が残っている（光瑞と蘇峰との交流については第三章で詳述）。【図30】

外観を含めたその様子は、「六甲の大山荘」として当時の建築誌『建築世界』に紹介されている。[*6] その建物は、「灰白色の豪壮な野性的な横長い大建築」と称され、インドのムガール帝国第三代皇帝アクバルが建てたアグラ城を模したものとされた。コンクリート造二階建の構造で、一階には光瑞の書斎があった。また、建物の西側には、光瑞の蔵書が収められた図書館が併設されていた。北側には湯殿と称された浴場があり、図書館の横には昵《じっ》近部《きんぶ》（第三章で詳述）の寄宿舎があった。昵近部の部員は、この寄宿舎から授業に通い、光瑞の居間の整理や掃除も行っていたという。[*7] また、光瑞による授業は、含秀居の居間でも行われていた。この含秀居には、朝鮮総督寺《てら》内正毅《うちまさたけ》（一八五二―一九一九。元帥・陸軍大将、政治家。明治十五年（一八八二）フランス留学、各国軍事制度を視察して明治十九年（一八八六）帰国。参謀本部次長、陸軍士官学校校長、陸軍大臣などを歴任。大正五年（一九一六）首相となり超然内閣を組織して、シベリア出兵を強行したが、米騒動の責任をとって総辞職した）も訪問している。

ところで、この建物は『建築世界』には正式なものと考えられる「含秀居」という名称が示されず、「大山荘」と記されている。「光瑞法主と二楽荘」二（『大阪毎日新聞』）の記事には、建物の外観から付けられた俗称

図29　含秀居の近景

と思われる「白亜殿」としか記されていない。その建物をみた小寺カズヱや松見房之助に筆者が聞いたところによると、見た目の印象から、二楽荘本館と含秀居とを対比させて、「赤い会館（二楽荘本館）、白い会館（含秀居）」とか「赤い洋館、白い洋館」と呼んでいたという。

それでは、含秀居と命名されたのはいつ頃であろうか。含秀居の名称が初めて現れるのは、大正二年（一九一三）五月八日付の光瑞から徳富蘇峰に送付された書簡の「二楽荘山上含秀居に於て」という奥付と思われる。以降は『教海一瀾』や『二楽荘写真帖』（大正三年）にも含秀居と記されていることから推測すると、私立武庫仏教中学としての認可が文部省からおりる大正二年三月前後に決定していたのではないかと考えられる。この含秀居の命名の由来については、関露香が「天下の秀才を含み集めて渠《かれ》自身其処に居る」の意であることを著書『大谷光瑞』の中で記している。【参考資料】

西蔵僧正室

二楽荘本館のある山麓の西端に西蔵僧正室《チベットそうじょうしつ》という二階建の建物が、明治四十四年（一九一一）秋に建てられた。この建物には、チベットからの留学生（高僧ツァワ・ティトゥルとその従者二人）と留学生の世話役多田等観《ただとうかん》（一八九〇―一九六七。明治四十四年（一九一一）西本願寺に入り、チベット僧の世話役に従事。飛雲閣や二楽荘でチベット語の勉学に励み、明治四十五年（一九一二）に青木文教、藤谷晃道と共にチベットに向けて出航。チベットのラサに滞在し、僧侶としての学問や修行に研鑽を積んだ後、大正十二年（一九二三）に大蔵経などの文献を携え帰国。著作に『西蔵撰述仏典目録』（日本学士院賞受賞）、『チベット滞在記』など）がともに生活していた。この留学生たちは、チベットと西本願寺との

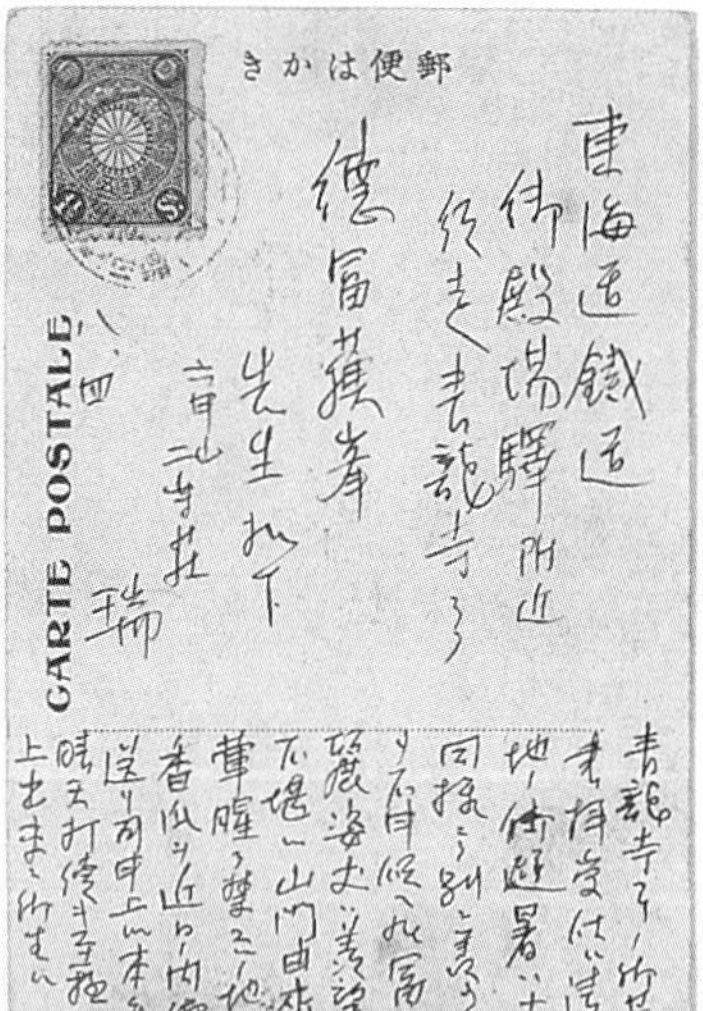

図30　大谷光瑞から徳富蘇峰宛　絵はがき（二楽荘絵はがき）　大正２年８月４日付：居住の中心を「含秀居」に移しての、夏の夜の生活の一端を記している。

交換留学生として来朝していた。

多田等観は、後に当時日本と交流のなかったチベットに入り、十年間にわたって仏教の修行にあたり、ダライ・ラマ一三世の厚い信頼を得て、チベットの貴重な文献を日本に将来した僧である。二楽荘で生活し勉学を修めた期間は一年にも経たないが、明治四十五年（一九一二）一月二十三日に、等観とチベット留学生三人、青木《あおき》文教《ぶんきょう》（一八八六―一九五六。チベット学者。明治四十二年（一九〇九）仏教大学（現在の龍谷大学）在学中に、大谷光瑞・籌子夫人のインド巡遊の随行員となる。現地では仏蹟調査に従事し、帰国して二楽荘に留まって施設運営に携わる。明治四十五年（一九一二）年にチベットに向けて出航した後、約三年間滞在した。著作に『秘密之国西蔵遊記』『西蔵文化の新研究』など）、梵語研究者藤谷晃道《ふじたにこうどう》（一八八六―一九七六。明治四十五年（一九一二）、インド、チベット仏蹟調査のため出航後ネパール周辺の仏教遺跡を調査し、大正二年（一九一三）に帰国。その後、沖縄開教を経てハワイ本派本願寺総長、別院輪番の要職を歴任）らはインドに出発する。

なお、多田等観の弟の多田義正は、開校と同時に武庫中学に入学している。

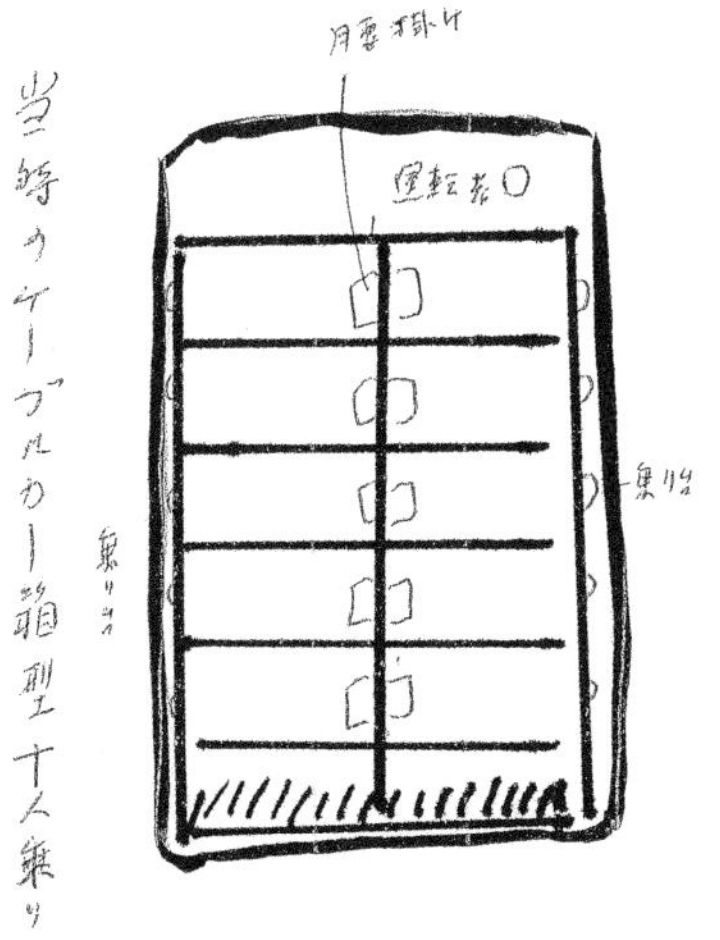

図31　井上好太郎が描いたケーブルカーの平面図

ケーブルカー

上述のように、二楽荘本館の建築に際して、資材などは軽便鉄道を敷設し引き上げたらしい。[*8] 軽便鉄道とは、今のケーブルカーに類似したものである。大正元年（一九一二）の後半になると二楽荘には三つの軽便鉄道が敷設され稼動していた。そのうち特に、山裾から二楽荘本館横に通じる軽便鉄道（勾配三〇度、長さ五五〇メートル）、二楽荘本館からさらに上に通じる軽便鉄道（勾

図32　二楽荘本館に到着したケーブルカー：破損が著しいが『二楽荘写真帖』のケーブルカーと形態が異なっていることが見てとれる。撮影時期から考えて後年のものであろう。

配五〇度、長さ四五〇メートル）の二つは、まさにケーブルカーと呼ぶにふさわしいものである。もう一つは果樹園から武庫仏教中学の教場（巣鶴楼《そうかくろう》と策進書院との間）まで敷設されていた。山裾から二楽荘本館横に通じる軽便鉄道は、明治四十五年の『二楽荘写真帖』には「第一ケーブルカー」と呼称されている【写真帖M―2】。この第一ケーブルカーは、ロープの両端に車両をつなぎ、機械室の巻き上げ滑車を動かすことで駆動する「つるべ式（交走式）」と呼ばれる構造のものであった。第六章で述べるように、二楽荘は後に閉鎖され、久原房之助に移管されることになるが、久原家移管後の大正九年（一九二〇）当時一〇歳だった地元在住の井上好太郎は、祖父藤十郎に連れられてこの第一ケーブルカーに乗ったという。このケーブルカーは、一〇人乗りで運転台が前方右側にあり、腰掛けや乗り台が敷設されていたらしい。【図31】

二楽荘本館から上方に通じる路線は、『二

楽荘写真帖』（明治四十五年）に「第二ケーブルカー」と記され、第一ケーブルカーと同じ構造を有していた。含秀居建築に伴って造られたこのケーブルカーの工事途中の写真が『二楽荘写真帖』に掲載されている【写真帖M―46、M―47】。また後年のものと思われる異なる構造を持ったケーブルカーの写真も残されている【図32】。そして、学生が好奇心からトロッコに乗って仕事の合間に遊ぶこともあったようで、連絡の誤報からトロッコが発進し乗ったまま急降下して大事故になった経験も綴られている。

第一・第二ケーブルカーは、建築に伴う資材運搬の役割が完了した後、井上の言うような乗車用のケーブルカーに改良されたものと推測される。本章冒頭の「二楽荘観覧案内」などにもケーブルカーに関する言及が散見される。

二楽荘に設置された軽便鉄道の動力源は水蒸気で、二楽荘本館や含秀居の付近にその機械室が設置された。ちなみに当時ケーブルカーに類したものは大変稀少であった。旅客用としては、大正七年（一九一八）に開業した生駒山ケーブルカーが我が国最初のものであったと言われている。阪神間では、大正元年（一九一二）に摩耶山ケーブル鉄道会社が設立されたが、実際に営業を開始したのは大正十四年（一九二五）のこと、六甲ケーブルカーは昭和七年（一九三二）のことである。二楽荘の軽便鉄道は、規模も小さく、もとは運搬を用途としていたから旅客用のものとは異なるけれども、蒸気機関を利用したケーブルカーの初現的形態として理解できるのではないだろうか。

水と電気の供給

二楽荘は山麓部に立地することから、水源に対する問題が深刻であった。二楽荘内で使用される水は飲料用のみではなく、庭園の噴水施設、温室園芸に使われる水、温水暖房機、ケーブルカーを駆動するための蒸気など、相当の水量が必要であったからなおさらである。それら生活や事業に欠くことのできない水は、いったいどのように供給していたのであろうか。

まず、山裾に位置している二楽荘印刷所や牧場（第四章で詳述）などでは、岡本村小字ミナシ塚の溜池（大正三年『二楽荘写真帖』「園芸部牧場」【写真帖T―30】右隅、通称大谷池）や掘削した井戸からの水を利用していたものと考えられる。

次に本館を含むその他施設はどうであろうか。

花山信勝《はなやましんしょう》〔一八九八―一九九五。浄土真宗本願寺派の僧、仏教学者。昭和十年（一九三五）『聖徳太子御製法華経義疏の研究』で学士院恩賜賞。昭和二十一年（一九四六）東京帝大教授。巣鴨拘置所の教誨師としてA級戦犯七人の処刑に立ち会ったことでも著名〕の著書には、光瑞から水の重要性を教えられたことや、水は山上の水源地を利用したことが記されており、[*9]谷水を集める水源施設が造られていたことが想定される。水源施設は地形から判断して、参謀本部陸軍部測量局作成の測量図（明治一九年）の「六甲山」にみられる岡本村小字新林の標高三二〇メートルにある溜池（『二楽荘写真帖』「果樹園」【写真帖M―45】左下に写る池）であると考えられる。この溜池は、通称大谷と呼ばれる谷やその他の小規模な谷から流下した水が集まる場所に立地しており、量的にかなりの水量が期待できたであろう。この溜池を含め新林などは、元来岡本村の領地であったものが、二楽荘建築に伴い買い取られたものと考えられる。この溜池の水は、周辺の果樹園に配水するものと、簡易な水道管を通り標高約二六〇メートルに立地する含秀居付近の人工溜池に分水するものがあったと想定される。「光瑞法主と二楽荘」三（『大阪毎日新聞』）【参考資料】に記された、廃船の煙突を利用した「山中水道の鉄管」もその一部に利用されたのであろう。

電気についてはどうであろうか。

『建築工芸叢誌』には、灯火はすべて電気を利用し、各室の天井には意匠を異にしたシャンデリヤが吊られていたことが記されている。『二楽荘写真帖』「二楽荘本館夜景」【写真帖M―21】にみえる皓々と照らされた光もすべて電気によるものであろう。また、第四章で詳しくみるように園芸施設においても使用された可能性が高く、『郊外生活』に電気を使った栽培方法の試みなども記されているから、電気の需要も大きかったことが分かる。

当時の阪神間では、明治三十八年（一九〇五）四月に阪神間で最初の電車を運行した阪神電気鉄道株式会社をはじめとして、私設電気鉄道株式会社の多くが、本来の電気鉄道経営と併行して、自社の余剰電力をもって沿線地域の電化を進め、家庭電灯の普及と電気の供給を行っていた。これによって、明治四十一年（一九〇八）十月五日から本山村でも電灯が使用された。明治四十二年（一九〇九）の時点では、本山村の戸数四三三戸に対してわずか一六灯にすぎなかったが、二楽荘本館が竣工した明治四十四年（一九一一）には早くも一八八灯に増加し、かなりの普及をみることになった。とはいえ、一戸一灯さえ珍しい時代に、二楽荘内で使用された電灯が占める割合は相当高かったことが考えられる。

電話についていえば、大正四年（一九一五）の段階で、本山村における電話加入者は村全体の戸数の一％にあたる一一名であった。二楽荘のある岡本村の電話事務は、御影電話所の御影局特設電話加入区内に編入されていた。二楽荘では、公衆用と室内用の二種類の電話が設置されていたという。

第二節　公開当日の様子と訪問記

公開第一日索道の人波

二楽荘公開の初日は、山麓の事務所前に参観者が群集し、午前八時の開門を七時半に早めて入場させた。その後も二楽荘本館へ向かう山道は、数珠つなぎの行列であった。また、停留所から二楽荘へ向かう沿道には、柿菓子・煙草・草履貸し・ハンカチ売り（履物包み用）、そのうえ名物と称して「二楽荘餅」の出店までが立ち並んだ。最寄り駅である国鉄住吉駅や阪神電鉄青木・魚崎・住吉駅とその周辺は、電車が到着するたびに超満員で、人力車を使う人も多かったようである。『大阪毎日新聞』の記事によれば、第一日目【図33】の入場者数は八千余人。第二日目【図34】の入場者数はなんと二万三千人を超え、入場制限のすえ謝絶が決定されるほどであった。かなりの長文にわたるが公開第一日の様子を伝える新聞記事を引用しておこう。

▼二楽荘公開第一日
六甲山上の殿堂／好奇の眼を惹く中亜の発掘物／山麓より山巓まで人の波

さしも夜来の雨は拭ひ去られて二日の天《そら》は一入《ひとしほ》高く澄み渡り六甲の連山淡《うす》く狭霧《さぎり》の薄絹を被りて聳え、摂海の浪静かに凪ぎ渡れる此日本派本願寺法主大谷光瑞伯の別墅《べっしょ》、兵庫県武庫郡岡本村天王台の二楽荘において我社の計画に係る中亜探検発掘物の展観を行はる

▽山上の装飾　是より先き二楽荘にては同法主が予て多くの資財と年月を費やして蒐集したる世界の珍を階上階下に布置して按排を終り本館前の広き芝生には数個の大天幕《テント》を張りて食堂及び休憩所となし茲《ここ》の入口に本社旗を交叉し其周囲と索道筋及び山麓一帯には紅黄紫白《こうこうしはく》とりぐの小社旗を吊して美観を添へたり

▽備後路より先登《せんとう》　軈《やが》て午前六時といふ夜の黎明に早く

図33　昨日の二楽荘（「二楽荘公開第一日」『大阪毎日新聞』）

も参着したる一団の観覧者は遥々備後路《びんごぢ》より来りしといふ中学教員連にて此展観によりて考古の資料を得んとする篤学《とくがく》の士なり次いで三三五々山麓の事務所に押掛くるもの引きも切らざるより午前八時の開門を半時間繰上げて七時半に開門して参観者を迎へ入れたり

▽索道の人波　開門を報ずる三発の煙花《はなび》は高く中空を掠めて打揚げらるゝや今回新《あらた》に修築せる登山道を辿り巓《いただき》を指すもの姫路の五十人団体高知名古屋よりの参観者を始め陸続として相踵《あいつ》ぎ九時十時に至る比《ころ》ひは山麓より山巓まで首尾相接して一条の人綱を曳けるが如く壮者は更に健脚を鼓して遮二無二索道を攀登《よぢのぼ》る羽織袴ありフロックあり制服ありリボンあり紅紫錯絡《さくらく》として松林の間を縫へば沿道のコスモス風に乱れて袴に触れ袖に靡《なび》く処宛然《さながら》に絵巻物を展《の》べたるに似たり

▽発掘物の展観　本館前に登り来れる参観者は茲に暫く足を止《とゞ》めしめ一回約《およそ》三四百人づゝ順次に入館することとせるが先づ英吉利《イギリス》室の壁画類に好奇の眼を注ぎ阿剌比亜室に入りては障壁天井等の華麗目を射る許りなるに驚き新疆発掘古銭の珍奇なる傍は始終人垣を作りて容易に立去るを見ず転じて支那及印度室に入りては仏陀伽耶千仏塔の破片、霊鷲山釈尊説法聖跡の廃土、経石の破片等最も難有屋《ありがたや》の注意を惹き諸葛孔明の用ひ居たるものといふ支那銅鼓を手に触れんばかりに差覗《さしのぞ》きて垂涎措かざるものもあり、更に支那室廻廊を登りて印度室に及び其建築の多趣味なるに惚れ〴〵し聴て之が法主自からの設計になれると聞いて二度吃驚《びっくり》するもあり

▽裏方の御居間　此印度室は故裏方光顔院殿の御居室《おゐま》なり由を聞知りて遽《にはか》に珠数取直して伏拝む善男善女も少

からず中央卓子《テーブル》の上に法主が印度より齎《もた》らし帰りたりといふ菩提樹を置きありしかば園芸家の鑑賞一方ならず裏方御仏間の貴重品同小室の発掘貴重品等は神戸及び阪神沿道よりせる外国人及び考古家連の趣味に合して食指の動くを禁ぜざるが如きものあり、此室最も人足を止めて始終身動きもならぬ程なりき

▽無比の眺望　階下に下りて毛氈《カーペット》庭《ガーデン》に出づれば眼界四囲に開けて御影住吉其他海岸の人家と、穣々《ぜう〱》たる西摂の田畝を一眸に集め水天相接《すいてんあひせつ》する処白帆の彼方此方に行き交ふさま景趣比ぶべくもあらざるより花卉の間を逍遥して去りがてにするもの少からず、此処に六甲中学生の売捌《うりさば》き居れる二楽荘絵葉書を争ふて買求め温室と苗床を見たる後は更に又絶景に憧れてミカドホテルの食堂又は本館前の食堂に後戻りして昼餐をしたゝめ前面彼方此方に燃え出で初めし櫨紅葉《はぜもみぢ》の色を賞しつつ短き秋の日足を恨む等興趣容易に尽きざるものゝ如かりき

▽園芸部の花店　温室より降ること少許《すこしばかり》にして二楽荘園芸部の花店あり菊のいろ〱其他和洋草花を最も廉価に売鬻《うりひさ》ぎたるが此処もまた夥しく人足を止め露もたわゝたる枝菊を手にして帰る奥さん嬢さん達さてはチユーリツプや花サフランの種子《たね》、六甲産花百合の根などをポケツトに納めて帰る紳士連秋の家土産《いへづと》は是で十分なりと何れも満足の体にて帰途に就くさま清興羨まるゝ許りなり

▽静粛なる観覧　当日の観覧者は中流以上の紳士好事家にあらざれば遠路遥々と桃山御陵参拝を兼ね来れる地方の善男善女にして妻君を伴ひたる、令嬢令息の手を曳ける、兄弟連れ姉妹連れ等の家族的なるが多く中には法華の信者もあれば神道者もあり耶蘇《ヤソ》も天理教も総て仏陀の大慈悲によりて一味の法海に摂取したる観あり和気藹々《あい〱》、斯る際に往々ある喧噪の態は微塵も無く午後四時の閉鎖までの入場者実に八千有余何れも静粛に観覧せられたるは本社の満足に堪へざる処なり

▽停留所の賑ひ　官鉄によるものは住吉駅に下車する外阪神電車青木、魚崎、住吉、御影等何れの停留場も朝来《てうらい》乗降の客多く電車は始終満員の姿にて又御影住吉より人力車による人も少からざるより一電車来る毎に各停留場とも人力車の出切となりて車夫は折返し引返して往復し中には十二三回も行き戻りして客を乗せしものあり何れも意外の儲けにホク〱せるが多く岡本村の山麓は柿菓子煙草の出し店及び草履貸も出来れば履き物包みの手帛《ハンカチ》を売るもの等沿道の客を呼び居たり

▽本日の注意
昨日の経験によれば既記の午前八時開館にては時間短きに失し来観者の収容困難に付き、本日は更に一時間を早

めて七時山麓開門として読者の清興を尽すに遺憾なからしめんことを期せるを以て成べく早朝より来場ありたく尚ほ靴にても草履にても一切履き物は本館前において脱ぎ取りを乞ふべければ手帕《ハンカチ》又は風呂敷を準備せられたく又た洋傘、ステッキ等にて館内の床を突かざるやう呉々も注意ありたし

（『大阪毎日新聞』大正元年十一月三日・十五面）

このように、各部屋に展示された大谷探検隊の発掘品にも多くの人垣ができた。とくに英国封建時代室【図25】の障壁画、アラビア室【図21、図23】の障壁天井や新疆の古銭、支那室【図20、図22】や印度室【図27】の仏陀《ぶっだ》釈迦《しゃか》千仏断片《せんぶつだんぺん》・経石片《きょうせきへん》・銅鼓《どうこ》の展示箇所では、全く身動きがとれない有様であったと伝えている。『神戸又新日報』はその様子と展示品の概要について、「二楽荘の仏蹟発掘品陳列」（上・中・下）として連載記事を組み紹介している。[*10] 両日で三万人を上回った観覧者数に驚いた光瑞は、以後も有料（五〇銭）公開することを決めた。

この公開時に父に連れられて行ったという加藤龍一（昭和五年朝日新聞社入社）は、「この陳列品の中に私が今でもはっきり記憶しているのはミイラで、七、八才であった筆者にはガラスのケースに横たわっていたこの真っ黒なミイラという人体像には何ともいえぬ怪奇ささえ覚え、今日でもそれが瞼に浮かび上って来る」と回想している。[*11] 無料公開されたこの二日間の見学誌としては唯一のものと思われる。その時に購入したと考えられる青色スタンプ付きの二楽荘絵はがき（食堂及びアラビア室）も残されている。

また、公開当時岡山県に住んでいた岡貞邦（明治四十年生）は、五歳と幼少ではあったが、知人とともに二楽荘を訪れたという。岡貞邦の娘、山崎尚子によれば、本館にあった蛇の置物が恐くて後ずさりし尻餅をついたことやメロンを持って帰ったこと、キャラメルをもらったことなど、当時の様子を晩年になっても思い出深く話していたという。持って帰ったメロンは、岡貞邦の母が干瓢のように皮をむき、軒下に吊していた。岡家には訪問

図34　山を埋《うづ》むる大群集（「二楽荘公開第二日」『大阪毎日新聞』）

時に購入したと考えられる二楽荘の絵はがきが一枚保存されている。その後、岡は地元の大学を卒業し、西宮懐仁病院（現在の兵庫県立西宮病院）に赴任する。その屋上からは六甲の山々とともに二楽荘のあった打越山山麓も眺望できるから、その光景を見ながら岡は、小さい頃の懐かしい思い出に浸ることもあったのだろうか。

田島房太郎《たじまふさたろう》から田島まち子に送られた二楽荘の絵はがきも残っている。田島まち子は詩人富田砕花《とみたさいか》夫人で、当時京都府立第二高等女学校の英語教員であった。田島房太郎は田島まち子の兄である。田島房太郎は十一月三日の第二日目に見学したようで、絵はがきには二楽荘の青色のスタンプが押されている。

クラブ化粧品愛用者へ限定公開

その翌年に、再び限定の無料公開が行われた。光瑞の知遇を得ていた中山太一（一八八一―一九五六。明治三十六年（一九〇三）、雑貨・化粧品卸業の中山太陽堂（現在のクラブコスメチックス）を創業し、クラブ洗粉やクラブ化粧品を発売した）【図35】が光瑞の許可を取り付け、大正二年（一九一三）二月の一・二・三日の三日間のみ公開するに至った。この公開をいち早く広告したのが『神戸又新日報』であった。同紙大正二年一月二十六日・四面の記事によれば、中山太陽堂のクラブ歯磨きやクラブ化粧品などのクラブ商品愛用者に限定して公開するもので、

図35　集合写真：後列中央に中山太陽堂創始者の中山太一。
前列中央に大谷光瑞。後列左に橘瑞超。

当日はその商品一品以上か袋二袋以上を持参することによって無料見学ができた。また、山麓では拝観者の便宜を図りクラブ商品臨時販売所が設けられ、商品を購入すればそのまま拝観できるといった商法もとられた。開館時間は、午前八時から午後四時（入館午後三時まで）とされ、館内ではアラビア室、支那室、英国封建室、英国近代室のすべての部屋を食堂にした。食事のメニューは二楽荘独特の珍味として「支那温麺・印度香飯・新疆料理等」があり、温室も公開され各種の花卉も販売された。先着二千名には唐紙石版刷の「猊下御染筆」一葉が配られた。さらに、二楽荘に至る沿道や二楽荘山上から、花卉（三日間で一五〇個）や懐中時計（同六個）、洋傘（同六個）、クラブ化粧品（同若干）が付けられた風船が上げられる、という余興までも行われた。また、講演会として、橘瑞超、斯波随性《しばずいしょう》〔一八六五―一九三九。私立武庫仏教中学では講師嘱託として教鞭をとる。廃校後は室内部部員、支那開教教務所総長、朝鮮開教総長などを歴任〕、脇谷撝謙《わきやぎけん》、雲山龍珠《くもやまりゅうじゅ》〔本願寺予備布教使となり各地を巡教。六条学館を設立するなど後進の指導にも励んだ〕、伊藤義賢《いとうぎけん》〔一八八五―一九六八。武庫中学で教鞭をとりながら、二楽荘では大谷探検隊がもたらした膨大な仏教関連の経典や彩色画片の整理に従事。二楽荘の一般公開に際して、資料の陳列も行うなど、二楽荘で行われた大谷探検隊の資料整理の中心人物〕、武田龍栖《たけだりゅうせい》〔後に龍谷大学教授、本願寺勧学〕が講堂で各演題を話した。しかし、公開時の様子や拝観者数などの詳細は以後の記事にはみられない。【図36、図37】

一方、有料公開になってからの見学記であるが、黒田鵬心《くろだほうしん》〔一八八五―一九六七。美術評論家。大正十四年（一九二五）雑誌『日仏芸術』

図36 「クラブ本店主催　二楽荘拝観券進呈」（『神戸又新日報』）

図37 「クラブ化粧品本店主催　二楽荘拝観券無料進呈、二楽荘拝観規定」（『神戸又新日報』）

図38 『古美術行脚』

を発行し、フランス現代美術展を開催するなどした）は『古美術行脚』【図38】に大正二年（一九一三）五月十五日の二楽荘見学記を書いている。特にその前半部分は見学者への職員の対応や物品販売・食堂の設置などについて知る貴重なものであると思われる。その箇所をみてみると「三十分あまりを費して山麓に到着すると、ケーブルカーの上り口があつて、大きな立札に、二楽荘の拝観を許す事と其の料金五十銭と記してある。其の傍の事務所で料金を収めるとちやんと登山、拝観、下山の切符が出来てゐてそれを渡され、絵葉書はどうだと勧められる。これらが如何にも普通の観せ物のやうで、いい感じは起らない。（中略）二楽荘のある所まで五町、数分間で上ることが出来る。下から一緒に来た案内の学僧についてまづ庭園と温室とを観る。（中略）温室も可なり広いが、あまり手入はよくないやうに見えた。それから鉢ものなどに値段がついて売物になつてゐるのが感じがよくない。（中略）中に入ると別に武庫中学の生徒が案内して呉れるが、先づ第一のイギリス室に入ると、其の室は食堂になつてゐて、中央の卓上にはスープがいくら、カツレツが何程と西洋料理の値段附が半紙に書いて置いてある。其処へ又絵葉書や本などを持つて来るのが、如何にも商売的で益々厭な感じを抱かせた」と記されている【参考資料】。また、京都府立第一高等女学校（現在の鴨沂高等学校）に明治四十五年（一九一二）に入学した小原富江（明治三十一年生）は、在学中（大正五年卒）に遠足で二楽荘に行ったという。二楽荘に登るケーブルカーに乗ったことが非常に印象的であったそうだと富江の娘小原和子は言う。

一般公開の際に観覧者が見た展示品や庭園は、二楽荘で行われていた活動の一端を垣間見せるものであっただろう。次章以降では、二楽荘で行われた事業について、さらに詳しく見ていこう。

第三章

二楽荘における教育

第一節　武庫中学の開校

二楽荘本館の建築工事が進む中、光瑞は本願寺派地方寺院の子弟を教育するため、荘内に学校を建設する計画を進めた。本章では二楽荘内に設けられた学校の経緯や、その背後にみてとれる大谷光瑞の教育理念などについて考えていく。

専ラ子弟ノ教育ニ従事致居候

光瑞自らが撮影した二楽荘の夜景の写真葉書が残っている【図39】。明治四十四年（一九一一）七月十九日付の、光瑞から徳富《とくとみ》蘇峰《そほう》〔一八六三―一九五七。明治から昭和にかけて活躍した言論人、歴史家。民友社を設立して雑誌『国民之友』や『国民新聞』などを創刊、平民主義を主張した〕に宛てたもので、そこには、「小生モ今春以来一転化ヲ致シ養拙守愚ヲ方針トシテ山荘ニ蟄居シ専ラ子弟ノ教育ニ従事致居候」とあり、光瑞の教育に対する思いと意気込みが如実に記されている。光瑞から蘇峰に宛てて送られている「二楽荘全景」と銘打たれた同日付の封書も、併せて掲載しておく【図40】。「長キ二棟は貧寺僧侶子弟ノ為メ特設セル中学ノ寄宿舎」と書かれている。

学校の開校の意図が公式告示されたのは、『教海一瀾』第四七八号（明治四十三年十一月十五日）の生徒募集要項であった。[*1] その要項は、以下の通りである。

今般
大法主猊下ノ思召ニヨリ御直轄ノ下ニ末寺子弟ノ教育ヲ施シ玉フ御趣意ニヨリ御別邸二楽荘ニ於テ校舎設立遊バザレ候

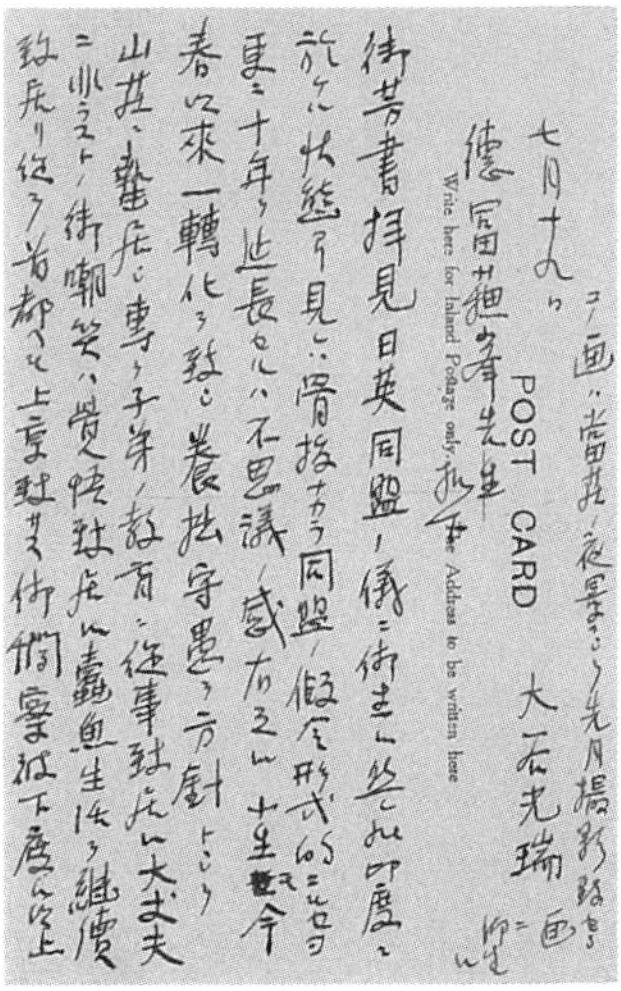

七月十九日
二画ハ当荘ノ夜景ニテ先月撮影致候 画
徳富猪峰先生 机下
Write here for Inland Postage only　POST CARD　The Address to be written here
大谷光瑞 御礼

御芳書拝見 日英同盟ノ儀ニ御来ハ尽キル所ニ
於テ此態ヲ見ニ骨抜ナラ同盟ノ仮ハ形式的ニナルヘク
更ニ十年ヲ延長セルハ不思議ノ感有之候 小生ハ今
春以来一転化ヲ致シ養拙守愚ヲ方針トナシ
山荘ニ蟄居シ専ラ子弟ノ教育ニ従事致居候 大丈夫
ニ非ズト御嘲笑ハ覚悟致居候 蠹魚生活ヲ継続
致居候 首都ニ上京致シ候節御閑暇被下度候 以上

図39　大谷光瑞から徳富蘇峰宛封書在中　絵はがき
二楽荘本館夜景（光瑞撮影）　明治44年７月19日付

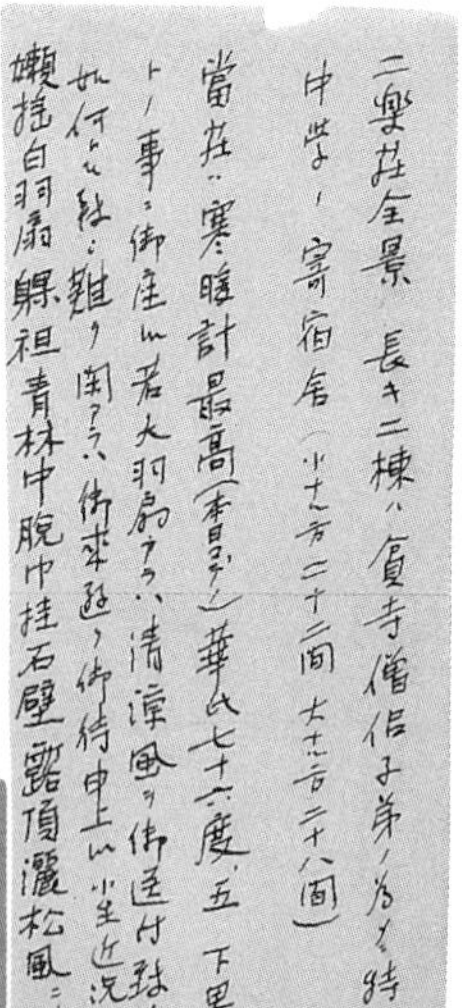

二楽荘全景 長キ二棟ハ真寺僧侶子弟ノ為メ特設セル
中学ノ寄宿舎（小ナル方二十二間 大ナル方二十八間）
当荘ハ寒暖計最高（本日マテ）華氏七十六度五 下界ハ九十二度
トノ事ニ御座候 若大羽扇アラハ清淳風ヲ御送付致シ度存候ヘ共
如何トモ致シ難ク閑アラハ御来遊ヲ御待申上候 小生近況ハ李白詩ヲ借リ
懶揺白羽扇 裸袒青林中 脱巾掛石壁 露頂灑松風 ニ御座候 七九 光瑞

図40　大谷光瑞から徳富蘇峰宛封書在中　二楽荘全景写真　明治44年７月19日付

間御趣意ヲ感載シ左記各項熟覧ノ上志望ノ者至急出願スベシ
一、校則ハ総テ仏教中学準則ヲ適用ス
二、生徒ヲ分ツテ自費生給費生ノ二種トス
三、自費生ニ相当スルモノ左ノ如シ
イ、一般末寺ノ子弟ニシテ尋常小学校五年終了ノ者
ロ、実費額一ケ年金壱百二拾円支出シ得ル者
(三、六、十、十二ノ四期ニ区分シ各参拾円宛室内部長上原芳太郎宛ニ納付ノコト)
但シ該費ハ教育費及衣食住ハ勿論其他ノ雑費等一切ヲ含ム
ハ、年齢満十五歳以下ノ者
ニ、身体強健ニシテ不具ニ非ザル者
四、給費生ニ相当スルモノ左ノ如シ
イ、一般末寺ニシテ充分教育スベキ資力ヲ有セザル者ノ子弟
ロ、尋常小学校五年終了以上ノ者
ハ、年齢満十五歳以下ノ者
ニ、身体強健ニシテ不具ニアラザル者
五、志願者ハ本年十二月十五日限自費生或ハ給費生ノ願書ヲ組長へ提出スベシ
六、組長ハ自費生或ハ給費生ニ相当セルヤ否ヤヲ調査シ其ノ責任アル保証奥書ヲ為シ直接中書へ進達スベシ
但シ進達期限ハ特別事情(天変地異ノ不可抗力)ニアラザル限リハ必ラズ一週間以内トス
七、中書ハ資格審査ノ為メ適当ナル地方ニ出張シ選抜ヲ行フ
八、合格者ハ中書ヨリ直接入学期日ヲ通知スベシ

九、願書用紙ハ教海一瀾附録トセリ各相当欄ニ記入押印ノ上組長へ提出スベシ
　其ノ提出期日ハ最終日十二月十五日ナレドモ可及的迅速出願ヲ可トス
十、別紙願書用紙記入凡例ヲ左ニ示ス　（以下略）

願書には、中書柱本瑞俊宛で各組長の証明書を添付し、履歴と医師の体格検査表（身長・体重・胸囲・視力・聴力・発育状況・種痘）、写真が必要であった。

地方紙による広告は、当該期間の『大阪毎日新聞』『大阪朝日新聞』『神戸新聞』『神戸又新日報』には見当たらないから、もし出稿されていたとしても稀少で、この募集要項を周知する方法としては、主として西本願寺の宗門紙である『教海一瀾』一誌による募集を行い、そこに願書が附録されていたものと考えられる。願書の提出先が組長経由で中書柱本瑞俊宛とされていることから、生徒の選抜は光瑞が中心となり、柱本瑞俊・橘瑞超・藤《ふじ》山尊證《やまそんしょう》（一八七八―一九二六。明治三十二年（一八九九）の光瑞のヨーロッパ留学や、明治四十三年（一九一〇）の大谷尊由のロンドン巡遊に随行。ロンドンに二カ月滞在し、博物館や遺跡の踏査を行う。本願寺通報所（広報部）の所長として、光瑞の動きや大谷探検隊の各隊員の活動を書簡などから把握していた）らが担当したと考えられよう。ただ、自費生の学費については本願寺室内部が統括、管理するといった形態がとられている。ちなみに当時の大学一年間の授業料が五〇円前後であるから「実費額一ケ年金壱百二拾円」は相当高価であることが推測されよう。

出願状況としては、願書締め切り日の同年十二月十五日の『教海一瀾』第四八〇号に、給費生が予定定員の二倍近くまで達して盛況だった一方、自費生は未だ定員未満であることが告示されている。そのため、半給費生（年六〇円）を設定したり、満十六歳以下で中学二年級以上、または満十五歳以下で中学程度の学校に在籍している者は、相当学年に転入が可能であることが決められた。さらに同校卒業後の特典として、

一、無試験ニテ教師ニ補ス
二、無試験ニテ仏教大学予備科ニ編入ス
三、布教練習生タルコトヲ得（軍隊、監獄、駐在、巡回ノ四種布教師ノ候補者）
四、開教練習生タルコトヲ得
五、本山事務予習員タルコトヲ得

があげられ、願書提出期限も十二月二十五日まで延期されるなど、優秀な生徒をより多く獲得し、学校の学力を向上しようとする意識を読み取ることができる。

結果として、給費生九〇名（志願者三三七名）、半給費生二〇名（志願者三四名）、自費生二一名（志願者二五名）、合計一三一名の入学許可生が選考された。[*2]

選考にあたっては、書類審査及び筆記試験が行われたようだ。また、翌年度の入学試験においては地方試験が実施されていたことが記されており、[*3]地方出身者については西本願寺直属寺院である別院などで受験が行われたことも想定される。[*4]

茅屋より駿才を駆らん

それでは、これだけの生徒数を収容する施設はどのように設計・建築されたのであろうか。

時論「二楽荘武庫中学に就いて」で、斯波随性《しばずいしょう》が「大厦高楼輪奐の美と人物養成人格修養とは没交渉であると云ふ自信上より其の実用に重きを置き渓間僻隅の茅屋より駿才を駆らんとする」と記しているが、ここからは外面でしかない施設自体よりも実用性を重視した、光瑞の教育方針とも軌を一にする思想を読み取ることができる。

本学の講堂（事務所）、教室、寄宿舎は、兵庫県立第一神戸中学（現在の県立神戸高校）の旧校舎を移築して建てられた。[*5]第一神戸中学のこれらの建物は、校舎改築工事に伴う払い下げで、その工事に併行して二楽荘に移築されたものと考えられる。[*6]

寄宿舎については、第一神戸中学の一棟定員が約五〇名（一室四名）であった。仮に移築時に増築を施さなかったとすると、『二楽荘写真帖』（明治四十五年）には「寄宿舎廊下」【写真帖M—13】として一室七名の学生の名札が下げられており、同じく「寄宿舎寝室」【写真帖M—15】には八台の寝具が密に配置されていることから計算すれば、武庫中学の寄宿舎にはもともとの定員の二倍近くを収容していたことになろう。

その他、浴室、図書室、食堂、倶楽部体操場などの附属施設については、宗祖六五〇回大遠忌に使用した集会所、参拝部の施設を移築した。

こうして、明治四十四年（一九一一）五月五日、入学式が挙行され、初代校長に足利瑞義《あしかがずいぎ》（義蔵）が就任し、教員として、光瑞自身もその中心を担った。

学校の名称は、開校後もしばらく決まらなかったようで、入学許可生の選考結果を報じた『教海一瀾』第四八八号には「徒弟学校」と称されている。明治四十四年（一九一一）八月五日、私立学校令第二条により兵庫県知事から認可され、ようやく「武庫中学」と命名された。[*7]武庫中学の方針や特色については、認可後いち早く本学の教員として赴任した斯波随性が先に引用した時論「二楽荘武庫中学に就いて」として述べており、[*8]次年度の生徒募集要項を併載するなど、意欲的な啓発、普及活動を展開した。

晴天の入学式

西本願寺の人事録である『本山録事』には、武庫中学の校長、教員が西本願寺から公式に任命された記述はみられないから、おそらく光瑞自身が私的な任命権を有し武庫中学を運営していたらしい。西本願寺からの公式任命としては、明治四十四年（一九一一）五月七日付で二楽荘駐在を命じられた通報所員柴田宣海《しばたせんかい》、[*9]同年九月一日付で武庫中学独立学生総班長兼務を命じられた斯波随性[*10]のみであった。その後、斯波随性の兼務が解かれ、新たに柱本瑞俊が武庫中学独立学生総班長に同年十月四日付で任命され、六日には柴田宣海が武庫中学独立学生総班事務所録事を兼務することになった。翌年の二月三日付で、柱本瑞俊が二楽荘駐在特設臨時部支部出張所所長に、同日、斯波随性・寺崎《てらさき》慈辨《じべん》・松原達蔵〔一八八八―一九四四。武庫中学の教員に任命後、武庫仏教中学教員兼生徒監などを務める。学校では数学を教え、廃校後も一時二楽荘にとどまった〕が同所所員に任命されている。*11

ちなみに特設臨時部とは、中国の辛亥革命に伴う移住民の保護を目的として、明治四十四年（一九一一）十一月十日に開設された。*12 その中枢部は中国上海に清国開教総監部として置かれたが、西本願寺や東京、大阪、小倉などに支部出張所が設置され、二楽荘にも出張所が特設された。

上述のように、武庫中学の教員とは別の内示がなされるなか、柱本瑞俊・斯波随性・寺崎慈辨・松原達蔵らは、光瑞の指揮のもと教員として従事していたことになる。西本願寺が武庫中学を公式な中学校とは認識せず、私的施設として位置づけていたことが理解できよう。

武庫中学生であった阿部定円の日記をみると、入学式は明治四十四年（一九一一）五月五日金曜日、晴天の下で挙行されたようである。その日記には「午前十時七条ステーションヲ出発シ〇時四十分住吉駅ニ着シ二時二楽荘内ニテ、一、入校ノ目的ヲトゲル事、二、自院子弟ノ本分ヲトゲル覚悟、三、体育、四、従順、操行ノ事ニツイテ御話ガアッタ、五時寄宿舎へ入ル」と記され、当日午後二時から二楽荘で入学式やオリエンテーションが実施されたと考えられる。ただ、同じく武庫中学生であった森瀬雷城が所有していた「入学案内書」には、五月六日と記されているから、学年別に入学式などが挙行された可能性も考えられよう。その入学案内書には、「来校心得」として、服装は「常着ノママ袴は着用ヲ可トス」ることや、「附添」は「父兄若クハ後見人一名」とすることなどが記されている。「記念樹持参ノ事」「ナルベク珍種ノ植物ヲ持参セラレタシ」「高サ一尺ヲ限リ小キヲ撰ブベシ」とも記されていて、各自が樹木を持参し、校内に植樹するといった興味深い行事も挙行されたようだ。

入学式に臨んだ一三〇名前後の生徒（入学許可一三一名）は、以前在学していた学校の最終経歴などを勘案して、第一学年から第三学年に配属された。

徳富蘇峰の訪問

ところで、明治後半の教育は、自主主義と個性主義を骨子とする新教育に転換していく時期であった。明治四十二年（一九〇九）に及川平治《おいかわへいじ》〔一八七五—一九三九。明治—大正時代の教育者〕が明石女子師範学校附属小学校（兵庫）を開校し、同校の主事をおよそ三〇年間の長きにわたって務め、「分団式動的教育法」による児童中心の立場に立つ学習法を実践したり、明治四十五年（一九一二）に西山哲次《にしやまてつじ》〔一八八三—一九三九。大正—昭和時代前期の教育者。哲学館を卒業後、ニューヨーク大で学び、帰国後教育改造運動を展開、また道徳教育の一環として人形病院をつくった〕が児童中心主義・攻究的教授法を導入した帝国小学校（東京巣鴨）を開校したりした。また同年には、中村春二《なかむらしゅんじ》〔一八七七—一九二四。明治—大正時代の教育者。理想教育をめざし自宅に学生塾「成蹊園」をひらき、その後成蹊実務学校を皮切りに、中学校・小学校・女学校などを設立した〕が甲南小学校の姉妹校と称され教育方針も似た、成蹊学園（東京池袋）を創設し、「凝念法」など特色のある教育実践を行っている。

武庫中学が開校した明治四十四年（一九一一）には、住吉村周辺に郊外生活の目的で移住してきた有産階級の人々の子女を育成するために、田辺貞吉・阿部元太郎・才賀藤吉・平生釟三郎《ひらおはちさぶろう》（第六章で詳述）ら一一名[*13]が協議し、甲南幼稚園を九月十日に開園している。翌年には小学校も開校した。この学校は後に旧制甲南高等学校に発展する。設立の目的は「少数の児童を収容し、教育教授の徹底を図り、以て多数児童を収容せざる公立小学校の短所を補はんとするの企起れり」と記され[*14]、新しい教育への志向を窺うことができる。

生徒の出身経歴や年齢の観点からみれば、武庫中学と甲南小学校は異なるけれども、その教育方針に目を転じれば、明治三十年代以前の官学的な、道徳教育を重視した教育法から離れて、生徒の自主学習を中心に据えた新しい教育法を導入しながら生徒を育成する点で共通する部分があり、全国的にみても両校は先駆的な試みとして高く評価されるものであろう。

そして、このような武庫中学の教育方針に感銘を受けたのが徳富蘇峰であった。蘇峰の日記によれば、明治四十三年（一九一〇）十二月から大正二年（一九一三）十一月までになんと八回も二楽荘を訪問している。明治四十四年（一九一一）十月八日に二楽荘を訪問した蘇峰は、武庫中学を視察し、「六甲山腹の理想郷」と題して「而して其の教育方法は奇抜非凡、悉く大谷式ならざるはなし。科目は英語、漢字、而して次ぎに数学に重

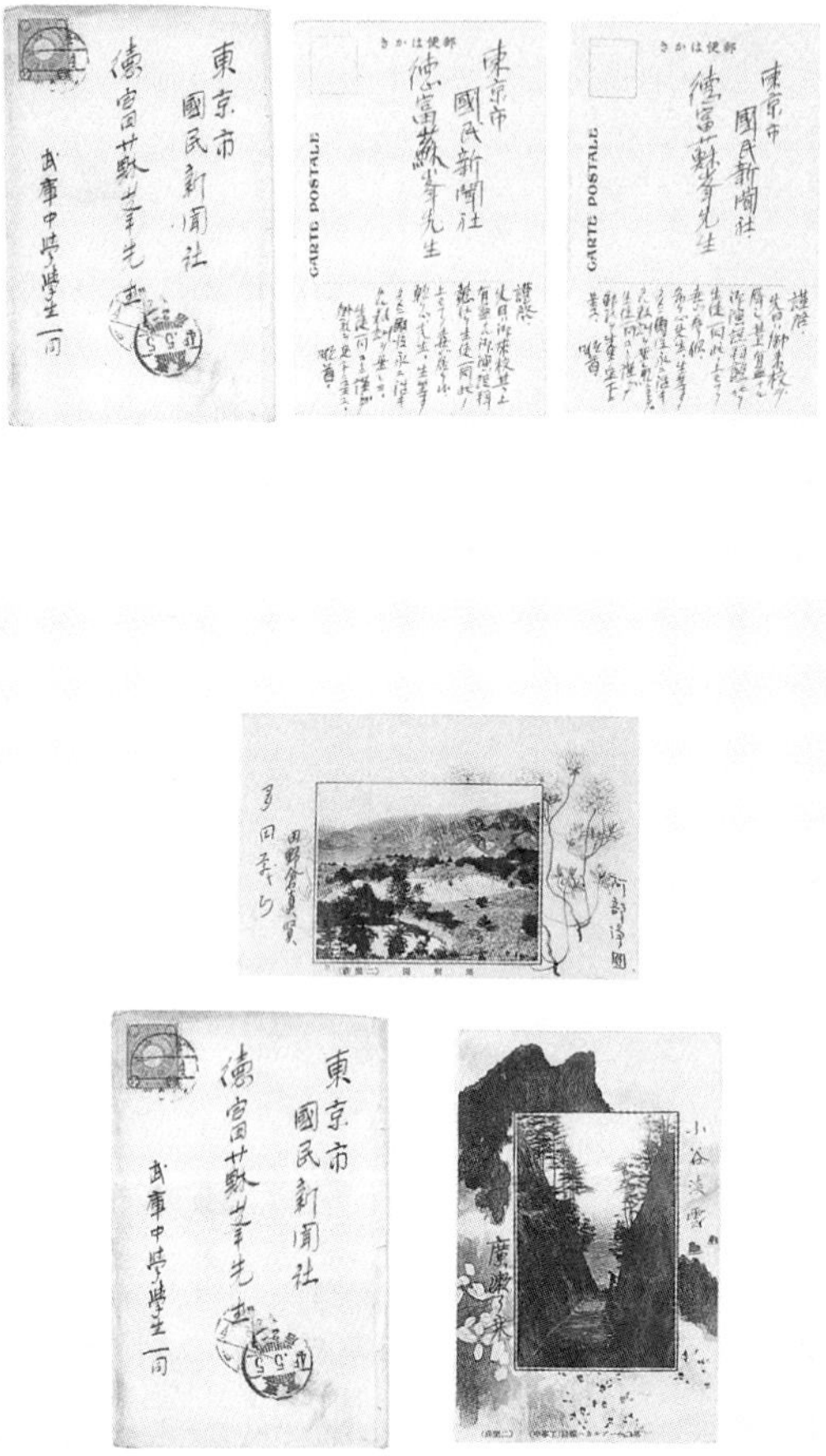

図41　武庫中学生一同より徳富蘇峰宛封書在中　絵はがき（二楽荘絵はがき）　明治45年５月５日消印

図42　大谷光瑞から徳富蘇峰宛封書在中　絵はがき（二楽荘絵はがき）明治45年5月25日付

きを措く。室内の掲示、英語にあらざれは漢文也。而して漢文は、最初より無点本を課す」と開校初期の学習形態を感慨深げに記している。[15] また、「予しめ日曜の雨天たる可きを察し、土曜と日曜を繰り換へ、土曜の好晴に乗じ、生徒を引率し、山中に栗拾ひに赴きたりとて」として、天候を考慮して時間割を変更するといった自由な授業を行っていた様子も述べている。そして、「人生適意多しと雖も、自個の理想を実行するより最なるはなし」と多大な評価をおこなっている。

大正二年（一九一三）六月二十九日にも、平福百穂《ひらふくひゃくすい》〔一八七七―一九三三。日本画家。画家平福穂庵《すいあん》の子。東京美術学校卒業後、川端玉章に学び、自然主義を唱えて无声《むせい》会を結成。明治四十年（一九〇七）国民新聞社に入社。『方寸《ほうすん》』の編集同人となり、晩年は南画的手法を加えた独自の画境を開いた。アララギ派の歌人としても知られ、雑誌『アララギ』の表紙絵も描いた〕画伯とともに新疆の発掘資料を見学に来た蘇峰は、光瑞や橘瑞超、柱本瑞俊そして武庫仏教中学の学生らの出迎えを受け、「久々にて山上清爽の気を嗽《す》ひ、殆んと帰るを忘れたり」[16] とその満喫ぶりを吐露している。平福画伯は、宿泊した芦屋の不退庵から眺

望した二楽荘と展示していた敦煌の仏画（『西域考古図譜』絵画15として掲載のもの）をスケッチしている。【口絵12、13】

明治四十五年（一九一二）四月二十七日に二楽荘を訪問し「支那室に備へ附けたる巨大なる卓子《てーぶる》の上に立ち、一場の講話を試み」[*17]た蘇峰に対し、二楽荘絵はがき二枚（果樹園・第二ケーブルカー線路工事中）にしたためら

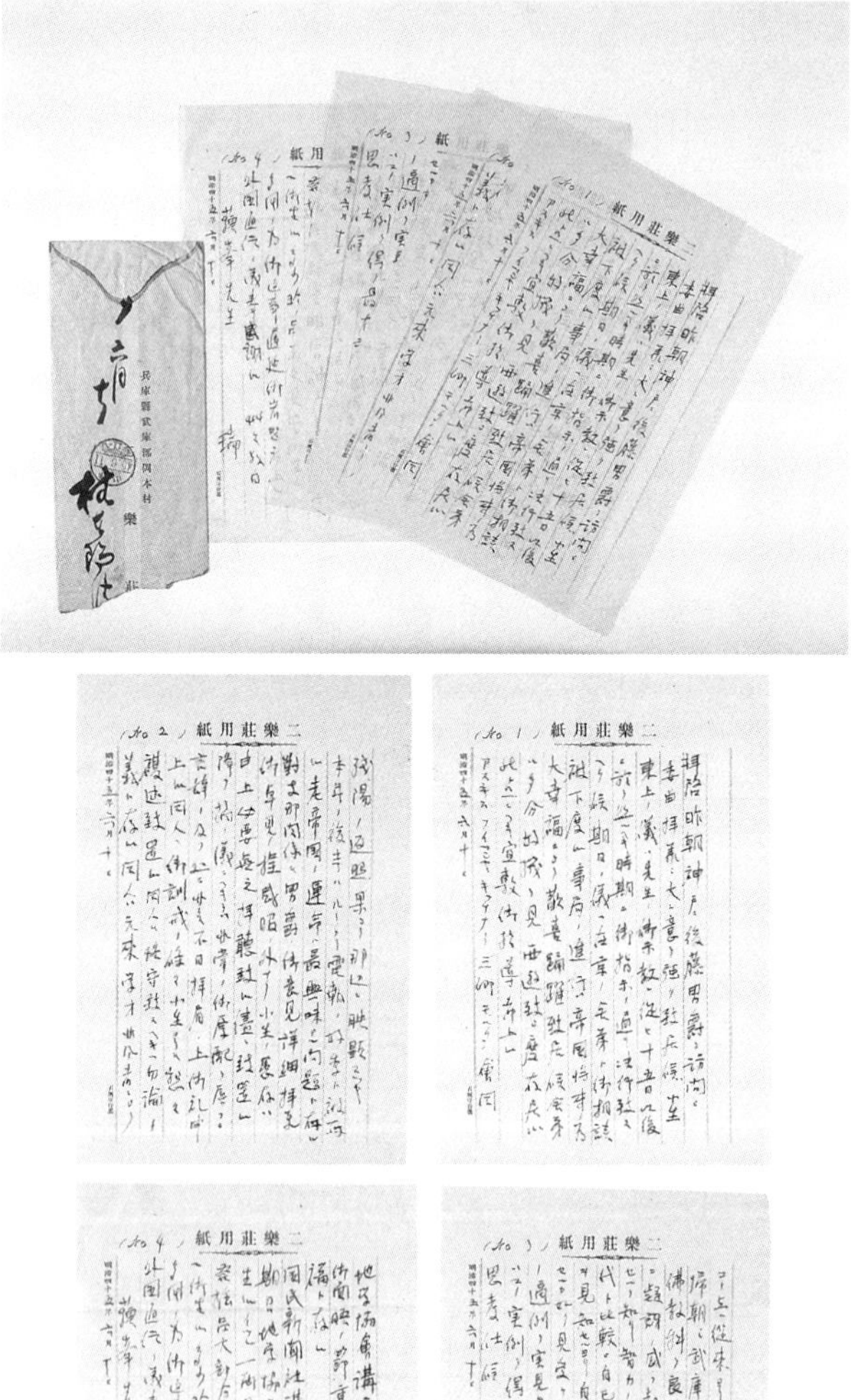

図43　大谷光瑞から徳富蘇峰宛書簡　明治45年6月10日付：「二楽荘用紙」と記載された便箋が用いられている。

れた礼状が学生から送られている[*18]【図41】。教育方針でも最重視された礼節が生徒に浸透している様子が見てとれよう。光瑞から蘇峰へは、折に触れて中学の様子が伝えられていたようで、中学の揚々な状況が詩句で記された明治四十五年（一九一二）五月二十五日付の絵葉書【図42】、光瑞が橘瑞超を信頼する内容が記された同年六月十日付の書簡【図43】なども残されている。

第二節　組織と教育内容の変遷

第四仏教中学の移転

二年目（明治四十五年度）の生徒募集は、早くも『教海一瀾』第四九六号（明治四十四年八月十五日）に掲載された。二年目の募集定員は、給費生七〇名、半給費生六〇名、自費生若干名で、配属級は最終経歴に準拠しA～Dの第一年級～第四年級に区別された。自費生については、物価の高騰による理由から一年間の学費が一五〇円に引き上げられた。病欠などの事態を配慮し、二次試験が実施（明治四十五年一月二十八日）されたり、地方受験が設置されることなどが示されていて、現在の試験形態とほとんど変わらない。合格結果は『教海一瀾』第五〇九号（明治四十五年三月一日）に掲載され、願書総数三四六通のうち一四二名（給費生八〇名、半給費生四九名、自費生一三名）が許可された。

そのような中、明治四十五年度の合格者が決定される前後に、執行長大谷尊由の名前で「摂津国武庫郡本山村ノ内岡本村武庫中学ヲ自今本山立トシ武庫仏教中学ト改称ス　明治四十五年二月二十二日」と突然公表され[*19]、続く三月十日には「今般第四仏教中学ヲ兵庫県武庫本山村ニ移転ス」と告示された[*20]。第四仏教中学【図44】とは、

図44　第四仏教中学　絵はがき（中尾学長在職10周年記念）

本願寺派僧侶の子弟を教育する機関として広島に設置された学校で、他に第一から第五仏教中学が全国に配置されている。[*21]

それでは、その移転の理由はなんだったのだろうか？　西本願寺は、経済面や学業成績の問題をあげているが、第二仏教中学（北陸中学校）や第三仏教中学（平安中学校）はすでに明治四十三年文部省の認可を受け普通中学に移行していた一方で、第四仏教中学が未だ「中学校卒業者ト同等ノ学力ヲユウスルモノ」[*22]と普通中学より下に位置づけされていたことが西本願寺の意向にそぐわず、二楽荘にある武庫中学と第四仏教中学を統合して学校規模の拡大と教育内容の充実をはかり北陸中学校や平安中学校と並ぶ普通中学の認可を受けようとしたということが、内情としてあったのだろう。この告示によって、武庫中学は武庫仏教中学に改名され、広島にある本山立第四仏教中学が二楽荘内に移転されることになった。[*23]

ようやく移転に伴う整備も一段落し、明治四十五年（一九一二）四月二十八日移転を完了し、翌日から授業を再開する運びとなった。授業が開始されてからも森本敏吉や芳賀辰之助が第四仏教中学の嘱託教員に任命されるなどした。そして、文部省からの正式な移転変更の認可は同年六月二十日付で下りた。[*24]

ところで、開校した二学期には、橘瑞超が武庫仏教中学と第四仏教中学の校長を兼務することになった（大正元年九月十九日付）。そして、西本願寺は、文部省から仏教中学として認可されている第四仏教中学に教員及び嘱託などを派遣任命した。[*25]すなわち、明治四十五年度（大正元年度）は、二楽荘内に武庫仏教中学（旧武庫中学）と第四仏教中学という、二つの中学校が併存していたことになる。『教海一瀾』第五二七号には「武庫仏教中学にて十一月十六日午後一時より武庫中学校長以下教職員生徒及び第四仏教中学教員並びに生徒総代等参列、報恩講法要を修業した」と記されている。[*26]

このような現象は、生徒の精神面にまで悪影響を及ぼしていたようで、この隔壁を打開する意味で、第二代校長橘瑞超は「武庫中学の入学に就いて」を記している。[*27]その中では、その頃浮上していた大谷家の財政問題にも触れ、「元来武庫中学の経費の如きも、本山より支出する集会協賛を経る一定の金額以外は猊下自身の御経営に由る者にして、経済上より言ふも、負債問題とは全然独立せる者なり」と断言している。本願寺室内部が統括していた自費生の納付金も、大正元年（一九一二）八月十五日以降、武庫仏教中学会計係に納付することが決められており、学校の内部組織を画一化しようとする様子も併せて読み取れる。

明確な数字は分からないが、移転に伴って、広島の旧第四仏教中学からはおよそ五〇余名の生徒が新たに転入してきたようだ。[*28]仏教伝道協会を設立し、世界中のホテルの客室に『仏教聖典』を設置するなどの事業を展開した沼田《ぬまた》恵範《えはん》〔一八九七―一九九四。精密測定機器の総合メーカーであるミツトヨの創始者〕も、そのうちのその一人であった。

第四仏教中学の移転についても、光瑞から蘇峰へ報告がなされていて、大正二年（一九一三）五月八日付の書簡に記されている。【図45】

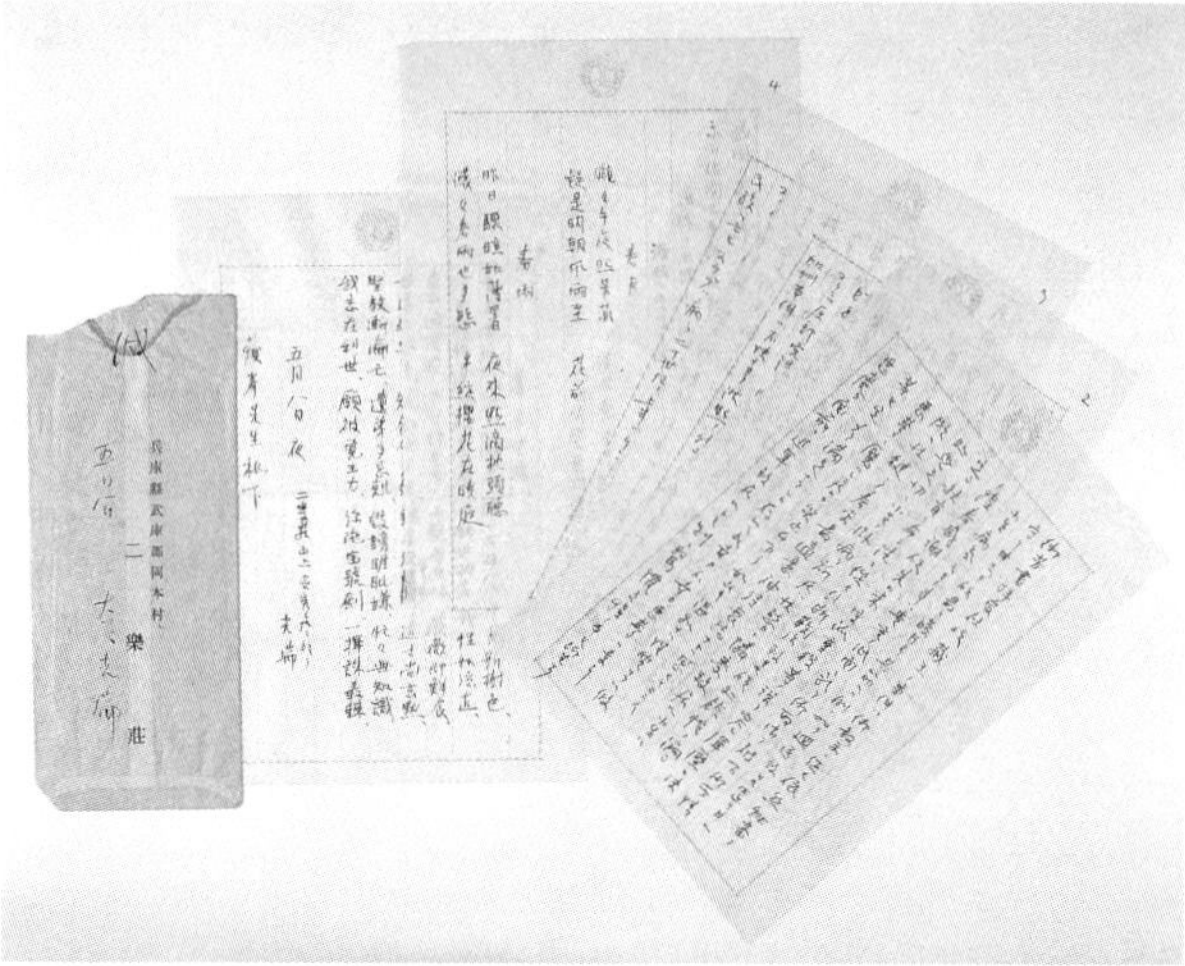

図45　大谷光瑞より徳富蘇峰宛書簡　大正２年５月８日付：第四仏教中学の移転も完了し、武庫仏教中学も順調であることが記されている。

学生の自治組織「策進団」

生徒数の増加とともに、校舎の増築が必至の問題となってきた。そのため、二楽荘本館の東側の山麓に奥行五〇間の木造二階建（一階教室・二階寄宿舎）の、通称「策進書院」【図46】が建てられた。その下方には食堂や浴場、運動場が造られ、西上方には巣鶴楼と呼ばれた「く」の字形をした図書館兼寄宿舎が併設された。大正二年度に第三年級に上がった栗原俊丸は、後に「青ペンキ塗の広大たる建物五十間と云える所は第二の故郷と誓われし」と策進書院の思い出を綴っている。この策進書院の寄宿舎は『二楽荘写真帖』（大正三年）の「寝室」【写真帖T—17】や写真「策進書院」【図47、図48】から推測して、収容人員約二〇〇人を超える建物であったと思われる。

学校は全寮制で、成績などによって各ランクが決められていった。学生自らが自治組織を組み運営していく形態がとられ、大正二年（一九一三）の新学期になると武庫仏教中学策進団が組織された。この策進団が編集した『仏教青年』【口絵19】第一号の巻末には、策進団の組織表が掲示されている。組織は総務部（白色）・経理部（小豆色）・編纂部（黄色）・出版部（鼠色）・風紀部（葡萄色）・昵近部（濃鼠色）・迎賓部（紫色）・司察部（青色）・総班部（赤色）そして評議員会に区分され、各部には襟章があり（カッコ内はその色を表す）、各人がどこに所属しているのかが識別できるようになっていた。[*29]

これらの組織が確立され運営された大正二年（一九一三）の新学期以前にも、試作的な班編制が組織されていたようである。当時在籍していた学生による回想録には、「班長、昵近部、実は食堂係だった。つまり食堂ボーイだった。そのマネージャーだった。だから、コーヒーやお菓子の恩恵には、一応あずかった。風紀部員オマワリさんのこと、風紀部次長、第四総班副総班長というところで学校閉鎖」（山本晃紹）[*30]とか、「二学期には経理部員となり、小豆色の襟章をつけて喜んだものだ」（藤辺文学）[*31]というように、様々な班や部の名称が登場する。

このような回想文から判断して、明治四十四年（一九一一）の開校当初は、寄宿舎の部屋別に班編成がしかれ自

図46　策進書院（二楽荘絵はがき）

図47　策進書院教場

図48　策進書院２階の一般学生の寝台

治運営が行われたが、生徒数の増加及び教育方針の拡充によって、明治四十五年（一九一二）の一学期頃より自治運営の再編成が試みられ、大正元年（一九一二）に二楽荘が一般公開される前後には、『仏教青年』にみられるような班編制の基本が組まれていたことが推測される。

全体の班編成の中で、やや遅れて組織に加えられた昵近部は、含秀居完成後に置かれた部で、嶋北三晃は「六甲山に憶う」において、光瑞が起居していた含秀居の裏の図書館横で寝起きしたこと、そこから授業に通い、居間の整理や掃除が主な仕事であったことを追想している。[*32]

『仏教青年』第二号には司察部を廃止し、新たに運動部が新設されたことが記されている。[*33] この運動部については、創設時の初代部長である田野倉真賢による追想「つぶやき記」の「運動部長となって土木・石工・百姓の仕事もやった。山の草刈りもするし、雑木の植林も三千本ほどした」という記述の中に登場する。[*34] また、総班部も第一八班から第二〇班まで増設されており、おそらく、第四仏教中学からの転入に伴っての処置だろう。そして、『仏教青年』第三号には、機械部が新設されたこと、初代部長に大井好成、次長に平野玄雄が就任していることが記されている。[*35] 第四総班の新設に際しては、初代総班長に吉田義昭、班副長に山本晃紹が就任している。[*36]

ちなみに、武庫仏教中学内における策進団の役割及び活動については以上の通りであるが、対外的にも生徒中心の布教講演や夏季休暇を利用した遊履伝道など、多彩な活動を行っていたようである。[*37]

光瑞師の教育方針

旧制武庫中学の教育方針は、「苦楽共享」の精神で協同作業を重視し、礼節を重んじ勝敗を第二に置くことを第一義とした。また、自治思想の涵養を目的に、寄宿舎では、規則などをすべて生徒自身に任せた放任主義の形態をとっていた。

旧制武庫中学の教育方針や授業内容についても、学生の回想録の中で様々に綴られている。休憩時間に五分間問題というものがあり、難問が出され閉口してしまったこと（藤辺文学[*38]）、物の重要性や、靴磨きや洗濯など身の回りのことは自分自身で行う習慣、日記を書く習慣などを教わったこと（花山信勝[*39]）などが記され、花山は人間教育の場であったと在校当時を振り返っている。

このような教育方針のなか、第一義に重視した礼節に反した結果、容赦なく退学を命ぜられたり、自主的に山を下りる者がいたらしい。[*40]ちなみに、「同村に武庫中学に行っていた清水という人がいたが、その人は学校で珍しい鳥を飼育する担当になったが、ひょんなことで鳥を逃がして怒られたことがもとで、学校を退学し郷里に帰った」（精舎法雄）という回想もみられる。

学業においては、教科書・ノート・暗記本位の学習ではなく、理解力を養成し実地応用の活力を引き出すため、学年末試験などもやめ、日々の学業への取り組み姿勢を常に評価した。そして、宿題や即題による成績優秀者を三等級に分け表彰し、最優秀の一班を模範班と認定した。学科としては、仏教はもちろんであるが、漢文や英語も重視され、宗教家に必要な要素の涵養は第二とした。斯波随性「二楽荘武庫中学に就いて」の「卒業後重要な地位を占めて活世界に活躍するに便なる方針」において示されているように、[*41]宗門僧侶の養成機関にとどまることなく、生徒が卒業後国内外に出ても恥じないような、多方面にわたる能力を持つ人材を養成しようとしていたことが理解されよう。

旧制武庫中学の初年度に入学した阿部定円の日記が残っている。明治四十四年（一九一一）五月の日記から、旧制武庫中学における学業に関連する箇所を少し引用してみよう。

「十時ヨリ二時間英語ヲナラヒ、帰舎シテ昼飯ヲ喫ス午後一時ヨリシバラク英語ヲ自習シテ大運動」（明治四十四年五月八日）

「一時間余英語ヲナラヒ、帰舎後英語ノ自習」（同五月十二日）

「本日英語ヲ定事間ヨリ早クヤッタソレハスグオカエリニナルカラダ後ヒマラヤ探検ノ話ヲ聞ク後一時間英語ノ自習

午後洋服ヲモラッタ又二三日ノ後書物モ来ルナント愉快ナ事デハナイカ」（同五月十五日）

「午後二時間勉強シテ後常々ノトホリ談話会ヲヤリ後遊戯、数学、文字ノ研究ヲヤッタ」（同五月十七日）

「後一時間英語ヲ自習ス後朝食ヲ喫シ庭球試合ヲ見ル後英語及ビ国語科ノ研究我郷土トシテ文ヲ作ル昼食前日没勤行、午後数時間英語ヲ自習ス後散歩シ帰リテ夕食ヲ食シ英語自習後例ノ如キ談話ヲ開キ聞タリ九時四十分消灯」（同五月二十一日）

「午前九時前登行柱本先生ニ英語ヲ習ヒ佐々木先生ノ作文及ビ数学ヲ二時間ヤリテ帰舎セリ後二時間英語自習、歴史、算術ヲモヤリタリ後夕食散歩寄舎後各学科ノ復習ヲナシ十時阪神ノ美シキ電気燈ニテカザラレタル電車ヲ見テ、眠リニ附キタリ」（同五月二十六日）

六月からは漢文の授業も加わった。このように旧制の武庫中学の段階では、午前中に英語、漢文、数学を中心に授業が行われ、午後からは自習、運動、そして夕方には談話会が開かれたようである。学習の中心は生徒自らが行う自習にあったと考えられ、光瑞から「そこに、たくさん字引がある。その字引を用いて、勉強せい」などと言われたという花山信勝の回顧[*42]からも自学自習の姿勢が尊重された様子が分かる。

武庫仏教中学々則

新制の武庫仏教中学になると「武庫仏教中学々則」【図49】が整えられ、学科課程は以前のような科目ではなく、文部省認定による一般の普通中学に類した履修科目（仏教・修身・国語・漢文・外国語・地理・歴史・博物・理化・農業・数学・法制・経済・哲学・論理・習字・図画・体操）が設定された。そして、課程の取得においても試験中心に変じ、普通学科と仏教学科そして品行の平均点が六〇点以上を合格とした。【図50】

また「武庫仏教中学々生分科表」が定められ、学生の将来の志望に即した授業を行うため、第一科（賛事候補

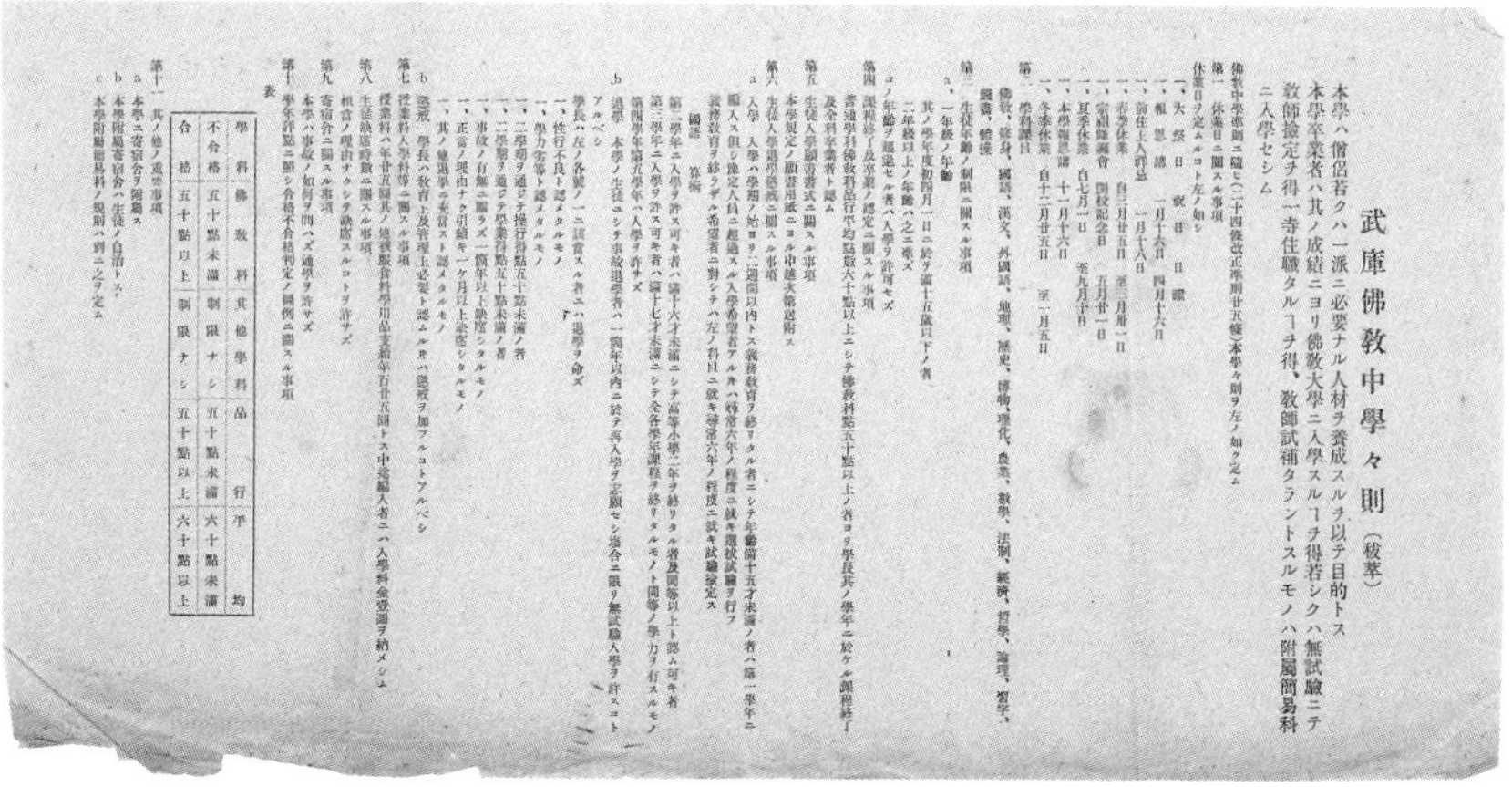

武庫佛教中學々則（校萃）

本學ハ僧侶若クハ一派ニ必要ナル人材ヲ養成スルヲ以テ目的トス
本學卒業者ハ其ノ成績ニヨリ佛教大學ニ入學スルヿヲ得若シクハ無試驗ニテ教師撿定ヲ得一寺住職タルヿヲ得、教師試補タラントスルモノハ附屬簡易科ニ入學セシム

佛教中學準則ニ礎キ(二)十四條改正準則廿五條)本學々則ヲ左ノ如ク定ム

第一　休業日ニ關スル事項

図49　武庫仏教中学々則

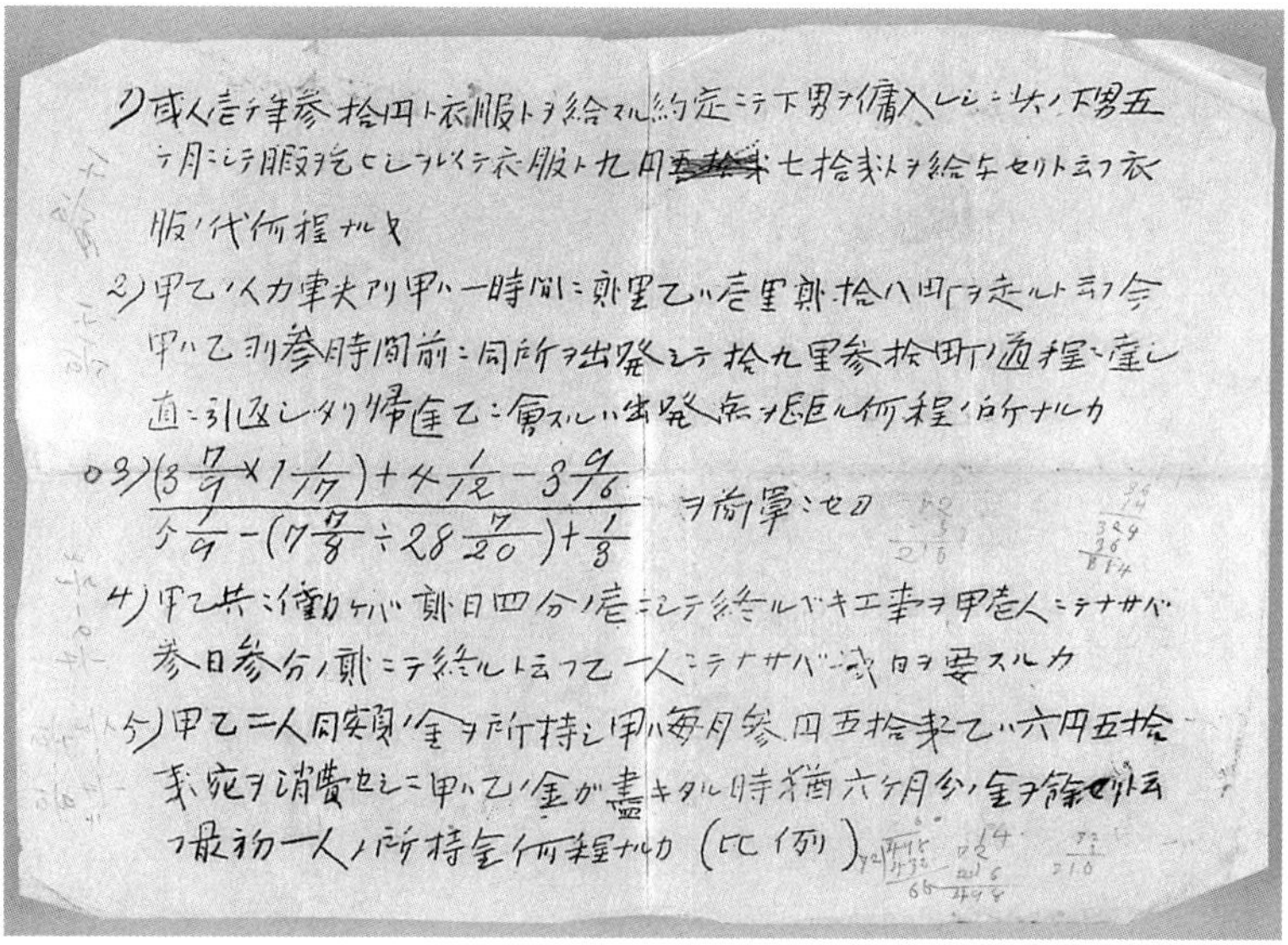

1) 或人言ヲ年参拾円ト衣服トヲ給スル約定ニテ下男ヲ傭入レシニ其ノ下男五ヶ月ニシテ暇ヲ乞ヒシニヨリ衣服ト九円七拾銭トヲ給与セリトスフ衣服ノ代何程ナルヤ

2) 甲乙ノ人力車夫アリ甲ハ一時間ニ弐里乙ハ壱里弐拾八町ヲ走ル今甲ハ乙ヨリ参時間前ニ同所ヲ出発シテ拾九里参拾町ノ道程ニ達シ直ニ引返シタリ帰途乙ニ会スルハ出発点ヲ距ル何程ノ所ナルカ

3) ヲ簡単ニセヨ

4) 甲乙共ニ働ケバ弐日四分ノ壱ニシテ終ルベキ工事ヲ甲壱人ニテナサバ参日参分ノ弐ニテ終ルトスフ乙一人ニテナサバ幾日ヲ要スルカ

5) 甲乙二人同額ノ金ヲ所持シ甲ハ毎月参円五拾銭乙ハ六円五拾銭宛ヲ消費セシニ甲ハ乙ノ金ガ尽キタル時猶六ヶ月分ノ金ヲ余セリトスフ最初一人ノ所持金何程ナルカ（比例）

図50　数学の試験問題

の者)、第二科(仏教大学入学希望の者)、第三科(教師補の資格を希望する者)、第四科(簡易科に編入し卒業とともに教師試補を取得する者)に生徒を配分した。[*43]

このように、旧制武庫中学と新制武庫仏教中学の授業内容は全く異なっている。新制の西本願寺の教育方針と旧制の光瑞自身の教育方針の隔たりについては、新制になってからの授業を中心に受けた山本晃紹(明治四十五年度入学)の「最初のお考えでは、教育の質さえよければよい、人物さえよければよいということらしかった。しかし、世の中は、どさくさまぎれに出世したり、青雲の志だけがものをいう明治期のような時代ではなかったのである。結局は中学だけ出てみても、免状や資格がなかったならどうにもならぬ、御時世であったのである」という記述[*44]からも窺い知れよう。また、昭和六年(一九三一)の「教育改造論」(『世間非世間』)の中では、光瑞自らが教育についての問題点を述べている。「今日中学を卒へて世に在るいはゆる普通人の常識の中に果して全科の幾割が現に活きて役立つてゐるであらうか。社会は果して一個の常識人に二十種の課目を必ず要求するであらうか」として、当時の教育を「八百屋式教育」と呼んでいるのである。これは、まさに明治四十五年(一九一二)四月以降の「武庫仏教中学々則」にみる教育方針と言えるだろう。

新制武庫仏教中学初年度に入学した前田多智馬は、その自叙伝に同中学の授業や放課後の生活、遠足のことなどを一五頁にわたって綴っている。[*45]例えば学業については「授業には一応中学校の教科書が用いられていた。だが、生徒の咀嚼力が旺盛であるため、物凄いスピードでどんどん進行した。私は一時、とてもついて行けないと思い悲観したものである」とか、就寝前の勤行については「われわれ在家の出身は導師となることは脅威であった。しかしよくしたもので、いつの間にか、要領を憶え込み、讃仏偈、正信偈、御文章なども暗記してしまった」という叙述がある。このように、授業の概要については、「武庫仏教中学々則」や学生の回想文にもみられるが、実際に使われた授業ノートも残っており興味深い。[*46]【図51】

ところで、公式な授業とは別に蒙古語の授業があったようである。『大乗』に「羅先生」と題する文がみられ、

図51　学生（精舎昌美）によるノート

二楽荘に蒙古語を教える羅先生という人物がおり、岡本梅林の近くの一農家を借り生活していたことが書かれている。[*47]「光瑞師の命で蒙古語をならったのが小笠原彰眞、神代重暉、森本了厳らであった」と同書には記されていることから、公式的な授業ではなく、光瑞の選抜した学生のみが受けた科目と考えられる。上述の三人の学生とも同学年であった滋賀県出身の布賀瀬《ふがせ》龍山《りゅうざん》が持っていた「蒙古語研究」というノートがあり、おそらくその時の授業ノートと推測できよう。

また明治四十五年（一九一二）四月十五日には大谷尊由を清国開教総監として清語研究所が二楽荘内に設立され、二〇名の学生が受講を許可され（志願者約一〇〇名）、所長事務代理として横田《よこた》諒英《りょうえい》が就任した。

食事と学生生活

光瑞や学校関係者、学生はすべて二楽荘内において生活していた。特に学生は、特別な理由がない限り荘外に出ることは許されなかった。学業以外の学生生活についても、学生による回想が手掛かりとなる。食べ盛りの学生であるから、食事に関する話題も豊富で興味深い。[*48]

「アルミニュームの食器を持つて、粗末なバラックに集まり、麦七分のめしをぱくついた。全く軍隊生活と同様で、さすが粗食に慣れた僕も、一両日はこの麦飯がのどに通らず、麦湯をぶっかけて少々流しこむのが関の山であった。(中略)日曜日の夕食には饅頭とか、餅とか、せんべいなど代わる代わる食べたものだが、二つか三つのお菓子を百味の御食と押し戴いてうまそうに食べたものである」[*49](新制武庫仏教中学に第四年級で入学した小谷精明[淡雲])

「毎月十六日は親鸞の命日である。この日は午後から山麓事務所階上で教師の講演があった。講演そのものよりも、この日は必ず特大の大福餅が一包み宛頂戴できるのが嬉しかった」[*50](前田多智馬)

「土曜が間近になるとお菓子、一週一度の甘いものについての投票だ。各室ごとに自由に注文することができた。ゼンザイ、マンジュウ、センベイ、オハギ、カシワモチ等々」[*51](山本晃紹)

一方、光瑞も武庫仏教中学で教鞭を執りながら、西本願寺の寺務も二楽荘で行っていた。(西本願寺と二楽荘との連絡には、常時二名の「六甲便」と呼ばれた飛脚もあった。)光瑞の三度の食事は、朝はパン・牛乳・たまご、昼は南京米に麦飯、夜は洋食か中国料理、日本料理といったメニューであったという。[*52]中国料理については、李毓慶が料理人として招かれていた。(その後、李毓慶は、三年の年季を終え中国に帰国した。)

食生活の他にも、もちろん子供らしい思い出が各所に綴られていて微笑ましい。

「六甲の谷川で日曜日にはよく洗濯したこと。二楽荘の斜め下の最初の寄宿舎に居た頃食事の当番で食堂(プールもあった)から下の炊事場迄汗を流して弁当をとりにいったこと」[*53](喜代門高英)

「就寝九時半、何といってもいたいけな少年である。啼く梟の声は、淋しいというよりも怖かった。殊に四、五町離れた松林で、縊死者があったときなど、ベッドの上で毛布を頭からかぶり、顔だけ出して眠り、夜中に便所に行くと

きは、同行者を起し、これと一緒でないと行けなかった[*54]」（前田多智馬）

明治四十五年（一九一二）刊行の『二楽荘写真帖』「テニスコート」【写真帖M―24】には、本館北側でテニスを楽しむ武庫中学の生徒がみられる。おそらく午後の運動の時間の一コマと思われる。「テニスコート初会」（『神戸又新日報』）という記事には、住吉の阿部元太郎邸で開催された遊園会の中で、邸内にあるコート開きとして、御影師範学校、神戸高等商業学校と武庫中学の学生が試合をしたことが記されている。

ちなみに、武庫仏教中学の校章【口絵14】は制帽に付けられ、布教関連の教会講や教学参議部発信の封緘にも校章と同様の紋章が利用されていた。

第三節　武庫仏教中学の閉鎖

簡易科の設置

明治四十五年（一九一二）四月十二日には教師試補志願者のために武庫仏教中学附属簡易科を増設することが西本願寺から承認された[*55]。

附属簡易科は、西本願寺学務総幹部が武庫仏教中学に委託したもので、明治四十五年（一九一二）四月より開講した。『教海一瀾』に第一期の生徒募集の要項がみられないことから、第一期生は一般公募されず、武庫仏教中学から選抜された学生が転入したものと考えられる。その選抜規定は、前述した「武庫仏教中学々生分科表」の第四科に位置づけられる。

生徒の募集は、以後の『教海一瀾』掲載の募集要項から前期（四月）と後期（九月）に区分されていた。『本山録事』（明治四十五年六月十五日）には、同年六月八日付で本科の規則が定められている。第三条で、学科及び月曜日から土曜日の授業時間数が、宗学一〇時間、余宗学一〇時間、宗学一般三時間、勤式一時間、国語二時間、漢文二時間の計二八時間と規定されている。

大正元年（一九一二）九月十五日から開講予定の第二期募集は、『教海一瀾』第五一九号（大正元年八月三日）に初出された。自費生若干名を募集し修業年限を一年とし、資格は高等小学校卒業以上の学力を持っていれば年齢は問わないという内容であった。学費は、授業料二〇円、食費六〇円、書籍、文具及び雑費として二〇円の計百円。第二期募集の際にも、武庫仏教中学の在校生の何名かが第四科に選抜され、給費生、半給費生として転入する者もいたことであろう。

大正二年度の募集は『教海一瀾』第五三二号（大正二年二月一日）からみられる。同年三月十一日を開業（四月一日の誤植）とし、給費生二〇名以内、自費生若干名と明記されている。以後の掲載には募集期限の延長や「三学年程度ノ仏教学ヲ教授シ該修了者ニ対シテハ学務総監ヨリ学令番外ヲ以テ教師試補無試験検定ノ特典」とする追記がみられ、生徒増員の策が講じられている。大正二年度の後期（第四期）には、五〇名の自費生の募集要項が『教海一瀾』第五四〇号（大正二年六月十五日）に公告された。

これらの施策の一方では、清語研究所を大正二年三月五日をもって閉鎖するといった施設削減の方策も取られた。清語研究所の卒業生は、入野契則、神田文雄、兼安斯人、廣兼麻雄、門脇良雄、松本秀雄の六名となり、満州方面の各出張所駐在として開教補助の実務を担当したことが『教海一瀾』第五三四号に記されている。

簡易科の大正二年度の後期授業がまだ終わらぬ十二月には、「簡易科臨時生徒募集」の要項が、「武庫仏教中学生徒募集」要項とともに『教海一瀾』第五五一号（大正二年十二月一日）に掲載された。その内容は、新学期の第五期生徒を若干名募集するというものであった。注目すべき記載は、その第二項に「新学期ハ京都市仏教大学門前本山所有地内ニ移転開校ス」とあることで、『教海一瀾』の原稿締切日などを勘案すれば、同年十一月には簡易科が移転することが決定されていたことになる。大正三年（一九一四）四月を待たなければ公式に告示されない二楽荘・武庫仏教中学閉鎖が、水面下ではすでに模索され進行していたことが推測されよう。

翌年一月には規則が改訂され、夏期休暇を廃止し、学期を二月、五月、八月、十一月の四学期に配分した。そして、学期終了時に西本願寺の教師試補試験と同一の問題を解き、合格者には教師試補の資格が与えられた。短期間での修得が約束されたわけだが、その後、学期の規定は二月になって再訂正され、修業年限を一〇カ月とし、三月、六月、九月の三学期と定められた。『教海一瀾』第五五六号に掲載された募集要項には、給費生若干名、自費生数十名、三月十日に新学期開始と記されている。

武庫仏教中学の統廃合

大正二年（一九一三）二月一日の『本山録事』告示第一号において第四仏教中学を廃し武庫仏教中学を「仏教中学」という名称に改称すると公表された。同告示第二号では「仏教中学ハ派内寺院子弟ノ僧侶教育ヲ施スヲ主眼トスルヲ以テ入学生徒ノ募集ニ付テハ派内各中学ニ於ケル優先権ヲ有ス」とされ、本派寺院の僧侶となる者は仏教中学に入学することが義務的に据えられている。その告示を受け「告示第二号学令第一号に就いて」（『教海一瀾』第五三二号）では、学務総監部の斯波随性がさらに詳細な説明を行っている。

大正二年度の武庫仏教中学の生徒募集（『教海一瀾』第五一九号より掲載）は、給費生七〇名、半給費生六〇名、自費生若干名としていたが、入学者決定後に新たに自費生の一、二年級若干名を追加募集している。この武庫仏教中学募集は、四月一日の入学期日の前月まで掲載（三月十五日発行の号）され、さらに入学試験は入学期日の前日まで行われた。

このようにして、武庫仏教中学の生徒数の増加と学校の充実を図ろうとしたが、大正二年度に本学に入学を希

図52　武庫仏教中学教員一同：写真裏面には「大正二年四月三日、二楽荘ニテ撮影」と書かれている。前列左より、武田龍栖、伊藤義賢、柱本瑞俊、大谷光瑞、橘瑞超、富樫瑞昭、寺崎慈辨。

望する生徒は一向に延びなかったようで、附属簡易科もその例外ではなかった。それは、この時期表面化した大谷家の財政問題の影響もあっただろうし、他の仏教中学が文部省から認可を受け普通中学として運営されていたことも、要因の一つと言えるであろう。例えば、旧第三仏教中学の平安中学では、明治四十三年（一九一〇）に普通教育を施す平安中学校と、僧侶の子弟に仏教一般の知識を授ける平安専修学院が併設されるなど、その生徒数の増加は著しいものがあった。

　そして、大正二年（一九一三）三月十六日付の文部省告示第五八号によって、武庫仏教中学と第四仏教中学とが統廃合し、新たに仏教中学としての「私立武庫仏教中学」が設立された。[*56]【図52】

　後に中川源三郎、[*57]千原清《ちはらきよし》（第四章で詳述）、百済吐龍、河崎宗良が同年十月二十八日付で同校教員に任命されている。

そして、新任としては廣政幸助が教員として赴任し、校長橘瑞超以下二九名の教員陣によるスタートだった。開校式は、大正二年（一九一三）四月に挙行され、その時の様子は『寿光タイムス』第二四号において伊藤義賢が詳説している。

そして閉鎖へ

日露戦争と関連し、財政がかねてより問題となっていた西本願寺は、明治四十四年（一九一一）の宗祖六五〇回大遠忌を目標に、教団体制の強化とともに、経済面での建て直しを図ろうとした。しかし、数々の問題が生じ財政的困窮を打開するのは容易ではなかった。

この財政問題については、随時『教海一瀾』に事実関係や処理方法が報告されている。武庫中学では、すでに明治四十五年度の生徒募集が始まっていたが、この問題を受けて橘瑞超校長が、志願者及びその父兄の心情を考慮し『教海一瀾』第五二七号（大正元年十二月一日）に「武庫中学の入学に就て」という一文を掲載したことは前述の通りである。給費生の位置づけ、武庫中学の指定認定、財政問題、第四仏教中学の移転問題などについて詳細に説明したもので、武庫中学の教育方針を再掲示するとともに、今後の方向性を明確化する意味で必要と考えたのであろう。

しかし、大谷家や西本願寺の財政問題は複雑化し、両者の財産区分の問題、宗主光瑞の責任問題などにも発展した。西本願寺の宗政、財政の両面にわたってなされた議論は、内部のみでなく外部でも派生し、『神戸新聞』は大正二年（一九一三）七月十七日から同月二十九日までに、「噴火口上の法主」と題する一〇回連載の記事を紀水こと藤田進一郎〔『神戸新聞五十五年史』の著者〕が書き、宗主光瑞の責任問題を鋭く付いた。

翌年の大正三年（一九一四）の光瑞による年頭親示では、地方寺院の子弟が教育を受け宗学の研鑽を積む必要性を説く一方、教団の前途を憂い財政問題の責任を痛感している様子も窺い知ることができる。*58

大正三年（一九一四）三月十八日に光瑞が京都西本願寺の錦華殿に常住する意志を固めたことから、「二楽荘愈よ閉鎖」といった記事が掲載され、[*59]二楽荘や武庫仏教中学の閉鎖に関して新聞などからの情報が先行した。「武庫仏教中学の改変」として西本願寺からの告示が実際になされたのはその約一カ月後であったが、[*60]前述のとおり附属簡易科の京都移転を前年末に表明し、大正三年度の生徒募集も武庫仏教中学より附属簡易科の方を重視した様子がみられるから、少なくとも前年末の段階から武庫仏教中学を閉鎖する意志があったことが想像されよう。

本願寺室内部の『特別記事日誌』の大正三年三月三十一日の箇所には、「武庫仏教中学断然廃止之旨御下命ニツキ教職員解職等ノ手続ヲ終レリ」と記されているが、ここで言われている「廃止」とは閉鎖という意味であり、[*61]閉鎖とともに教員の解雇手続も終了したことが分かる。西本願寺は、閉鎖に伴う教員の解任について、すでに大正三年（一九一四）一月八日から任免辞令を交付しており、総勢三〇名の武庫仏教中学のスタッフは、三月三十一日をもって全員解任された。そして松原達蔵が教員解任と同時に、西本願寺から通報所賛事・二楽荘駐在兼務役に任命されている。

ところで、この武庫仏教中学廃校の手続きが終了する直前の、大正三年（一九一四）三月二十日には武庫仏教中学において最初で最後の第五年級の卒業式が挙行されている。卒業式の集合写真と考えられる資料には、校長の橘瑞超、柱本瑞俊、富樫瑞昭《とがしずいしょう》（一八九二―一九六〇）、松原達蔵、脇谷撝謙らの教員の顔ぶれとともに卒業生三一名が写っている。

学生の進路と簡易科の継続

武庫仏教中学の閉鎖によって、学生は各方面に分散することになる。その状況は、前掲の「武庫仏教中学の改変」の中で詳しく記されている。ただし、大正三年度に五年級を迎える二五名に対しては、仏教大学前に移転した附属簡易科に別の教室を設け、第三代学長脇谷撝謙のもとで授業が行われた。教員解任後の大正三年（一九一四）四月一日付で新たな教師陣が任命され赴任したが、生徒数減少に応じてわずか四名という教師陣であった。[*62]花山信勝（石川県出身）、永森顕成（富山県出身）、荒木即成

（熊本県出身）らは、そこに転入した。藤辺文学（滋賀県出身）は、「武庫中学も解散にはなったが、僕等は頂度五年級であった為、特に京都の有川旅館を寄宿舎として、特別教育された」と回顧している。[*63]

大正三年度に四年級以下に該当する学生は、平安中学、北陸中学、佐賀龍谷中学にそれぞれ転入するか、退学して別の進路に進むか、光瑞の側近として従事するかであった。[*64]

岡山善海（大阪出身）は平安中学に編入している。生家には、その後無事五年級に進級する時の、武庫仏教中学からの転学生一同とともに写った集合写真がある。佐賀龍谷中学の四年級に転入した栗原俊丸（広島出身）の生家には、「六甲山ヨリノ転校生」と題する大正四年（一九一五）十一月に撮影された記念写真が残されている。

新三年級生として北陸中学に転校する予定であった大村徹郎（広島出身）は、二楽荘に残り、四月上旬には錦華殿に入洛し、光瑞の側近として従事した。その時の錦華殿での様子は、大村（榎原）徹郎「煙霞の痼始まりし歳」に詳しく描写されている。「その翌日より地下足袋を頂き土掘りが始まった。近々羊の飼育をするのだと仰せられた。野村栄三郎氏より写真の手ほどきを受け晩春初夏の風景を写し廻った。宇治から山科方面へ橘先生のお伴でピクニックに行き撮影したものを現像板にすかして解説していたら写真は説明するものではないとお叱りを受けた。」御影堂の裏の大きな池（百華園の池）で、学生が水遊びをしていたことなども記されている。[*65]その他、策進団総務部部長の廣瀬了乗（一八九六―一九五〇。大正三年（一九一四）の光瑞外遊に際して随行員となる。大正六年（一九一七）には南洋ジャワ島に光瑞が設立した蘭領印度農林工業株式会社の調査部主任として外交、人材育成などを務める。晩年も京都伏見の三夜荘近くの家に住み、光瑞の側近として生涯を過ごした）や精舎昌美も、大村徹郎と同じ進路を歩んだ。

また、大正三年度に入学すると同時に、他校に転入せずそのまま錦華殿に行った学生もいた。仁本正恵は、「天馬空を行く」で、「食事は二楽荘以来のお抱えの支那人のコックが作り、お掃除に南御殿の女中さんが来るほか、男の子の私たちだけの生活だった」とか、「一日中勉強するだけだが、猊下から時々漢詩の題が出され、初めて漢詩を作る私は全く当惑したものだ」などと、錦華殿での生活や勉強の様子を叙述している。[*66]

京都に場所を移し授業が行われた武庫仏教中学では、大正四年（一九一五）三月十九日、午前九時から、講堂において卒業式が挙行された。[*67] 一方、西本願寺が経営上重視したと考えられる簡易科については、大正三年（一九一四）六月十日・九月三日の新学期開講の自費生徒の募集がそれぞれ行われている。[*68] しかし、『教海一瀾』第五六八号（大正三年八月十五日）には、九月三日の新学期の「生徒募集取消」といった公告が掲示された。同年八月五日教学課より達せられた「武庫仏教中学廃校ト共ニ簡易科ヲモ廃止スベキ旨」を受けた結果である。文部省からの廃止の認可から三カ月後のことであった。[*69]

武庫仏教中学の建築

武庫中学や武庫仏教中学の建物で現存するものはない。甲南学園の管理のもとで、二楽荘の関連施設で最後まで残っていた武庫仏教中学事務所も昭和四十九年（一九七四）一月、老朽化と維持管理の問題から解体されることが決定した。

ただ、この武庫仏教中学事務所【写真帖M―3】と類似する建物が、兵庫県立豊岡高等学校内に改築保存されているので本章の最後に少し触れておこう。その建物は達徳会館《たつとく》と呼ばれ、同校の前身である兵庫県豊岡尋常中学校【図53】の本館として利用されていた。この建物は明治二十九年（一八九六）に落成（玄関東面向き）し、兵庫県立豊岡中学校【図54】に改称後、昭和十六年（一九四一）に改築（玄関南面向き）されており、大正十四年（一九二五）の北但大震災、昭和四十七年（一九七二）の学校火災などの災害をくぐり抜け、現在豊岡市の指定文化財に登録されている。武庫仏教中学事務所、達徳会館ともに、木造二階建で正面は切妻造りで構成され、屋根のベランダが突出している。このベランダは階下を吹き抜けとして、柱間を広くとり玄関を造り上げ、柱頭にコンポジット式の草飾りを配している。二階のベランダは側面が板張りで正面に大きな窓枠が設置されている。各階の窓枠の数も一致していることから、内部の間取りも類似している公算が高いものと言えよう。そこで、参考までにその間取りや写真を掲載しておく【図55、図56―1～56―5】。

（上）図53　創立当時の兵庫県豊岡尋常中学校（明治29年）
（下）図54　兵庫県立豊岡中学校　和魂碑・本館　絵はがき

明治四十四年（一九一一）五月に開校した武庫中学は、改名を経ながらの、三年間という短期間の運営であった。二年度目に第四仏教中学を併合し、教育方針の大幅な変更によって、普通教育を含めた学科の増設などが行われた。開校初期（明治四十四年度）の光瑞流英才教育とは全く異なる教育方針に変更されたものと言える。ところが光瑞は、普通教育を導入した西本願寺の平安中学、北陸中学、佐賀龍谷中学に類した教育方針に沿いながらも、一方では他校に類をみない策進団といった組織を確立し、独自の生徒指導方針をとなえ続けた。二楽荘における策進団の編成こそ、後の光瑞が学生教育を行う上での原点になったことは間違いないであろう。

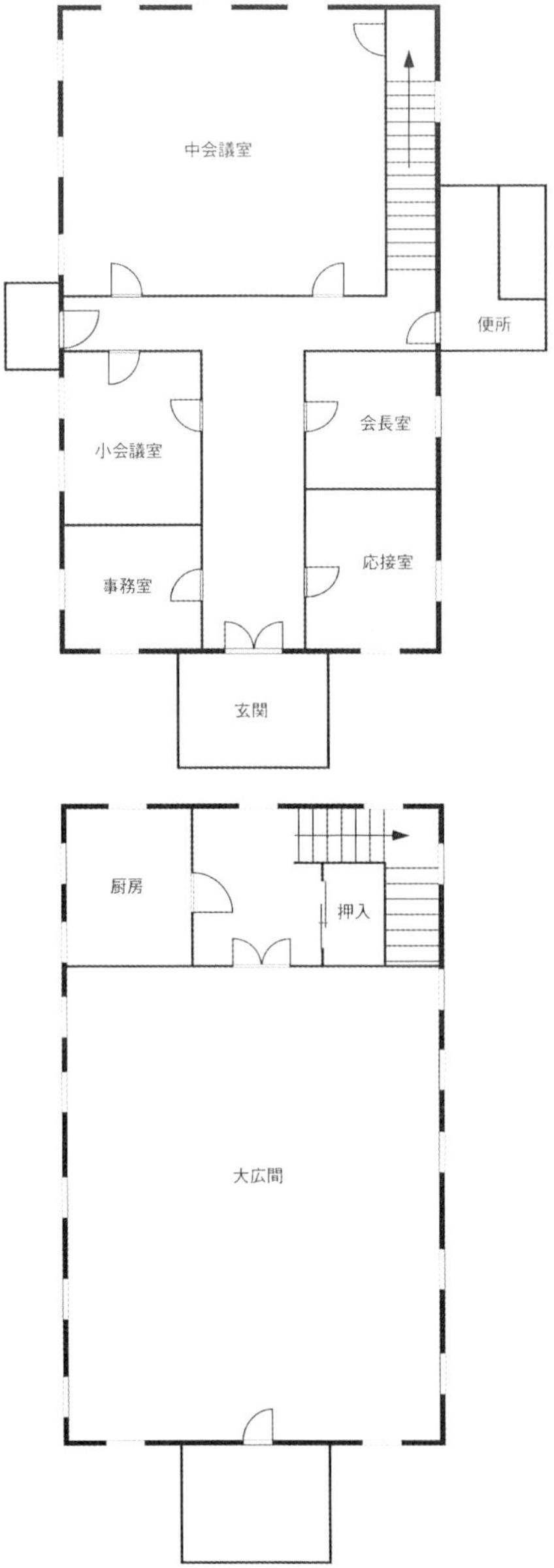

図55　達徳会館　平面図（1/200）：（上）1階、（下）2階。

図56－1　達徳会館（旧本館）

図56－2　達徳会館　応接室

図56－3　達徳会館　玄関

図56－4　達徳会館　階段

図56－5　達徳会館　大広間

第四章

二楽荘における事業

第一節　二楽荘における園芸

二楽荘における事業で教育とともに評価できるのが園芸であろう。第一章で記したように、光瑞は須磨月見山別邸の頃より、すでに園芸の技術や産品に関してかなりの知識を有していた。その知識を生かして、二楽荘園芸部を開設し、荘内に果樹園・温室・庭園などの園芸施設や、牧場などを設置した。この節では、まず明治末期から大正初期の阪神間における園芸の諸相を少しく詳細に述べ、その上で二楽荘における園芸の位置付けを考えてみたい。

阪神間の園芸

阪神間は、温和な気候が園芸に適し、果樹園などに利用できる山林原野や畑地も多く、海陸運輸の便も発達していることから、明治三十年頃より園芸経営がなされていた。また富裕層が郊外住宅や別荘を構える中で、個人で園芸を営む家庭園芸者も増えていった。果樹や蔬菜に対する需要が著しく増加し、物価も高騰していったため、阪神間の園芸施設の増加は特異な様相を呈し、園芸は農家の恰好の副業ともなっていった。

このような状況を背景として、武庫郡長阿部光忠《あべみつただ》〔?―一九〇八。明治時代の官吏、歌人。明治維新後に兵庫県武庫郡長をつとめ、武庫郡教育会をおこし、農事試験場を創設した〕は、同郡内に独自の農事試験場を開設するよう郡会に働きかけ、明治三十五年（一九〇二）四月に西宮町川尻（阪神香枦園駅南方・夙川東岸）に武庫郡農事試験場を開設した。ここでは、果樹栽培地千二百坪、蔬菜栽培地八四〇坪、花卉栽培地六〇坪の土地に年間約二千円の経費をかけ、稲麦類・果樹類・蔬菜類から六〇余種の草木類まで多岐にわたり栽培された。また、栽培技術を研究する

図57　兵庫県立農事試験場園芸場

だけではなく、種苗類を配布し巡回指導も実施した。そして、園芸を営む者には、開園計画書を公布し実地指導も行った。同じ月には、兵庫県農事試験場園芸場（明石町大蔵谷）【図57】も開設している。

武庫郡農事試験場の第二代場長に明治三十七年（一九〇四）就任した北神貢《きたがみみつぐ》は、まず郡内の園芸状況の把握に努め、『兵庫県武庫郡ノ園芸』（武庫郡園芸同好会刊・明治三十八年五月調査）をまとめた。[1] 同書には、各園芸場の成立や定植の経緯、現状の栽培品種や生産高が詳細に記され、良元村・甲東村・武庫村・須磨村の四つの村で園芸が発展しつつあることが言及され、模範農園として二七カ所の園芸場が列記されている。[2]

園芸雑誌と『郊外生活』

北神貢は、積極的に文章を発表し、地元に対する園芸の啓蒙普及活動にも貢献した。学校での花園設置の必要性を説いた「学校と花園」[3]や別荘所有者の園芸の心得について記した「別荘の園芸」[4]、停車場の空地を利用した園芸施設の設置推進を提言した「鉄道の園芸」[＊5]などがそれにあたる。また、四季折々に開花する花卉類の観賞記事が、『神戸又新日報』『神戸新聞』などにもこの頃特に多く掲載されていて、人々の園芸への関心度が高まっている様子が見てとれる。

北神は栽培研究にも力を入れ、「神戸市に於ける桜桃樹の結果」[＊6]「洋梨栽培の前途」[＊7]など、栽培結果を報告する多くの文章を園芸雑誌に公表し、全国に阪神間園芸のレベルを知らしめた。さらに、自らも西宮町の夙川東側に千二百坪の敷地を有する関西農園を大正元年（一九一二）に開設し、切花用花卉類や茶花、冬咲花卉類の栽培を行った。このように急速に発展する阪神間の園芸の様子が、東京の万代談とし「関西園芸の概要」[＊8]にも論説されている。

大正元年（一九一二）十一月には兵庫県農会から『兵庫県の園芸』が刊行されている。そこには、「家庭園芸者の多きこと他に其類を見ざるは本県の誇とする所なり」と記されているが、邸宅内に大規模な果樹・蔬菜・花卉類の栽培場や温室設備が設けられたことも、阪神間の園芸を特徴づける現象であった。

このように多くの園芸雑誌や書籍が刊行されるなか、大正三年（一九一四）には阪神電気鉄道株式会社から郊外生活の魅力を紹介するための月刊誌『郊外生活』が刊行された【図58】。そして、その巻頭には同社専務であった今西林三郎《いまにしりんざぶろう》（一八五二―一九二四。明治―大正時代の実業家。明治十五年（一八八二）の大阪同盟汽船取扱会社設立の後、大阪商船の設立にも尽力。その後、山陽電鉄・阪神電気鉄道など数多くの会社役員として経営に関与し、関西財界の有力者となった。大阪市会議員、衆議院議員としても活躍）によって、「園芸の趣味を鼓吹するに及びて阪神両市にありたる園芸同好の士を殆ど悉くその沿線に集めたりと云ふも不可なきまでに至れり。（中略）今や皆と倶に郊外生活と園芸の趣味に就て更に研究すべき時期の到来せるを思はざるべからず」と記されている。つまりこの月刊誌は「園芸趣味の鼓吹」「家庭園芸の研究機関」を目指した地域園芸雑誌というべき性格を帯びており、その内容は、花卉の開花を紹介した園芸月歴や園芸問答なる一問一答の記事、多岐にわたる園芸論文などで構成されていた。

単品種のみの園芸場を入れると、大正四年頃までの家庭園芸者は、武庫郡内だけでも五〇余邸にも及んでいた

図58　『郊外生活』：阪神電気鉄道株式会社が郊外生活の魅力を紹介するために刊行した雑誌。

と考えられる。[*9] これら家庭園芸者は、商売を度外視した趣味嗜好の領域で園芸を楽しんでおり、各施設を完備した園芸場を持つことが一つのステータスになっていたといえよう。とはいえ、中には久原房之助（久原邸農園・本山村）や住友吉左衛門（住友別邸・須磨村）のように趣味の域を超越して、園芸師を従事させたり、日本の果樹栽培研究で屈指の団体である日本柑橘会に入会するものも現れている。

郡内でも最大級の規模を誇ったのは久原房之助の久原邸農園で、約三千坪の果樹園や温室が完備され、果樹・蔬菜・花卉類が栽培されていた。住友吉左衛門が所有する温室では、一棟内が三室に区分され、部屋ごとに温度管理がなされていたという。[*10] また、八田宗三郎（精道村打出）の別荘では、大阪府立農学校から招いた辻岡勇一と技師二、三人が園芸に従事し、シクラメンや切花用のチューリップ、千住ネギや豆などが栽培された。千住ネギの栽培は関西地方では不可能とされていたもので、砂質の土壌が排水に適していたため成功したものと言われている。

尾崎哲之助の大正園（西宮町）の広告では、新たに温室を設置する人たちのために、大形・小形温室（一五円・一〇円）を宣伝したり、洋式庭園や花壇の設置など園芸に関わるすべての相談を受ける旨を告知している。それほどまでに家庭園芸に関する熱は高まるばかりであった。

この家庭園芸の過熱ぶりに警告を発したのもまた北神貢であった。北神は、家庭園芸者に対して、趣味嗜好を優先して、各品種の年中行事を把握せず肥培すれば、病虫が発生し不測の損害になることを「別荘園芸の現状」で説いている。[*11]

しかし大正三年以降になると、園芸活動の一時の勢いはなくなり、品評会においても出品数が減少し各品種が雑然と並べられるだけ、といった状況になっていたようである。[*12]「果樹園芸の前途」という文章の中で北神は、自らも含め園芸を研究するもの、営利目的で園芸を営むものに対して、過去の園芸実績を総説し再考する時期が来ていることを述べた。[*13]そして、この警鐘こそは園芸者北神貢の到達点であり、阪神間の園芸の新たな出発点であったと言えよう。武庫郡農事試験場の開設から十三年が経過していた。

武庫郡園芸同好会

兵庫県農事試験場園芸場や武庫郡農事試験場が開設して三年後の明治三十八年（一九〇五）三月、武庫郡内の果樹・蔬菜・花卉類の栽培に従事するものたちが集まって武庫郡園芸同好会が結成された。同会は園芸研究の相互協力を目的として、一八条からなる同好会規則を作った、その第四条には、相互の実験を談話交換すること、種苗及び生産物の売買を斡旋すること、各自が栽培した果実・蔬菜を試食・品評すること、毎会参考品を蒐集して品評することなどが掲げられた。事務所は武庫郡農事試験場内に置かれ、年会費は五〇銭、各町村に一名ずつ置かれる幹事が集金し、毎年二回試食品評会を開いた。[*14]

二〇名が出席した第一回総会は、明治三十八年（一九〇五）八月二十日午前八時に西宮町で開催され、会長に阿部光忠が選出された。同会では「病虫害」と「予防駆療法」が談話され、前述した『兵庫県武庫郡ノ園芸』の刊行も決議された。この会で注目されたのが、三宅島産旭イチゴ酒、青森県産マルメロ缶詰、長野県産ブドウジャム、長野県産ブドウ砂糖かけ、岐阜県産柿ようかん、岡山県六々園産金桃、川辺郡久保竹兵衛寄贈の洋梨・梨・桃、村澤安吉出品の大和白童、岡口新平出品の梨、持永乙彦出品の上海水蜜桃、菖蒲池潤吾出品のジャガイモなど、試食会に出品された全国の果実類であった。

明治四十年（一九〇七）八月二十五日に開催された第五回総会は、出席者三四名。同郡の梨樹の種類についての討議や、岡口新平、岡本市太郎の実験談がなされた。

同年十一月二十三日に北神貢宅で開催された第六回総会には、通常会員に加えて、今西林三郎（阪神電気鉄道株式会社）、能勢七郎（農産商会）の来賓を迎え、総数四四名の出席があった。果実の販売調査について討議がなされ、須磨村の百々園主名倉周蔵が、普通の仲介人や小売商売人に出荷するのは不利益であること、より信用のある商人に委託販売する方法について説明し、甲東園主岡本市太郎や愛果園主田中貞次郎らも販売上の実歴を述べた。そして、神戸市の農産商会に委託販売し、生産物に対しては荷札を必ず貼付することが満場一致で可決された。

明治四十一年（一九〇八）十月十一日に西宮町第一尋常小学校講堂で開催された第七回総会には、総数四七名が出席、本郡に適したブドウ樹九種類が提示された。また、百々園主名倉周蔵によって園芸に対する所得税について講義が行われ、会員の感動を誘ったようである。恒例の試食品評会では、ブドウ（一二点）、柑橘（八点）、桃（一点）、リンゴ（一〇点）、梨（一三点）、洋梨（一〇点）、柿（四三点）、雑果（一〇点）、製造品（一〇点）、蔬菜類（四点）の出品があった。

明治四十二年（一九〇九）十月三日に西宮町第二尋常小学校講堂で開催された第八回総会は、来賓一九名、会員五二名の出席者によって開催され、北神貢による「貝殻虫駆除」の実験談、平塚嘉右衛門（一八七五―一九五三。兵庫県武庫郡良元村に生まれ、果樹の研究に従事。その後、宝塚温泉の浴場を取得し、平塚土地経営所を設立するなど、宅地開発や土地の分譲にも乗り出し、宝塚ホテルや六甲山ホテルなどの経営にも参加した）による「紀州に於ける柑橘栽培」の視察談、大阪天満市場の山中嘉兵衛による「梨顆の容器」についての講義が行われた。そして、試食品評会には三七点の出品があった。

明治四十三年（一九一〇）十月九日に西宮町第二尋常小学校講堂で開催された第九回総会は、来賓一一名、会員三七名が出席する中で開催され、大阪府技師高橋久四郎による「果樹雑感」、能勢七郎による「果実の商状」と題する講演が行われた。そして、品評会にはなんと三八九点が出品され、西宮町の大林芳五郎は欧州直輸入種の自園産観賞用のカボチャ二五種を荷車で運搬し出品するほどの力の入れようで、うち一〇点が試食品評された。

このように、第九回までの総会内容をみればその盛況ぶりが窺え、同時期に開設した兵庫県農事試験場園芸場の業務内容を凌駕するほどであったと言えるかもしれない。いずれにしても、阪神間の財力を有した園芸経営者、家庭園芸者の存在があったからこそであろう。*15

明治期後半から大正期初めにかけては、武庫郡園芸同好会のほかにも、洲本町における淡路果物品評会（明治四十二年）、明治三十七年（一九〇四）から一年おきに連続開催された兵庫県農会主催の兵庫県園芸品評会、一市三郡（神戸市、武庫郡、明石郡、有馬郡）園芸品評会（大正二年）などがあった。また、限定した品種の研究会や大会として、兵庫県農事試験場園芸場における洋梨種名一定研究会（明治四十二年）、関西園芸協会主催の関西ダリア大会（第一回・大正二年）、そして、マスクメロン研究会（大正三年）があった。

マスクメロン研究会

ここでマスクメロンについて、さらに焦点を絞って詳しく述べてみよう。

日本におけるメロンの栽培は、当初露地において明治九年頃から試験的に栽培されていたようであるが、その後、欧州留学を終えて帰国した福羽逸人《ふくばはやと》（一八五六―一九二一。日本における園芸学の草分け的存在。播州葡萄園長、パリ万国博覧会事務官、農商務技師、新宿植物御苑係長、宮中顧問官などを歴任）によって、明治二十二年（一八八九）、新宿植物御苑に温室が建設され、メロンやいわゆる福羽イチゴの栽培が行われたという。[*16]『メロン栽培』（昭和二年）の著者、五島八左衛門は、明治四十年（一九〇七）に新宿植物御苑において、メロン栽培の見習生として福羽から直接指導を受けている。その頃メロン栽培を試験的に実施していたのは、新宿植物御苑、東京農科大学、岩崎弥之助邸、大隈重信邸の四カ所のみであったという。

メロン種の中で、アメリカ種は露地に適していたが、味は在来種とさほど変わらなかった。一方イギリス種は優良種であったが、露地栽培は困難を極めた。明治四十四年（一九一一）に武庫郡鳴尾村で鳴尾農園を営む徳井徳太郎は、阪神間で初めて、イギリス種であるマスクメロンの露地栽培に着手した。露地栽培は、費用的に安価であるから素人が着手しやすいが、栽培方法が定着せず病虫害の駆除など手間がかかり、まだ改良の段階であった。一方、温室での室内栽培は、所定の方法で行えばある程度の成果が得られるが、高価な設備費が最大の問題であった。しかし、徳井による露地栽培は年々好成績をあげ、その成果をきっかけとして、これまでの露地栽培の方法、気候、土質などが再検討されることになった。ちなみに、設備費や手間の面で、露地栽培と室内栽培の中間的なものが、木框（フレーム）栽培であった。木框栽培では関西農園の北神貢が、明治四十四年（一九一一）に本庄村の範多龍太郎の園芸場でメロン栽培の指導にあたり、好成績をあげている。

阪神間においても、明治末期から大正期初めに、徳井徳太郎以外にもマスクメロンの栽培家が徐々に増え、栽培方法などが改良されてきた。[*17]しかし、いまだ一般庶民には手が出ないほど高価で、温室物が三円から七円ぐらいと、白米一〇キロが二つとも四つとも買えるような代物であり、その存在すら知らない人も多かったという。そこで、品質を改良するための方法を研究し収穫量をあげる試みの一環として、「マスクメロン研究会」が結成された。[*18]主唱者は、北神貢（関西農園・西宮町）、徳井徳太郎（鳴尾農園・鳴尾村）、そして二楽荘園芸部の千原清の三人であった。

第一回研究会は大正三年（一九一四）八月十六日に武庫郡役所で開催され、二五名の栽培家に加え、岡山や兵庫県飾磨《しかま》郡からの来会者が十数名参加した。研究会では、千原が責任者となり、各栽培家が持ち寄ったマスクメロン（露地栽培四品種、室内栽培九品種）を肉眼と試食によって批評した。武庫郡農業技手の中安磯次は『郊外生活』に「マスクメロン研究会の成績及私見」として「露地栽培種として特に香味の善良なりしは鳴尾村徳井徳太郎氏出品の紅肉ロッキーフォード種を第一」「玻璃室栽培の品種として優良なりしは二楽荘園芸部出品のサットンスローヤルジュビリー種とし、次て須磨町住友別邸出品のスカーレット種佳良にして共に讃讃を博し」たと述べ、「武庫郡に於けるメロンの玻璃室栽培は二楽荘園芸部及本庄村の内青木村白州園にして、二楽荘における之が栽培の方法は至りて集約なり。之等は玻璃室の模範栽培として見るべきもの」と絶賛し、「壱個の価格一〇銭内外になれば、栽培者に於ても相当の利益を挙ぐる事を得べし」と評価している。[*19] このように千原を主任とする二楽荘園芸部のマスクメロン栽培は、阪神間において、規模・技術面で最高位を占め、『農業世界』や『園芸之友』においても同研究会の概要が報告され、全国的に周知されていった。[*20]【口絵16】

それでは千原清が主任を務めた二楽荘園芸部とはどのような活動をしていたのだろうか？　さらに詳しく見てみよう。

二楽荘園芸部

二楽荘には各国から収集した花卉や樹木が、一時期何百種類もあったと言われている。植物などを栽培する温室は、本館の北側に一カ所、本館が位置する山麓の斜面に一カ所、その下に一カ所の計三カ所が配置されていた。北側の温室は、マスクメロン専用の温室であった。二楽荘でマスクメロンが栽培されていた温室は「メロンハウス」と称され、東西約六八メートル、南北約一・八メートルの南面する片屋根式のもので、横窓を有し、傾斜角四〇度を持つ屋根にガラスがはめ込まれていた。内部は地熱を利用するため掘り込まれており、床には鉄管が埋設され、湯を通し暖める設備が備えられていたようである。[*21]

本館が位置する山麓の斜面を切り開いて作られた煉瓦積の温室は、栽培種の観賞用のもので、東・中・西房の

図59　温室の大谷光瑞（左）と関露香

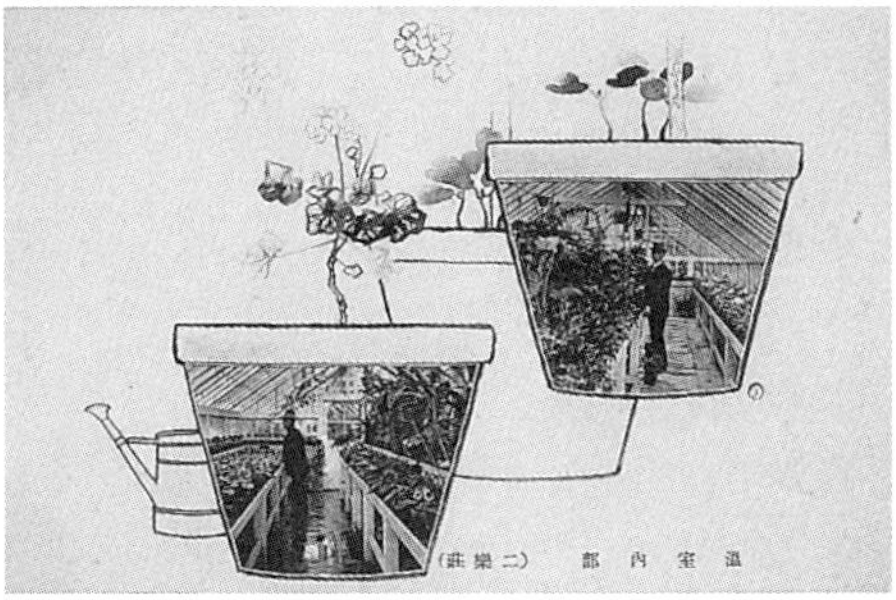

図60　温室内部　二楽荘絵はがき

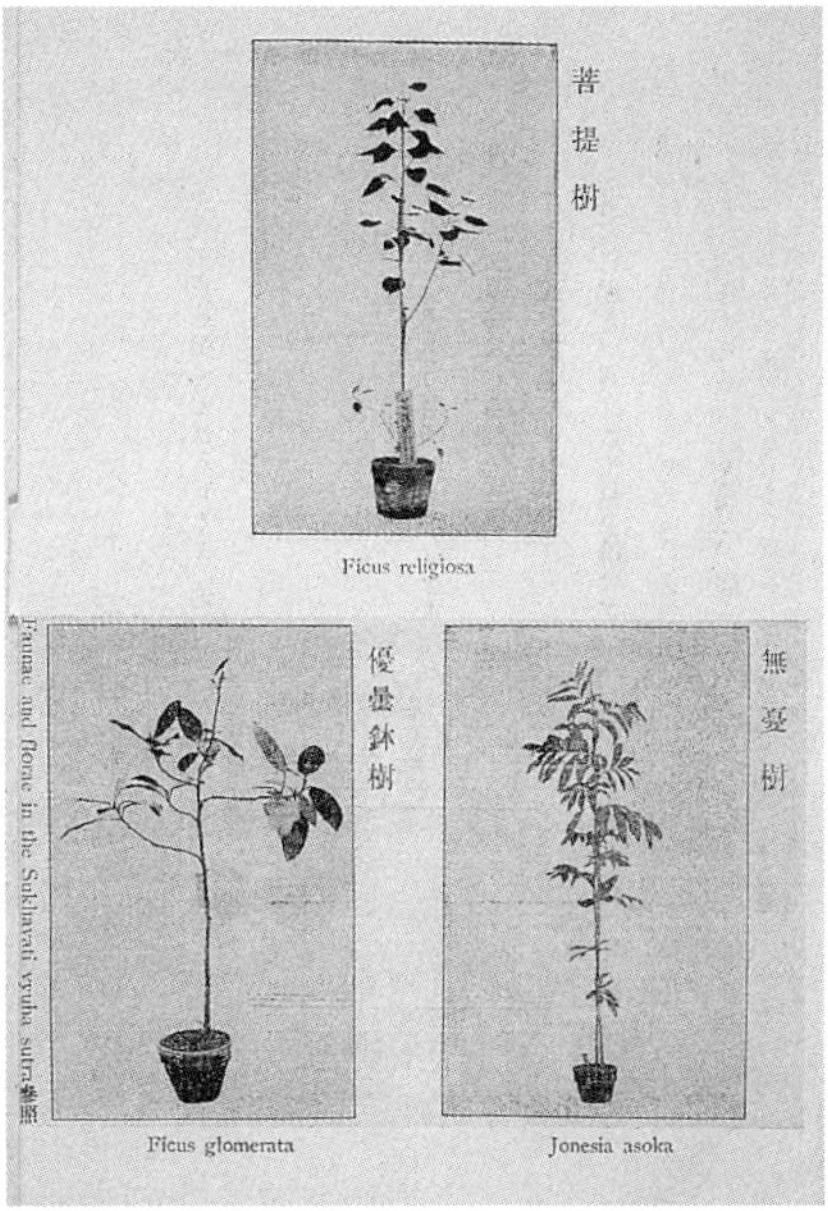

図61　『仏教青年』第３号巻頭に掲載された菩提樹などの植物

三房からなり、東房では高温植物、中房・西房となるにしたがって順次低温植物を配していた。さらにその下に位置する温室では葡萄が栽培されていた。【図59、図60】

ちなみに、これらの温室で栽培されたのであろうか、菩提樹、無憂樹《むゆうじゅ》、優曇鉢樹《うどんばじゅ》が『仏教青年』第三号の巻頭図版として掲載されている。【図61】

果樹園では、林檎や梨、洋李、スイカなどを栽培していた。大正二年（一九一三）八月二十一日から湊川小学校にて三日間開催された神戸市農会及び武庫・有馬・明石の三郡農会主催の園芸品評会には、これら栽培品が出品され、「出品物中他品に超越して見事なるは大谷光瑞氏が経営せる二楽荘園芸部出品に成る林檎・梨・洋李・萃果等にて其理想的園芸を産出するに至れり」と評されている。[*22] 参考品として出品した「デラストン・シュッペイプ」や「支那蟠桃」の名前が難解だという指摘も出されたという。[*23] また、大正三年（一九一四）七月十一日に香枦園浜で開催された第二回関西ダリア大会にも産品を出品し、大正二年一月から日本柑橘会に入会するなど、多方面において広く園芸部の成果を披露していた様子が読み取れよう。

『教海一瀾』には、本願寺派地方寺院や門徒の希望者に種々の苗を配付する公告が掲示されていたり、[*24]『日本園芸雑誌』や『関西農法』には園芸部を紹介する広告も掲載されている[*25]【図62〜図64】。『日本園芸雑誌』の広告では、室内植物、水栽植物、花壇及鉢植の植物、球根類、蔬菜（英国マスクメロン及胡瓜、印度マスクメロン及胡瓜、支那新疆胡瓜、露国胡瓜及ウクロップ）など、販売する品種についても詳しく記されている。

二楽荘本館の一般公開にも花店が出店され、菊や和洋草花が廉価で売られていた。その様子は第二章で引用した『大阪毎日新聞』の連載記事「光瑞法主と二楽荘」にも記されている。このような園芸部の活発な活動ぶりのさなか、大正二年（一九一三）七月二十五日の夜、果樹園の林檎五百個、水蜜桃二百個が盗難に遭う事件が起きた。被害総額四〇円という発表で、盗品はすでに周辺の青果店に売却されていたという。[*26]

園芸部では、果樹以外にも、米の生産などを行っていたと考えられる。[*27] これら園芸関係に使用する肥料や牧畜に使用する飼料については、自給も一部なされていたと考えられるが、ほとんどは地元本山村の井上家より購入していたようである。[*28]

ちなみに明治四十三年（一九一〇）十一月の、北神貢によって書かれた「摂津武庫郡の菊栽培」[*29]という一文の中で、菊栽培の従事者として「大谷別邸」として触れられているのが、二楽荘の園芸について言及された記事の初出と思われる。

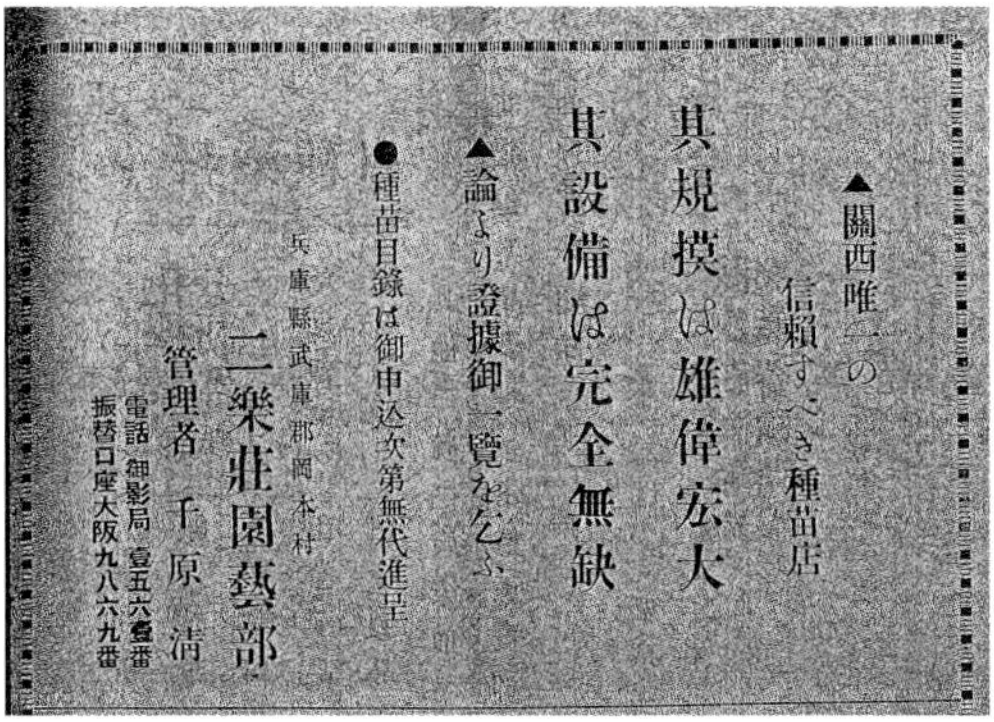

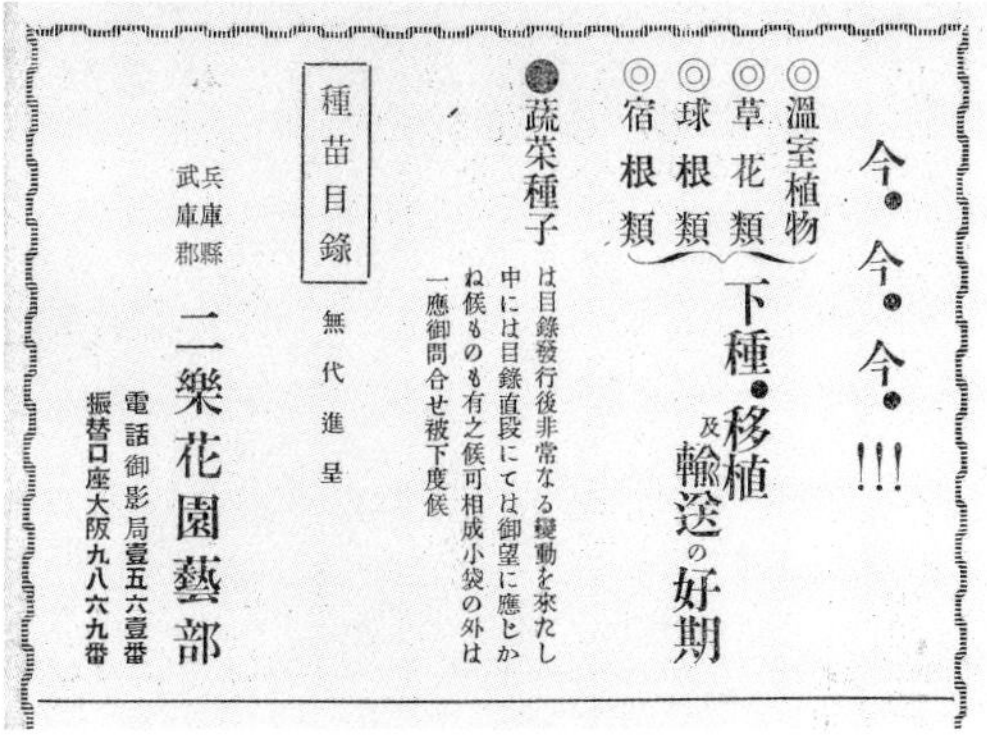

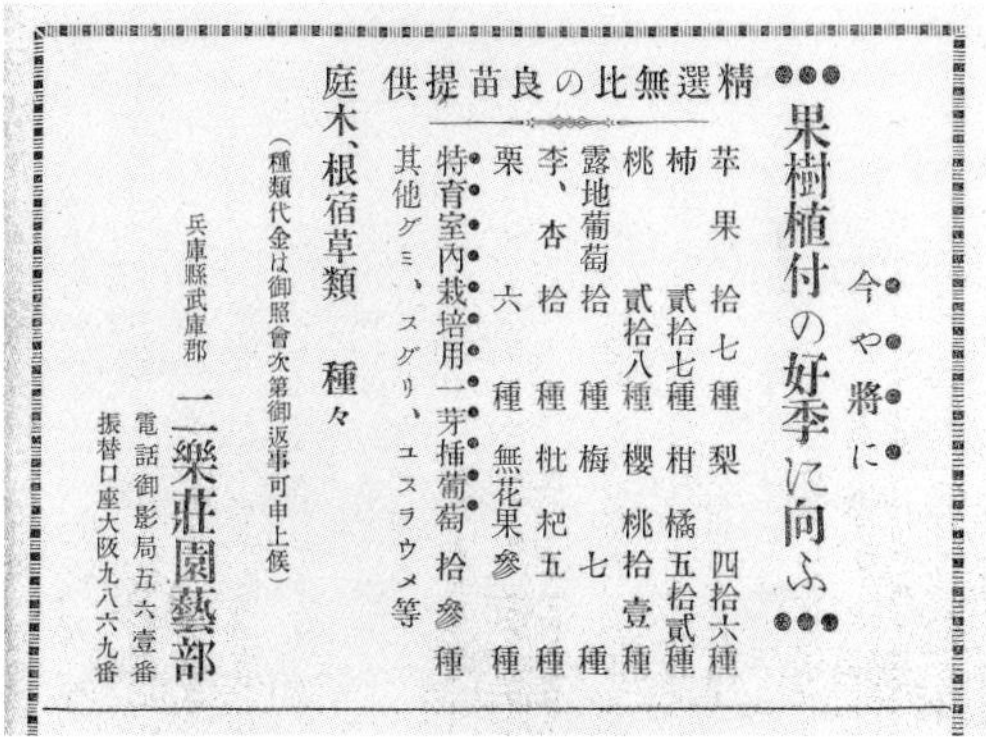

図62、図63、図64　二楽荘園芸部の広告　『関西農報』第８号（上）、第９号（中）、第10号（下）

図65　「電気栽培の話」（『郊外生活』第２巻第４号）

二楽荘牧場と電気栽培

二楽荘牧場では、大正三年（一九一四）の『二楽荘写真帖』にみえるように牛数頭が飼育され、搾乳《さくにゅう》は周辺に販売されていた[*30]【T―30】。牛乳のほかにも、ヨーグルトの一種である酸乳を販売していたようである。吉《よし》川《かわ》小《こ》一郎《いちろう》（一八八五―一九七八。明治四十四年（一九一一）大谷探検隊中央アジア調査（第三次）の隊員として神戸を出発。上海、安西を経由して敦煌に至り、橘瑞超と共に調査を継続。帰国後二楽荘に入り、二楽荘閉鎖に伴う残務処理を行った）が探検中に得た経験から園芸部に依頼をして製造されたクリーム製酸乳を原価で分配していたという。[*31]

このような園芸部の活動に共感したのであろうか、山梨県で園芸を営む中込茂作が視察で、大正二年（一九一三）十月十九日に二楽荘園芸部主任であった千原清のもとを訪ねている。[*32] 千原からは園芸関係だけではなく、二楽荘の沿革の説明を受け、各施設の案内までされたようで、次件の神戸青物市場の調査を忘れるぐらいの聞き入れようであったという。[33]

これら園芸部の活動は、千原清主任のもと、芳賀辰之助技師らが担当し、二楽荘内に開設した六甲山測候所の所長中川源三郎（次節にて詳述）も電気栽培などの分野から指導していた。中川源三郎は大正四年（一九一五）四月と十一月の『郊外生活』に「電気栽培の話」【図65】を投稿している。[34] 当時、「電気栽培」は、電気のコストの問題や園芸作物に対する知識不足もあって、実際に実験していた所は東京西ヶ原国立農事試験場のみであったと言われている。中川源三郎は電気栽培を行った動機を、「私が恩主大谷伯の二楽荘園芸場に居つたとき、同場では予《かね》てメロンの栽培に全力を傾注して、海外の各要所から多くの種子を取寄せ、培養せられて居つた中で、中央亜細亜新疆産メロン種が、どうしても甘く結実しないと云ふので色々と種を換へ手を尽して、同地方土民の栽培法其儘をも実行してみたが、始終失敗を続けて居つた。（中略）若しや人工を補充し兼ねる太陽光線が不足するのではあるまいかと気づいて、先づ試験的に行《や》る積りで、温室の一部を割つて電燈を点すことにした。（中略）所が偶然にも其効験が日々顕著となつて、無燈のものに較べると特に目立つた生育を遂げ、かくも電気の効力があるかと疑ふ位であつた」と記している。ちなみに、光瑞から贈られたマスクメロンに感動した徳富蘇峰は「之を一人にて私するに忍びず。普く之を和尚、寺男、及び来訪の檀家総代等に分配したり。一個の瓜を多人数にて喫したるか為めに、十分に其味を解した」と記している。[35]

また、中川は大正四年（一九一五）十一月に、二楽荘での成果をまとめた大著『農芸電気講話』（裳華房）を出版している。この著書の緒言においても「予は曩《さき》に恩主大谷伯の二楽荘理科研究所で、水力風力等の天然力を簡便に利用する方法を研究の傍ら、農村経営の小規模の発電法と電気栽培とを実験して、良好の成績を得た」と述べている。

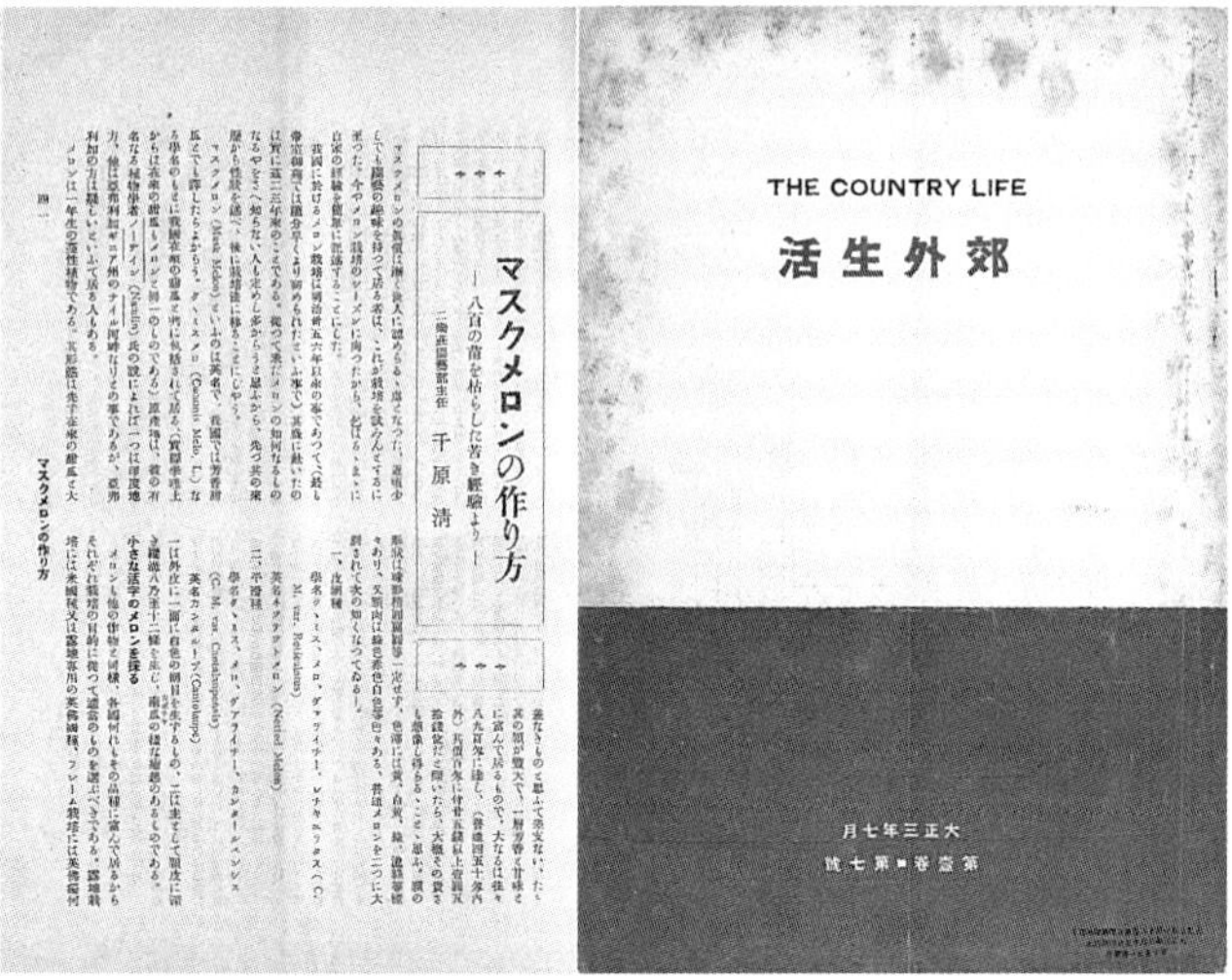

マスクメロンの作り方
―八百の苗を枯らした苦き経験より―
二楽荘園芸部主任　千原　清

マスクメロンの作り方

THE COUNTRY LIFE
郊外生活
大正三年七月
第壹巻第七號

図66　「マスクメロンの作り方」（『郊外生活』第１巻第７号）

千原清の業績

二楽荘園芸部の主任として従事した千原清は、京都府加佐郡岡田上村（現在の舞鶴市）出身で、園芸部に赴任する前は、帝室新宿植物御苑において、福羽逸人より指導を受けたようである。

千原は明治四十三年（一九一〇）十一月に日本園芸会（雑誌『日本園芸雑誌』刊行）に入会したり、日本柑橘会（雑誌『果樹』刊行）に明治四十四年度分の会費を納金したりしており、明治四十三年から明治四十四年（一九一一）にかけて、すでに二楽荘内で園芸活動に従事していたことが窺われる。

その後、大正二年（一九一三）四月二十九日付で正式に武庫仏教中学教員嘱託、同年十月二十八日付で教員にも任命されている。教鞭を執る一方で園芸部の活動も精力的に行っていたのである。

千原は、その成果を大正三年（一九一四）七月から『郊外生活』や『関西農報』に発表している。中でも二楽荘園芸部のマスクメロンの栽培は、大正元年頃から園芸雑誌に引用されるような成果をあげていた。二楽荘園芸部のマスクメロン栽培について初めて言及した論文と思われる「阪神地方に於けるマスクメロン栽培の盛況」では、関西農園の北神瓠村（貢）によって、巾一間、長さ三八間の温室を完備し、明治四十四年度には八〇余顆を採収したことが高く評価されている。[*36] ただ千原にとってもマスクメロンの栽培は困難を伴ったようだ。千原は『郊外生活』において、八百の苗を枯らして取得したマスクメロンの作り方として、栽培の目的によって選別する必要や、温湿度・日光の問題、耕土の選択、種を蒔く時期・蒔き方などについて詳細に記している。*37【図66】

大正三年（一九一四）三月三十一日に、武庫仏教中学の廃校により教員を解任されたが、同年十月までは二楽荘に残留していたようである。その後も『関西農報』への連載記事を継続しながら京都府立農事試験場桃山分場（伏見区桃山町）に籍を移し、大正四年（一九一五）六月からは兵庫県立農事試験場の技手として赴任した。赴任して間もない大正四年八月十六日に開催された第二回マスクメロン研究会では、同場技手として「露地マスクメロン栽培の有望なる件」について講演し、徳井徳太郎の露地栽培の完成度を高く評価した。このマスクメロン研究会は対象とする地域や品種の範囲を広げ、武庫郡園芸会主催となり、名称も「京阪神マスクメロン試食研究会」と改められた。

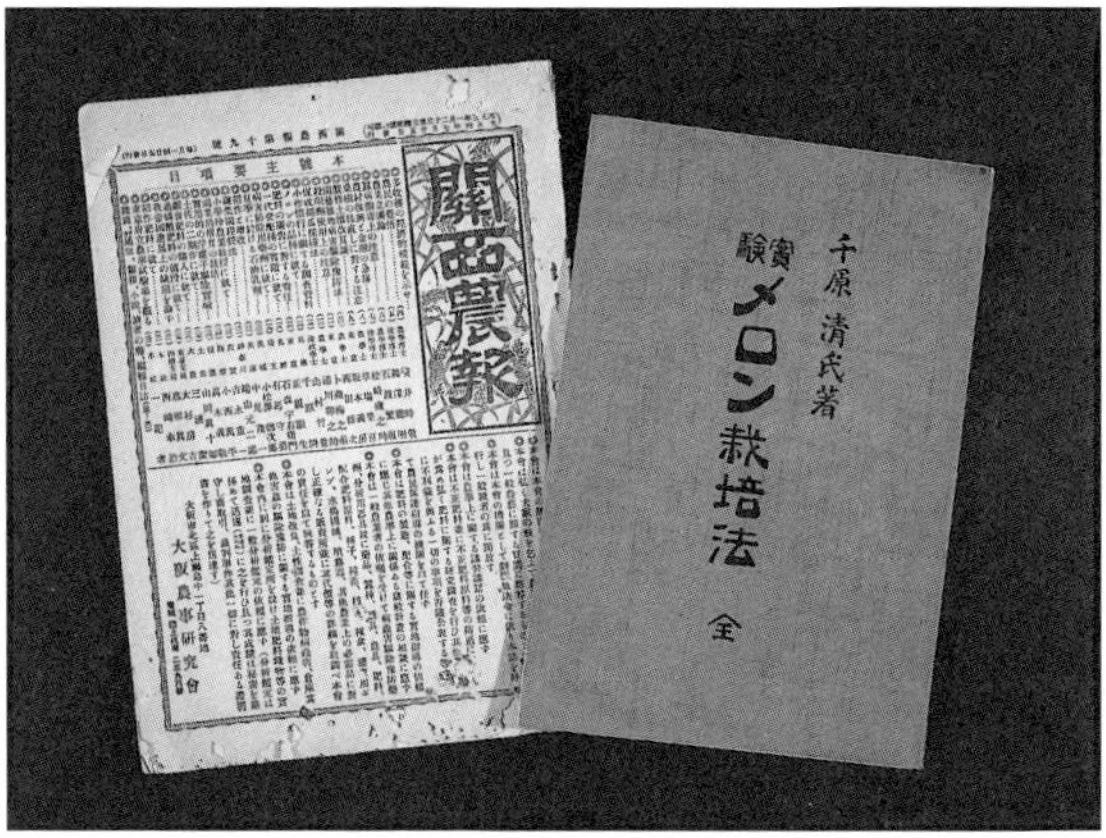

図67　『関西農報』と千原清著『実験メロン栽培法』

千原が『関西農報』に連続して掲載した論文は、大正五年（一九一六）八月十三日に同誌発行所である関西農報社から『実験メロン栽培法』（菊判・五七頁）【図67】としてまとめられた。千原の「在来甜瓜の位置に代らしめ得るの時代に到達するなるべし」という理想のもとで、「大谷光瑞伯に仕ふるに及び、二楽荘に於て多年大規模の栽培を行ひたるの経験」から、栽培法、収穫、貯蔵、病虫害などについて説得力のある文章が綴られている。その書評として、関西農報社記者の堀見百亀は『関西農報』第三一号に「我農業界に一進歩を来たしたるものと称するに躊躇せず」と記し礼賛している。

ちなみに千原は、マスクメロンの室内栽培を行った経緯からであろうか、県技手として岡山県に出張した際に実見した葡萄のガラス室栽培についても、『果樹』に連載している。[*38]千原は大正七年（一九一八）十一月に兵庫県立農事試験場を退職するが、その後も精力的にガラス温室について調査し、同誌に「葡萄の硝子室栽培」と題する報告を一三回にわたって連載した。[*39]

二楽荘園芸部での千原の活動は、確かに恵まれた環境のもとでの調査研究ではあったが、園芸栽培の発展に大きな業績を残したものと高く評価できよう。特にマスクメロン栽培においては、研究はもちろんその普及にも意を注ぎ『実験メロン栽培法』を著した。[*40]ただ、千原の抱いていた理想は、阪神間においては現実のものとはならなかった。阪神間でのマスクメロン栽培は、費用や生産量の点から一般農家が栽培する段階までには至らず、大正期後半から衰退の一途をたどった。そして、盛況であった明治末期から大正期前半には新聞や園芸雑誌に頻繁に掲載されたマスクメロン栽培の関連記事も減少していった。

千原清が主任をつとめた二楽荘園芸部の活動は、二楽荘内に限られた、光瑞自らの嗜好のために運営されたものでは決してなく、研究成果を園芸研究会や品評会などで一般に公表していく中で、農業技術の発展と普及を図ろうとした事業であったと考えられる。そしてこの活動は、広範囲の農業経営者や園芸業者に多くの刺激を与え、農事改良に寄与したものとして大いに評価できるのではないだろうか。

第二節　二楽荘における気象観測

気象学に精通した光瑞師

大谷光瑞が気象学に精通していたことは、明治四十一年（一九〇八）二月十三日の「大谷法主の道楽」（『神戸又新日報』）に詳しい。光瑞が学習院在学中から地理に興味を持ち、明治四十年（一九〇七）の清国巡遊の際にも地図を多く収集したことや、近年気象学にも興味を持ち始めたこと、中川源三郎の『農業気象学』を光瑞が一読したことなどが記されている。

▼大谷法主の道楽

西本願寺の大谷光瑞伯は地理狂といはるゝ程熱心な研究家であるが是は別に何等の目的があつてするので無く一種の道楽であるさうな（。）昨年清国漫遊中沢山の地図を集めたことは人の知る所であるが昨今は世界の海図を集めて研究して居る（。）斯く地理狂になつたのは学習院在学中フトしたことから地理に趣味を持つに至つたので地理以外は花も茶も何も好まない素より酒は大嫌ひで一滴も用ゐぬ（。）ソシテ記憶の可いことは驚く許りで大抵の人が地図を手に披《ひら》いて地名を呼び上ぐるよりも法主が眼をつむつてゐる方が正確である（、）法主が眼さへつむれば如何なる土地でも明細なる地図を披いた様に分るさうだ（。）余り記憶がよ過ぎるので召使等の困る時もあるが道楽も近頃は一転して気象学に移つて来たさうだ（。）其時中川神戸測候所長の著「気象学」を一読して其不明の点を教へて貰ひたいと中川氏に申込むと氏は喜んで之を引受け講義をした所今では法主の方が精通するに至つたと中川氏は語つているさうな（。）毎日法主は気象を観測して今日は風だとか明日は雨だとか家族に報告し夫《そ》れが不思議に当るので道楽は愈々向上し更に大観測を企つる程の元気に至つたとは面白い（、）例の法主の事であるからどんな破天荒の企てをするか見物《みもの》であらう

（『神戸又新日報』明治四十一年二月十三日・一面）

「大谷法主の道楽」にも書かれているように、明治四十年（一九〇七）九月三日に、光瑞は従者数名とともに神戸測候所へ所長の中川源三郎【図68】を訪ね、測候所備付の観測機器の説明を受けている。*41

大谷光瑞が王立地理学会（The Royal Geogrphical Society）や王立気象学会（The Meteorological Society）の会員であり、気象学や地理学の研鑽を積んでいたことも英国の月刊誌に報じられている。[*42]

この気象学や地理学の知識は大谷探検隊にも生かされ、光瑞が探検に対する注意や指示事項を口述筆記させた「第五部調査要領」（『旅行教範』）には、気象や地理的見地からの詳細な指摘が綴られている。そして、隊員らはそれを忠実に実行し、その成果は、第二次隊員橘瑞超によるモンゴル地域の記録[*43]や安満星（柱本瑞俊）のスリナガル・レー及び周辺地域の観測記録[*44]に結実した。

本節では、まず明治末期以降の気象観測にまつわる状況を概観し、気象学に精通した光瑞の別邸二楽荘で行われていた気象観測の試みを掘り下げてみたい。

図68　中川源三郎

▼本願寺法主と測候所

昨今須磨別邸に避暑中の本派本願寺法主は気象学に熱心にして観測の如き当局者も及ばざる程なるが一昨日従者数名を随へ神戸測候所に抵《いた》り中川所長より同所備付の諸観測器の説明を需めたる由(。)同法主の気象学に熱心なるは仏国の宣教師が香港に一大測候所を有し布教上大《おほい》に利する処あるを以て我仏教を清国同地に布《し》くにも必ず同国枢要の地に本願寺直轄の測候所を設置したき希望あるが為めなりと(、)因《ちなみ》に同裏方も亦観測に熱心にして最も巧妙なりと云ふ

（『神戸又新日報』明治四十年九月四日・二面）

高層気象観測

明治四十年（一九〇七）十月四、五日に、兵庫県内の観測主任が集まり、第一回気象観測主任会が開催された。[*45] その席上で、天候に左右される特産物（酒、寒天など）やその他農産物の製造に利するため、気象予報と通知の方法が検討された。

ところで気象予報をより正確にするため高山で気象観測を行う試みが、すでに明治二十八年（一八九五）から中央気象台（現在の気象庁）によって進められていた。富士山において夏期の短期間に観測するものであった。明治三十五年（一九〇二）一月には、山階宮《やましなのみや》菊麿王《きくまろおう》殿下（一八七三―一九〇八。山階宮晃親王の第一王子。日露戦争では戦艦八雲の分隊長として日本海海戦に参加）が私費を投じた茨城県の筑波山測候所が開設した。その初代所長に就任した佐藤順一（一八七二―一九七〇。昭和七年（一九三二）には、富士山頂での冬季継続観測に成功）は、「日本ノ高山観測」において、高層気象観測の重要性を説いた。[*46] 三五頁に及ぶその長論文は、海外・日本の高山観測の現状、観測の難点、観測所の設備などから構成され、経験に基づいた説得力のある内容であった。

高層気象観測は、気象状態を定常的に観測することによってより精度を増すものであるから、常設の観測所が必要であった。明治三十年代には筑波山測候所のほかに、住友別子鉱山新居浜測候所（住友家）や足尾銅山測候所（古河家）など七カ所で実施されていた。その中の一つ、大阪府豊能郡の私立妙見山測候所は、冬期の寒天や凍豆腐の製造に利するための天候予報として、明治三十五年（一九〇二）七月一日から観測を開始した。設備には乾湿計、最高寒暖計、最低寒暖計、雨量計などが常備されていたという。[*47] 大阪府南河内郡千早《ちはや》村においても、凍豆腐などの冬期製品の製造にあたって測候所が必要で、大阪府測候所の高木技手が現地視察に赴いたことが記されている。[*48] ちなみに帝国議会においても、明治四十四年（一九一一）「高層気象観測所の設置案」が満場一致で可決され、中央気象台観測課長の大石和三郎（一八七四―一九五〇。明治―昭和時代前期の気象学者。明治三十二年（一八九九）中央気象台に入り、ドイツ留学から帰国した後、大正九年（一九二〇）高層気象台が設立されると台長に就任した）が高層気象研究のためドイツのリンデンベル高層気象台に留学した。

このように高層気象観測所を開設する気運が各地で高まっていたなか、神戸測候所でもいち早く高層気象観測の実施が試みられた。神戸測候所で採用されたその方法は、所長中川源三郎が考案した箱形凧に計測器を載せ飛揚させるというものであった。試験は明治四十四年（一九一一）五月五日から同測候所北側の丘の上で実施され、最高約千三百メートルの高さまで達したという。とはいえ、この観測は数日間のことで、データは得られたもののまだ天気予報の考定には至らなかった。そして、さらに高所からの観測として、六甲山頂や複数の場所において観測する必要性が『気象要報』（第一五年第四号）には書き添えられている。[*49] ただ、それ以後その観測が継続されたかどうかは報告がみられず、詳細は不明である。

ちなみに、明治四十四年（一九一一）七月に神戸又新日報社主催で開催された「こども倶楽部」（須磨遊園地）の余興として、飛行機模型競技や観測凧飛揚の実演が行われたが、その時の審判長には中川源三郎が選出されている。この経緯も影響してか、大正二年（一九一三）十一月に行われた朝日新聞社主催の民間飛行大会の前講演会「飛行講演会」（十月二十五日・二十八日・二十九日）において、中川は「気象より観たる飛行機」という演題で講演もしている。この講演会は、民間飛行に関する講演会としては日本最初のものと言われ、大阪・京都・神戸の各青年会館で開催された。凧よりも風の影響を受けず、より正確に飛揚する飛行機を高層気象観測において導入することが、この時すでに中川の意識にのぼっていたのだろう。

六甲山測候所の開設

光瑞の気象学や地理学の知識は、須磨月見山別邸や二楽荘の選地にも反映され、二楽荘では私設の六甲山測候所が開設された。そして以前からの指導者であり、神戸測候所で高層気象観測の技術に熟知していた中川源三郎が就任した。文部大臣の認可を得たのは大正二年（一九一三）七月一日であるが、非公式には、二楽荘の場所選定に伴う段階から施設が存在し観測が継続されていたようだ。[50] 六甲山測候所は、大正三年（一九一四）の『二楽荘写真帖』「運動場」【写真帖T―9】の左上にみられる。標高三七〇メートルの打越山から派生した尾根の最先端にあり、二楽荘施設の中で最高位に位置している。中川が課題としていた、さらなる高所からの観測が実現可能な立地であった。

六甲山測候所では高層気象観測のデータと近隣観測所から届くデータとを照合し、より正確な気象予報を導き出そうと試みた。そして、一般の利便をはかるため、山上から夜間の大電灯を使用することによって、予報の内容を知らせたのである。[51] この夜間電灯は海上船舶の灯台代わりにもなった。[52] また、気象機器なしでも気象の研究ができるように、全国の天気図を実費で毎日頒布していた。

▼六甲山測候所

武庫郡岡本村西本願寺二楽荘にては嚮《さき》に文部大臣の認可を得荘内最高処に天文気象測量台を設置し六甲山測候所と命名既に去月一日より開始したるが同所は普通の測候所と異り主として高層の気象を研究する目的の由にて其位置は千五百尺の高所にあり且時々気球又は凧を飛揚し高層の気流観測に努むる等平地に於て為し得ざる天候の変化を測知し得べき特徴あり（。）尚ほ今回夜間千二百燭光の弧光燈《あーく》を六甲山巓《さんてん》南突角に点じ球の色別けに依り翌日の天候予報を知らしむることゝしたるが同信号燈は阪神沿道は勿論電車汽車の車窓より容易に認め得べく遠く阪神両市中よりも望見せられ海上船舶に取りては燈台代用と為し得べく尚ほ燈の色別けは晴天は白球、曇天は緑球、雨又は雪は赤球、暴風雨の際は赤緑二色を掲揚すべしと

（『神戸又新日報』大正二年八月九日・六面）

この頃行われていた天気予報の伝達手段は、掲示・信号旗・新聞・電報によるものであった。[53] 神戸測候所では天気予報、暴風雨警報、そのほか気象の変動を公衆に提供するため、明治三十六年（一九〇三）十月一日より神戸市相生橋西詰に掲示板を設置した。[54] しかし、掲示・信号旗は速報性があっても、広く周知されるには難点があ

り、ほとんどの人は新聞紙に掲載された天気予報によって情報を得ていたようである。また、天気図の公表は、大正十三年（一九二四）に至って『国民新聞』の誌上で初めて公表されている。このように六甲山測候所が実施した予報の伝達手段は、広範囲に速報できるという点において、まさに画期的なものであり、阪神間の酒造業、寒天業などの天候に左右される生産業者はもちろん、村民にも大変有益なものであったと言えよう。

この六甲山測候所の高層観測の能力を最大限発揮したのが、大正二年（一九一三）十月三日に神戸を直撃した台風に際してであった。「今回の台風は実に神戸地方にてはその比を見ないもの」と新聞記事に記されるほどの大型台風であったが、測候所の壁が崩壊したにもかかわらず、観測は続行されたという。その観測結果は地方新聞よりも詳細に、『教海一瀾』第五四八号でいち早く報告され、「去る一二日頃大洋上にありたる大風は三日朝其尖端を四国沖に現すと同時に此地方雨となり、午後大風の中心は紀州田辺沖より上陸して、六甲山近辺に接近し来れるものにて、午後五時前後風雨共に最も強勢を極めたり、其風速は一時間の平均にて一秒間五十米突《メートル》を走り最高度は一秒間八十米突を超えたり、即ち一時間百八十哩《マイル》の割合なり、又風圧は一坪六百七十七貫の強きに上れり、実に之れ我国に於ける最高の記録なり」と克明に叙述されている。この台風によって、武庫仏教中学附属施設である策進書院の二階（生徒寝室）の倒壊、含秀居に附属する図書館の壁の剥離、その裏にある湯殿の屋根や煙突の崩壊、印刷所の一部破損などの被害があったものの、幸いなことに人災には至らなかった。

中川源三郎の業績

中川源三郎は、明治三十三年（一九〇〇）五月に開校した、気象技術官を養成するための第一回気象観測練習会（現在の気象大学研修部）に出席している。この会に出席したメンバーは、後に気象学研究を発展させることになる錚々たる顔ぶれであった。この会を修了した中川は、明治三十四年（一九〇一）十二月十一日に兵庫県神戸測候所長兼技師に就任した。すでに中川は『農業気象学』（明治三十二年。明治三十七年に三版）や『天気予報論』（明治三十三年。明治三十四年に再版）を出版し好評を博していた。

これらの研究書は気象学会や農業に従事する人たちに大きな影響を与え、「中川気象学」とも称されるほど高く評価されたものであった。

中川は神戸測候所兼技師に就任後、兵庫県の気象事業の沿革と現状、気象観測の大要を明治三十五年（一九〇二）十二月に『兵庫県気象報』としてまとめ上げた。その中で中川は、明治八年（一八七五）から開始された気象観測結果に基づき、「我カ神戸ノ地タルヤ本邦中気候ノ最モ温和ナル内海ニ瀕シ直接海水ノ温波ニ浴スルヲ以テ沿海的緩穏ナル風土ヲ有スルコト素ヨリ論ナシト」と結論づけている。その後も各新聞に気象に関わる連載記事を寄せ、普及活動にも力を注いだ。また、明治三十八年（一九〇五）は県内観測開始三〇年、測候所設立一〇周年の節目にあたり、五月八日に大規模な祝賀会が開催された。十日から十四日までは、職員の解説のもとで、「観測器機参考室」や「図書参考書等」を一般に開放し、五日間で一万三七四人が来館したという。[*55] その五年後の明治四十三年（一九一〇）にも、五月八日から十一日の四日間、観測開始三五周年の祝賀会が開かれた。この祝賀会に準じて紀念陳列も展観され、訪れた神戸又新日報社記者は、気象予報の手順やそれに使われる観測器機など各室に陳列された資料を観覧し、「気象学上の思想を普及する上に於て其効果の多大なることを信ずる」と展望した。[*56]

このような多忙な日々を送る中川であったが、職務の合間の夏期休暇を利用し、明治四十二年（一九〇九）七月二十三日から韓国済州島に気象観測に出かけている。個人的な気象探求の旅であったが、その成果は「済州島漢羅山頂暴風雨観測記」として詳細な報告にまとめられた。[*57] また、明治四十年初め頃より二楽荘の選地調査、気象観測にも携わるなど、公私ともに探求心にあふれる、気象一筋の毎日であった。

神戸測候所で高層気象観測や応用気象学の研究が本格的になる矢先の明治四十五年（一九一二）五月二十二日、中川源三郎は家事の都合として神戸測候所長を辞職した。とはいえ、二楽荘に移ってからも神戸測候所で抱いていた研究の情熱を引き継ぎ、大正二年（一九一三）四月二十九日付で正式に武庫仏教中学教員嘱託、同年十月二十八日付で教員に任命され教鞭を執る一方で、更なる気象観測の研究に精力を注ぎ込んだ。

中川は前述した高層気象観測や応用気象学、電気栽培の研究を二楽荘内で行った。その成果として裳書房より『天気講話』（大正元年）『実用気象学』（大正三年）『農芸電気講話』（大正四年）『日本気候学』（大正五年）という四冊の研究・普及書を出版し、また雑誌『郊外生活』にも多くの研究成果を発表した。


その後、六甲山測候所では、二楽荘閉鎖後も気象観測・予報が続行されたが、大正四年（一九一五）四月二十四日廃止に至った。開設から二年も経たずしてのことであった。とはいえ、この短期間の中でも、所長中川が六甲山測候所で得た成果は多々あったようで、彼によって積み重ねられた成果は、『郊外生活』に掲載された「阪神沿道の気候は日本第一である」[*58]【口絵15】「居住地としての阪神沿道」[*59]といった論文に克明に記され、阪神沿道は「衛生上住居に何処よりも好適の地」と結論づけている。

第三節　二楽荘における印刷

二楽荘印刷部

二楽荘内では、多くの印刷物が出版されていた。それを一手に引き受けていたのが二楽荘出版部・印刷部であった【図69】。その中枢部である印刷所が開設したのは大正二年（一九一三）一月のこと、まず初めに荘内の機関誌とも言うべき『二楽荘月報』【図70】が同年一月十日に創刊された。

書籍や新聞などの企画、編集、依頼などを担当する二楽荘出版部には、策進団出版部の団員が従事した。[*60]そして、二楽荘印刷部に部長として迎えられたのは、大阪毎日新聞社を退社した関露香であった。当初は荘内の印刷物に限られていたが、大正二年（一九一三）三月十五日より一般の書籍、雑誌などの活字印刷も受け入れるようになった。印刷所では職工とともに、武庫仏教中学の学生が印刷に関する知識を吸収する目的で放課後を利用して作業に従事していたようであるが、かなり職工の邪魔になっていたようである。[*61]

印刷所は一五間×一〇間の鉄骨建物で、ドイツ製の「四六・二四ページ」二台と「一六ページ及び八ページ」各一台の印刷機が設置され、自家蒸気機関で運転していた。また、活字鋳造機も備えられていた。この活字鋳造の主任は藤沢といい、印刷所が閉鎖された後、藤沢はこの活字鋳造設備を譲り受け、神戸湊川神社の東側に神戸最初の活字製造販売業「藤沢昇旭堂」を開いている。

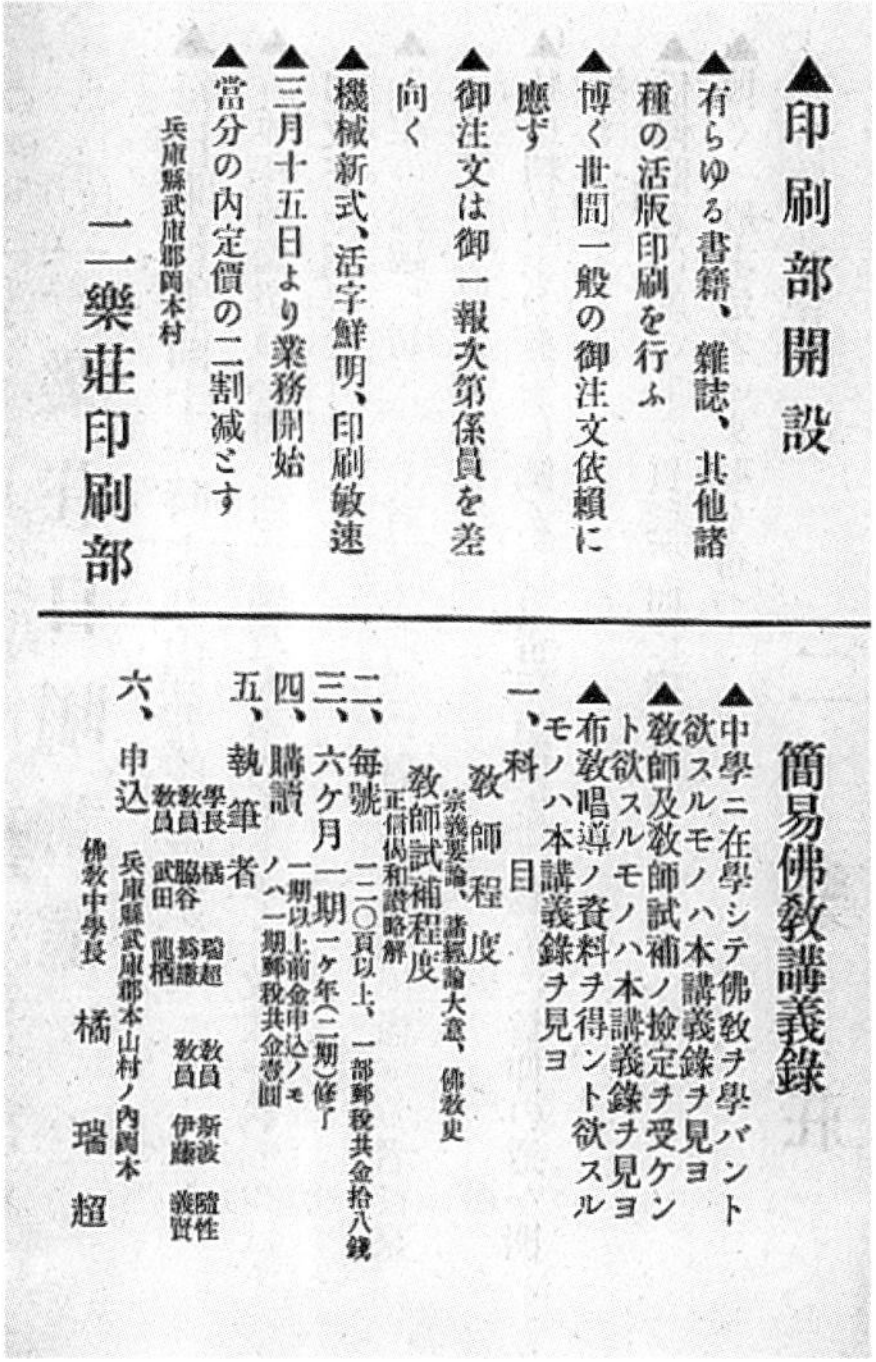

図69　二楽荘印刷部開設の広告

ところで、明治期中頃以降、輸入マッチ産業が盛行し、明治末期から大正期にかけての印刷業は、マッチ商標印刷や欧文印刷の発達によって飛躍の時期を迎えていた。例えば、神戸の印刷業界では、和欧両文の字母を彫刻し自家鋳造していた金子印刷、創立二〇周年記念に『西摂大観』を刊行した明輝社、欧文印刷を得意とする児玉印刷、特殊印刷である商標印刷を成功させた日本商標印刷、日本における美術印刷の開拓に大きな役割を果たした光村印刷などの大手印刷会社があった。

二楽荘印刷所が開設される以前、二楽荘において、『二楽荘写真帖』『二楽叢書』が出版されたが、これらの出版物や二楽荘の絵はがきの一部は、光村印刷に外部発注されていたと思われる。この光村印刷は、明治三十四年（一九〇一）光村利藻《みつむらとしも》（一八七七―一九五五）によって関西写真製版印刷合資会社として創立された。全盛期にはコロタイプロール、活版、凸版ロール、アルミ平板、石版ロールなどの設備が整った総合印刷会社として発展した。そして、明治四十二年（一九〇九）にはドイツ人技師ヘルマン・トイブナが招かれ、原色版製版を完成させた。宮内省からは皇室や皇族の名刺を受注したり、専売局の煙草包装紙などを印刷し、相当の成績をあげたと言われている。その後、光村利藻は東京へ移り大正七年（一九一八）に光村印刷所を開業、昭和三年（一九二八）に光村原色印刷所と改称し「美術印刷の光村」の評価を確たるものにした。

とはいえ、多くの印刷所は、ほとんどがロール一台やハンドなどの小規模な印刷機を設備しているくらいで、主人が植字して徒弟が印刷するという家内工業的なものが多かったようである。その点、二楽荘印刷所が設備していた機械類は、大手印刷会社に引けを取らないものであった。そのため、印刷所が軌道にのり外部注文を取るようになると、神戸の中小規模の印刷所は営業面でかなりの影響を受けたようである。

また、京都の西本願寺からも『教海一瀾』などの雑誌類の発注があり、西本願寺に出入りする印刷所なども痛手を負ったようである。そして、『教海一瀾』第五四六号（大正二年九月十五日）から次号にわたり「機械整頓、設備完成、美術印刷、迅速鮮明」を信条とする印刷所の広告も掲載されていることを考えれば、地方寺院からの受注もあったことが想像される。このような盛行ぶりの一方では、印刷機械の騒音から子どもが眠れないといった地元本山村からの抗議が出されたことなども関露香著『大谷光瑞』に記されている。【参考資料】

大正二年八月二十日第三種郵便物認可（毎月二回十日二十五日發行）（火曜日）　二樂莊月報　第四號　大正二年二月二十五日　（一）

定價　一部　金一錢
一ヶ年　廿四部　金廿錢
郵税　一部　金五厘
廣告料　一段　金七圓
一頁　金廿五圓

二樂莊月報

第四號

發行兼編輯人　桂本瑞俊
印刷人　松村原達巖
兵庫縣武庫郡本山村の内岡本村
發行所　二樂莊月報社

草萌ゆ

春光已に近畿の野に遍し、東風一過、六甲の雪を偸み去り、澱江の水を暖め來る、麥隴菜畝、犢牛鳴いて田煙甚閑なる時は到らんとす、蕪村の句に『菜の花や月は東に日は西に』天下また我が近畿の野を措いて他に、此春なし。

雨奇晴好

天下遭ひ易からざるもの多し、人に於て偉傑、地に於て山水併せ收むるの勝區なり、然も山色の秀麗を窓に含み、波光の明媚を門に湛ふるの地は之あり、唯よく雨奇にして晴好なるものは少し、雨奇なるものは概ね晴時の凡なるを免れず、晴好なるものも常に雨時の奇なるを遺す、關西の地、景勝の天下に誇るべき處尠からず、而も山海の眺望を一閣に收め、朝嵐暮潮、法談すべく詩話すべく、遠く輪鞅飛塵と隔る我二樂莊の如きは甚だ稀也、更に加ふるに我二樂莊が雨奇にして且晴好なるに至つては、誠に以て天下遭ひ難きものゝ最たるものとせずや。

試に眺望臺に立つて決眥せよ、春雲蒼穹を包むの日は、大阪灣の波光瀲灧、布帆鷗の如く去來し、顧望して堆藍凝黛の淡路、紀伊、友ヶ島、生駒金剛の諸峰の環擁相親しむを看るべく、麥浪村欲流の隴間に紅桃の燃ねんとするの景も亦甚だ佳し、若又密雲雨を抱いて走るの日は灘沖一面銀濤洶湧し、處在の蜑屋蠶舍點點として墨繪の如く、簑袂笠檐時に出沒一欄の煙雨瀟湘に似たりの詩句を想起せしめ、其壯觀太だ超世間的なるものを見るべし、此時此間、何人も遭ひ易からざるの思なき能はず。嗚呼今や世風澆薄輪蹄の街に人は奔名走利唯之れ務む、天此に晴好味ふ可く、雨奇學ぶ可きの勝區を授くるも、來つてよく其遭ひ難きに遭はずんば終に大自然の玄機に觸るゝの時なくして止ん、可憫矣。（六山）

▲禪と念佛との比較

第六回日曜講演概要　脇谷撝謙

私の演題は『禪と念佛との比較』といふのであるが、今之を眞宗の安心と禪宗の安心とは全く違ふ又は似て居る所が有か』といふことにして、少しお話仕やうと思ふ、元來禪宗は『禪學』といふ語もあるが、實は學ぶ宗旨ではなく『參禪』といつて實地に行て見る宗旨である其で不立文字、敎外別傳、以心傳心などと申して之を師弟相承するにも傳ふべき經卷があるではなく唯心から心に傳へると言つてゐる、其昔大聖釋尊が獅子の高座の上で拈華微笑せられると、迦葉も亦莞然と笑うた、他人は何の事か薩張分らなかつたが、御兩方の間には自然の默契があつて釋尊の御心が迦葉の心に傳つた、之が禪宗の起原だと言傳へて居る、で如此實地に行て見ねば禪宗の事は分らない。世人の多く知る『原人論』の著者、圭峰禪師宗密といふ人は、支那華嚴宗の第五祖で、禪宗でも祖師の中に計へる人もあれば又大變排斥する人もある、元來が華嚴の學者で、盛に禪を文字で說明してゐる、禪師は、老子が玄之又玄衆妙之門と言へるに擬し、知之一字衆妙之門と言つて其知を『靈知』と名け靈知不昧といふことを盛に主張して居る、所謂知の字はどういふ意味かといへば之を禪師は『緣境分別の識の如きに非ず、照體了達の智の如きに非ず、虛空木石に同じからざるが故に知といふ』と言はれた、即ち識と智と知と共に之吾等の心の働であるが、其の間には大變な相違がある。

識――緣境分別
智――照體了達
知――靈知不昧

緣境分別の識といふは迷へる心で諸法を分別すること、照體了達の智といふは迷を離れて悟りたる佛智のこと、而して靈知不昧の知といふのは、虛空木石に同じからずとある、少し說明を加へて見れば、諸君木を採つて火をつけて見給へ、熱いとも何とも思はない、石を水に投じても冷いとも何とも言はないでせう、然るに吾等の手に火をつけ、足を水に入れたら其端的に熱い、冷い、と感ずる、木石に同じからずとは此所の味である、而して此『靈知』が尊いといふのである、手に火をつくれば熱いと感じ、水に足を入るれば冷いと感ずる、其處に何等の妄想もなく分別もなく、眞に是天眞無垢の靈知である、凡そ世間の萬事萬法に對して心毫も動搖せず總てを宛然に心得ること、正に靈知的たれと敎へるのである。

さて眞宗は如何、善知識といへば知と識とが重つて居る、が之は吾等の心の働きを言表した語ではない、明信佛智といふは正しく信心のことであるが、智は即ち佛智で吾等の智ではない、信心は果して識、智、又は知なりやといへば『煩惱具足と信知して』とあつて正しく『知』である、而して此知たるや既に煩惱を斷じて悟つた『智』でもなければ煩惱妄念を逞しくする『識』でもなく、煩惱具足の吾等が宛然に煩惱具足と『知』るのであるから恰も木石に同じからざる『不昧の靈知』と其趣を同じくして居る樣である、斯くいへば言表し方こそ違へ、禪宗の安心と眞宗の安心とは全く同じきかの樣に聞ゆるが、そこに大變な相違のあることを知らねばならぬ、繕はず、裝らず、吾等は吾等のまゝといふ點は成程形式だけは能く似てゐる樣なれど、其內心、其根底に一大相違がある、其の要領は吾等は吾等の儘此處に立てりといふが禪宗の安心であるが、眞宗の安心は、吾等は吾等の儘如來の攝取光中に立てり、盡十方を照し給ふ無礙光中に立てりと信ずるのである即ち自力と他力との大相違のあることを忘れてはならない。

公開中の二樂莊聚遠閣（本館）

図70 『二楽荘月報』

印刷物の数々

それでは、二楽荘で印刷された出版物の概況を列挙しておこう。

『二楽荘月報』【図70】（第一号〜最終号不明）は大正二年（一九一三）一月十日に創刊されたが、何号まで刊行されたのか不明である。新聞紙半截四頁の体裁で、月二回（十日、二十五日）の発行であった。（第二号の一部、第四号、第二四号の一部のみ確認）。二楽荘内の仏教講演会の要約や予告、温室の花卉類の紹介、二楽荘本館の公開など様々な情報を掲載している。この月報はその発行所を「二楽荘月報社」と称している。

『簡易仏教講義録』【口絵18】（第一号〜第一二号）は、A5判、編輯兼発行者武田龍栖、印刷者驪城卓爾、発行所二楽荘出版部。創刊号は大正二年四月一日発行、第一二号は大正三年三月二十三日発行である。中学校で仏教を学ぼうとする者、教師及び教師試補の検定を受ける者、布教唱導の資料を得る者のために出版されたもので、『教海一瀾』第五三一号にはその発刊の主旨が述べられている。執筆は、橘瑞超校長や校内の教員陣（斯波随性、脇谷撝謙、伊藤義賢、武田龍栖、雲山龍珠）が担当した。「宗義要論」「諸経論大意」「印度仏教史」「浄土和讃講義」「正信偈講義」「支那仏教史」「日本仏教史」が連載され、教師及び教師試補の検定を受ける者に対しては、「教師及教師試補試験問題並模範答案」が掲載された。また、日曜日に二楽荘講堂で行われた仏教講演の要約「二楽荘講演」も掲載された。[*62] 最終号の第一二号に「都合ニヨリ本号限リ廃刊致シ候」と記されている。

図71　『教海一瀾』

『仏教青年』【口絵19】（第一号〜第三号）[*63]は、菊判、編輯兼発行者橘瑞超、印刷者関貢米（露香）、発行所策進団、印刷所二楽荘印刷部。創刊号は大正二年七月一日発行である。策進団の機関誌的性格の冊子である。武庫仏教中学の生徒による研究や論叢、講演記録、漢詩、随想文などが収められている。第一号には策進団の幹部員の所属、団員名簿が掲載されている。この冊子は第一号においては非売品と記されているが、第二号巻末から正価二銭と書かれ、一般に販売されたことが分かる。

『教海一瀾』【図71】は、本願寺の機関誌として明治三十年（一八九七）に創刊された。宗門の動向の他にも、文化、教育、社会面など幅広い内容を掲載していた。第五三七号（大正二年五月一日）から第五五九号（大正三年四月一日）まで、二楽荘印刷部で印刷された。

図72　『大無量寿経義疏』上製・並製

定期刊行物以外では、下記のような単行本が刊行されている。

大谷光瑞著の『大無量寿経義疏』【図72】は、発行者橘瑞超、印刷者関貢米（露香）、菊判。当初『仏説無量寿経義疏』上下二冊本として刊行されたようである。[*64]『教海一瀾』第五五一号の巻頭に広告が掲載されている。上下二冊に分かれていたものは、分売可能で、学習用（上下二冊五円）と特製（上下二冊一〇円）の二種類が刊行されていた。刊行までには技術、校正の上で多くの問題を抱えていたようで、「印刷上非常な困難と苦心が伴うた本書は他と比較して一種風変りの立派なものであった」と苦労の末に刊行の運びとなった思いを、印刷担当の関露香が『大谷光瑞』において叙述している。また、学生の大村（榎原）徹郎は「出世本懐」に、本書の校正のため含秀居から裾野の印刷所まで校正刷の一部を運び込んだ思い出を綴っている。[*65]

『二楽荘写真帖』【口絵30（下）】はＡ５判横綴じ。奥付はみられないが、灰色の表紙に銀文字で『二楽荘写真帖』と記されている。三〇頁、三九カットの写真が納められており、写真はすべて武庫仏教中学に関連するもの。文部省認可の仏教中学校として大正二年（一九一三）に新設した武庫仏教中学開校記念として作成されたのだろう。[*66]

『宗義要論』【口絵20】は、武田龍栖著、菊判。二楽荘出版部で大正三年五月十八日に発行されたもので、『簡易仏教講義録』の抜刷を再製版したもの。[*67]

最後に、二楽荘印刷所で印刷されず外部発注された出版物についても触れておこう。

橘瑞超の『諸訳浄土三部教』は、浄土三部経すべての漢訳、英訳を掲載し、武庫仏教中学生の副読本的なものであったと考えられる。菊判約五百頁、実費二円五〇銭、送料一八銭と記されている。発刊年と措定される大正元年（一九一二）十一月には、まだ印刷所が開設されておらず、ほぼ同時に刊行されたと考えられる『二楽叢書』第二号の印刷所と同じ光村印刷に発注していた公算が大きい。

橘瑞超編の『二楽叢書』[*68]（全四冊）【口絵17】は、大谷探検隊による将来資料の研究成果の報告書で、第一号は浄土経関係、第二〜四号は法華経関係の仏典を収録している。特に、第一号の「ウイグル訳の観無量寿経」と第四号の「ウイグル訳法華経提婆達多品」の二編は、日本における古代トルコ語研究の先鞭をつけたものである。

橘瑞超は明治四十五年（一九一二）六月五日、探検旅行より京都・二楽荘に帰着。光瑞に復命するとともに、すぐさま中亜探検講演を各所で行った。その翌月の『教海一瀾』第五一七号には将来資料の研究報告書を刊行する趣意が述べられており、『二楽叢談』と題され五百部限定、申し込みは七月十五日締め切りとしている【図73】。そして、同年九月十五日を発刊日とする『教海一瀾』第五二〇号に掲載された広告には、その内容予告も記されている。その中では『二楽叢談』とされていた題は『二楽叢書』と再訂されている。【図74】

『二楽荘写真帖』【口絵30（上）】は明治四十五年三月十一日印刷、明治四十五年三月十五日発行。二楽荘及び武

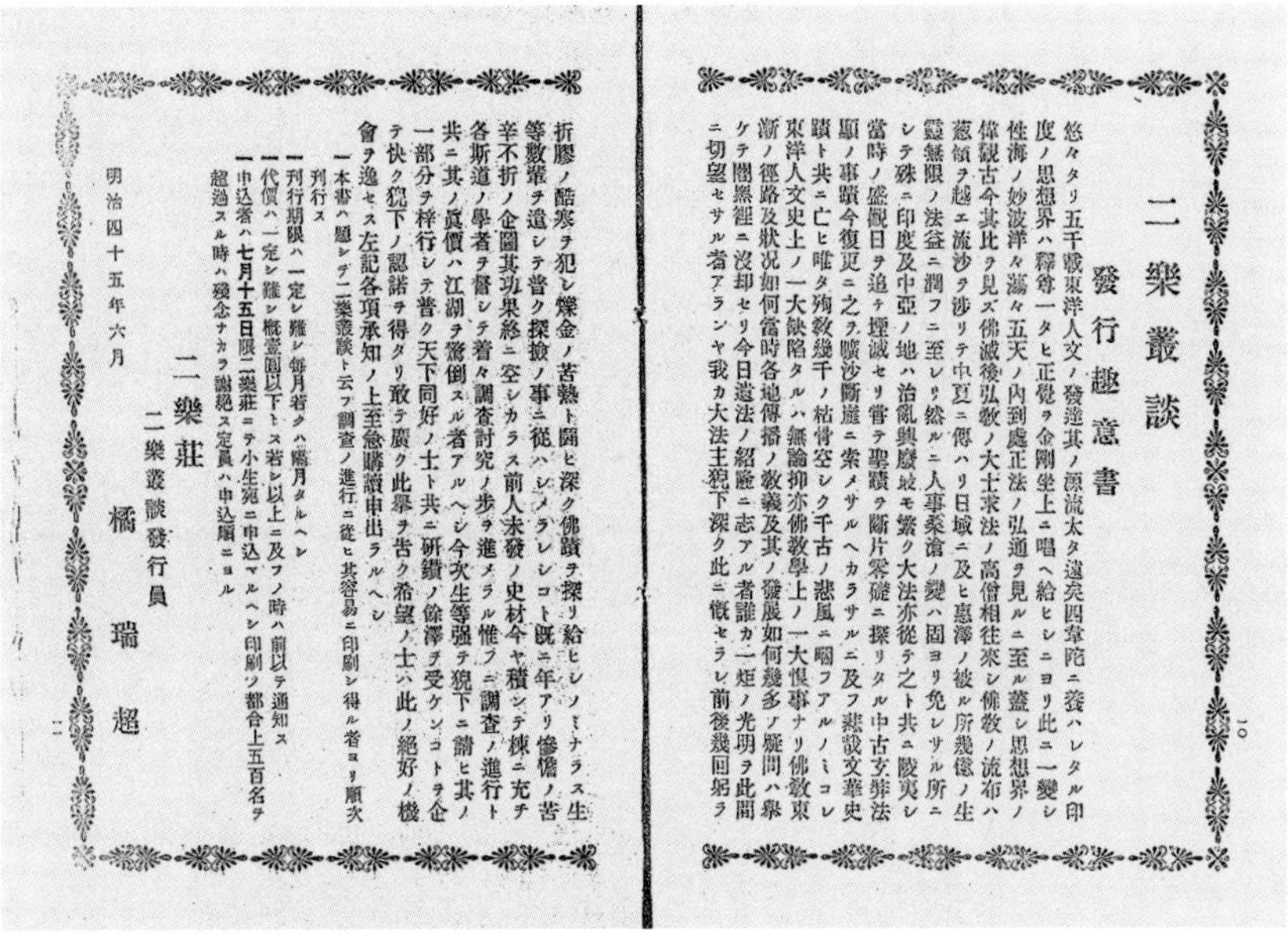

二樂叢談

發行趣意書

悠々タリ五千載東洋人文ノ發達其ノ源流太タ遠矣四韋陀ニ養ハレタル印度ノ思想界ハ釋尊一タヒ正覺ヲ金剛坐上ニ唱ヘ給ヒシニヨリ此ニ一變シ性海ノ妙波洋々蕩々五天ノ内到處正法ノ弘通ヲ見ルニ至ル蓋シ思想界ノ偉觀古今其比ヲ見ズ佛滅後弘教ノ大士求法ノ高僧相往來シ佛教ノ流布ハ葱嶺ヲ越エ流沙ヲ渉リテ中夏ニ傳ハリ日域ニ及ヒ恵澤ノ被ル所幾億ノ生靈無限ノ法益ニ潤フニ至レリ然ルニ人事桑滄ノ變ハ固ヨリ免レサル所ニシテ殊ニ印度及中亞ノ地ハ治亂興廢歧モ繁ク大法亦從テ之ト共ニ陵夷シ當時ノ盛觀日ヲ追テ煙滅セリ嘗テ聖蹟ヲ斷片零礎ニ探リタル中古支那法顯ノ事蹟今復更ニ之ヲ曠沙斷巖ニ索メサルヘカラサルニ及フ悲哉文華史蹟ト共ニ亡ヒ唯タ殉教幾千ノ枯骨空シク千古ノ悲風ニ咽フアルノミコレ東洋人文史上ノ一大缺陷タルハ無論抑亦佛教學上ノ一大恨事ナリ佛教東漸ノ徑路及狀況如何當時各地傳播ノ教義及其ノ發展如何幾多ノ疑問ハ舉ケテ闇黑裡ニ沒却セリ今日遺法ノ紹隆ニ志アル者誰カ一炬ノ光明ヲ此闇ニ切望セサル者アランヤ我カ大法主猊下深ク此ニ慨セラレ前後幾回朔ラ

一〇

折膠ノ酷寒ヲ犯シ爍金ノ苦熱ト鬪ヒ深ク佛蹟ヲ探リ給ヒシノミナラス生等數輩ヲ遣シテ普ク探撿ノ事ニ從ハシメラレシコト既ニ年アリ慘憺ノ苦辛不折ノ企圖其功果終ニ空シカラス前人未發ノ史材今ヤ積ンテ棟ニ充チ各斯道ノ學者ヲ督シテ着々調査討究ノ歩ヲ進メラル惟フニ調査ノ進行ト共ニ其ノ眞價ハ江湖ヲ驚倒スル者アルヘシ今次生等强テ猊下ニ請ヒ其ノ一部分ヲ梓行シテ普ク天下同好ノ士ト共ニ研鑽ノ餘澤ヲ受ケンコトヲ企テ快ク猊下ノ認諾ヲ得タリ敢テ廣ク此擧ヲ告ク希望ノ士ハ此ノ絶好ノ機會ヲ逸セス左記各項承知ノ上至急購讀申出ラルヘシ

一本書ハ題シテ二樂叢談ト云フ調査ノ進行ニ從ヒ其容易ニ印刷シ得ル者ヨリ順次刊行ス

一刊行期限ハ一定シ難シ毎月若クハ隔月タルヘシ

一代價ハ一定シ難シ概壹圓以下トス若シ以上ニ及フノ時ハ前以テ通知ス

一申込者ハ七月十五日限二樂莊ニテ小生宛ニ申込マルヘシ印刷ノ都合上五百名ヲ超過スル時ハ殘念ナカラ謝絶ス定員ハ申込順ニヨル

二樂莊

明治四十五年六月

二樂叢談發行員

橘瑞超

一一

（上）図73　『二楽叢談』の発行趣意書

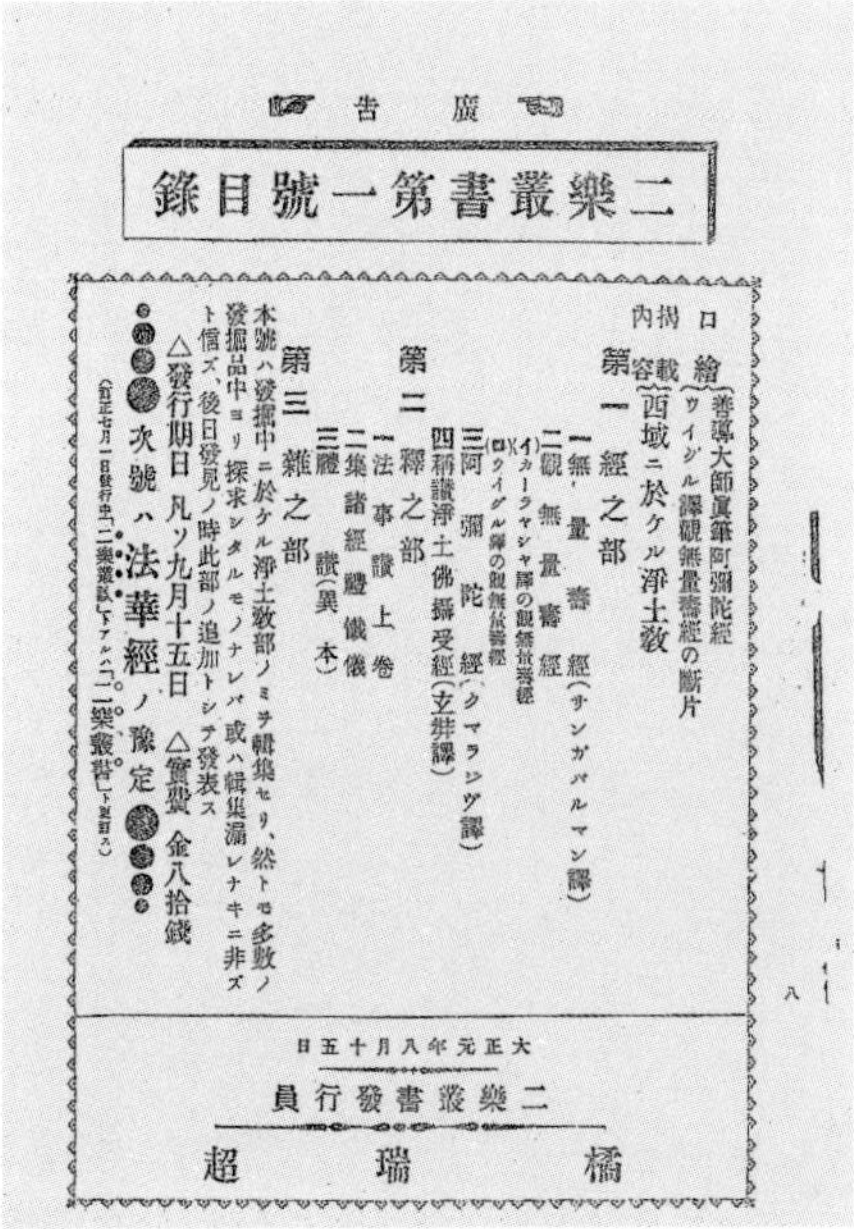

廣告

二樂叢書第一號目錄

口繪 揭載內容

- 善導大師眞筆阿彌陀經
- ウイグル譯觀無量壽經の斷片
- 西域ニ於ケル淨土教

第一 經之部

一 無量壽經（サンガバルマン譯）

二 觀無量壽經

　(イ)カーラヤシャ譯の觀無量壽經

　(ロ)ウイグル譯の觀無量壽經

三 阿彌陀經（クマラジヴ譯）

四 稱讚淨土佛攝受經（玄奘譯）

第二 釋之部

一 法事讚上卷

二 集諸經禮儀

三 禮讚（異本）

第三 雜之部

本號ハ發掘中ニ於ケル淨土教部ノミヲ輯集セリ、然トモ多數ノ發掘品中ヨリ探求シタルモノナレバ或ハ輯集漏レナキニ非ズト信ズ、後日發見ノ時此部ノ追加トシテ發表ス

△發行期日 凡ソ九月十五日　△實費 金八拾錢

次號ハ法華經ノ豫定

（訂正七月一日發行中「二樂叢談」トアルハ「二樂叢書」ト更訂ス）

大正元年八月十五日

二樂叢書發行員

橘瑞超

八

（下）図74　『二楽叢書』第１号目録の広告

庫中学の竣工・開校を記念して作成された写真帖である。書名は記されていないが、龍谷大学大宮図書館に上原芳太郎寄贈本があり、添付された縦罫線入りの用箋に、写真のタイトルとともに「二楽荘写真帖」と記されている。この写真帖は、B４判に近似した寸法の横綴じで、二楽荘本館や武庫中学に関連する写真が四〇頁、五〇カット収められている。二楽荘絵はがきの原版も、ほとんどこの写真から引用されている。

『蒙古語研究』【口絵21】は、橘瑞超著、「蒙古語学序文」大谷光瑞書、「序文」徳富蘇峰書で、体裁は並製と上製がある。蒙古語の会話と文典を記した辞典である。大正三年十二月二十五日印刷、同十二月二十日発行である。印刷所は光村印刷で、発行所は大阪宝文館とある。

絵はがきの発行

二楽荘本館及びその附属施設や大谷探検隊将来品、武庫仏教中学などを構図とした多くの絵はがきが発行されている【口絵23】。二楽荘本館の一般公開に際して販売されたもの、印刷所の開設によって同荘で製作されたもの、二楽荘本館の完成記念の意味合いで外部に発注して製作されたものなど色々である。中には原色版のものもある。【図20、図21、図24、図26】

現在確認されている二楽荘関連の絵はがきは、裏面の写真版式・写真色調や、絵はがき表面の和文題字・欧文題字、区分罫線、発行所の記載などから二三種類に分類される。裏面の写真版式は、凸版、コロタイプ版、原色版の三種類がみられる。また、写真の構図は、二楽荘関連・武庫仏教中学関連・将来品関連の三項目に区分でき、その総数はなんと百五種類にも及ぶ。[*69] 写真の色調も墨とセピアの二種類欧文題字には青・緑・茶がみられるなど、技術面でも多彩な工夫がなされている。

原色版の絵はがきは四種類確認されている。この絵はがきの製作は、まず赤・藍・黄・墨の四色を用いて写真部分が刷られ、絵はがきの左側のタイトルバック（青）→タイトルバック（イラスト）→タイトル文字と続く、少なくとも四回の工程を経た手間のかかるものであった。この絵はがきは、当時としては最先端の技術で製作さ

図75　徳富蘇峰に送られた二楽荘絵はがき

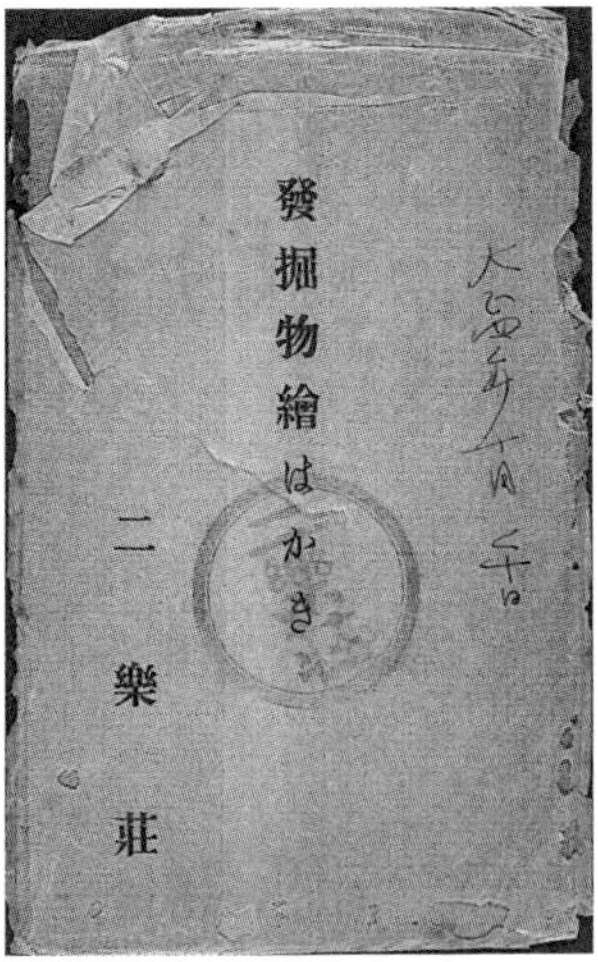

図76 「発掘物絵はかき」袋

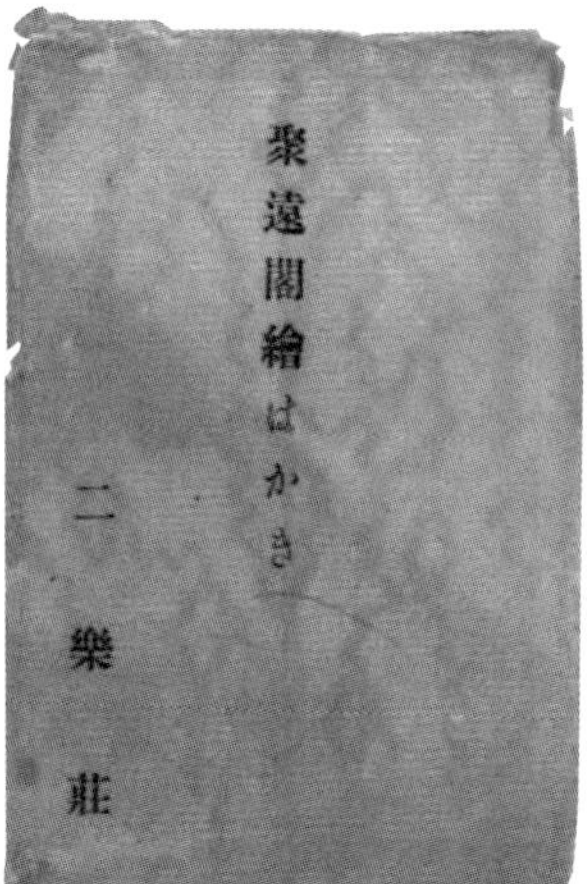

図77 「聚遠閣絵はかき」袋

れたものと考えられる。

　ちなみにこの原色刷を初めて完成させたのは、すでに述べた光村印刷の光村利藻であった。明治三十三年（一九〇〇）十月に郵便法が施行され私製はがきの製作・使用が認められると、彼はいち早く絵はがきの刊行にのり出した。そして、翌年には大阪芸妓の金縁絵はがきを第一号として、その後「大阪名所」や「神戸風景」など多くの名所絵はがきを印刷、発売した。原色版の二楽荘絵はがきも、光村印刷が受注していた可能性が高いと考えられる。この絵はがきには、「聚遠閣」という文字がみえ、本館の別称として用いられていたようだ。

　すでに見た通り、絵はがきは光瑞や学生の私信にも使用されていた【図75】。また二楽荘の公開時に購入された絵はがきや、「発掘物絵はかき」「聚遠閣絵はかき」と記された袋も残されている【図76、図77】。それらの絵はがきに綴られた当時の文章からも、ありし日の二楽荘の息吹を感じることができよう。

第五章

二楽荘と大谷探検隊

第一節　大谷探検隊の背景と概略

第二章「二楽荘観覧案内」でもみてきたように、二楽荘が一般公開された際、二楽荘本館の建物や前庭に加えて、観覧客が大いに興味を引かれた対象は、仏跡発掘品の陳列であった。それらはまさに大谷探検隊によってもたらされた将来品であった。二楽荘では大谷探検隊による将来品が整理・研究・陳列されていたのである。そこで本章では、大谷探検隊と二楽荘の関連について特に章を設け、大谷探検隊にとって二楽荘がどのような意義を有していたかについて論じていきたい。

光瑞師の渡欧

大谷探検隊とは、大谷光尊宗主のもとで新門だった大谷光瑞が、英国留学を終えて明治三十五年（一九〇二）帰国の途につく際に、随行者とともに中央アジア・インドの踏査と仏跡調査というかたちで敢行された探検隊、まずはこれを指すことになる。そして、インド調査中の明治三十六年（一九〇三）一月に光瑞が宗主を継職した後にも断続的に派遣されたが、右の英国発の探検隊を第一次隊とし、その後に派遣された探検隊は第二次隊、第三次隊と呼ばれる。それらの概要は後述するが、このように大谷探検隊が敢行された背景には何があったのか、このことについてまず初めに触れておこう。

西本願寺では、明治初期から学僧を内国留学させ、また海外視察や海外布教にも派遣していた。そして新門の光瑞が二〇歳を迎えた明治二十年代の末には、ロシア、米国西海岸、南洋、インドへ派遣されていた事実も確認される。これらの派遣は、光尊宗主の意向に加え、一部は光瑞新門の意に発するものもあったらしい。このような情勢の中で、明治三十二年（一八九九）一月から五月には光瑞自らが清国を視察旅行することになった。そしてさらに半年余り後の同年十二月四日には、光瑞は欧州・英国に向けて神戸を出発した。当時宗主光尊の健康上の問題があったものの、この渡欧に際して、宗門内では表立って異を唱える状況にはなかった。西本願寺の重鎮の一部には、すでに自身に渡航歴があった者もいたからである。

光瑞の渡欧の目的は宗教制度や政教関係の視察にあり、その一行は大掛かりなものであった。ロンドンまでの随行長は執行の武田篤初《たけだとくしょ》〔一八四七―一九〇五。大教校監事、文学寮長、執行となる。明治三十二年（一八九九）からの大谷光瑞の清国巡遊の随行長も務めた〕、随員は『中央公論』記者桜井義肇《さくらいぎちょう》〔一八六八―一九二六。随行時の行程に関し、その紀行文をペンネームで『教海一瀾』に掲載。後に『中央公論』から離れ、『新公論』を発刊〕、同行し滞欧を予定していたのは連枝日野尊宝《ひのそんぽう》〔一八八三―一九六〇。大谷光尊の弟日野澤依の子。明治三十七年（一九〇四）に大谷家に入籍するが、大正二年（一九一三）に僧籍から離れる〕と渡辺哲信《わたなべてつしん》〔一八七四―一九五七。第一次より大谷探検隊に参加。後に北京で順天時報社長。探検時の日記一〇冊の内容は「西域旅行日記」として『新西域記』に収録されている〕、これに加え香港までの見送者六名、シンガポールまでの見送者上原芳太郎があった。明治三十二年（一八九九）十二月二十八日にはセイロン（スリランカ）のコロンボ着、そこから翌年明治三十三年（一九〇〇）一月には病気の日野を残して四名でインド亜大陸に渡りボンベイ（ムンバイ）着、亜大陸横断からカルカッタ（コルカタ）経由でダージリン、エヴェレスト（チョモランマ）遠望も試み、戻っては二月一日ボンベイ着、そこからは記録が錯綜し動向を把握するのが難しいが、光瑞一行は西進して二月中旬にはエジプト着、桜井は二月三日にコロンボに向かい日野と合流、遅れて西進しているというのが正しい。

明治三十三年（一九〇〇）二月上旬、西本願寺では光尊宗主が重篤となり、十一日には京都からコロンボに打電、十三日以降は京都からカイロにも打電されていた。この時期の光瑞の動向は詳しく把握されていなかったが、右に述べたように、先発した光瑞一行はやはりエジプトに至っていたことが、京都からカイロへの打電によって分かるのである。以後十日ほど、光瑞が欧行を継続すべきか帰山すべきかの議論があったが、西本願寺の中枢の関係者やかつての渡航歴がある関係者も、光尊快復の兆しがあったため、帰山に及ばずと判断して二十二日に打電し、ここに新門光瑞の渡欧は実現の運びとなった。

大谷探検隊へと繋がっていく遥かなる前提となる光瑞の渡欧は、このように前進した。光瑞一行はイタリアのナポリで先発していた本多恵隆《ほんだえりゅう》（一八七六―一九四四。明治三十年（一八九七）とその翌年、北米開教のため渡米。その後第一次大谷探検隊に参加）に迎えられ、ローマへ向かった後、同地を三月十五日に発ち、英国ロンドンには同月十九日に着いた。[*1]

光瑞はロンドン到着から間もなく、王立地理学会（The Royal Geographical Society）に赴いたらしく、早くも六月二十五日に会員となっていたことが最近確認された。これはスタイン（一八六二―一九四三。インド・中央アジア及びその周辺地域を広範に調査して考古学で大きな成果を残す）と同日の入会であった。

光瑞師と随行者の動向

この頃、さらに滞欧者が加わりつつあった。北米・大西洋経由で英国に向かっている留学生堀《ほり》賢雄《ますお》（一八八〇―一九四九。明治三十三年（一九〇〇）イギリスに渡航し、オックスフォードで地理学を学ぶ。明治三十五年（一九〇二）に大谷探検隊中央アジア調査（第一次）に参加し、渡辺哲信と共に調査に従事する。明治三十九年（一九〇六）の大谷光瑞の中国巡遊に随行し、明治四十一年（一九〇八）には大谷尊由に従いダライラマ一三世との会見にも随行した）と同行の上原芳太郎である。彼らの到着する時期を把握して、光瑞は渡辺哲信をリヴァプールに迎えに行かせ、七月二日に堀と上原が到着すると、翌三日、光瑞は二人とハーグから来ていた本多恵隆を連れて一カ月間の北極圏旅行に出かけた。[*2]以後二年余にわたって光瑞と随行者たちは、英国ロンドンを中心に欧州各地に足跡を残している。複雑な動向ではあるが、その概要をまとめておこう。

北極圏旅行から八月四日にロンドンに帰着した十日の後には、光瑞は南英イーストボーンに避暑、九月にはロンドンに戻っている。九月十一日には日野とともにパリに行き、藤島了穏《ふじしまりょうおん》〔一八五二—一九一八。フランスに長期留学し、義浄の『南海寄帰内法伝』の仏訳を出版、同国から勲章を受ける〕やシャヴァンヌ〔一八六五—一九一八。フランスの著名な東洋学者〕、レヴィー〔一八六三—一九三五。一八九四年よりコレジュ・ド・フランス教授。指導した花山信勝など日本との関係も深かった〕と会い、一週の後には英国に帰還した。明治三十三年（一九〇〇）の年末十二月には王立気象学会(The Royal Meteorological Society)の特別会員となり、また満二四歳の誕生日となる十二月二十七日にはニューヨークの週刊誌に英文のエッセイが掲載されている。[*3] 光瑞はその頃、日野・堀を従え大陸に渡ってスイス—フランス間で新年を迎えており、明治三十四年（一九〇一）一月下旬にはカンヌに滞在している。また折しも、後に探検隊員となる薗田宗恵《そのだしゅうえ》〔一八六三—一九二二。明治三十二年（一八九九）サンフランシスコ開教師として赴任し、その後第一次大谷探検隊に参加。後に仏教大学長〕は、米国サンフランシスコから年初にロンドンに着いていて、そこからベルリンに行くところであり、また日本から渡欧中の藤井宣正《ふじいせんしょう》〔一八五九—一九〇三。文学寮教授となり、渡欧後は光瑞の補佐を務めるかたわら研究に励む。島崎藤村の「椰子の葉陰」のモデル〕は、光瑞一行がカンヌにいた頃にマルセイユに寄港中で、光瑞は、ロンドンからカンヌに呼び寄せた渡辺哲信を、藤井のロンドン着を待ち受けるために再びロンドンへと急行させている。

光瑞の地理や探検への関心は深まっていった。一月下旬に光瑞は、ウィーンで地理学者小川琢治《おがわたくじ》〔一八七〇—一九四一。農商務の技師として地質調査所に入り明治三十三年（一九〇〇）にはパリの万国博覧会出品のため欧州に派遣。後に京都帝国大学教授、帝国学士院会員〕やペンク教授〔一八五八—一九四五〕らの地理学者と会い、ベルリンでは公使夫妻の晩餐を受けた。その後、新たにドイツに着いた薗田を連れ、また新たに英国に着いた藤井やハーグの本多を呼んで、パリに参集し、シャヴァンヌ・レヴィー・メートル〔一八七六—一九二五。特に日本文学・日本美術の研究で知られる東洋学者。後にハノイの遠東学院に勤務〕の三学者と濃密な議論をした。ロンドンに戻って三月を迎えた光瑞はその下旬、帰国する小川の訪問を受けたが、この時に小川は光瑞が中央アジア探検を計画中と知ったのである。[*4] 光瑞は

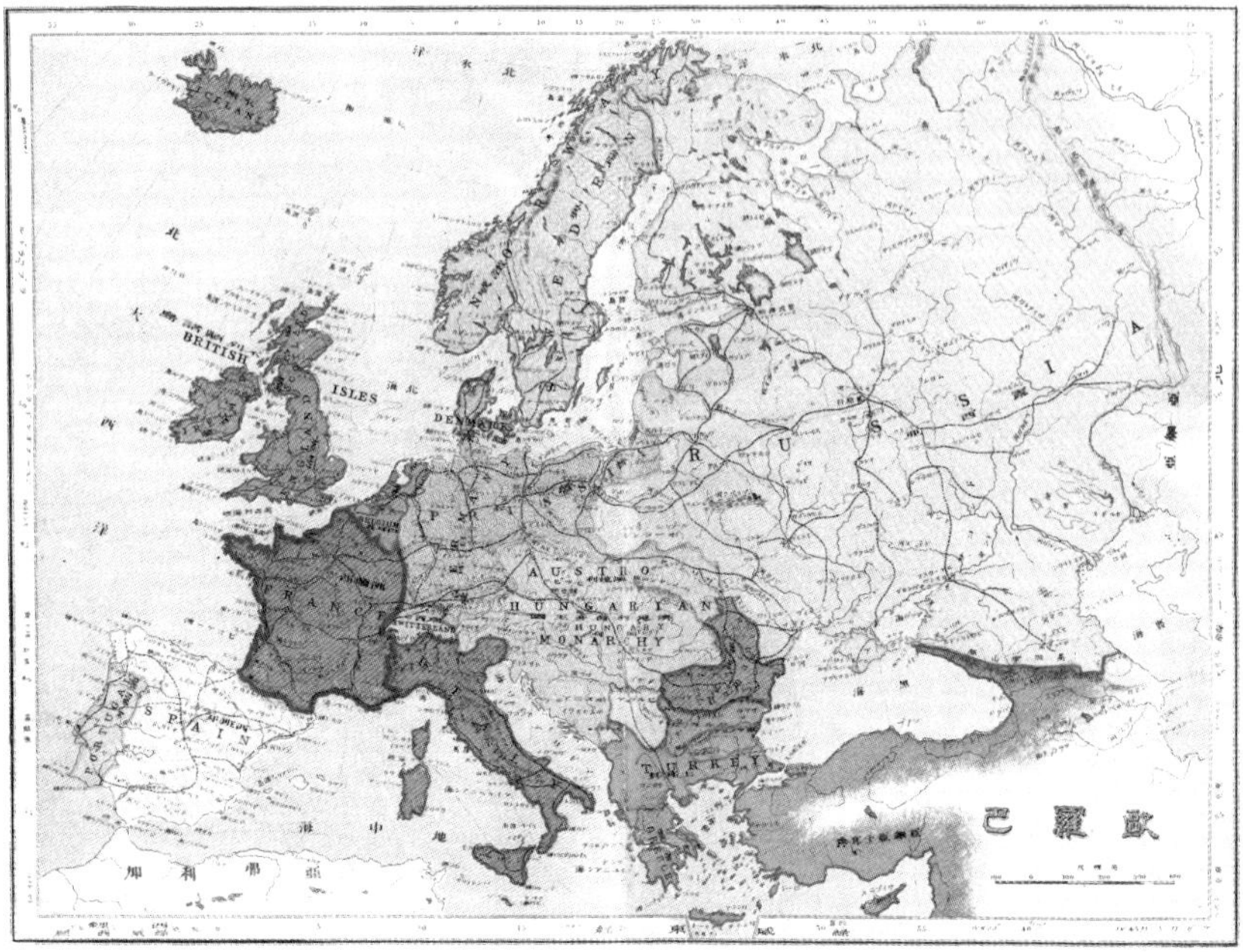

図78　明治35年発行の『万国新地図地理統計表』中の「欧羅巴」（ヨーロッパ）地図

四月上旬からブライトンに移り住んだが、ここで撮影された室内写真にはタリム盆地を中心とする大きな地図が写っている。日本では、前年の北極圏旅行の記録が学術誌に連載されている。[*5] 光瑞は五月末にロンドンに再び行き、そして六月初めには堀を連れて、ベルリンから呼んだ薗田とウィーンで合流しトルコに行くが、送金トラブルでギリシア・小アジア旅行を中止してブダペスト経由でベルリンに着いた。そこでは東洋史学者白鳥庫吉《しらとりくらきち》（一八六五―一九四二。明治十九年（一八八六）より学習院教授、明治三十六年（一九〇三）より東京帝国大学教授。特に北方アジア・中央アジア研究で偉業を残した）と中央アジアの地理に関する議論もなされた。ちなみにこの頃からロンドンの藤井やハーグの本多も歴史地理研究の分担作業を光瑞から命ぜられている。七月初めに光瑞は英国に帰還、そして十日からは南英イーストボーンに滞在ということになった。八月には藤井・薗田・日野・堀に加え新着の井上弘円《いのうえこうえん》

〔一八七二—一九三九。第一次大谷探検隊に参加。後に『神戸又新日報』に「大谷光瑞師一行支那印度の探検」を連載〕も加わった。一行は十月でイーストボーンを去ったらしく、十一月中旬からは光瑞は大陸旅行、藤井は南英の寒村での政教調査をすることとなる。光瑞はベルリンから仏・伊へ向かう。行程の途中で随行者は井上弘円から日野尊宝に交替となり、パレルモを経由。明治三十五年（一九〇二）元旦にはエジプトにいたが、その後半月余りでロンドンに戻っている。【図78】

ところで、その前年暮れにはエドワード七世の戴冠式日程が明治三十五年（一九〇二）六月二十六日となることが公表された。光瑞に対する帰山要請が年明けから一層強まっており、光瑞は戴冠式直後の帰国を詰めていたらしい。光瑞は三月下旬には再度南英ブライトンにいて、ここに関係者も順次集結し、探検の詰めが行われたのだろう。帰国まで約一カ月となった五月末には、ブライトンを引き払って光瑞はロンドンに移った。そして戴冠式が二日後に迫った六月二十四日、エドワード七世の手術で式が無期延期されることになる。その結果、天皇の名代の小松宮彰仁《こまつのみやあきひと》親王〔一八四六—一九〇三。皇族。陸軍軍人〕も七月初めに帰国の途に就いた。その一方で、七月

THE ANGLO-JAPANESE GAZETTE

Vol. I.—No. 3.　SEPTEMBER 15, 1902.　Price Sixpence.

CONTENTS.

THE JAPANESE ARCHÆOLOGICAL EXPEDITION.

Count Otani Kozui and Watanabe Tetsushin, members of the Japan Society of London, have just organised an expedition for exploring in Central Asia, which promises to be of much archæological interest—one, moreover, which should show the world that the savants of New Japan have enthusiasm for original work quite as keen as that which Europeans possess.

The particular object of the expedition is to search for Buddhist remains along the line that the followers of Gautama made their way through India, Central Asia, and China to Korea and Japan. It will also study Mohammedism, and whatever there is of traces of the Nestorians, those Christians who left Constantinople in the fifth century and worked their way Chinaward.

There are five others in the party besides Count Otani and Mr. Watanabe. Count Otani is the leader of the expedition. He has done much travelling, and, besides being a member of the Japan Society, is also a member of the Royal Geographical Society and of the Meteorological Society. His father, Otani Kozon, who lives in Kiyoto, is Lord Abbot of Nishi Hon-gwan-ji (Monastery of the Original Vow), and a direct descendant of Shinran, the founder of the Shin Shu sect, a famous priest of the eleventh century. Shinran was of Imperial blood (Monzeki); his ancestors had held office in the Mikado's Court since certainly the earliest historical time, and Japanese tradition says since B.C. 600.

Otani Kozui was elected to the Geographical Society on account of his work in China between Hang-Kow and Peking. He has studied Mohammedanism and Christianity in Jerusalem, and has spent a year within the Arctic Circle. During the past two years he has been at work in Sanscrit and Ancient Chinese in the British Museum.

Watanabe Tetsushin, like all the other members of the party, is a member of Nishi Hon-gwan-ji. He has been studying Church History in London with a priest of the Established Church. He spent a year in preparation for the present work in St. Petersburg, and has a good knowledge of the Russian language. Another member of the Japan Society who accompanies the party is Mr. Inouye Koen, a veteran of the Chino-Japanese War, in which, it will be remembered, the Japanese showed wonderful skill in their transportation arrangements. Mr. Inouye will have charge of the luggage department. Mr. Mori Masao, M.J.S., goes with the expedition as photographer, with as complete an outfit, perhaps, as ever an explorer had at his command.

The two gentlemen whom Count Otani depends on to do the expert work in examining the Ancient Chinese,

図79　月刊誌 The Anglo-Japanese Gazette, Vol. 1, No. 3, Sept. 1902の冒頭を飾った論文：Times の 4 日後に刊行されたもの。

初めに西本願寺から執行の松原深諦《まつばらじんたい》〔一八五二―一九三一。大谷光瑞の欧州留学出発時の奉送委員長を務める。執行長にも二度就任した〕が英国に着き光瑞の帰国に関して相談、経費と経路・日程の決定に要する時間のロスを睨んでいたところに戴冠式八月九日との公表があったらしく、光瑞は戴冠式の約一週間後を出発と決めた。こうして明治三十五年（一九〇二）八月十六日が、大谷探検隊のロンドン出発となったのである。[*6] その出発報道というよりは解説報道が、The Times の九月十一日・十二面にある。日本通の米人ブラウネルが、月刊誌に寄稿した文を抄録したものを前倒しして記事として掲載したものだった。その四日後には、月刊誌 THE ANGLO=JAPANESE GAZETTE にも “THE JAPANESE ARCHÆOLOGICAL EXPEDITION” と題した記事が掲載された。【図79】

第一次大谷探検隊の軌跡

ロンドンを先発した大谷光瑞と本多恵隆の一行と、海路荷物を携えた井上弘円と堀賢雄、そして四日遅れて出発した渡辺哲信らは、露都ペテルスブルグで合流し、そこから五名でモスクワ・ロストフ経由で南下した。カフカス山脈を右前方に見ながらカスピ海西岸の石油産出地バクーに着き、船で東岸のクラスノヴォドスク（トルクメンバシ）に上陸、再び列車でカラクム沙漠を東進してブハラ・サマルカンドに至り、そこから列車で終点のアンディジャンまで。それより東は馬車、さらに乗馬・駄馬の利用となり、パミールを越えて中国領に入るのはテレック・ダワン（峠）を採った。そして九月二十一日にカシュガルに着き、新疆での調査が開始となった。[*7] 光瑞・井上・本多の一行はさらにインドへ向かうことになったため、ヤルカンド・タシュクルガンに至って隊を分けた。渡辺と堀は新疆の仏跡調査で以後一年余りを同地で費し、光瑞一行はインドに赴き、欧州からの日野・藤井・薗田に加え日本から呼んだ数名、すなわち上原芳太郎・島地大等《しまじだいとう》〔一八七五―一九二七。島地黙雷の嗣子として入籍。高輪仏教大学・仏教中学に着任後、大谷探検隊にも参加〕・升巴陸《ますともりく》龍《りょう》〔一八八二―一九一九。第一次大谷探検隊インド隊に参加。明治四十年（一九〇七）、『やまと新聞』に「仏蹟探検余聞」を連載した〕・秋山祐穎《あきやまゆうえい》〔一八七三―一九二二。第一次大谷探検隊インド隊に参加。帰国の後、仏蹟巡拝記編纂係〕、さらにインド留学生清水黙爾《しみずもくじ》〔一八七五―一九〇三。島地黙雷の二男〕が各地で連携、合流と分散を繰り返しながらインドに点在する各地の仏跡を調査した。調査の期間としては新疆隊が長く、人員としてはインド隊が充実しているが、いずれの隊においても困難も発見もあった調査であった。

　年が変わって明治三十六年（一九〇三）、光瑞は光尊宗主の重篤を聞き、さらに訃報が届いた。各地での調査はその一部を妥協することとなり、光瑞は随行員とともに帰国を急いだ。とはいえ残留した隊員の調査はしばらく継続し、藤井と薗田は欧州への帰還を予定していた。船便の確保に苦労した光瑞の帰山は三月中旬、藤井がインドを発ったのは五月上旬だった。インド隊の隊員にはこの他にミャンマーから雲南方面へ赴いた前田徳水《まえだとくすい》〔一八七六―一九三九。第一次大谷探検隊インド隊参加の後、仏蹟巡拝記編纂係〕・吉見円蔵《よしみえんぞう》〔第一次大谷探検隊インド隊参加の後、仏蹟巡拝記編纂係〕・野村礼譲《のむられいじょう》〔一八七八―一九三〇。大谷探検隊第一次隊に参加。後に宮内省や文部省に勤務した〕・茂野純一《しげのじゅんいち》〔一八八〇―一九三一。第一次大谷探検隊インド隊参加ののち仏蹟巡拝記編纂係〕（後二者は貴州へ）、一時上記四名と同行し後に単独北行した渡辺哲乗《わたなべてつじょう》〔一八七七―一九三〇。渡辺哲信の弟〕らがいた。インド隊の井上はやや遅れて帰国、本多も東南アジア調査を経て帰国、島地は中国東岸調査に赴くというように、複雑な動きがあった。右の関係者中、藤井は帰欧の途中マルセイユで病没、インドに滞在していた清水も病死したことは惜しまれる。[*8]

　新疆隊の方は、南道の于闐（コータン）での収集品にブロンズ仏頭などの注目すべきものがあった。また、明治三十六年（一九〇三）四月から八月、西域北道のクチャでの調査に相当の時間を割いている点が特徴的であり、ここで四月十一日にドイツ隊のグリュンヴェーデル〔一八五六―一九三五。ドイツの仏教考古学者〕一行と遭遇している。[*9] 吐魯番《トルファン》は通過したものの、本格的な発掘には至っておらず、また敦煌における経巻発見の件も知らなかったようである。新疆での調査を終え甘粛の蘭州を通過した渡辺哲信と堀賢雄は、明治三十七年（一九〇四）二月中旬に日露開戦を十日遅れで聞いている。二月二十八日には雲南から北上した渡辺哲乗と咸陽で合流、渡辺兄弟は五年ぶりに再会した。三月下旬、堀と哲乗は北京に向かい、渡辺哲信ひとりが帰途につき五月四日帰国した。

以上の第一次隊のインド隊・新疆隊に関わる早期の報告としては、渡辺哲信の帰国前に出た『印度撮影帖』がある。明治三十五年（一九〇二）の新疆での分隊前の写真と、同年から翌年にかけてのインドの写真が含まれている。[*10]

日露戦争によって探検隊派遣は影響を受けたが、戦争終結の翌年明治三十九年（一九〇六）九月には、大谷光瑞・籌子夫妻の中国旅行があった。この旅行中の成果としては、長安での陵墓碑文の発掘があり、入手拓本も少なくない。これらは明治四十年（一九〇七）五月上旬の光瑞一行の帰国からわずかに遅れて渡辺哲乗が持ち帰り、[*11]後には二楽荘の支那室その他で陳列保管されたらしい。

第二次大谷探検隊

第二次探検は、明治四十一年（一九〇八）四月、神戸を一日違いで発った橘瑞超と野村栄三郎《のむらえいざぶろう》〔一八八〇―一九三六。大谷光瑞の清国旅行、第二次探検隊に参加。「蒙古新疆旅行日記」（『新西域記』下巻所収）がある〕によって敢行された。橘は上海へ行き、そこから北京入り、野村は直接北京に赴いたようである。両名は六月に北京を出たが、装備の完了と実質的出発は同月二十五日の張家口《ちようかこう》からであった。七月二十九日にクーロン（庫倫、現在のウランバートル）に着き、そこから西進してカラコルムのエルデニゾー寺院に到着、モンゴル時代以後の遺跡・遺物や風俗を観察するとともに、光瑞が期待していた古碑の拓本をオルホン河畔に求め、突厥《とっけつ》〔六世紀から八世紀にかけて、モンゴル高原・中央アジアを支配したトルコ系遊牧部族〕や回紇《かいこつ》〔ウイグル。モンゴル高原に興ったのちトルキスタンに移住したトルコ系民族〕の諸碑文を採訪している。この前後も含めモンゴル地域の調査については、野村日記や橘の報告に詳しい。[*12]

その後西進・南下して新疆に入り、明治四十一年（一九〇八）十月七日に古城子（グチェン）、唐代の北庭都護府址に至った。さらにウルムチ・吐魯番へ、そしてその地で、十二月初めに西本願寺を訪問したヘディン〔一八六五―一九五二。スウェーデンの探検家。リヒトホーフェンに師事し、明治二十三年（一八九〇）にはじめて新疆のカシュガルに至った」によって光瑞に伝えられた楼蘭の経度緯度の情報を得て、橘はコルラから単独で楼蘭をめざし、一方、野村はクチャへ向かった。橘は明治四十二年（一九〇九）三月下旬に楼蘭遺跡に到着、四世紀の西域情勢を伝える書簡史料、後に有名になった李柏文書（李柏尺牘稿）を入手し、その後は西域南道を西進、クチャ調査を終え西進して先着していた野村と、カシュガルで七月上旬に合流した。[*13]

明治四十二年（一九〇九）九月に日本を発ってインドを訪れていた光瑞とその一行、さらにそこへ合流した橘と野村は、インド各地に赴いている。明治四十三年（一九一〇）一月にカルカッタ（コルカタ）で受けた取材は、一月十三日に発信されて The Times の二月三日に掲載されているが、その記事は第二次探検の全体にわたる詳細なものである。[*14] 一月末から二月にかけて野村はインドから収集将来品を託送して、二月二十一日に神戸に帰着、光瑞と橘もインドを離れて西航し、二月末には英国に到着している。[*15]

第三次大谷探検隊

第二次探検は右のように終了したと当時日本では考えられていたが、光瑞はなお続けて探検を計画していた。明治四十三年（一九一〇）八月十六日、再度ロンドンから橘瑞超と助手のホッブズが出発することになる。これが第三次探検で、橘は出発前にスタインと会い、楼蘭の都城や入手文書を話題にしつつ助言を受け、ヘディンを訪ねて激励を受けていた。シベリア鉄道のオムスクで下車、セミパラチンスクまで川蒸気、そこから新疆のウルムチに至った。吐魯番を再訪し発掘を行い、ホッブズにクチャ行を命じて、橘自らは新ルートで直接南下して楼蘭をめざす。この直前のルクチュンからの通信文も残っている。[*16] ところで、この楼蘭への再度の到達は当時から広く流布していたが、その後完全に忘却されてしまった。徳富蘇峰記念館から橘による「沙漠漫遊記」の原稿が発見され紹介されたが、後にはそれらが『国民新聞』『大阪毎日新聞』などに掲載されていたものであったことも判明しており、楼蘭行や沙漠行の記録とその発見に関するエピソードも尽きない。[*17]

明治四十四年（一九一一）には、チャルクリク・チェルチェンを経由してタクラマカン砂漠を縦断北上、ブグルからクチャに着いたものの、そこで橘を待っていたのはホッブズの訃報であった。遺体はすでにカシュガルというので橘は同地に急行したが、葬儀の後に、今度は京都二月十四日発の電報により、なんと光瑞夫人籌子の逝去を聞いた。四月六日の通信文には西域南道を東進する予定が含まれていたが、そこに記された八月上旬敦煌着という見通しは、その後は大きく遅れた。コータンからチベット高原に出ようとした試みが危機をもたらしたのである。

ちょうどこの頃、五月下旬に二楽荘下の住吉駅から大陸に向かったのが吉川小一郎であった。上海・漢口・西安を経て蘭州、さらに西進して十月五日に敦煌に到着しており、その前後には多くの写真撮影をしていたことも判明している。[*18]また、この敦煌の地では吉川が経巻の入手交渉を行っており興味を惹く。吉川が敦煌に滞在すること三カ月半余りが経過した明治四十五年（一九一二）一月二十六日には橘が敦煌に現れ、二人は劇的な再会を果たした。この後二人は、ハミ・吐魯番を経由し、両地の間の遺跡を発掘調査してウルムチに至る。その後、橘はロシア領に入ってシベリア鉄道を利用し、中国東北地方から朝鮮半島を経由して、六月五日に神戸に帰着した。吉川は以後二年近く、吐魯番を一つの中心としながら、西域南道のケリヤ―敦煌間を除く主要な地域をことごとく踏査した。大正三年（一九一四）一月になって、吉川は敦煌再訪を果たした。そして、吉川を含む駱駝一四五頭の隊は、長城跡・黄河北に沿って包頭・張家口・北京を経て、天津から神戸に帰着した。時は七月十日、その頃すでに光瑞は宗主を隠退していた。

右のように、第三次隊の前半を担った橘と、後半を遂行した吉川の帰国をもって、明治三十五年（一九〇二）八月より断続的に敢行された大谷探検隊は終結を見たのである。

第二節　月見山・二楽荘における仏蹟巡拝記編纂と将来品の整理・展覧

次に、第一次から第三次の大谷探検隊でもたらされた将来品に目を転じる。大谷探検隊による成果は、第一章「二楽荘前史」でも触れているように、二楽荘建築前に光瑞の別邸であった月見山で、まずは研究が進められることになる。改めて月見山における仏蹟巡拝記編纂と将来品の整理・研究の様相から見てみよう。

月見山における仏蹟巡拝記編纂

明治三十六年（一九〇三）三月中旬に大谷光瑞を含むインド隊は帰国し、他のインド調査隊員も同年秋までに順次帰国した。早くも五月上旬には、伝燈奉告会法要に連動して西本願寺白書院でインド将来品が展示され、また同月から光瑞による西本願寺と須磨の往復が頻繁となった。

五月二十日と二十一日、仏蹟巡拝記編纂係の任命辞令が二〇名に出され、隊員を中心とする事業が開始された。その場所は、新別荘建築地の月見山で、ここにテントを張って事業を進めるというものであり、主任として足利義蔵の名が報じられている。[*19]その実態は、六月に着任した禿氏祐祥の回想にもあって、おもに旅行記の整理にあったようだ。[*20]特に禿氏による光瑞の「パミール紀行」は早くに着手されたもので、明治三十七年（一九〇四）の『地学雑誌』に分載されることになった。しかし、明治三十六年（一九〇三）夏時点では、新疆隊の渡辺哲信と堀賢雄はまさに新疆調査の最中であり、ロンドン出発以後、タシュクルガンでの分隊時にそこまでの日誌を預けたり預かったりした形跡はない。従ってインド隊の隊員日誌がある程度揃ったとはいえ、須磨・月見山における仏蹟巡拝記の編纂は、限定的作業に止まっていたとも言えよう。唯一大きなまとまりを見せたのが、本願寺室内部（本多恵隆代表）の名で翌年に刊行された『印度撮影帖』であった。しかし、冬が近づくに従い、テント中

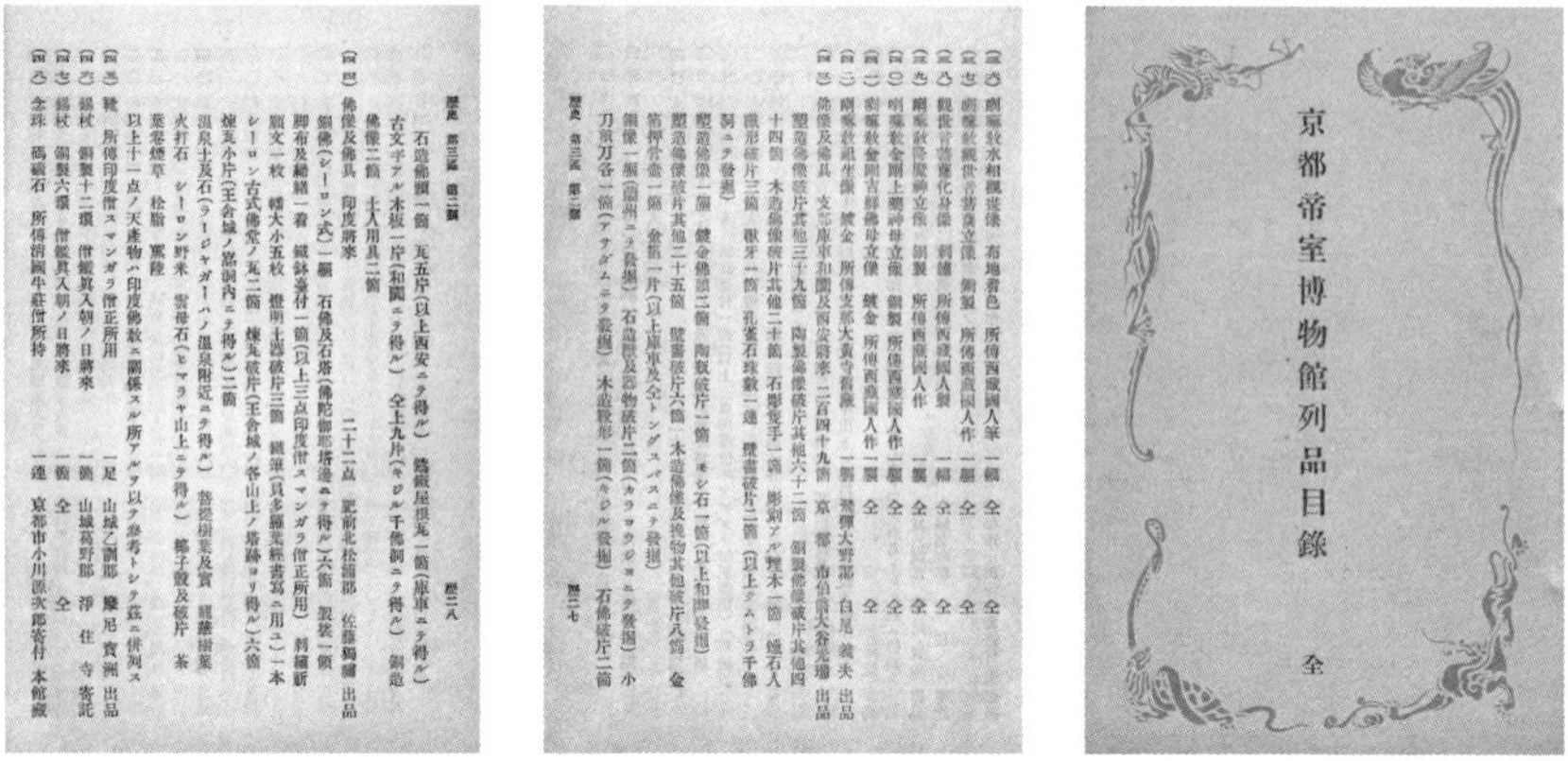

図80 『京都帝室博物館列品目録』（明治40年）の表紙と関連するページ

での事業は順調には行かなくなった。

第一章の記述にもある通り、秋の彼岸会の後に、事業を監督する光瑞のテントが引き払われ、光瑞自身が西本願寺に常住することになったこともその理由の一端である。[*21] さらに、インド隊の一員で明治三十六年（一九〇三）五月にインドから英国に戻る予定だった藤井宣正が六月六日フランスのマルセイユで病没したこと、また隊に加わった留学生清水黙爾が、八月二十日ボンベイ（ムンバイ）で病死したことも、それ以上に影響しているであろう。[*22] このような状況下、翌明治三十七年（一九〇四）二月には日露戦争が勃発することになる。その直前の一月中旬には、升巴陸龍や井上弘円が大陸に向かっている。日露戦争は、須磨・月見山における事業の進展に大きな影を落としたと考えられる。

将来品はいずこへ

明治三十七年（一九〇四）二月の日露開戦から三カ月後、第一次探検の新疆隊員渡辺哲信が五月四日に帰国した。西域将来品を携えての帰国だが、それから十日も経ずして、インド隊の将来品に関する報道があった。前年の伝燈奉告会で限定的に陳列展観された品々に関して、京都博物館からの要請があって、同館に出陳したというのである。[*23] そして同月末には新疆将来品も同館に陳列されたことが、報道から判明している。[*24] 以上の状況から考えると、インド将来品がテントの仏蹟巡拝記編纂所に運ばれたとは考えにくく、第一次隊の帰国によって開始された須磨・月見山での作業は、やはり文字資料を主とした探検記録を中心としており、さらに加わったとしても将来品の写真整理の範囲に収まっていたと想像される。それら将来品は明治三十六年（一九〇三）から翌年にかけて西本願寺に保管され、五月以後はそのほとんどか大半が京都博物館に寄託されたと思われる。第一次の新疆将来品もまた同様に、そのほとんどが博物館に行ったのであろう。ただし、後述するように、確実に第一次のインド将来品や新疆将来品の中で、後に二楽荘で陳列保管されたものもある。それらは、当然ながら京都博物館などには移管されず西本願寺に残され、そこから二楽荘に搬出されたもの、ということになろう。

第一次の新疆隊の隊員中、堀賢雄は北京に留まっていたから、唯一の帰国者となった渡辺哲信は、帰国の四カ月後の九月に、光瑞の弟の大谷尊重に随行して再び大陸に向かっている。新疆隊の将来品は博物館に、唯一の帰国者は再度大陸にということになった。

以上のように、須磨月見山と探検記録の関係性について指摘することは一定程度できるが、須磨月見山と将来品の関連性について明瞭な指摘をすることは容易ではない。後の刊行だが、おそらく明治三十七年のものと推定される京都博物館の出陳記録（明治四十年一月時点の目録中の、新疆・西安将来品とインド将来品のリスト）【図80】が公刊されており[*25]、第一次の将来品が京都博物館と関連していたことを指摘する方が容易である。[*26]

各次探検隊の将来品はまず西本願寺に到着した。そして大谷探検隊の第一次隊インド隊・新疆隊の二隊の帰還隊員が帰着した明治三十六年（一九〇三）三月から明治三十七年（一九〇四）五月、大谷光瑞が中国旅行から帰国した明治四十年（一九〇七）五月、さらに第二次探検隊の帰還隊員が帰国した明治四十三年（一九一〇）二月、そしてその将来品が到着した同年四月、これらの時点での将来品の保管場所は、西本願寺か、またそこから寄託された一群については京都博物館のどちらかだったと言えそうである。

改めて二楽荘に関わる光瑞の動向を追うと、明治四十年（一九〇七）の別荘選地の指示から同年末の開発地登録税納付、明治四十一年（一九〇八）三月十七日の起工、六月の「二楽荘」という名称の公表、八月十二日の棟上式、そして明治四十二年（一九〇九）九月二十日の竣成、という経緯があった。明治四十二年スウェン・ヘディンが来日したが、その時には二楽荘へは案内しておらず、二楽荘の竣成の四日後の九月二十四日、第二次隊と連動すべく、光瑞は神戸を発ってインドへ渡っているのである。[*27]

このような経緯を鑑みても、二楽荘が竣成し光瑞がインドに渡った時点では、後に二楽荘で確認される将来品は搬入されておらず、したがって将来品の保管や整理は、博物館寄託分を除き、西本願寺で進められていたと思われる。

光瑞が不在にしていた明治四十三年（一九一〇）前半においては、先に述べた第二次隊員野村栄三郎の帰国（一月）、将来品の西本願寺到着（四月）、そして四月三十日の京都帝国大学文科大学の関係者の見学、[*28]五月八日の東京地学協会総会での小川琢治撮影写真の提示[*29]が知られている。また羽《はね》田《だ》亨《とおる》（一八八二―一九五五。東洋史学者。後に京都帝国大学教授・総長）が第二次隊員橘瑞超の楼蘭発見にかかる李柏文書の研究を始めつつあって、その成果の一端が六月発行の雑誌『芸文』や『地学雑誌』に掲載されているのである。光瑞不在の時期に、西本願寺関係者以外が二楽荘に赴くことはなかったはずであるから、このような到着・見学・研究の事実も、将来品の保管が西本願寺で進められていたことを裏書きするものであろう。また同年八月三日から六日にかけて連載された内藤湖南の「西本願寺の発掘物」と題する新聞記事にも、「野村氏は日本に帰つたが、其荷物の中、或る部分は京都文科大学教授榊亮三郎君に託して送つて寄越したのである」とあるように、将来品が京都の榊へ託送されたことが明記され、京都・西本願寺への到着も暗示して伝えられている。[*30]

光瑞の帰国は、明治四十三年（一九一〇）十月五日に神戸着、翌六日に京都着であった。十一月には二楽荘付設の武庫中学の志願者を募集した。年を越して明治四十四年（一九一一）には籌子夫人の罹患、逝去があった。一月二十四日に光瑞は籌子夫人の危篤を聞き、二楽荘から急ぎ西本願寺に戻ったという。[*31]

夫人が逝去した一月二十七日の翌日から大正元年（一九一二）十月二十三日までの、約一年九カ月に及ぶ西本願寺での将来品整理や管理を記載したものが、京都で作成されたことが確実視される『発掘書画表具控』という資料である。この記載期間の最中、明治四十五年（一九一二）六月五日に、第三次探検の前半の任務を終えた橘瑞超が帰国している。その時の将来品は神戸の二楽荘に搬入された。これらの新着の将来品への言及は確認しにくいが、『発掘書画表具控』には橘帰国と前後する時期の書画の表装の記録のみならず、見学者や貸し出し、返還の記録に加え、二楽荘との間での将来品に関する情報、搬出情報が記されているのである。その記録の最後は、大正元年十一月の二楽荘一般公開の十日前までである。

図81　『建築工芸叢誌』印度室【図27】の窓脇墨書の拡大画像

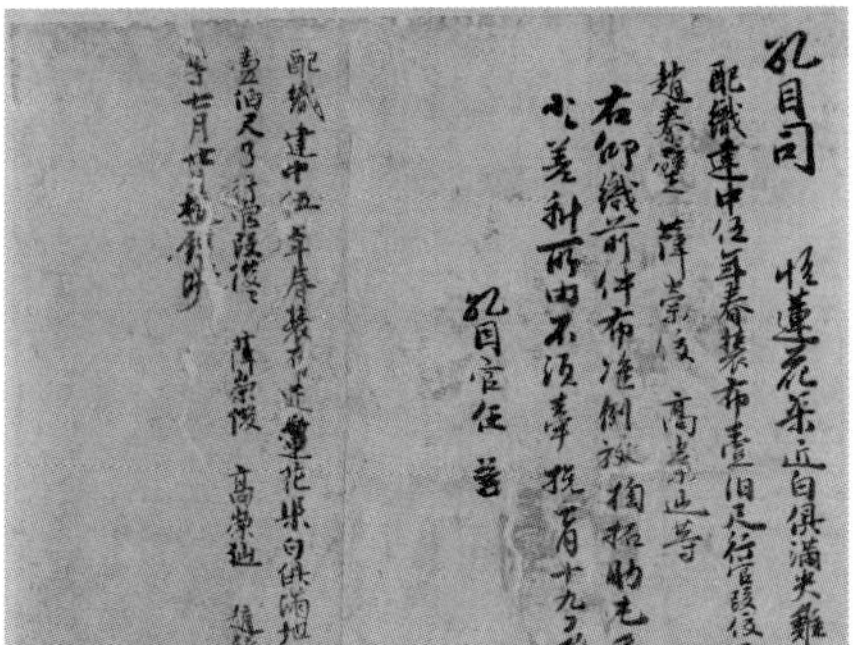

図82　旅順博物館現蔵の「孔目司文書」

二楽荘に陳列された将来品

最後に、二楽荘で展示されていた将来品の具体例を追跡してみよう。二楽荘一般公開の半年余り前、大正になる前の明治四十五年三月に刊行された『二楽荘写真帖』。そこに掲載された印度室の写真【写真帖M―32】には見えないが、後の大正二年発行の『建築工芸叢誌』第二〇冊に掲載された写真に写る印度室の写真【図27】には、縦書きの墨書が見える[*32]【図81】。これこそは、現在旅順博物館に所蔵されている、第一次の新疆隊がクチャ地域で入手した「孔目司文書」である[*33]【図82】。京都博物館に移管されずに西本願寺に保管されていた第一次隊の新疆収集文書が、確かに一時二楽荘にあったことが確認され、そこから後に旅順に搬出されたことが分かる。

他にも、例えば支那室には、中国内地にある碑文の拓本が複数飾られていた。また支那室から二階に上る階段の側面の三角形部分には、西安近郊にある唐太宗の昭陵の六駿馬の一つ、「什伐赤」の拓本があった【図20】。明治三十九年（一九〇六）から明治四十年（一九〇七）にかけての、光瑞の中国旅行時の入手品であろうか。そうだとすれば、拓本類を持ち帰ったのは明治四十年五月下旬、一行より少し遅れて帰国した渡辺哲乗が運んできたも

図83　再版写真集『住宅建築写真集成』第参輯（大正７年）英国室写真左の拡大、展示品記載紙片：「現代のトルコ帽」と記載されている。

図84　もう一つの展示品記載紙片の調整画像：「新疆・・・木彫」と判読が可能である。

のであろう。[*34]

英国室の写真に見える陳列風景も興味深い。前述の『建築工芸叢誌』掲載の写真[*35]【図25】には、明瞭に「現代のトルコ帽」との表示紙片が見える【図83】。また同じ写真にもう一枚紙片がある。文字の判読が困難であったが、『建築工芸叢誌』掲載写真の再録版があり、[*36]その写真の方が小さいながらコントラストの違いで都合が良く、それをさらに調整すると、新たな文字が浮かび上がる【図84】。左の「現代のトルコ帽」紙片に対して右の紙片には、「新疆・・・木彫」と書いてあることが判明する。

二楽荘における将来品の整理に関して、先の『発掘書画表具控』を見ると、京都―二楽荘間の連絡に際し、二楽荘側の担当者が伊藤義賢だったと考えて誤りない時期があった。二楽荘に到着し保管していた仏典断片の整理と研究に尽力したと、伊藤義賢は回想を書き残している。[*37]ただ、二楽荘の各室と展示品には、上述のように印度

図85　かつて英国室中央展示ケース内にあった旅順博物館現蔵の「阿弥陀浄土変」

図86　英国室中央の展示ケース内の仏画（『西域考古図譜』上巻掲載仏画）

室において漢文墨書を展示するというような、不釣り合いな展示があったのかもしれない。英国室にあったトルコ帽についてもまた同様である。その入手は探検隊と無関係になされたか、あるいは当時（「現代」）の新疆のトルコ系民族の帽子という意味かもしれない。しかしそうすると、「新疆・・・木彫」の「新疆」という表記と統一感がとれない。おそらく展示スペースの問題によるものと思われ、両者が英国室にあったのも致し方ないのであろう。もちろん「新疆・・・木彫」の方は、第一次かそれ以後の中央アジア・新疆の探検によって将来された古代の品々であろう。

ここで、第二次隊の将来品と判明している、英国室【図25】陳列ケース内の大きな大暦四年の文字が見える吐魯番のトユク地域入手の仏画【図85】と、手前上部の同地域入手の仏画【図86】の姿を示しておこう。前者は現在は旅順博物館にある。[*38] 後者は『西域考古図譜』上巻に掲載されているが、[*39] 現在の所在は不詳だろう。英国室陳列のこちらの仏画も、第二次隊の将来品だったという可能性がある。残された問題も少なくないが、写真への注視が新たな発見を生むことになる。

大谷探検隊やその将来品の実相を把握するのは容易ではない。そして大谷探検隊と二楽荘の関連についても、その詳細はなお未解明の部分が多いと言えよう。また将来品の保管や整理には、西本願寺や京都博物館も大きな役割を果たしたことも事実である。とはいえ、本章で示したように、将来品の相当部分が二楽荘に存在した、あるいは二楽荘に関与し二楽荘を通過した、このことは紛れもない事実である。二楽荘が将来品の整理や研究に果たした役割は、決して小さくはないのであって、それゆえに今後も追跡に値するのである。

第六章

その後の二楽荘

第一節　二楽荘の閉鎖と売却

明治末期より西本願寺・大谷家の財政問題が悪化し、それが表面化する中で、光瑞は教団の最高責任者として、責任を痛感するところがあった。大正三年（一九一四）一月六日、西本願寺白書院《しろしょいん》において行われた年頭親示においても、光瑞が教団の前途を憂いている様子が窺える。そして、光瑞は同年三月十八日二楽荘を離れ、西本願寺錦華殿《きんかでん》に常駐することを決めた。錦華殿での光瑞は、神経過労と運動不足から病に伏せていたようだ。[*1] 同年五月十二日ついに宗主から退くことを決意し、政府に対して所定の手続きをとり、十四日文部大臣の許可を得るとともに、親示を『本山録事』に示し退職を公表した。[*2]

備品が競売に

光瑞は二楽荘の備品類を競売にかける計画をもっていた。[*3] 神戸の競売仲立業社ワイマーク・エリオン・クロムビー商会が競売元となり、大正三年（一九一四）七月十八日から二十一日にかけて四日間の下見の後、二十二・二十三日の二日間競売が実施された。競売においては目録が作成されたようで、机・椅子・食卓・食器など、その総点数は四七〇点に及んでいた。

競売の第一日目は、午前十時半より二楽荘本館支那室から開始されたようだ。[*4] 二日目はアラビア室、印度室などで行われた。ヘルマンも来館したようで、午後六時になる頃にはすべて売り尽くされたようである。総売り上げ額は、新聞記事によって一万五千円とか四千五百円などと報じられている。

錦華殿に在中していた光瑞は、その後避暑として京都伏見の三夜荘に滞在していると噂されるなか、[*5] 競売が終了した二日後の二十五日に、避暑を兼ねて再び二楽荘に戻った。[*6] しかし、光瑞の容姿は、活気あふれた頃の姿とは雲泥の差であり、二楽荘の状態も一変していたことが報じられている。[*7]

本館の再公開

ところで、大正元年（一九一二）十一月二・三日の二楽荘本館の初公開以後、大正二年（一九一三）二月一・二・三日のクラブ化粧品主催による条件付無料公開をはさみ、有料公開が継続されていた。大正二年（一九一三）十月三十一日に二楽荘を訪れた、地元岡本の甲南学園の創設者平生《ひらお》釟三郎《はちさぶろう》（一八六六―一九四五。明治から昭和前期にかけての実業家、教育者。東京高等商業学校助教諭、東京海上火災株式会社専務などを務める一方、甲南幼稚園、甲南小学校、甲南中学校、甲南高等学校を創立、甲南病院を設立するなど、教育社会事業にも熱心に取り組んだ。その後、川崎造船所社長、貴族院議員、文部大臣、大日本産業報国会会長、枢密院顧問などを歴任）は、その日記の中に「午後立太郎ヲ伴ヒ二楽荘ニ赴ク。同荘ハ西本願寺法主大谷光瑞氏ノ山墅ナリ。今ヤ一人五拾銭ヲ徴シテ、之ヲ公開ス。観覧者ニハ二楽煎餅ヲ供シ、新羅発掘物ヲ陳列セル館内ヲ見物セシム。且、温室及花壇ニ培養セル花卉ハ之ヲ販売ス」と記している。[*8] また、大正二年（一九一三）の夏に父に連れられて見学に行った伊藤正雄は、ケーブルカーに乗った印象を綴っている。[*9]『大阪毎日新聞』の大正三年新春号には、中山寺や西宮戎神社とともに参拝所の一つとして二楽荘が挙げられている。【図87】

その後、大正三年（一九一四）八月、二楽荘本館では第二回の中亜探検資料の展観が開催される運びとなった。それに合わせて、橘瑞超は『郊外生活』に「二楽荘を公開して」と題する展示紹介の記事を載せている。[*10] その中で橘は、この展観の目的が日本における西域文化研究の焦点を定めること、そしてその指示者光瑞の真意を伝えるためであることを記している。同年七月十日に帰国した第三次探検隊吉川小一郎による将来品も展示されており、中亜探検に伴う発掘資料の総合的な展示であったと言える。展覧会の概要は、『大阪毎日新聞』（大正三年七月三十一日・八面）の広告「最後の昼夜　二楽荘公開」としてみられ、「八月一日ヨリ一ケ月間朝七時開館夜十

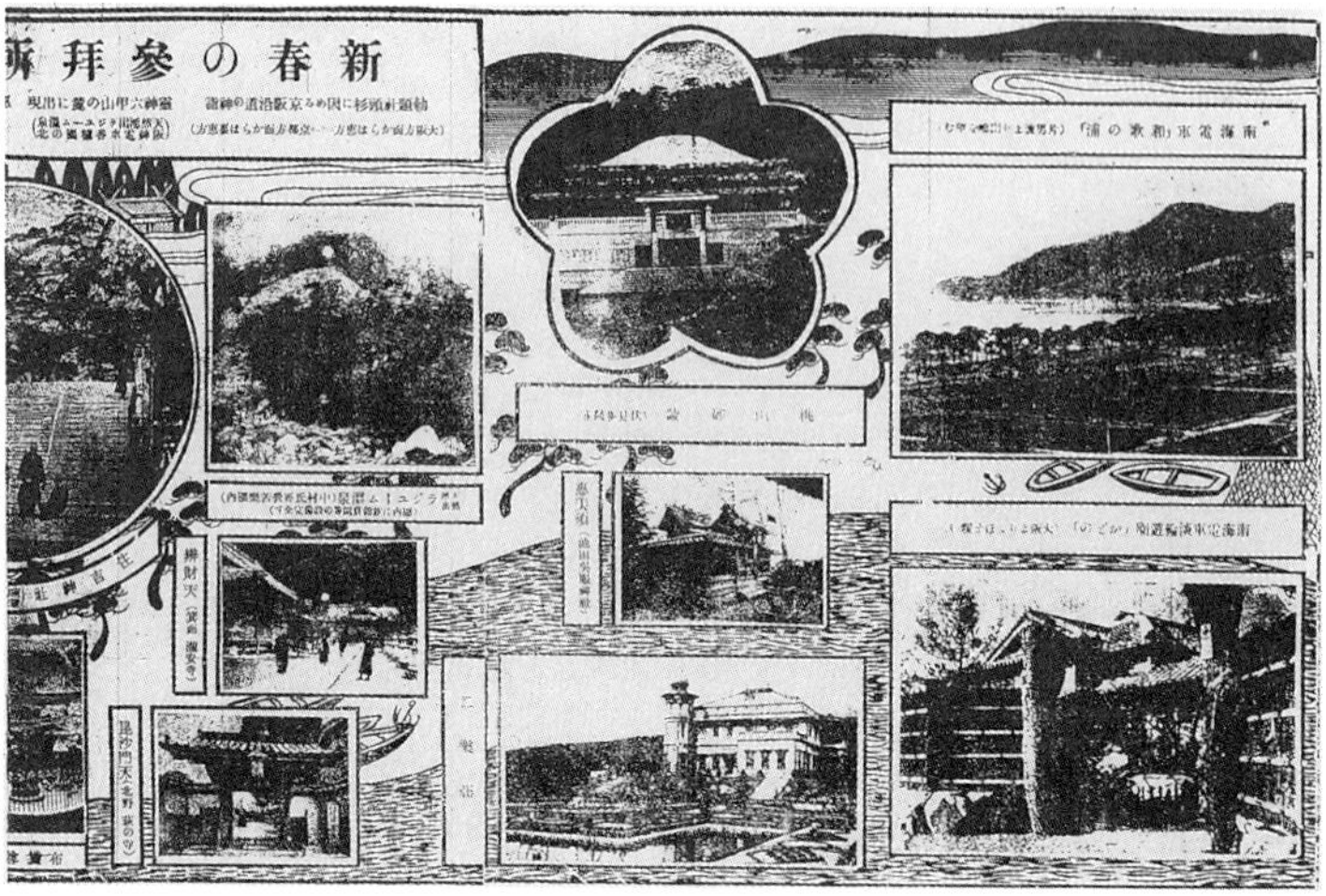

図87　「新春の参拝所」（『大阪毎日新聞』大正３年１月１日・18面）

時閉館」「入荘料金十銭、軽便洋食ノ便アリ」「ケーブルモ運転ス」などと記されている。また、土・日曜日の両夜には、吉川小一郎の幻灯機で写真が放映された。[*11] この展覧会の事務責任者は関露香であった。

展覧会が開催されると同時に、各新聞社は一斉にその展示の紹介を行っている。『大阪朝日新聞』は写真付きで二日間連載記事を載せた。[*12] 二日目の記事には、本館一階の全域に数万点に達する資料が雑然と展示されている様子が記されている。その他の新聞にも「珍奇無類の新疆発掘品を悠り悠りと見物するのは蓋今夏に於ける上乗の避暑法」[*13]と記されたり、「世界一の掘出物」[*14]と評されたりしている。

展示は当初一カ月間の予定であったが、好評を博したのだろうか順延され、十一月三十日まで開催された。この展示には、「紳士の家族」が訪れたと『郊外生活』にも紹介されている。[*15]

光瑞の外遊に伴い、十一月三十日に終了した展覧会であったが、休会をはさみ大正四年（一九一五）一月から再展示する計画があったようだ。[*16] 実際、大正四年の『郊外生活』広告記事[*17]には、岡本の梅林とともに「二楽荘（目下公開中）」という記載がなされているものや、展示換えが行われていたことを示すものもみてとれる。そして、記者が時の二楽荘を物見遊山で見学した記事もあることから、[18]公開は中断をはさんで一定の時期まで継続されていたと考えられよう。

光瑞師外遊の噂

新聞紙上では大正三年（一九一四）七月頃より光瑞の外遊に関する噂が取りざたされていた。二楽荘から同年十一月十九日付で発信された光瑞から徳富蘇峰への書簡の中には、「小生モ山上ノ蟄居ヨリ出テ、近々ノ内、朝鮮、支那、東印度方面へ流浪致ス考ニ御座候」と記されている。続く二十五日付の蘇峰宛書簡には、その旅程も記されていた。西本願寺がその外遊計画を公式に知るのは、その翌日二十六日のことであった。

光瑞は、外遊に出る前日、橘瑞超・柱本瑞俊・松原達蔵・関露香・吉川小一郎や学生十数名らと、二楽荘本館に隣接する「賛書房《さんしょぼう》」と呼ばれる書斎で、別宴を催した。その時の様子については、榎原徹了の「追慕記・別宴」に、鮮明に綴られている。「食前食後は勿論、食事中も豊富な話題を進行するにユーモアとウイットを交へた無碍の弁舌に仙郷の時刻の経過が惜しまれた。」「宴を閉じて荘主は荘内の最高地に位して、サンマーヴィラの別称ある含秀居に最後の一夜を明かされた。翌日の下山、それも最後の下山で、その日より再びと六甲山にお姿が見えなかった。[19]」

翌朝、光瑞は神戸港より日本郵船会社の阿波丸で外遊の途についた。その外遊には、武庫仏教中学の廣瀬了乘、高津実《たかつみのる》、松尾善英《まつおぜんえい》、山本晃昭の四名が随行することになった。[20]直接光瑞と随伴したのは高津と松尾で、廣瀬と山本は遅れて十二月十九日の伏見丸にて上海に向かい、そこで合流するという計画。廣瀬と山本は、梵語の研究としてインドのラオール大学に留学する予定であった。

光瑞が外遊の途についた後、二楽荘では、事務などを引き継いだ柱本瑞俊や旧武庫仏教中学の学生数名が残留していたと言われている。光瑞の外遊経過は刻々と各新聞に掲載されたが、そんなか「疑問の外遊　二楽荘の末路」として新聞記事に初めて二楽荘の処分問題が浮上する。[*21] 大阪の料理店「天狗楼」が二楽荘を借り受け、翌年一月より料亭を開業するという。記事に書かれた事態の真意がどうであったかは分からないが、「天狗楼」の店主天狗秀太郎が二楽荘の実質的な管理者たる関露香に対して、年間三千円で三年間の賃貸契約を結んでいることが関の『大谷光瑞』にも記されている。【参考資料】

「光瑞師外遊後の二楽荘は何うなる」には、二楽荘の所管が、神戸地方裁判所判事太田弥一郎に移管されていることが記されている。[*22] この太田弥一郎の名前は、関の『大谷光瑞』にもみられるが、とはいえ後述する通り、実質的な管理は荘内の人々によって別途行われていたようである。管理といっても、広大な面積で、まして世間に周知された二楽荘であったことから、荘内に残った将来品などの監視は大変なものであったようだ。[*23]

大正四年（一九一五）になると、光瑞との面会のため、柱本瑞俊は二月一日にインドに、橘瑞超は七月五日に上海にそれぞれ向かっている。その目的は、主に二楽荘の処置や蔵書・将来品の整理の問題を相談し裁定してもらうことであったと考えられる。二楽荘の処置問題については、「光瑞師は復職すまい」に、普陀より七月三十日に二楽荘に帰った橘瑞超による、二楽荘を今のまま貸すか売るかといった談が掲載されている。[*24]

蔵書については、大正四年（一九一五）六月十四日付で上海から送付された光瑞の徳富蘇峰宛書簡に、「実ハ二楽荘ヨリ書籍全部上海ニ取寄セル様下命致候間、イヅレ七月中ニ全部来着ト存候」とあり、二楽荘に残された蔵書を上海にすべて送付する命令が下されていたことが分かる。そして、同七月二十日の書簡には、蔵書が到着していることも記されている。[*25]

将来品の整理や収蔵の問題については、主に橘が動いていた。光瑞から蘇峰に送付された大正四年（一九一五）七月二十二日付の書簡には、「橘生ハ本日午前出帆ノ春日丸デ帰朝致候。ナニカ発掘品ノ件、猶ヲ一応朝鮮ノ方ト交渉セザルベカラザル事アリトカニテ」と記されている。蘇峰へ報告をしながら、すでに水面下では朝鮮総督の寺内正毅と光瑞との間で将来品の譲渡などの交渉が進んでいた。[*26] 続いて、同年九月十七日付の書簡には、

郵便はがき

料金受取人払

板橋北局
承　認

1047

差出有効期間
平成28年7月
31日まで
(切手不要)

1 7 4 8 7 9 0

板橋北郵便局
私書箱第32号

国書刊行会 行

フリガナ ご氏名		年齢	歳
		性別	男・女
フリガナ ご住所	〒　　TEL.		
e-mailアドレス			
ご職業		ご購読の新聞・雑誌等	

❖ 小社からの刊行案内送付を　□ 希望する　□ 希望しない

愛読者カード

❖お買い上げの書籍タイトル：

❖お求めの動機

1. 新聞・雑誌等の公告を見て（掲載紙誌名：　　　　　　　　　　　　　　　　　）
2. 書評を読んで（掲載紙誌名：　　　　　　　　　　　　　　　　　　　　　　　）
3. 書店で実物を見て（書店名：　　　　　　　　　　　　　　　　　　　　　　　）

5. 人にすすめられて　5. ダイレクトメールを読んで　6. ホームページを見て
7. ブログやTwitterなどを見て
8. その他（　　　　　　　　　　　　　　　　　　　　　　　　　　　　　　　　）

❖興味のある分野に○を付けて下さい（いくつでも可）

1. 文芸　2. ミステリ・ホラー　3. オカルト・占い　4. 芸術・映画
5. 歴史　6. 宗教　7. 語学　8. その他（　　　　　　　　　　　　　　　）

＊通信欄＊　本書についてのご感想（内容・造本等）、小社刊行物についてのご希望、編集部へのご意見、その他。

＊購入申込欄＊　書名、冊数を明記の上、このはがきでお申し込み下さい。代金引換便にてお送りいたします。（送料無料）

書名：　　　　　　　　　　　　　　　　　　　　　　　　冊数：　　　冊

＊ご記入いただいた個人情報は、ご注文いただいた書籍の配送、お支払い確認等のご連絡および小社の刊行案内等をお送りするために利用し、その目的以外での利用はいたしません。

「今般発掘品ノ件、残念ナガラ破談致シ、実ニ申訳無之候。小生モ窮迫致候得共、研究資料タル古文書マデ割愛スル勇気ハ無之、寧、粗衣粗食ノ方、更ニ大ナル快楽ニ御座候。」「衣食ノ資料ニハ、不用物品及建築物等ヲ売却致候得者、幾分ノ余剰ヲ得申スベク、他日ノ好機会ヲ得ルマデ忍耐致候」と書かれている。[*27]「不用物品及建築物」とは、二楽荘のことと考えられるが、[*28]すでにこの段階で二楽荘の売却に苦慮していたことが、この書簡から窺える。その後、橘瑞超は再び上海に向かうが、同年十二月四日に二楽荘に帰り、留守をあずかる吉川小一郎と会見したようだ。[*29]そして、同月五日には、二楽荘の売却について「予が鍾愛せる二楽荘も予の終生を通じて再び帰り住むの期なかるべく今は全く不要に属しぬ。適当の買手あり次第相当の価格を以て売却せよ」と橘瑞超に語ったという光瑞談が新聞に掲載され、二楽荘売却がとうとう公になった。[*30]その五日後の十二月十日、『神戸新聞』はいち早く、二楽荘の売却先が同村野寄の久原房之助であることを取材し記事にしている。[*31]

久原房之助が買い取る

上述の通り、二楽荘の処置については、その一切が神戸地方裁判所判事太田弥一郎に委任されたが、実質的には橘瑞超、柱本瑞俊、吉川小一郎、関露香などが二楽荘で管理業務に従事していた。特に、大正三年（一九一四）七月に第三回の探検から帰国した吉川小一郎は、光瑞の命で、橘瑞超、柱本瑞俊が海外に渡航している間の留守をあずかることになっていたという。[*32]

大正四年（一九一五）十二月初めに、数人の候補の中から、地元野寄に邸宅を構える久原房之助【図88】が買い取ることがほぼ決まり、『神戸新聞』による速報に続いて、大正五年（一九一六）一月二日には二楽荘売却に伴う両者の条件も公開された。その条件とは、

一・二楽荘は久原家に於て引受け一切自費を以て維持管理を為す事
一・二楽荘は一個人の為に使用せず或は公衆の利益に供する希望を以て使用する事あるべし

図88　久原房之助

一・光瑞法主の身辺に要する費用は久原家に於て
　　期限を定めず相当支出する事
一・久原家にては法主帰朝せる場合には信徒とし
　　て面目上是非二楽荘に滞在を希望する事、並
　　に其際に於ける居住費用は久原家において負
　　担する事

であった。正式な登記は、大正五年（一九一六）一月十七日に行われており、二楽荘の地所、建物、発掘資料など含め総額は二一万円であったという。[*33]

それでは、なぜ久原房之助がこのような多額の基金を投資したのであろうか。

光瑞の別邸が武庫郡本山村岡本に決定される前後の明治四十年（一九〇七）十月、久原家本邸は岡本に隣接する野寄で落成した。その邸宅は、六甲山を背にして、敷地七万坪に丸太造りの洋館や和風家屋、茶室、持仏堂、従業員住宅、そして三万坪を有する庭園を配していた。二楽荘本館が完成した後、海岸部の村々からは、中央に久原邸、西にヘルマン邸、東に二楽荘といったように、豪壮の邸宅が田園の中にそびえ建つ光景が望めたことであろう。【口絵2】

久原房之助の両親は、敬虔な浄土真宗の信徒であった。特に久原房之助の母フミの名でなされた慈善事業や真宗への貢献は、枚挙にいとまがなかったと言われている。[*34] 二楽荘が大正二年（一九一三）十月に襲来した台風によって多大な被害を被った際には、フミが見舞金とともに学生に万年筆と手帳を送ったこともあったという。[*35] フミは、閉鎖後も二楽荘に多大な同情を注ぎ、真心を持ってその行く末を案じていた。そのフミは、大正五年（一九一六）七月十三日故人となった。生前の行いに対する謝恩の意を込めて、光瑞は自らが寵愛していた鹿をフミが散策していた久原邸庭園に放ちたいという意図を久原房之助に伝えた。そして、同年八月二十四日朝、久原邸に放たれたのであった。[*36]【図89】

▼光瑞師割愛の大鹿
＝鹿を通じて聞く光瑞師漂浪《さすらひ》のローマンス＝
謝恩の為め久原氏庭園へ

廿一日入港目下神戸港に碇泊中の郵船択捉丸《えとろふまる》から二十四日一疋《ぴき》の大牝鹿が揚陸《ようりく》され海岸後藤に運ばれた、この大鹿は印度の某有力者が大谷光瑞師の来遊を機とし師を敬慕するの余り記念として師に送つたものである

光瑞師は爾来従順なる此大牝鹿を太《いた》く鍾愛《せうあい》し親《したし》く鹿と共に起臥し読書の間、瞑想の暇には彼を唯一の伴侶として山の麓、森の中、河の畔に逍遥することを唯一の楽《たのし》みとして居た、カルカツタを出発してヒマラヤ山中の一小村シムラに仮寓《かぐう》を結ぼうとした時にも正金銀行カルカツタ支店長が「這麼《こんな》鹿を連れてヒマラヤ山中にも這入れぬから大切に預かりませう」と言つたが光瑞師は頭を縦に振らうとはしなかつた「友達を奪《と》られては耐《たま》らぬこれからシムラへ行けば一層淋しくならうから是非とも連れて行かねばならぬ」といつて彼を同地に伴つた位である、然るに光瑞師は印度の英国官憲が猜疑の眼を以て五月蠅《うるさ》く附け纏ふので愈《いよく》満州へ出発することとなつた時に意外にも光瑞師を生仏の如く尊崇しつゝあつた久原房之助氏母堂逝去の飛報《ひほう》に接した。流石親鸞の伝灯に磨き上げた光瑞師の心も今更ながらに世の無常を感じ故人生前のことなどを思ひ浮べ二楽荘の没落、満目嗤笑《しせう》の間にあつて独り多大の同情を灑ぎ赤心《せきしん》良く宏壮なる二楽荘の末路を弔うて呉れたのは久原氏母堂であつた、生前何かの方法を以て感謝の意を表したいといふのは光瑞師の素心《そしん》であつたが遂にこの事なくして母堂は故人となつたのは遺憾至極であるとせめてもの心遣りに日頃鍾愛したこの大牝鹿を母堂の良く散策された久原家の大庭園に放つて遊ばせて下さいと光瑞師は房之助氏にその寄贈を申込み房之助氏は喜んで好意を受ることとなり択捉丸で神戸へ運ばれ更に二十四日朝住吉の久原本邸に移された

（『神戸新聞』大正五年八月二十五日・七面）

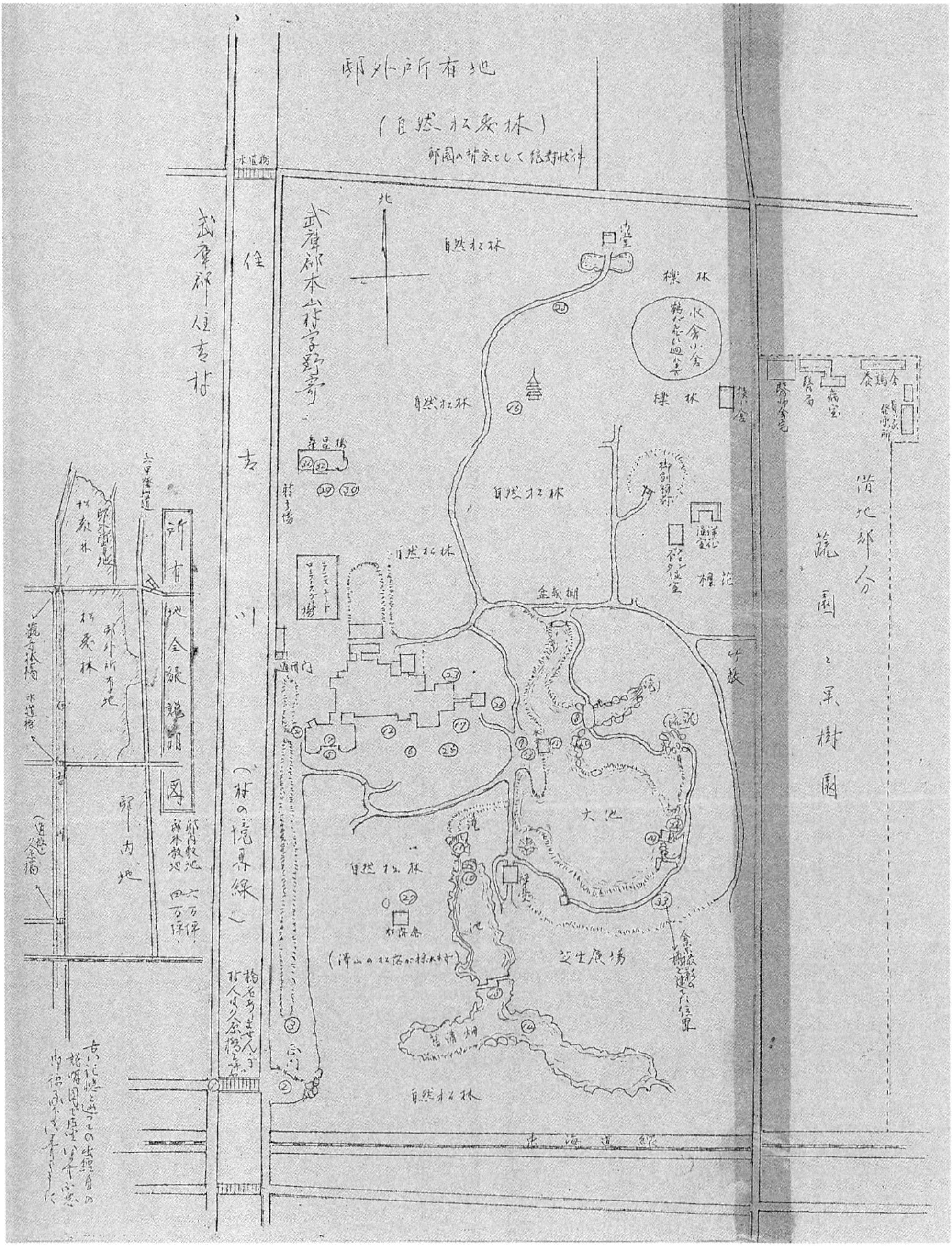

図89　久原邸宅図面

久原房之助の母フミに対する思いやりは、久原邸の母の居間の設備にも現れており、暖房や冷風を送る通気口の装置、自家水道、医療室、消防施設など専用の機器に二〇数万円を費やしたと言われている。また久原は、母フミに対してのみでなく、雇用人の気持ちを汲むことに長けた人であったという人物評もある。[*37] 久原は、大正元年（一九一二）九月、資本金一千万円を基に久原鉱山株式会社を設立し、鉱山経営の事業拡大を行っていく。久原の人間性や生活環境の変化が、二楽荘の購入に影響を与えたと推測できないだろうか。

二楽荘を購入した久原房之助が、同荘をどのように管理していたのかは不明であるが、久原の命により何人かの者が主となって、その管理業務を行っていたと考えられる。[*38]

吉川小一郎によれば、二楽荘の処分に伴う買い手探しや引継ぎに三年間を費やし、発掘資料も大正五年（一九一六）五月末まで久原房之助所管の二楽荘に展示・保管されていたという。[*39] このことを考慮すると、同荘が久原に移管してからも、吉川小一郎を中心とする何名かの者が同荘に在中し、発掘資料の整理、庭園の手入れなどの施設管理に従事していたと考えられる。

大正七年（一九一八）八月十九日に二楽荘を訪れた木下利玄《きのしたりげん》（一八八六—一九二五。明治から大正にかけて活躍した岡山県生まれの歌人。学習院を経て東京帝国大学文科大学卒業。本名利玄（としはる）。佐佐木信綱に師事し、『心の花』同人となる。明治四十三年（一九一〇）には『白樺』創刊に参加。歌集に『銀』『紅玉』『一路』などがある）は、その日記『住吉日記』の中で、同荘が公開されておらず番人が在中すること、広い花園に睡蓮が咲いていたこと、本館内部の様子などについて綴っている。この内容から、大正七年の時点でも二楽荘には常駐の管理人がおり、庭の手入れなども行われていたと考えられる。

時期は遡るが、前述したように明治四十四年（一九一一）、住吉村周辺に郊外生活の目的で移住してきた有産階級の人々の協力によって、私立甲南幼稚園が開園し、翌年には小学校が開校した。この学園は、当初維持費を寄付金と授業料とで支弁していたが、児童数の変動などから収入や経費が不安定で、やがて経営難に陥った。そこで、学園創立事務にあたった一人平生釟三郎は、積極的に打開策を考え、理事六名による三年間分割の維持基金を設定した。その理事の中に、久原房之助がいた。その後小学校が軌道に乗ると、理事会では甲南小学校を発展させ、教育方針を継承した甲南中学を設立することが協議された。その中学の敷地の候補にあがったのが二楽荘であった。

大正六年（一九一七）十一月二十六日の『平生釟三郎日記』（第二八冊）によると、「久原氏ガ本願寺ヨリ購入セラレタル二楽荘ノ一部五六千坪ヲ借入レンコトヲ求ムルコトニ衆議一決シ久原氏ノ都合ヲ見テ会見ヲ申込ムコトトシテ散会セリ、（中略）若シコノ山荘ノ地域ニ校舎及学寮ヲ建築シテ中学ヨリ大学ニ至ル学級ヲ設ケ学生全部ヲ寄宿舎ニ収容シテ訓育セバ所謂真ノ意味ニ於ケル紳士ヲ養成スルヲ得ンカ、而シテ光瑞氏ガ住居トセラレタル本館ハ之ヲ図書館トシテ保存セラルル」と記され、[*40] 大正六年末には二楽荘の転用計画があったことが窺われる。しかし、大正八年（一九一九）二月二十五日付の中学開校の『報告書状』をみると、中学校の選地には数カ所の候補地が上げられており、その候補地の検分が大正七年（一九一八）六月から七月に実施されているものの、二楽荘の土地の検分報告は記されていない。その中の候補地であった住吉村字落合（現在の東灘区住吉台）を検分した時の報告に、「山地ニテ中学生トシテハ稍通学ニ不便ノ感アリ」と記され、二楽荘も同等かそれ以上に「不便ノ感」ある立地環境を有していることから、二楽荘が甲南中学の校地に最適であったかどうか疑義をもつところであろう。

旧武庫仏教中学校舎の移築

大正七年（一九一八）十月、私立甲南中学の校地が、岡本字天王口周辺の一万九三一坪に決定した。そして、新校舎建築までの仮校舎として、久原の協力を受け旧武庫仏教中学の寄宿舎を移築・改築し使用することが承諾された。そして、宗建築事務所による『甲南学園中学部仮校舎其他建築工事仕様書』が受理され、同年十二月十一日より工事が開始された。『甲南学園中学部校舎設計図』をみると、「旧建物見取図」として旧武庫仏教中学校舎の設計図が併記されている。おそらく、この見取図の規模から考えて、移築された建物は、明治四十五年（一九一二）の『二楽荘写真帖』にみる「武庫中学第一寄宿舎ノ乙部」【写真帖M－18】であると考えられる。「旧建物見取図」に記された建築法量から、この「第一寄宿舎ノ乙部」は、概算長さ五四メートル、幅五・四メートルの木造長屋構造であったことが分かる。この見取図は、二楽荘の施設の中で唯一残存する設計図として、貴重な資料と言えよう。【図90】

ようやく、仮校舎の北棟・西棟が大正八年（一九一九）三月九日に竣工し、同年四月二十一日、旧武庫仏教中学の事務所を利用して第一回入学式が挙行された。その後、平生釟三郎は女学校や大学を設立する意向を久原に伝え、同年四月二十九日、久原は「甲南学園ナル財団法人ヲ形成シ、之ニ二楽荘ヲ提供シ且添フルニ十万円ヲ以テシ、之レヲ以テ寄宿舎ヲ建設及維持費ニ充テント、余ハ二楽荘ノ運命ガ解決セラレタルヲ内心大イニ満足スルト共ニ、之ヲ機会トシテ甲南大学設立ノ準備計画ヲ為サント欲」すると平生に告げた。[*41] このことは、五月十日の創立者総会及び第一回理事会で公式に表明され、久原は「二三日深慮ノ末平生氏ノ計画ニ賛成スルト共ニ二楽荘提供ノ決心ヲ為セリト」と「真摯ナル口調」で演述したと平生日誌に記されている。[*42]

修養団の天幕講習会

二楽荘を甲南学園の附属施設として利用する構想は、資金面などの問題ですぐには実現せず据え置きとなった。利用方法が明確に決定されないなか、蓮沼門三《はすぬまもんぞう》（一八八二－一九八〇。明治から昭和にかけての社会教育者。修養団の主幹として第二次世界大戦以前の代表的な教化団体に発展させるほか、「白色倫理運動」などを提唱して活躍した）を中心として創設された修養教化団体である修養団は、全国の学校生徒や青年の健全育成を目的とした第七回の天幕講習会の会場として、大正九年（一九二〇）夏に二楽荘を一時的に利用して

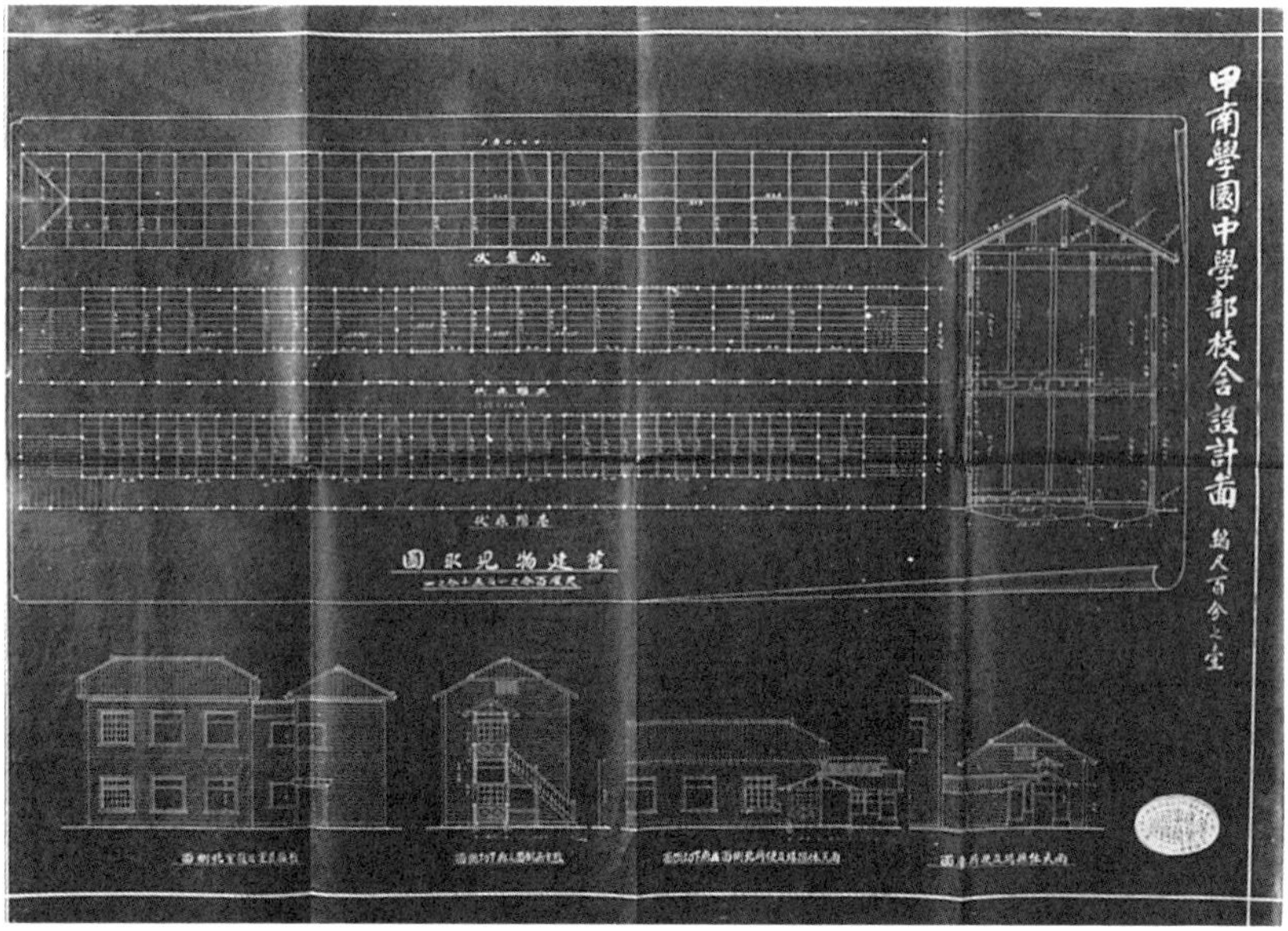

図90 『甲南学園中学部仮校舎其他建築工事仕様書』添付図面の「甲南学園中学部校舎設計図」

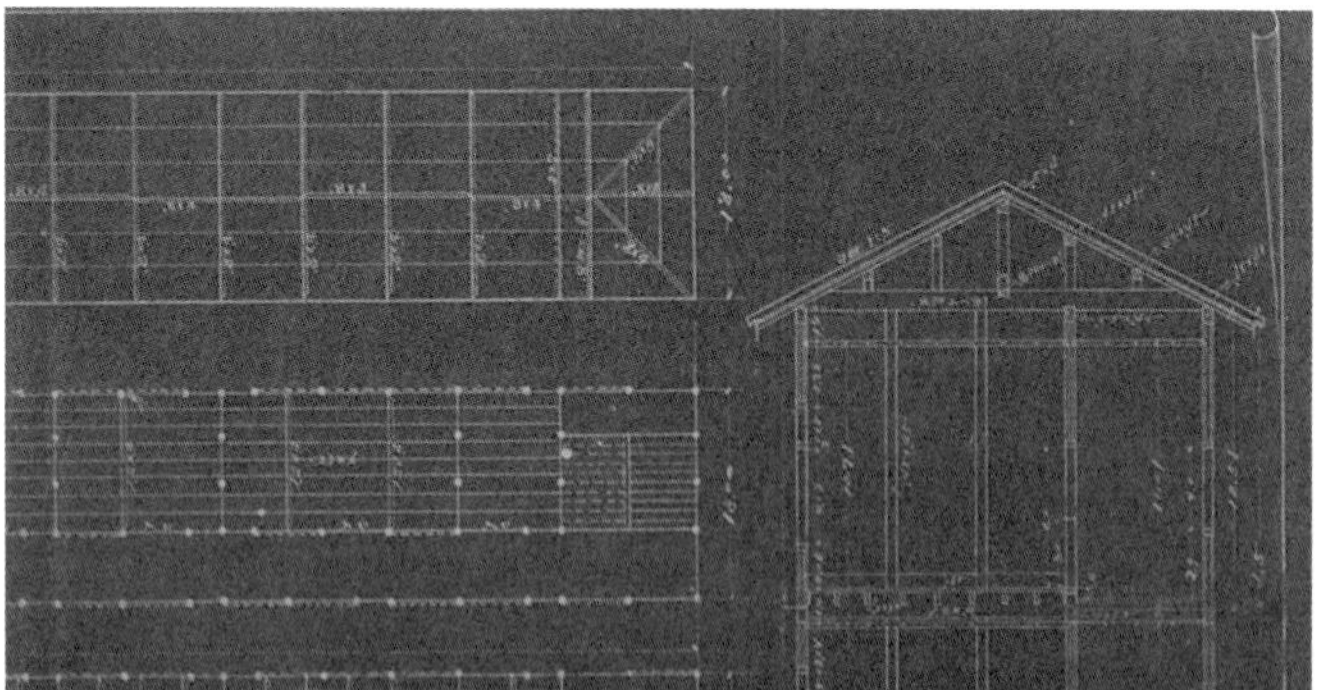

（部分）

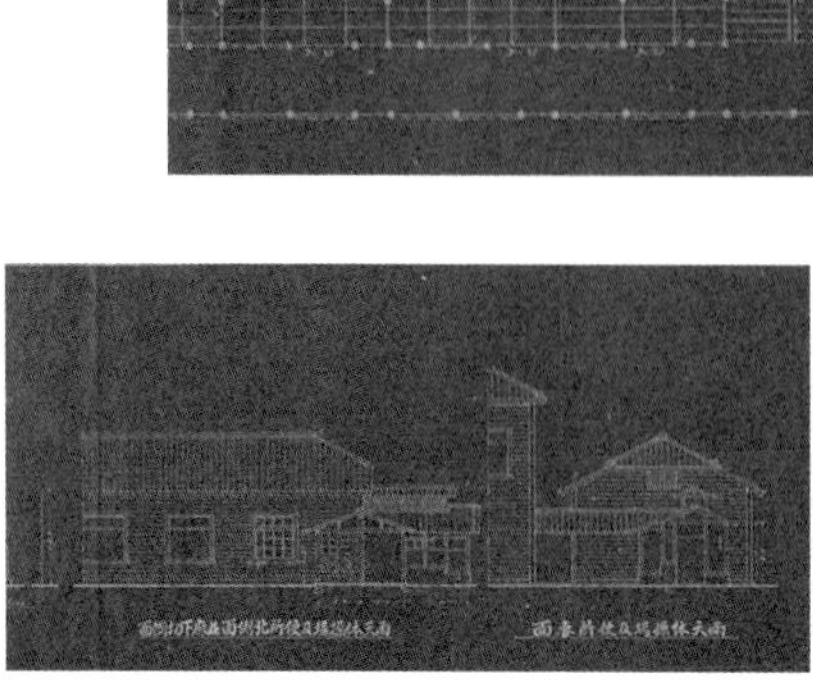

（部分）

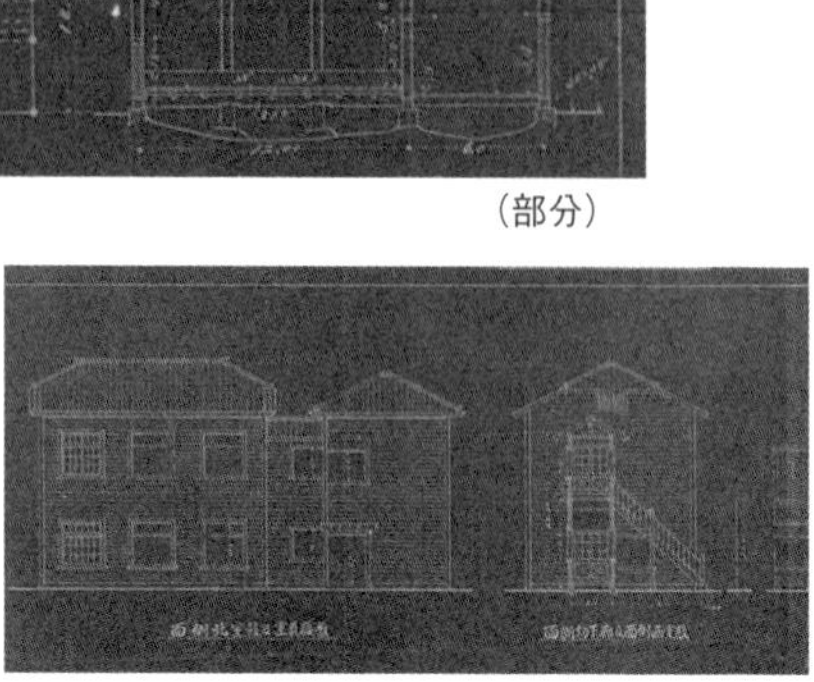

（部分）

いる。

　この天幕講習会とは、今でいう野外体験学習のようなもので、テントを一軒の家とみたて何軒かの家を作り、家ごとに家長を選んで全体から村長・助役・収入役などを選出し、一つの村を構成して自治運営していくという活動であった。講習期間は、大正九年（一九二〇）八月五日から十一日までの一週間で、全国中堅青年と兵庫県中堅青年の二回の講習会が実施され、全国から三百人近い講習生が参加した。その時の報告が天幕講習号として『向上』【図91】にまとめられている。[*43]また、発行日は不明であるが、この講習会を記念して刊行されたと考えられる『第七回修養団天幕講習会記念』の写真帖もみられる【図92】。講習会の概要が付されており、その中には、協力者として久原房之助や久原家執事野村和吉、二楽荘管理者として町田喜三郎・竹井正之亟・笹倉秀治の三名の名が記されている。

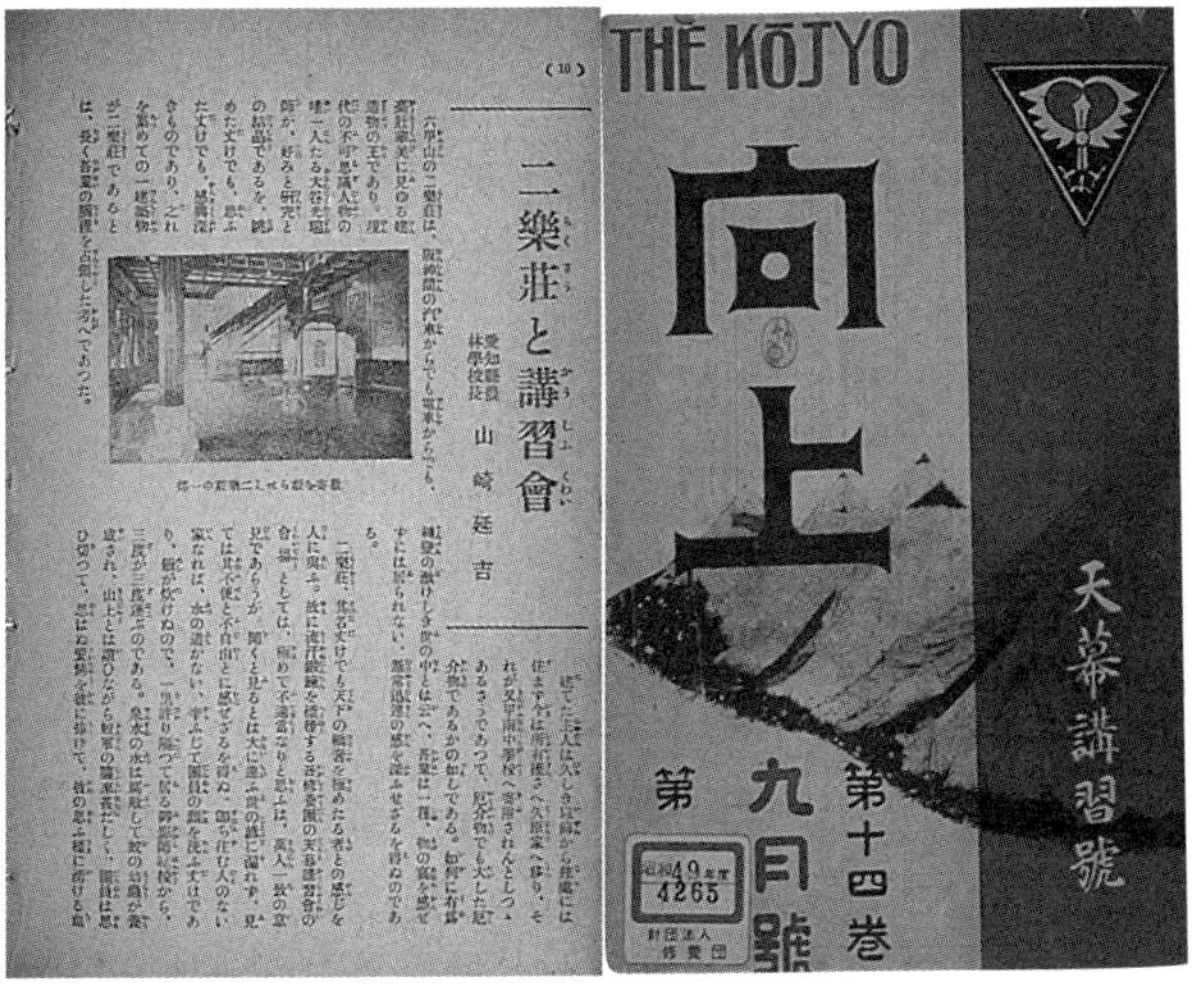

図91　『向上』第14巻第９号

　この『第七回修養団天幕講習会記念』写真帖からは、二楽荘が閉鎖された大正五年（一九一六）から四年間の二楽荘の変容がよく分かる。同写真帖「会場全景」では、庭園池の水は枯れ、植林もやや荒れつつある。また、本館北側のマスクメロン専用の温室やテニスコートは撤去され更地となっており、そこに天幕が張られている。「二楽荘の内部」のアラビヤ室や印度室には、一部の家具や調度品がまだ残留している。この家具や調度品の一部は、大正末期まで在留していたようである。[*44]

兵庫県講習員

図92 『第七回修養団天幕講習会記念』表紙

天幕講習会の活動

会場全景

二楽荘の内部

会場準備に大奮闘をなせる神戸の各支部団員

発会式（壇上に立てるは蓮沼主幹）

全国講習員

特筆すべきは支那室で撮られた「全国講習員」「発会式」の写真の背後に、探検時に採拓された資料が展示されていることであろう。[*45]

ケーブルカーは、天幕講習会に合わせて久原家から石炭を除く運転用品が寄贈され、兵庫県立工業学校の生徒や川崎造船所の職員の修繕によって起動した。

第二節　二楽荘の炎上

二楽荘の思い出

二楽荘が久原房之助の所有になってから、天幕講習会で多くの人たちが来荘したほかに、地元本山村在住の人たちや甲南学園の生徒が二楽荘を訪問している。

聞き取りによれば、井上好太郎（明治四十四年十一月九日生まれ）は、第二章でも触れたように、大正九年（一九二〇）夏、祖父藤十郎に連れられて、二楽荘を訪問している。当時一〇歳であった井上は、子供ながらに多人数でケーブルカーに乗り来荘したという。洋間のテーブルや印度室が非常に珍しかったこと、ご馳走をもらったことを語ってくれた。

小寺カズヱ（明治四十二年三月十日生まれ）は、小学校四年生から六年生の間、夏の朝六時から始まる体操にいつも行っていたという。天幕講習会に関わった本田久右衛門の孫、本田順太郎（大正十二年十月二十一日生まれ）は、小学校の頃、二楽荘には番人がいたこと、鯉を捕りたくて良く登ったという当時の思い出を語ってくれた。

旧制甲南中学に大正十年（一九二一）に入学した坂田元三は、部屋の中のプールでピストルごっこをして遊ん

図93　二楽荘本館　大正３年

図94　二楽荘本館前庭の婦人たち　大正期後半：庭園の噴水がまだ稼働している。

図95　甲南学園教員の集合写真　大正期末頃

図96　甲南学園生徒の集合写真　大正期末頃

図97　二楽荘本館　大正10年

だ思い出を綴っている。[*46]また、『甲窓』には、運動会の準備や体操の時間、新入生の歓迎会などに際して二楽荘に登った甲南学園の学生による様々な思い出が記されている。[*47]

大正九年（一九二〇）七月、人家がまだ少なかった山麓部を走る阪急神戸線が開通した。この阪神急行電気鉄道株式会社（阪急電鉄株式会社）の大正十年（一九二一）の沿線案内パンフレット『梅田より神戸、箕面、宝塚へ　阪神急行電鉄沿線御案内』にも、二楽荘の紹介と写真が掲載されている。また、同種の大正十三年（一九二四）、昭和六年（一九三一）の両『阪急沿線案内』にも大正十年のものとは別の構図で二楽荘がみえる。

大正十二年（一九二三）に本山村に移住した奥谷奥之助は、翌年二楽荘の名前から「二楽」の名称を譲り受けて「二楽園」を設立し、カーネーション、バラ、洋蘭、トマト（「二楽園トマト」）、マスクメロン（「二楽園メロン」）などで名声を博したと言われている。その二代目園主奥谷惟之（大正十年十月二十一日生まれ）は、よく子供時分、二楽荘にセミ採りに行ったと当時を回顧している。芦屋のロック・ガーデンの開拓者であり登山家の藤木九三は、大正十四年（一九二五）五月に阪急電車の車中から、藤木がこよなく愛した六甲の山並みの中に二楽荘の姿を認め、その宏壮な姿を著書の中で書き留めている。[*48]

旧武庫仏教中学の生徒で、久原房之助所有になってから初めて二楽荘を探訪した和泉慧晃らは、その時の思い出を「甲南聴雨記」に綴っている。[*49]和泉慧晃らは大正十一年（一九二二）春に二楽荘を訪ねた。ふもとの事務所から第一ケーブルカーの軌道沿いに本館、前庭を見て、武庫仏教中学の運動場、策進書院、食堂、巣鶴楼へと行き、測候所を眺めながら含秀居を訪れている。[*50]

大正三年以降も、二楽荘は、記念写真や赤松麟作（一八七八―一九五三。洋画家。岡山県生まれ。明治三十五年（一九〇二）第六回白馬会展に出品した「夜汽車」で白馬賞を受ける。明治三十七年（一九〇四）大阪朝日新聞社に入り挿絵を描き、その後大阪・梅田に赤松洋画研究所を開設して後進を指導した）による名勝図絵【口絵26】などにその姿を留めている。まとめて掲載しておこう。【図93～図97】

図98　昭和６年の六甲山の山火事：写真の左に二楽荘の姿が確認できる。

このように数々の思い出をたくさんの人に残した二楽荘であったが、昭和六年（一九三一）三月二十日午前十時頃、本山村住吉谷付近の山林から出火した山火事によって、その本館の一部と番人小屋が焼失した。【図98】

不審火、二楽荘を焼く

これを報じた昭和六年三月二十一日朝刊・七面の『神戸又新日報』や同日夕刊・二面の『大阪毎日新聞』の焼失地域図を見てみると、二楽荘本館より上方に位置していた含秀居や附属施設などが焼失範囲に含まれている。『神戸又新日報』同日の夕刊・二面にも「山上に点在する二楽荘は附属建物を全部燃え尽くした」と記されている。ただ、二楽荘の本館は、当時所轄であった芦屋署や地元消防組員、応援の御影・西宮署員らの協力で、延焼を免れている。この山火事は三〇時間あまりも燃え続け、約千七百町歩が全焼し、被害総額は五〇万円を下らないと報じられているから、二楽荘の附属施設の大半が焼失したものと考えられる。

そして昭和六年（一九三一）の六甲山火事から一年半が経過しようとする昭和七年（一九三二）十月十八日の午前三時頃、今度は二楽荘本館より火の手が上がった。午前六時頃には全館が焼け落ち、午前七時過ぎに鎮火した。

この火災をいち早く取材し号外を出した神戸新聞記者朝倉斯道（一八九三―一九七九。新聞人、社会事業家。朝日新聞編集局次長をへて、昭和十九年（一九四四）神戸新聞社長。戦後兵庫県社会福祉協議会会長として老人クラブ、善意銀行などの設立に尽力した）は、その随想抄『朝倉斯道随想抄』に「二楽荘は東南隅の八角部屋がまず焼け落ち、コンクリートの地下室を除いて一切は焼け放題、そこへ号外が暁の町に鈴音をチンチン鳴らしてきた」などと、火災の発見から号外発行までの経過を克明に記している。[*51]

翌十九日の朝刊では次のように報じられている。

図99　焼け落ちる二楽荘本館

▼光瑞氏豪華のあと
六甲二楽荘焼く
今暁三時突如支那室から出火
水利頗る悪く忽ち灰燼

表六甲山を飾る唯一つの豪華版――二楽荘がその昔の繁栄と豪華振りを抱いて槿花一朝の夢の如く忽然と姿を消し去る日――やゝ強い西北風が鎮り返つた六甲の山肌をかすめてゐた十八日午前三時ごろ本山村岡本五百山の宏壮な二楽荘内の西南隅支那室から突然火を発し住む人もない屋内に燃え広がり、印度室、アラビヤ室へと延び、メラ〳〵と火焰が肌寒い夜空に立上つた、山麓たる字野寄の住民が逸早くこれを発見、警鐘一打と共に森本副組頭、司馬《しま》以下数十名の消防員が駈つけたときには既に西南に屹立する八角堂は火に包まれその塔柱を南に傾けやがてどつとばかりに崩れ落ち火勢は次第に強まり、引続き九十九折の山道を駈登つて来た地元本山村を始め、本庄、魚崎、精道、住吉、御影、西宮、神戸、大石岩屋等の消防組員一千余名は極力消火に努めたが庭園の溜池にも水はなく何分にも山上のこととて意にまかせず、唯これを取巻いて傍観し付近の山林に燃え移るのを警戒してゐた、この騒ぎに山麓の住民は夢を破られ夜着のまゝ屋外に飛出し山一面を真赤に照し出す炎上の壮観を眺めてゐたが、次第に火勢は弱り同五時半に至り、建坪百五十坪、周壁銅板スレート張り地階共六階建の木造インド式洋館もその豪華な名残りを些かも残さず灰に帰して了つた

同建物は昨年三月二十一、二両日の六甲山の大山火事に際し猛火を浴びて一時は危険に陥り類焼するところを僅かに地階の一部を焼いたのみで幸いに難を免れ一年半の今日遂に出火全焼となつたもので出火と同時に署員駈つけ各消防組員と協力消化に努めた芦屋署では目下尚ほ損害原因について詳細取調べを行つてゐるが、未だ判明しない、こゝには全く人が住んで居らず建物は周囲を銅板で張りその上にスレートを葺き出入口全部釘づけとし何人も立入らぬやうにしてあるから或は窓ガラスを破つてルンペンが屋内に侵入し焚火をしたまゝ寝込み家に燃えついたので驚いて逃げたと云はれるが一面、現場は可也の高さにあり、道も割合に急坂なので、ルンペン等が立寄るとしては余りに不便なところでもあり且、二楽荘南側庭園にある池の傍らに中古の中折帽が落ちてゐたのを発見したので怪しいとも云はれてゐる

（『神戸新聞』昭和七年十月十九日・二面）

この火事で二楽荘本館前庭が防火帯となり、周辺山林への延焼は免れたが、コンクリートで固められた地下室一一坪のみを残し、一階一一二坪、二階七二坪の本館すべてを焼失した。二楽荘には出火当時電灯設備もなく出火が内部の支那室であるという報告から、その原因は放火ではないかと各新聞は報じた。所轄の芦屋署は、番人であった阪本万太郎から状況を聞くとともに実地検証などを行い出火原因を追及したが、その原因は不明であった。昭和七年(一九三二)十月十九日にその火災を報じた『大阪毎日新聞』や『大阪朝日新聞』の記事の番人談から、昭和六年(一九三一)当時の火災で被災した番人小屋は、二楽荘本館に隣接していたこと、山麓に「二楽荘事務所」という施設が存在していたことが分かる。当時番人であった阪本は、この二楽荘事務所から毎日一回見回りに行っていたという。

久原房之助は、東京芝の白金邸で『大阪毎日新聞』の取材を受けた。そして「二楽荘が焼けましたが、私のものになつてからは一度も使わず遊ばせておきましたが、まだまだ惜しい建物で、近ごろ交通が便利になつたので利用の方法を講じたいと思つてゐたところでした」と答えている。また、光瑞は京都の三夜荘で火災の報告を受けた。「惜しいことをした」との感慨を同新聞は伝えている。

消失後の二楽荘跡

焼失後の二楽荘跡の状況は、どのようになっていたのだろうか。

旧武庫仏教中学の生徒小谷淡雲と末政寂仙ら一一名による昭和十五年(一九四〇)一月二十三日の探訪が「二楽荘の跡を尋ねて」として報告されている。おそらく旧学生として焼失後初めて二楽荘を訪問したものではないだろうか。昭和六年(一九三一)・七年(一九三二)の山火事や昭和十三年(一九三八)の阪神大水害によって、周辺の自然環境や地形などは変貌していたようで、二楽荘本館にたどり着くまでにかなり時間を費やしたようである。彼らは、本館から谷に沿って策進書院に行き、そこから最高地の含秀居を探訪するルートを取ったようである。状況は悲惨なもので、本館はもちろん含秀居も煉瓦積みの基礎を残すのみになっていた。

その後、二楽荘跡地の権利は、昭和十九年（一九四四）十二月二十日に個人から尼崎製鉄株式会社に、昭和三〇年（一九五五）には甲南殖産株式会社に移った。甲南殖産株式会社所有時の昭和三十六年（一九六一）五月には、採石を目的とした土質調査が、標高二七〇メートル付近の五カ所で実施された。昭和四十七年（一九七二）一月

図100　解体される前の武庫仏教中学事務所

十七日には、東洋棉花株式会社を経て常陸紡績株式会社（後の阪本紡績株式会社）の所有となり、高級マンション開発計画が持ち上がった。その計画に伴い、「一、二楽荘の縁起」、「二、土質」、「三、土砂流れの対策」、「四、絶対に起こしてはならない災害事故」、「五、入居者層の推移と諸施設」といった詳細な開発書類『二楽荘開発事業に携わる人のために』まで作成された。また、開発に伴う神戸市教育委員会の埋蔵文化財調査（分布調査）も実施された。しかし、開発は進まず、昭和五十四年

（一九七九）末に宗教法人の所有に移り現在に至っている。

一方、昭和三十九年（一九六四）十一月、甲南学園が久原房之助から譲り受けた旧武庫仏教中学事務所【図100】は、老朽化と管理の問題があり、昭和四十九年（一九七四）一月に解体されることが決定した。

二楽荘のレンガ積

二楽荘の基礎部分の遺物として煉瓦が発見されているので、取り上げて検討しておこう【図101】。明治四十五年（一九一二）に刊行された『二楽荘写真帖』「武庫中学学生自治団幹部員」【写真帖M―12】の写真の背景下方には、本館基礎の煉瓦積が見える【図102】。この煉瓦の組積は、イギリス積と呼ば

図101　二楽荘付近採集の煉瓦

図102　二楽荘本館基礎煉瓦の積み方（写真帖M―12より）

れるもので、奇数段と偶数段で瓦の並べ方が異なり、煉瓦の長手ばかりが現れる段と小口ばかり現れる段の二種類が交互に重なり合うものである[*52]【図103、104】。図101の煉瓦は、二楽荘本館かその周辺にあった温室などの附属施設の基礎部分として利用されたものと考えられる。煉瓦は半截されているが、小口の法量が一〇九×五六ミリメートルであることから、目地の幅を考慮し長さは二二八ミリメートル前後と考えられる。明治三十八年（一九〇五）頃、日本の煉瓦の寸法は並形・東京形・作業局形・山陽形・山陽新形の五種類にまとまっていたようで[*53]、上記の煉瓦の法量と比べてみると、作業局形と呼ばれる煉瓦の寸法に近似する。この作業局形の煉瓦の寸法は七

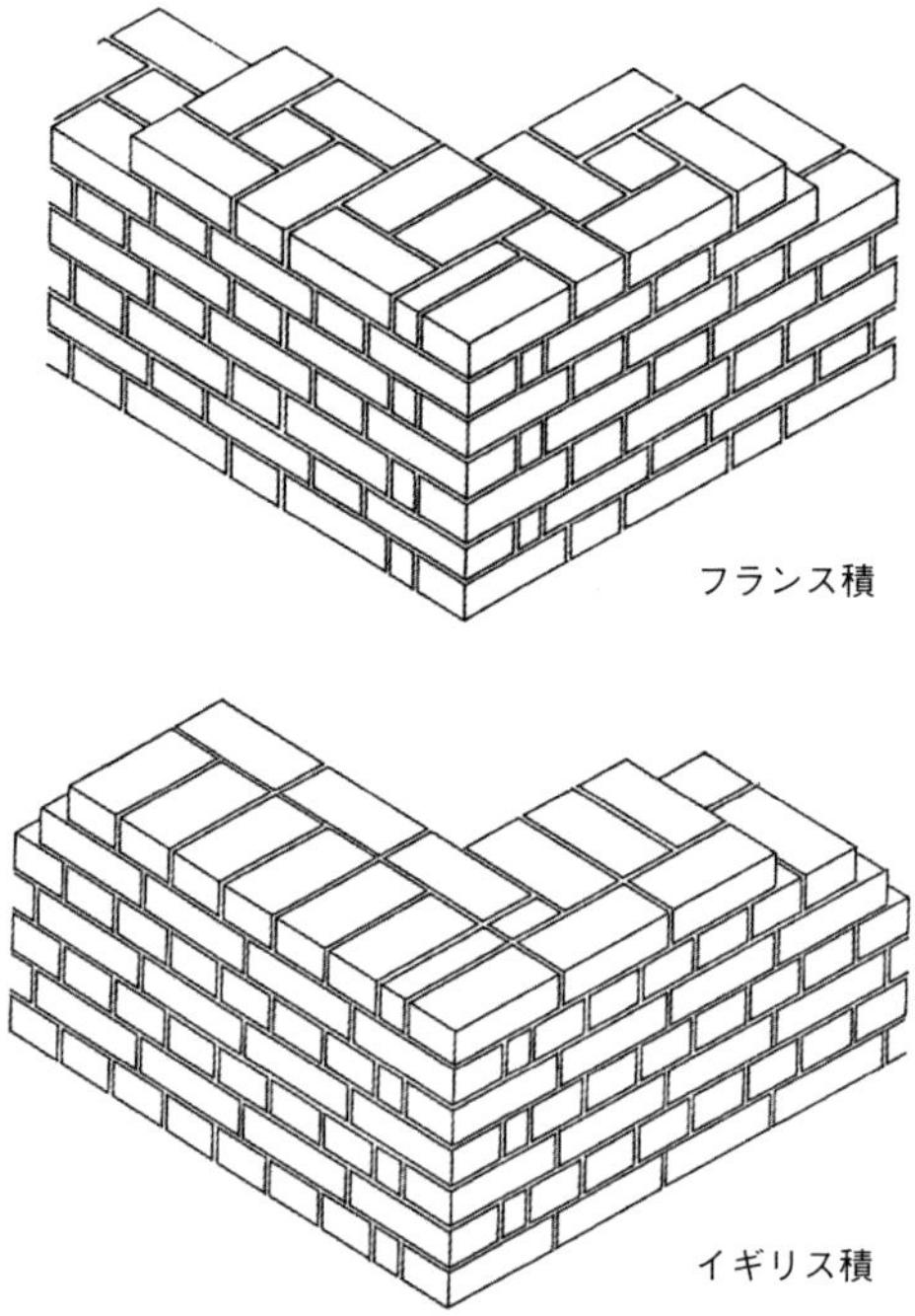

図103　煉瓦の組積方法

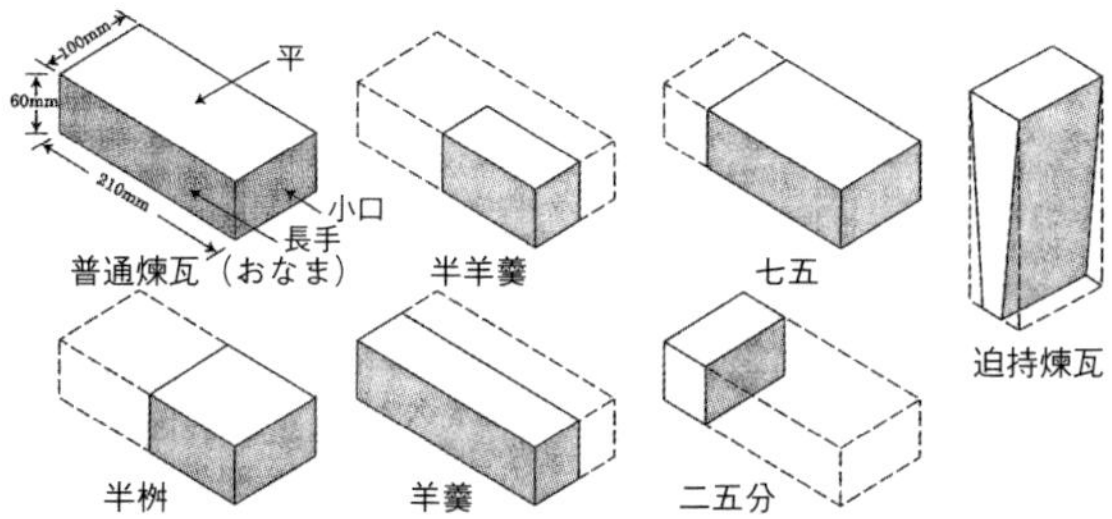

図104　煉瓦の形状と種類：210×100×60mm は規格寸法。

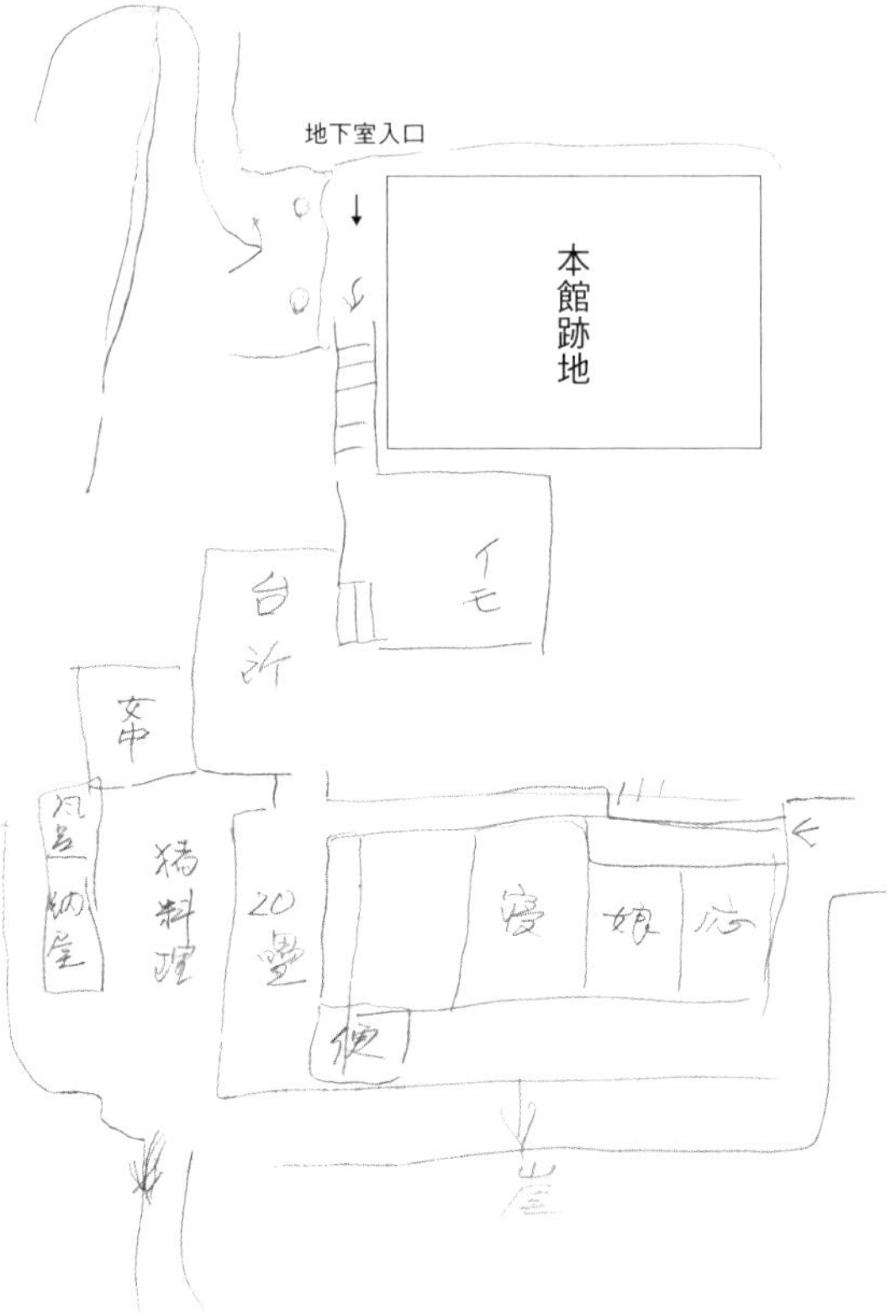

図105　細谷興太郎が描いた地下室の間取り

寸五分×三寸六分×一寸八分五厘（二二七×一〇九×五七ミリメートル）である。作業局形の煉瓦は、明治三十年（一八九七）に発足した逓信省の鉄道作業局で製造されたもので、主に官設鉄道において使用されたものである。

また、『二楽荘写真帖』「温室全景」【写真帖M―40】にみられる温室側壁上部に積まれた弧状煉瓦も発見されている【口絵29】。この煉瓦は角を柔らかくみせるという視覚的効果をもったものと考えられ、鉄道用のものに限って言うと、岡山、山口県下の山陽本線、宇野線などの煉瓦構造物に顕著に認められ、かなり地域性を有した種類であることが指摘されている。[*54] ちなみに、武庫離宮での隧道工事に使われた煉瓦は総計五万七百本。煉瓦職人は延べ一一二人で、その一日単価は一円二〇銭、手伝人が延べ二百人でその一日単価は六五銭、そして煉瓦一本の単価は一八厘であった。[*55]

煉瓦とともに、二楽荘の遺物として龍の石造品【口絵27―1、27―2、口絵28】についても記しておこう。既に述べた通り、尼崎製鉄株式会社は、昭和十九年（一九四四）十二月、正式に二楽荘跡地を購入する。その二年前から同社社員であった細谷興太郎は、徴用工を訓練する目的で、その跡地に自給自足で居住していた。そして、二楽荘本館跡地付近に豚小屋を造るため、野村和吉（久原房之助執事）から土蔵一棟を購入した。その蔵には、二楽荘で軌道していたケーブルカーの線路とともに木箱があり、その木箱に龍の石造品が収められていた。この石造品が二楽荘に置かれていたことについて、二楽荘が久原房之助の所有に移ってから長年山番（管理）をしていた阪本万太郎（旧野村和吉邸の北隣に居住）から聞いたという。ちなみに、筆者はかつて細谷興太郎に聞き取りを行い、二楽荘本館地下室の見取り図を得たことがあるので、併せて掲載しておこう。【図105】

龍の石造品

この石造品は、雄と雌の一対の龍であり、たてがみが尖りうろこが密なものが雄、たてがみが丸くうろこが細いものが雌である。雄と雌では角の位置が異なるが、両者とも角の部分に直径一センチの円形の凹部がみられ、角を挿すように造作されている。両龍の体部から足にかけてには直径〇・四センチ、深さ一・五センチの孔が各四箇所確認できる。また、台座には雲か波を想起させる渦巻紋が配置されている。台座の直径は二九センチで、裏面には面を調整した条線が残り、中央に直径四センチ、深さ五センチの穴が穿たれている。石質は大理石である。龍は、インドの原住民の間で信仰された蛇神が仏教に採り入れられたもので、ブッタの教えを守護する八部衆の一つであるから、仏教とも非常に関わりの深いモチーフである。

それでは、二楽荘の遺物であると推測される石造品は、二楽荘のどこにあったのであろうか?『二楽荘写真帖』（明治四十五年、大正三年）にも、石造品が据え付けられたはずの石柱は確認できず、二楽荘本館などに利用されたとの判断には消極的にならざるをえない。

二楽荘が一般公開された時に新聞に掲載された二楽荘の案内地図を見ると、旧野村和吉邸の位置が二楽荘に登る玄関口に相当していたことが分かる。[*56] 二楽荘の事務所【写真帖M―3】やケーブルカーの発着場所も旧野村和吉邸に隣接していることを鑑みれば、これらの石造品がもともとその付近に遺存していたとの予想が十分成り立つだろう。また、調査によって、大理石を使用した、龍と接合したとみられる石柱らしき遺物も確認されている。[*57]

二楽荘は建築から焼失までわずか二十三年の間存在していたに過ぎない。しかしそこでは多くの先駆的な試みがなされていた。当時の新聞にも多く取り上げられ、そこで過ごした人々によって様々な追想がなされた。本稿では、当時の新聞や書籍、西本願寺の資料、多くの人々への聞き取り調査、遺物などを用いて、二楽荘の実相を少しでも再現してみようと試みた。

焼失してから八十年余。悠久の時の流れの中では短いようでもあるが、とはいえ、かつて存在していた建築、そこで行われた事業や活動していた人々の思い、それらを掘り起こしていくのは容易なことではない。しかし、だからこそ年月の向こうから茫洋と立ち上る二楽荘の姿に、我々は今後も魅了されていくに違いない。

注

序章　阪神間における郊外住宅地の形成

＊1　酒井豊次郎「開業日の電車を運転」（『輸送奉仕五十年』阪神電気鉄道株式会社、昭和三十年）
＊2　「須磨療病院設立の趣意」（『神戸又新日報』明治二十二年四月十日・二面）
＊3　「須磨療病院開院式」（『神戸又新日報』明治二十二年八月十四日・二面）
＊4　「須磨浦療病院の近況」（『神戸新聞』明治三十八年六月十四日・二面）
＊5　『鏡如上人年譜』（昭和二十九年）
＊6　『教海一瀾』第一号（明治三十年七月二十五日）。なお『教海一瀾』は本願寺の機関誌で明治三十年に創刊された。
＊7　「須磨海浜保養院開院式」（『神戸又新日報』明治二十二年八月十日・二面）
＊8　佐畑信之・白井剛策・横河震八郎・前田又吉の四名。
＊9　『神戸乃花』の広告には「転地保養場兼御旅館　須磨保養院」「院主　武田槇」と記されており、「須磨海浜保養院」の名称がその後「須磨保養院」と改称されたことが窺える。大谷光尊の「療養日記」（『明如上人日記抄』）にも、「本日（明治二十四年一月三十一日）兵庫県下八部郡須磨保養院西隣療病院江寄寓に決定」と記されており、正岡子規も、滞在した明治二十八年七月二十三日から八月二十日の間に送った書簡に「摂津国須磨保養院」と綴っているが、国・郡名として、「須磨にある保養院」という意味合いで使用している可能性もある。諸事情を勘案して、改名された時期は明治二十年代後半に据えておきたい。明治四十年八月十三日の「須磨便り」（『神戸新聞』六面）には、「須磨保養院」を「須磨花壇」とさらに改称していることが記されている。
＊10　『須磨誌』（明治二十六年）
＊11　『山陽鉄道旅客案内』（明治二十八年）
＊12　「海水浴の流行」（『神戸又新日報』明治二十二年八月六日・二面）
＊13　「博覧会と須磨公園」（『神戸又新日報』明治三十六年一月六日・二面）
＊14　「一昨日の須磨」（『神戸新聞』明治三十七年四月十二日・七面）。後年の資料になるが、『果物雑誌』一五六号（明治四十三年三月十日）には、「摂津武庫郡四大果樹園管見」と題して、百々園では桃の花が咲く時期に、他園にみられないほどの多額の雑収入があった旨が記されている。
＊15　「須磨遊園拡張」（『神戸新聞』明治三十九年七月二十三日・二面）
＊16　『武庫郡誌』（大正十年）によれば、明治四十二年（一九〇九）の戸数は一八七二戸に増加し、そのうちなんと約三五〇戸は別荘が占めていた。そして、兵庫電気軌道の開通（明治四十三年三月十五日）から四年後の大正三年には二八七七戸と、この間に一〇〇五戸、五割の増加となっている。大正四年（一九一五）の段階で、須磨に居住する住民のうち、非本籍者の割合が総人口に対して三割強と、郡内において一位の数値を示すことも記されている。

＊17 「須磨の地処」(『神戸又新日報』明治四十年三月十八日・四面)

＊18 同右

＊19 「須磨の此頃」(『神戸又新日報』明治四十年七月二日・七面)

＊20 同右

＊21 武庫郡教育会編『武庫郡誌』(大正十年)

＊22 「須磨雑記(一)～(三)」(『神戸新聞』明治三十六年九月八日・四面～十日・四面)

第一章 二楽荘前史

＊1 「西派法主の微行」(『中外日報』明治三十六年五月十三日・一面)にその様子が報じられている。

＊2 「月見山の特売見合」(『神戸又新日報』明治三十五年十月四日・二面)

＊3 中川源三郎「阪神沿道の気候は日本一である」(『郊外生活』第一巻第五号)

＊4 「仏蹟巡拝記の編纂」(『教海一瀾』第一七〇号)。足利義蔵以外の研究員は、日野尊宝・上原芳太郎・朝倉明宣・薗田宗恵・藤井宣正・渡辺哲信・本多恵隆・堀賢雄・井上弘円・升巴陸龍・秋山祐穎・島地大等・渡辺哲乗・前田徳水・野村礼譲・茂野純一・吉見円蔵(以上明治三十六年五月二十日付)、瀧川寛了・朝日保寧(以上同年五月二十一日付)。

＊5 禿氏祐祥「七十七年回顧録」(『龍谷史壇』第四〇号)

＊6 観月山荘初見有感　荘在須磨駅月見山上、天幕列張、宛如軍営、即是鏡如光瑞法主西游記事編輯場也

波響松声有抑揚。征帆帰鳥活文章。請看観月山荘趣。
便是天然編集場。

一二似東坡、

観月山頭嵐気横。須磨浦上暮煙清。図書万巻手披底。
喚起西天親渉情。
幾張天幕似軍営。意気猶看堪遠征。筆硯縦横何所作。
鞠躬欲護法王城。

＊7 「テントの引払ひ」(『中外日報』明治三十六年九月十日・一面)

＊8 月見山別邸に光瑞が断続的に滞在したことは、『中外日報』や『教海一瀾』などでも短文で報じられている。また『教海一瀾』第一八〇号には、明治三十六年九月五日に大谷派新門と家従飼田辰一が、仏蹟編纂委員の接待で大テントにて食事をとったことが報じられている。

＊9 「大谷法主電燈で茸狩」(『神戸又新日報』明治三十六年十月二十七日・七面)

＊10 「武庫離宮　御改称前の御用邸」(『神戸又新日報』明治四十一年二月十一日・一面)

＊11 「武庫離宮新築沿革誌」(『武庫離宮新築工事録』八　明治四十四年―大正三年)

＊12 「武庫離宮　御改称前の御用邸」(『神戸又新日報』明治四十一年二月十一日・一面)

＊13 「庭苑修造工事」(『武庫離宮新築工事録』三〇)

＊14 武庫郡教育会編『武庫郡誌』(大正十年)

＊15 「武庫離宮新築沿革誌」(『武庫離宮新築工事録』八　明治四十四年　大正三年)

＊16 武庫郡教育会編『武庫郡誌』(大正十年)

＊17　名務繁二『西須磨むかしがたり』

＊18　選地に及んだ理由について、一説には、観艦式が荒天で延期された際、天皇の行在所が有栖川宮の別邸に突然決定されたことが問題視され、宮内省が万全を期すため新たな行在所の設置を計画したと言われている。しかし、延期された観艦式（第四回大演習観艦式）と行在所設置の内示の時期が逆転していることから、信憑性に欠ける指摘と考えられる。

＊19　この経緯については、「武庫離宮の御造営」（『教海一瀾』第四〇二号）において詳細に記されている。

＊20　『教海一瀾』第三二〇号（明治三十九年九月二十一日）

＊21　『教海一瀾』第三五八号（明治四十年四月十三日）

＊22　「武庫の宮居」四（『神戸新聞』大正二年十一月十五日・七面）には、売却の経緯などが詳細に記されている。

＊23　『武庫離宮新築工事録』三

＊24　『武庫離宮新築工事録』八

＊25　「山亭」が立地する山麓の、尾根上と新池の南側に一つずつ、計二つの石碑の存在が「武庫離宮　池及谷筋埋築工事平面図」【口絵7】から見て取れる。現在、須磨離宮公園には、設置者や設置年代が不明の石碑（「いくたびか立ちかえりみし松かげに月を寄せくる須磨の浦なみ」海士のたね平詠）が一石存在しており、それが二つの石碑のどちらかに該当する可能性もある。

＊26　中川源三郎「六甲の四八〇高地」（『郊外生活』第二巻第八号　大正四年）

＊27　「別荘候補地」（『中外日報』明治四十年四月二十八日・一面）

＊28　「岡本山林売却問題の解決」（『西摂新報』明治四十年九月十八日・二面）

＊29　『建築工芸叢誌』第二〇冊（大正二年）

ところで、二楽荘の建築に棟梁として携わった人物がいた。兵庫県三原郡湊村（現在の三原郡西淡町湊）出身の中嶋伊八（文久三年生）である。現在判明している資料には確実な根拠はみられないが、関係者からの聞き取り調査や井上好太郎家に残された文書（以後、「井上好太郎家文書」と略す）から判断できる。

井上好太郎家文書の『米売上帳』（明治四十三年十二月三十日～明治四十五年五月三十一日記）には、その書き始めから「明治四十三年十二月三十一日　中嶋伊八　播州白米　八斗　一四円」として中嶋伊八の名が登場し、以後、『米売込勘定帳』（明治四十五年六月一日～大正二年七月二日記）から『精米売掛帳』（大正五年二月二十五日～昭和五年四月八日記）の大正六年三月九日までその名が確認できる。その売先としては「中嶋伊八」のみの記載もあるが、『米売上帳』には「中嶋伊八」の後ろに「芳村行」「明石行」「池田行」「岡野行」「中西捨吉行」「芳村清吉行」「益田寅吉行」といった姓名を付した記載や、職業を示す「左官行」という記載も多くみられる。また『米売込勘定帳』には「大平普請場行」「大平工場行」「大平甚一郎行」「倉本左官行」「倉本清吉行」「岡本吉太郎行」などの表記も散見される。おそらく、「…行」と付記されたものは、中嶋伊八を頭として、その下で従事した人たちを示すものと推測される。

伊八と妻いまとの間には、年齢順に長女まつ・次女まさ・三女ふさ・長男福市・四女きさ・五女きよの・次男才市の二男五女の子供がいた。ふさの子である中田須磨子

（大正九年生）によれば、ここに記された「中西捨吉」の名を母がよく口にしていたという。須磨に住んでいた頃、光瑞の執事に見込まれ岡本に移転したこと、職人が大勢おり、布団の直しが大変だったことも母から聞いた。そして、母ふさは光瑞の執事によくかわいがってもらい、嫁に行くときには、京都西本願寺に出入りしている呉服屋があるから、そこで買うように言われたという。また、まさの子である芳村琴世（大正三年生）、芳村晃（大正七年生）は、伊八と福市（長男）、そして芳村清一（まさの夫）らが中心となり二楽荘の建築に従事していたことを、母まさから聞いたという。

『米売上帳』を見ると、中嶋伊八の関係で一度に米四斗あるいは八斗を購入している。単純に大人一人一日三合食べると仮定しても、二〇～四〇人前後の人たちがいたことになる。これらがすべて二楽荘の建築に携わっていたとは言い難いが、二楽荘本館竣工以後も第三章で記載する武庫中学（武庫仏教中学）の附属施設や「含秀居」と呼ばれる山上の別邸など、多くの施設を漸次増築していったことを考えると、ある程度の人員がなお建築に関わり続けたことが想定できよう。この点について、伊八の孫にあたる曽根良治は、母きよのから、三〇人ほどの職人がおり、職人のまかないとして、子供も総出で飯炊きや裁縫を行ったことを聞いたという。また、同じく伊八の孫にあたる三尾せつこ（明治四十三年生）は、祖父が二楽荘を建てたことをよく自慢していたことや、母（ふさ／伊八の三女）から、職人用のご飯をよく炊いた話や光瑞と仲が良かった話を聞いたことを語ってくれた。

大正五年以降の『精米売掛帳』になると、「……行」と付記されたものはみられず、「中嶋伊八」と「芳村清市（二）」（次女まさの夫）の名称のみ確認できる。二楽荘の関連施設の完成と、その後の二楽荘の閉鎖、武庫仏教中学の廃校と時期をほぼ同じくしており、非常に興味深い。また、中田須磨子が「光瑞さんがいなくなってから、いてもたってもいられず淡路に帰った」と母が言っていたと語っており、五女きよの（明治三十七年生）が淡路の中学校に通っていることからも、『精米売掛帳』に中嶋伊八の名がみられなくなる大正六年三月九日以降、伊八は淡路に戻ったと考えられる。

伊八が戻った後の岡本の伊八の家には、次女まさと夫清一が住むようになった。その時の様子を子供心にみた芳村琴世は「二楽荘の建築で余った建築材が家の横にいっぱい散乱していました」と語ってくれた。その後も琴世は毎夏ラジオ体操で二楽荘本館まで登り、祖父の建てた二楽荘を見ていたという。

淡路に戻った伊八は、岡本梅林の一部を売ったお金で山を買い、柿や梨などを植えながら、余生を送った。芳村琴世によれば、二楽荘が焼失した後、再び岡本の地を訪れた伊八は、その光景をみて泣いたという。

中嶋伊八は昭和十三年六月二十七日、享年七五歳で他界し、現在、生家近くの墓地に静かに眠っている。

*30　その廃船はロシア分捕船ロヒラー号である。この廃船について、修養団創立者である蓮沼門三が天幕講習会として二楽荘を利用したときの報告「六甲山裡国士の感激」（『向上』第十四巻第九号）には「ロセッタ号」と記されており、片山章雄も「ロセッタ号」の経緯について「大谷探検隊関連記録拾遺Ⅲ」（『東西交渉』第五巻第一号）で詳細に言及

している。ところが、「疑問の外遊　二楽荘の末路」（『大阪朝日新聞』大正三年十一月二十九日・九面）には、このロセッタ号はロヒラー号の姉妹船で、東京品川の料理船となった経緯が記されており、二楽荘本館の建築に利用した廃船はロヒラー号の公算が高いものと言える。

＊31　「涼風の通ふ家　本願寺の別荘学理応用」（『大阪毎日新聞』明治四十一年五月八日・九面）

＊32　『大谷家土産金配分等級帳』（井上好太郎家文書）には、大谷家から岡本村評議会を経て、村内の各戸に配分された土産金が明記されている。当時本山村の村会議員として在職していた岡本村の本田久右衛門、増田太郎右衛門らの名前もみられる。土産金の総額は、一万五三〇円。配分は一等級から四等級に分けられ、一等級で一戸一二五円、四等級で一六円であった。明治四十年度の同村歳出決算が六五三八円であり、当時白米一〇キログラムが一円五〇銭の時代であるから、かなり高額なものであったことが推測される。

＊33　『教海一瀾』第四二一号

＊34　関露香『大谷光端』（大正五年）

＊35　「光瑞法主と二楽荘」一『大阪毎日新聞』（大正元年十月二十三日・七面）

＊36　「大谷伯別荘工事費」（『神戸又新日報』明治四十二年二月五日・二面）

＊37　「六甲山の新緑――大谷法主の山荘を観る」上・下（『神戸又新日報』明治四十一年五月二十二日・一面、五月二十三日・一面）

第二章　二楽荘観覧案内

＊1　山本晃昭「六甲に思う」（『大乗』第五巻第一〇号　昭和二十九年）

＊2　鵜飼長三郎「二楽荘建築工事概要」（『建築工芸叢誌』第二〇冊　大正二年）

＊3　上原芳太郎「芦の屋漫筆」（『大乗』第一五巻第七号　昭和十一年）

＊4　『瑞門会誌』第六号

＊5　「光瑞法主と二楽荘」二（『大阪毎日新聞』大正元年十月二十四日・三面）

＊6　「六甲の大山荘」（『建築世界』第七巻第一号）

＊7　嶋北三晃「六甲山に憶う」（『東西交渉』第四巻第四号）

＊8　「西本願寺の新別荘」（『大阪毎日新聞』明治四十一年四月二十七日・七面）

＊9　花山信勝『永遠への道』（昭和五十七年）

＊10　「二楽荘の仏蹟発掘品陳列」上・中・下（『神戸又新日報』大正元年十一月三日・五面、四日・五面、六日・六面）

＊11　加藤龍一編『六麓荘四十年史』（昭和四十八年）

第三章　二楽荘における教育

＊1　この募集要項は、次号の『教海一瀾』にも掲載されたが、地方寺院からのその件に関する問い合わせがあったのだろうか、第三項ハに但し書きが追加され、「但尋常小学校五年級以上ノ学力ヲ有スル者ニシテ満十五歳以下ノ者ハ中学

又ハ高等小学校在学者ニテモ差支ナシ」としている。

＊2　『教海一瀾』第四八八号（明治四十四年四月十五日）

＊3　『教海一瀾』第五〇四号（明治四十四年十二月十五日）

＊4　大分県西国東郡教證寺第一三代住職阿部定映が書き留めた息子阿部定円（明治四十四年入学）の記録帳には、明治四十四年（一九一一）一月十七日に大分県宇佐の四日市別院において息子定円が試験を受けたことが記されている。

＊5　『教海一瀾』第四九六号（明治四十四年八月十五日）

＊6　兵庫県立第一神戸中学は、明治四十二年（一九〇九）五月に改築が開始されているが、その後の工事の進捗状況、神戸中学の『校友会誌』に記載された情報などから、明治四十三年（一九一〇）の第一神戸中学第二回改築工事に併行して、解体、移築されたものと推測される。

＊7　「武庫中学認可」（『神戸新聞』明治四十四年八月八日・二面）

＊8　『教海一瀾』第四九六号（明治四十四年八月十五日）

＊9　『本山録事』（明治四十四年六月十五日発行）

＊10　『本山録事』（明治四十四年九月一日発行）

＊11　『本山録事』（明治四十五年二月十五日発行）

＊12　「特設臨時部の開設」『教海一瀾』五〇二号（明治四十四年十一月十五日）

＊13　他に、野口孫市・弘世助太郎・牛島永太郎・岩田杢・山口善三郎・中島保之助・小林山郷の計一一名が参加した。

＊14　武庫郡教育会編『武庫郡誌』（大正十年）

＊15　「六甲山腹の理想郷」（『国民新聞』明治四十四年十月十二日・二面）

＊16　徳富猪一郎『山水随縁記』（大正三年）

＊17　蘇峰生「六甲山と茅海」（『国民新聞』明治四十五年五月一日・三面）

＊18　代表者として阿部定円・田野倉真賢・多田義正・小谷淡雲・廣瀬了乗の名が記されている。

＊19　『本山録事』告示第四号

＊20　『本山録事』告示第八号

＊21　この時の移転に伴う西本願寺と第四仏教中学の母胎であった崇徳教社とのやり取りは、『崇徳学園百二十年史』（一九九五年）に詳細に言及されている。

＊22　文部省告示第一二号（明治四十年二月十六日）

＊23　西本願寺は、明治四十五年三月四日付で、同校校長中尾教審、学務総監付賛事斯波随性を第四仏教中学移転委員に任命し、移転委員会が組織された。その後、新たに同年三月三十日付で、藤本最乗（第四仏教中学監事事務代理）、秦宝雲（第四仏教中学教員兼生徒監）、藤井殷（第四仏教中学教員兼生徒監）、内藤禅月（第四仏教中学嘱託教員兼生徒監）、大林徳太郎（第四仏教中学嘱託教員）、是永茂三郎（第四仏教中学嘱託書記）の六名の移転委員が選出された。

同時に、以下の教員及び嘱託講師が同日付で依願免職した。鈴木宇宙（第四仏教中学教員）、宮崎市耶（第四仏教中学教員）、石田平吉（第四仏教中学教員）、井上廉太郎（第四仏教中学嘱託講師）、後藤栄之進（第四仏教中学嘱託講師）、富樫龍教（第四仏教中学嘱託講師）、須磨専之（第四仏教中学嘱託学医）、長崎五郎（第四仏教中学嘱託学医）。

＊24　文部省告示第一七〇号

＊25　寺崎慈辨（第四仏教中学教員、大正元年十月九日付）、中野実英（第四仏教中学教員、同日付）、松原達蔵（第四仏教中学教員兼生徒監事務代理嘱託、同日付）、鷲原顕亮

（第四仏教中学教員嘱託、同日付）、驪城卓爾（第四仏教中学教員嘱託、同日付）、佐々木泰俊（第四仏教中学教員嘱託、同日付）、羽賀弥寿治（第四仏教中学教員嘱託、同日付）、多和田九二（第四仏教中学教員嘱託、同日付）、玉池円純（第四仏教中学教員、大正元年十月三十一日）、松本市蔵（第四仏教中学教員、同日付）、久保与八郎（第四仏教中学教員嘱託、同日付）。

一方で、本山は伊藤義賢を武庫仏教中学独立総班事務所録事、松原達蔵を同所録事事務代理に任命した（七月二十六日付）。

＊26 『教海一瀾』第五二七号（大正元年十二月一日）

＊27 同右

＊28 『教海一瀾』第五〇九号（明治四十五年三月一日）には、以下のように記されている。

今般第四仏教中学ヲ兵庫県武庫郡本山村二楽荘地域内ニ移転シ来ル四月ヨリ第一学期授業ヲ開始ス志願者ハ左記各項熟覧ノ上入学願書（左記雛形ニ拠ル）ヲ提出スベシ

一、第一学年　五〇名
尋常六年卒業者ニシテ年齢満十二歳以上但シ明治三十年一月以降ノ出生者ニ限ル

二、第二学年以上第四学年マデ補欠若干名転入学ヲ許可ス但シ年齢ハ第一学年ノ標準ヲ以テ漸次一ケ年宛ヲ繰上グ

三、願書期限　三月三十一日限

四、入学試験　四月十日挙行（当日午前八時父兄同道出頭ノ事）

五、願書用紙　三月一日発行ノ教海一瀾ニ附録トシテ添付セリ

六、学資　一ケ年金壱百五拾円トシ三期ニ分納セシム
第一期　四月二十日納　金五拾円
第二期　八月三十一日納　金五拾円
第三期　十二月二十日納　金五拾円
其内訳割当左表ノ如シ
授業料　金参拾円
被服料　金四拾円
食費　金六拾円
書籍文具及ビ雑費　金二拾円

明治四十五年三月一日
兵庫県武庫郡本山村（移転手続中）第四仏教中学

＊29 この策進団という名称の由来については、榎原徹了が「策進団史の或る一節」（『大乗』第一九巻第七号　昭和十五年）に、『顕浄土真実教行証文類』（教行信証）からの引用ではないかと言及している。

大正二年（一九一三）七月に刊行された『仏教青年』第一号巻末の団員名簿には、第一年級六二名、第二年級一〇五名、第三年級六四名、第四年級三六名、第五年級六名の二七三名の生徒が記されている。岡西為人『大谷光瑞師著作総覧』や瑞門会『会員・客員名簿』にも生徒の名は記されているが、かなりの遺漏がある。第四仏教中学から転校してきた者は含まれていないことを鑑みれば、三～四百人規模の生徒が大正二年度段階で生活していたとも考えられる。

＊30 山本晃紹「六甲に思う」（『大乗』第五巻第一〇号　昭和二十九年）。『仏教青年』と照合すると、山本は大正二年（一九一三）六月の段階で風紀部次長に配置されていること

とから、班長、昵近部、風紀部員はそれ以前の旧所属になる。

＊31　藤辺文学「思い出のままに」（『瑞門会誌』第二号　昭和二十七年）。二学期とは藤辺が入学した明治四十五年の夏以降（大正元年）になる。その後の大正二年（一九一三）六月には『仏教青年』第一号巻末に総班部第一総班副長として藤辺の名前が挙げられている。

＊32　嶋北三晃「六甲山に憶う」（『大谷光瑞上人生誕百年記念文集』昭和五十三年）

＊33　『仏教青年』第二号（大正二年十月二十五日）

＊34　田野倉真賢「つぶやき記」（『瑞門会誌』第六号　昭和三十五年）

＊35　『仏教青年』第三号（大正三年二月十日）

＊36　山本晃紹「六甲に思う」（『大乗』第五巻第一〇号　昭和二十九年）

＊37　『教海一瀾』五一一号（明治四十五年四月一日）には、明治四十五年（一九一二）三月十二日から二十七日に行われた宗祖六五〇回御忌正当報恩講（第二期）並びに大谷籌子追慕法要の補助役として、策進団が、西本願寺各部課に配属されたり、七条・梅小路・塩小路からの参加者の送迎などに従事したことが書かれている。

　また、大正二年（一九一三）五月二十日・二十一日には、宗祖降誕会に伴い、大阪津村別院（橘瑞超引率）、神戸善福寺、神戸多聞通説教所、京都六角会館（脇谷撝謙引率）において、生徒中心の布教講演が行われている。『仏教青年』第一号巻末「策進団彙報」には、花月純誠（三年級）「絶対他力」、森瀬雷城（四年級）「心不退」、阿部定円（四年級）「本願円頓一乗」、廣瀬了乗（四年級）「一切空無我」などと講演者とその題目が列記されており、一五歳前後の学生が難解な仏教学専門の講演をしている状況は、驚く限りである。

　宗主である光瑞の地方巡教にも数名の学生が随行したことが横山正英『報恩生活八十八年　鐘楼堂落慶法要記念』（昭和五十七年）に記されている。明治四十四年（一九一一）十一月十六日から一カ月間随行した横山は「随行一カ月間の間には、数百名に及ぶ帰敬式（俗称おかみそり）の授敬者の整理の手伝いをしたこともある。多くの場合は各地の名所旧蹟の見学に歩くことを許され、まことにありがたく、たのしい思い出となった」と回想している。このように西本願寺の公式行事や宗主の巡教にも生徒の数名は参加していることが窺われる。

　西本願寺の行事とは別に、夏期休暇中の大正元年（一九一二）八月、京都帝国大学教授理学博士小川琢治（湯川秀樹の父）を団長とする小笠原群島の視察旅行に、横山正英（四年級）と阿部定円（三年級）が参加している。その時の印象を、横山は前掲書に「八丈島からはじまり、小笠原群島を経て、南硫黄島までのコースで、いろいろの物を見学したが、全島を通じて硫黄のため地下水が飲料に適せず、各建物の軒下に水瓶をならべておき、天から降り落ちる雨水を蓄えて飲料水としていたことが、今なお忘れない」と記している。

　夏期休暇は、ほとんどの学生が郷里に帰省したが、一部の学生はこの期間を利用して「修得せし仏教学の応用と他は記憶力の錬磨と一面布教とに資せんが為」（『教海一瀾』第五四四号）として全国に遊履伝道を展開した。大正二年の夏、第一班（横山正英・森瀬雷城・花山信勝・故田賢意・大井好成）は、七月六日の福井別院総会所を皮切りに、七月二十七日の新潟県直江津の真行寺まで北陸地方を中心に行った。第二班（阿部定円・廣瀬了乗・小笠原彰眞・田野倉真賢・林義慶・精舎昌美）は橘瑞超引率のもとで、七月五日の京都淳風会館より始め、滋賀、愛知、三重、和歌山を巡教し、七月十四日の大阪堺別院対面所で終えた。第三班（廣瀬了乗・上田稔・白石亮雄・小谷淡雲・寺尾幸・三元敏之・長谷誓乗）は、七月八日から十四日まで広島、山口をまわり、広島では斯波採訪使が監督に当たった。この七月の伝道は各地で大盛況だったようで、第三班最終日の萩別院における伝道については「別院の如きは参聴者約一千に過ぎ満堂立錐の地なく非常なる盛会を極めたり」と『教海一瀾』五四四号に報告されている。
　この盛況ぶりを受け、新たに松原達蔵を引率者として第四班が組織され、阿部定円・上田稔・森瀬雷城・故田賢意・小笠原彰眞・小谷淡雲の六名が八月十二日より九州の伝道活動に旅立った。途中、柱本瑞俊の生寺、鹿児島県姶良郡性応寺にも立ち寄り、八月二十六日帰路についた。

＊38　藤辺文学「路傍の饗宴」（『大乗』第五巻第一〇号　昭和二十九年）

＊39　花山信勝「大谷光瑞上人のこと」（『永遠への道』　昭和五十七年）

＊40　山本晃紹「六甲に思う」（『大乗』第五巻第一〇号　昭和二十九年）

＊41　斯波随性「二楽荘武庫中学に就いて」（『教海一瀾』第四九六号　明治四十四年八月十五日）

＊42　花山信勝「私の生い立ち」『永遠への道』（昭和五十七年）

＊43　阿部定円の生家、大分県教證寺には、定円の学科認定の通知書が保存されている。そこには、

武庫仏教中学々生分科表
本学々生ノ将来ヲ慮リテ左ノ四種類ニ分ツ
第一科選抜生、学術操行共ニ優等ニシテ将来賛事候補タル者
第二科仏教大学入学希望ノ者
但シ自費ニ限ル、半給費、給費生ハ仏教大学入学ト共ニ自費生タラザルベカラズ故ニコノ負担ニ堪ユルモノタルコト
第三科本学卒業ト共ニ教師ニ補セラルル者
第四科簡易科ニ編入シ卒業ト共ニ教師試補ヲ命ゼラルル者
注意
第一科第四科ハ特ニ本学ヨリ指定スベシ
第二科第三科ハ各自ノ自由トス　以上

と記されている。また、別添として、第一学科に選抜された学生が以下のように列記されている。

杉本正憲、小谷精明、横山正英（以上四年級）
廣瀬了乗、阿部定円、多田義正、小谷淡雲、森瀬雷城、田野倉真賢、布賀瀬龍山、寺尾幸、白石亮雄、花山信勝（以上三年級）
平野玄雄、細川稔登、大井好成、吉田義正、曽我資郎、花月純誠、長谷誓乗、矢田茂（以上二年級）

この資料は、添付された通知書の年代から明治四十五年（一九一二）の第一学期のものと考えられ、「武庫仏教中学々則」とともに発布されたものと考えられる。

＊44　山本晃紹「六甲に思う」（『大乗』第五巻第一〇号　昭和

二十九年）
＊45　前田多智馬『波のしぶき』（昭和三十八年）
＊46　現在確認されている生徒の授業ノートは阿部定円（明治四十四年入学）、長谷誓乗（明治四十四年入学）、精舎昌美（大正二年入学）である。
＊47　『大乗』第五巻第一〇号（昭和二十九年）
＊48　井上好太郎家文書には、武庫中学開校の翌日明治四十四年（一九一一）五月六日から大正二年（一九一三）七月二日までの、食糧米の『米売上帳』がみえる。受注先の名称に「大谷家学校」や「大谷家別邸」などの違いがみられるが、二楽荘一括のものとして考えてよさそうである。ただ、「大谷家別邸・炊事場」とされた大正元年十一月一日と二日は二楽荘本館の公開前日と第一日目にあたり、観覧者用の食事のまかないの分も含まれていると想像される。
　明治四十四年末までは、白米と引割麦が交互に発注されているが、それ以降は地割麦中心の食糧に変更されていることが分かる。おそらくこれは、経費節減に伴う処置と考えられ、麦飯を主食としていたという当時の生徒の回想文からも理解されよう。四十四年度（明治四十四年五月六日〜明治四十五年四月二十八日）の米・麦の合計は一八〇石（二七トン）を越え、総費用は三千百円（米一〇キロを五千円とすれば、現在の一三五〇万円程度）に上る。また、明治四十五年度（大正二年三月二十七日まで）には簡易科、第四仏教中学の移転などに伴い生徒数も増大し、量及び額とも前年度の約一・八倍に達している。
＊49　小谷淡雲「六甲時代を顧みて」（『大乗』第一八巻第七号昭和十四年）
＊50　前田多智馬『波のしぶき』（昭和三十八年）
＊51　山本晃紹「六甲に思う」（『大乗』第五巻第一〇号　昭和二十九年）
＊52　関露香『大谷光瑞』（大正五年）
＊53　喜代門高英「思い出のままに」（『瑞門会誌』第三号　昭和二十八年）
＊54　前田多智馬『波のしぶき』（昭和三十八年）
＊55　『本山録事』明治四十五年四月十五日
＊56　新制私立武庫仏教中学の教員組織は以下の通りである。
末岡成章（武庫仏教中学教員、大正二年四月一日）
国武慈遠（武庫仏教中学教員、同年四月五日・武庫仏教中学教員生徒監兼任、同年四月二十九日）
伊藤義賢（武庫仏教中学教員、同年四月二十九日）
中野実英（武庫仏教中学教員、同年四月二十九日）
柱本瑞俊（武庫仏教中学教員、同年四月二十九日）
寺崎慈辨（武庫仏教中学教員兼監事、同年四月二十九日）
松原達蔵（武庫仏教中学教員兼生徒監、同年四月二十九日）
河崎宗良（武庫仏教中学教員嘱託、同年四月五日）
中川源三郎（武庫仏教中学教員嘱託、同年四月二十九日）
大林徳太郎（武庫仏教中学教員嘱託、同年四月二十九日）
千原清（武庫仏教中学教員嘱託、同年四月二十九日）
芳賀辰之助（武庫仏教中学教員嘱託、同年四月二十九日）
木戸達夫（武庫仏教中学教員嘱託、同年四月二十九日）
土屋梅良（武庫仏教中学教員嘱託、同年四月二十九日）
森本敏吉（武庫仏教中学教員嘱託、同年四月二十九日）
羽賀弥寿治（武庫仏教中学教員嘱託、同年四月二十九日）
斯波随性（武庫仏教中学講師嘱託、同年四月二十九日）
脇谷撝謙（武庫仏教中学講師嘱託、同年四月二十九日）

武田龍栖（武庫仏教中学講師嘱託、同年四月二十九日）
玉池円純（武庫仏教中学講師嘱託、同年四月二十九日）
富樫瑞昭（武庫仏教中学講師嘱託、同年四月二十九日）
百済吐龍（武庫仏教中学講師嘱託、同年四月二十九日）
鷲原顕亮（武庫仏教中学講師嘱託、同年四月二十九日）
驪城卓爾（武庫仏教中学講師嘱託、同年四月二十九日）
多和田九二（武庫仏教中学校医嘱託、同年四月二十九日）
飯塚達了（武庫仏教中学書記嘱託、同年四月十七日）
是永茂三郎（武庫仏教中学書記嘱託、同年四月二十九日）

＊57　英語担当の教員百済吐龍については、書簡が残っており、教員採用の過程や授業の様子などを示して興味深いものであるので特にここに詳述しておく。

百済吐龍は、明治二十年（一八八七）九月二十二日、山口県豊浦郡阿川村生まれ。

善照寺第一四代住職百済黙存の長男として出生する。明治三十九年（一九〇六）三月第一仏教中学、明治四十三年（一九一〇）七月早稲田大学文学科英文学科を卒業し、大正元年（一九一二）十一月九日、第四仏教中学教員に赴任する。二十五歳の時であった。この時期、すでに第四仏教中学は二楽荘内に移転し、名称も私立武庫仏教中学に改称されており、百済吐龍は神戸の地で社会人としての一歩を踏み出した。

そして、武庫仏教中学講師嘱託（大正二年四月二十九日付）から同校教員（大正二年十月二十八日付）に昇進した。

百済吐龍は、明治四十四年（一九一一）暮れに、まだ広島に所在していた第四仏教中学教頭の大林徳太郎に教員募集の委細について問い合わせを行っている。大林から百済に返信された書簡（明治四十四年十二月二十一日記）には、第四仏教中学の教員に欠員がなく、英語科は校長中尾教審と土屋梅良（後に武庫仏教中学教員嘱託）と西山勉（青山学院大学出身）の三人体制で授業が行われていることが記されている。明けて明治四十五年（一九一二）一月二十六日、禿氏祐祥と同期の楠原龍誓（高輪文学寮本科・明治三十二年卒・旧西光智恵）から武庫中学の四月の新学期に教員を増員する予定があることを知らされた。また、大林も百済を心配し、第四仏教中学の移転委員として広島に来ていた斯波随性に百済の意志を伝えている。その書簡（明治四十五年三月十五日記）には、候補者が多いことが記されており、また、第四仏教中学の移転については、三月末から四月初旬に引っ越し、四月十日に第四仏教中学の入学試験を実施する予定が記されている。

その後、教員の選考試験があったのかは不明であるが、二楽荘より中野実英（第四仏教中学教員）が百済に宛てた書簡（明治四十五年四月六日記）からは、大林が教員の採用権を握っており、ほぼ百済を採用することが決まっている様子が窺い知れる。この書簡で記されたように、その後百済は広島から移転した第四仏教中学の教員に晴れて赴任した。正式な赴任（大正元年十一月九日付）に先立ち、下関から夜行電車に乗り、大正元年十月十九日朝に二楽荘に赴いている。途中駅から妻政子宛に投函された葉書（十九日〇時頃）には、緊張のためか眠れぬ様子が記されている。

二楽荘に着いた後、内藤禅月（移転委員）、藤本最乗（移転委員）とも会い、電話で山上の大林を呼んでもらい、教員室に行き大林から労いの言葉とともに英語科の土屋梅良（早稲田大学英文科・明治四十一年卒）を紹介してもらった。土屋と相談し、百済は三年生から五年生を担当し、週に英語一五時間、日本語作文二時間を受け持つことになった。政子に宛てた書簡（大正元年十月二十日記）には、二楽荘に初めて行った時の様子が克明に綴られ、「僕の得意のヤツばかり、一ツ眼にものを見せて呉れやう」とその意気込みが書かれている。そして、十月二十一日月曜日、生徒への新任教員の紹介の席で百済は、「私は諸君に教えるのではない間接に諸君から教わる積りで居る、次から大いに諸君と共に、研究に研究を重ね、考覈に考覈を積んで勉強したいと思ふ」と講堂に響き渡る声で一言した（政子宛大正元年十月二十三日記）。

翌二十二日から教鞭を執ることになり、英語の時間には一言も日本語を話さない、百済独特の授業をしていたようである。政子宛の書簡（大正元年十月三十一日記）には「講義がしやすい　生徒が割合よく出来るから」と書かれている。授業に慣れてきたものの、慌ただしい毎日からであろうか、喉を痛め荘内の医務室に通っていることも書かれ、治療費や薬代はすべて無料であったという。

政子宛の書簡（大正元年十一月十日記）には、橘瑞超校長からもう一つの中学、武庫仏教中学でも生徒を教えてもらいたいという旨の依頼をされたことが記されている。そして、十二月から武庫仏教中学の授業も週三、四時間受け持つ予定であること、第四仏教中学が月三〇円、武庫仏教中学が月一〇円の給料であることも書簡から読み取れる。また、第四仏教中学と武庫仏教中学とが併設されて、特に第四仏教中学の生徒から不満が生じている様子も随所に綴られ、「昨日も二年の五、六名退学した」などと記されている。

翌年、大正二年（一九一三）一月十八日付で百済は兼第四仏教中学生徒監事務代理に任命された。そして、新学期に、新制の私立武庫仏教中学の嘱託教員（大正二年四月二九日付・本願寺執行所より月二〇円支給）となった。大正二年四月二十日には、二楽荘から月手当金として一五円が支給されている。

担当した英語の授業の様子として、当時学生であった沼隅秀峰の回想（『瑞門会誌』第六号）や前田多智馬の自伝（『波のしぶき』）に、筆記体で黒板一杯に板書され、名調子で進んでいく光景が叙述されている。その他、「内観」と題する講演も二楽荘本館で行っている。

廃校の後、大正三年（一九一四）六月十八日には、カリフォルニア州フレスノ別院で開教使に就任。同年八月にはサンフランシスコでの世界仏教大会に参加、「仏教と婦人」と題する講演を行っている。開教使辞任後、ニューヨークのコロンビア大学に入学、大正十年（一九二一）十月二十六日同大学大学院を修了した。その後は在郷し、夏期講座「阿川海浜大学」の講師や、テニス、水泳教室などの活動に従事する。大正十三年（一九二四）九月二十八日、三七歳で他界した。

百済吐龍の孫である伊藤一曄は、百済吐龍の長女である伊藤不二（明治四十五年生）から、光瑞が廃校後の進路先を一人一人にたずね心配していたことを聞いたという。善照寺第一九代住職百済康義は、百済吐龍の業績を整理しながら後世に伝えている。

＊58　『教海一瀾』第五五四号
＊59　「二楽荘愈よ閉鎖」（『大阪毎日新聞』大正三年三月二十日・一五面）
＊60　「武庫仏教中学の改変」（『教海一瀾』第五六〇号　大正

三年四月十五日）

＊61　公式の廃校としては、文部省告示第九三号（大正三年五月五日付）において、大正四年（一九一五）三月三十一日をもって廃止という認可が告示されている。

＊62　寺崎慈辨、雲山龍珠、武田利見、佐々木利觀。また大正三年（一九一四）四月十五日付で、木戸達夫、田島正一、角田吉五郎が嘱託教員として任命されたが、うち田島正一、角田吉五郎は平安中学校の嘱託教員兼務であった。

＊63　藤辺文学「思い出のままに」（『瑞門会誌』第二号　昭和二十七年）。同期生には徳島県出身の小笠原彰眞、滋賀県出身の井ノ口静らがいた。『仏教青年』第一号巻末の名簿をみると、大正二年度第一学期の策進団の四年級は三六名を数えることから、学生のうち数名は退学したり別の進路に進んだと思われる。例えば、熊本県出身の白石亮雄は退学し生家に戻り、秋田県出身の多田義正は光瑞の側近として錦華殿に入った。

＊64　『教海一瀾』五六一号（大正三年五月一日）には、各学生の収容先が記されている。『仏教青年』第一号巻末の名簿と照合すれば、途中退学を除く新四年級の一二名、新二年級の五三名が諸般の事情で退学したことになる。

＊65　大村（榎原）徹郎「煙霞の痼始まりし歳」（『瑞門会誌』第五号　昭和三十二年）

＊66　仁本正恵「天馬空を行く」（『大乗』第五巻第一〇号　昭和二十九年）

＊67　『教海一瀾』五八三号（大正四年四月五日）には、その時の様子が詳しく記されている。最終的には二四名の卒業生となり、答辞は総代森瀬雷城が行った。そして、学術優等生として森瀬雷城、花山信勝、久我通則の三名が賞品を受けた。卒業式が終了して数日後の三月二十四日付で脇谷撝謙は執行所に、残務整理後の三月三十一日付で寺崎慈辨は平安中学校教員に赴任した。

＊68　『教海一瀾』五六一号、五六六号

＊69　武庫仏教中学の全盛期には、約三百～四百名の生徒が在学していたと考えられ、『瑞門会誌』や『大乗』などにその当時の様子の回想録が記されている。筆者は、実際に『仏教青年』第一号巻末に掲載された策進団名簿（住所・氏名・寺院）に準拠し、『浄土真宗本願寺派寺院名簿』（平成五年）から名字と寺院が一致する寺院を抽出し、遺族や関係者への聞き取りを行った。「二楽荘と大谷探検隊」「二楽荘と大谷探検隊Ⅱ」（芦屋市立美術博物館）には、「生徒の横顔」「生徒と教員の横顔」と題して、その調査結果を紹介しているので、興味のある向きは参照されたい。

第四章　二楽荘における事業

＊1　この調査書は、調査から五カ月後の十月の段階ですでに、園芸雑誌『果樹』第三一号～第三五号（明治三十八年）や「武庫郡の園芸」（『神戸又新日報』同年十月十九日～二十四日）に公表された。

＊2　例えば、果樹栽培では、大阪の芝川又右衛門が、甲東村上大市で明治二十九年（一八九六）三月より和種葡萄や夏橙・桃を定植して甲東園を開設し、武庫郡屈指の生産・収入高を誇った。また、良元村小林では、郡長阿部光忠が命名した清香園において、地元の平塚嘉右衛門・木本千太郎・田中亀太郎らの栽培者が、明治三十四年（一九〇一）

五月に、ワシントン橙樹三七五〇本、他に柑橘樹一五種七五本を定植した。

一方、蔬菜栽培では、今仲芳松の監督の下、英国人エーエチグルムが西灘村河原に、今芳蔬菜園を明治二十九年に開き、スイカ・カボチャ・ネギなどを栽培し、神戸オリエンタルホテルなどに納品していた。花卉栽培では、造園師阪上岩蔵が開園した西宮町池田の深秀園があり、鉢用・盆栽等の観賞用花卉類を販売していた。
＊3　北神貢「学校と花園」(『果樹』第三四号〜第三七号連載)
＊4　北神貢「別荘の園芸」(『果樹』第四〇号　明治三十九年)
＊5　北神貢「鉄道の園芸」(『果樹』第七四号　明治四十二年)
＊6　北神貢「神戸市に於ける桜桃樹の結果」(『果物雑誌』第一二六号　明治四十年)
＊7　北神貢「洋梨栽培の前途」(『農業世界』第四巻六号　明治四十二年)
＊8　「関西園芸の概要」(『神戸又新日報』明治四十四年六月十三日・四面)
＊9　辰馬烈叟(鳴尾村)、徳井徳太郎(鳴尾村)、今西林三郎(西宮町)、大林芳五郎(西宮町)、斉藤幾多(精道村)、三木佐助(精道村)、坂野兼通(精道村)、久原房之助(本山村)、甲賀卯吉(本山村)、白州文平(青木村)、静藤次郎(住吉村)、千浦友太郎(住吉村)、岩井勝次郎(御影町)、伊藤忠兵衛(御影町)、香村文之助(御影町)、増田豊次(西灘村)、鶴崎平三郎(須磨村)、住友吉左衛門(須磨村)など。
＊10　「園芸一二三　住友家の温室」上(『神戸又新日報』明治四十五年一月二十一日・四面)
＊11　北神貢「別荘園芸の現状」(『果樹』第一二八号　大正二年)
＊12　「園芸品評会　一向振わない」(『神戸又新日報』大正三年九月五日・六面)
＊13　北神貢「果樹園芸の前途」(『果樹』第一四四号・第一五〇号　大正四年)
＊14　「武庫郡園芸同好会の設立」(『果物雑誌』第九九号)
＊15　これらの報告は、同会副会長であった北神貢が、園芸専門の全国的な雑誌『果樹』『園芸之友』『果物雑誌』に、間断期間を挟みながら投稿していた。しかし、明治四十四年度にあたる第一〇回以降の総会報告はこの三誌には確認できず、武庫郡園芸同好会が何年まで存続したのかは不明である。
＊16　『日本園芸発達史』(昭和十八年)
＊17　詳細に述べれば、室内栽培一一名、木框(フレーム)栽培七名、露地栽培一一名となっており、一つの園芸場で複数の栽培施設をもつ所も現れた。
＊18　この時期、阪神間でマスクメロンの栽培を試みた者には、他に水野正太郎(大社村)、斉藤幾多(精道村)、ヒシカ商会(精道村)、久原房之助(本山村)、ヘルマン(本山村)、百一番館(住吉村)などがあった。
＊19　中安磯次「マスクメロン研究会の成績及私見」(『郊外生活』第一巻第九号)
＊20　一般普及の必要性を説く「メロンの営利的栽培」(『日本農業雑誌』大正二年八月)でも、農学士三木泰治が、メロン栽培の施設と収穫量の点から、関西における二楽荘を優

位に上げている。ちなみに、関西農園主北神貢もマスクメロン研究会の主唱者の一人として、全国的園芸雑誌と評価されていた『果樹』や『日本園芸雑誌』に、「マスクメロン栽培」（『果樹』第一五一号）及び「マスクメロンの栽培」（『日本園芸雑誌』第二八年第五号）を発表し、阪神間のマスクメロン栽培の現状を述べた。さらに、大正六年（一九一七）一月には、「私が経験したマスクメロン作」と題して、自ら経験した露地栽培についての実績報告を『園芸之友』第一三年第一号に発表している。

＊21　二楽荘におけるマスクメロンの栽培の開始時期について検討しておこう。『園芸之友』（第八年第九号）には、明治四十四年度に八〇余顆を採集したことの実績報告が掲載されている。また「光瑞法主と二楽荘（一〇）法主と園芸」（『大阪毎日新聞』大正元年十一月一日・一〇面）には、メロンハウスと称する温室をその三年以前に新築したことが述べられている。

　このことから、二楽荘での温室によるマスクメロンの栽培は、明治四十二年頃より着手されていたと推定される。明治末頃、須磨町の住友吉左衛門邸においても、早くからガラス板を有した室内温室でマスクメロンの栽培が試されていたが、好成績を得ず一時試培しなかったようである。二楽荘でのマスクメロンの栽培は、阪神間における本格的なマスクメロン栽培の初現と考えられそうである。

＊22　『神戸新聞』（大正二年八月二十二日・三面）

＊23　「赤い桃、青い林檎」（『神戸新聞』大正二年八月二十三日・七面）

＊24　『教海一瀾』第五二三号・第五二四号

＊25　『日本園芸雑誌』第二五年第四号（大正二年四月）や『関西農報』第八号～第一〇号（大正三年）

＊26　「二楽荘の賊」（『神戸新聞』大正二年七月三十日・十一面）

＊27　井上好太郎家文書『米売込勘定帳』には、大正元年（一九一二）十一月十八日から十二月一日にかけて、井上家（水車業）を仲介し、「二楽荘新白米」「二楽荘古白米」合計七石九斗を一般販売した記載がみられる。

＊28　井上好太郎家文書『玄米買入帳』（大正二年～三年）には、玄米・麦の糠を二楽荘園芸部や二楽荘牧場が購入した記録がみられ、それらは飼料や肥料として用いられたと考えられる。この文書で注目すべきことは、その購入年月日が、二楽荘牧場としては大正三年十二月十二日まで、二楽荘園芸部としては大正三年十一月十四日までみられることで、二楽荘・武庫仏教中学閉鎖後も、年度内はその活動が続けられていたことになる。

＊29　北神貢「摂津武庫郡の菊栽培」（『園芸之友』第六年第一一号）

＊30　井上好太郎家文書『日記』には、大正二年（一九一三）五月二十四日より同月二十七日まで毎日一合、同月二十八日より同年九月三日まで毎日二合の牛乳を二楽荘から購入していたことが記されている。井上家では二楽荘の牛乳以外にも「東洋」と記された所から牛乳を取っていた。「東洋」とは、明治四十五年（一九一二）に設立された東洋牛乳株式会社のことで、武庫郡精道村小字権ノ坪（現在の芦屋市川西町）に所在していた。東洋牛乳株式会社は大正年間には、乳牛約五〇頭を飼育し、年間の搾乳量も三百石に達していたと言われている。

＊31　吉川小一郎「中央亜細亜からのみやげとし」（『郊外生

活』第一巻第一一号　大正三年）

＊32 「日本一の別荘　二楽荘」（『園芸之友』第一〇年第六号大正三年）

＊33 同右

＊34 中川源三郎「電気栽培の話」（『郊外生活』第二巻第四号、第二巻第一〇号）

＊35 蘇峰学人『山水随縁記』（大正三年）

＊36 北神瓠村（貢）「阪神地方に於けるマスクメロン栽培の盛況」（『園芸之友』第八年第九号　大正元年）

＊37 千原清「マスクメロンの作り方」（『郊外生活』第一巻第七号）

＊38 千原清「岡山県の温室葡萄」（『果樹』第一六七号・第一六八号　大正六年二月・三月の二回連載）

＊39 千原清「葡萄の硝子室栽培」（『果樹』第一九六号～第二一二号　大正八年六月～大正九年一一月の一三回連載）

＊40 なお、マスクメロン以外にも、千原は大正三年八月から十月の間に「秋大根」「草苺」「あぶら虫」の研究報告を『郊外生活』に投稿している。

＊41 「本願寺法主と測候所」（『神戸又新日報』明治四十年九月四日・二面）

＊42 『ズィ・アングロ・ジャパニーズ・ガゼット（The Anglo = Japanese Gazette　日英新報）』第一巻第三号

＊43 橘瑞超『使命記蒙古之部気象表』

＊44 安満星「ヒマラヤ西部横断観測記」（『地学雑誌』）

＊45 『兵庫県気象報』第一一年第九号

＊46 佐藤順一「日本ノ高山観測」（『気象集誌』第二六年第一号・明治四十年一月）

＊47 「高山の気象観測開始」（『大阪毎日新聞』明治三十五年七月七日・二面）

＊48 「山上測候所新設の計画（能勢妙見山）」（『大阪毎日新聞』明治三十五年五月二十二日・五面）

＊49 同所で実施された高層気象観測の方法や結果は、『気象要報』第一五年第三号～第五号で報告され、ほぼ同文が、「高層気象観測」（一）～（四）（『神戸新聞』明治四十四年五月二十日～二十四日・一面）にも記されている。

＊50 中川源三郎「六甲の四八〇高地」（『郊外生活』第二巻第八号）

＊51 「六甲山測候所の信号」（『神戸新聞』大正二年八月三日・二面）

＊52 同内容は前掲「六甲の四八〇高地」や関露香『大谷光瑞』にも記されている。

＊53 『兵庫県気象報』（明治三十五年）

＊54 「気象掲示板設置」（『神戸又新日報』明治三十六年九月二十九日・二面）

＊55 『気象集誌』第二四年第五号

＊56 「測候所の陳列を観る」上・下（『神戸又新日報』明治四十三年五月九日・七面、五月十日・七面）

＊57 『気象集誌』第二八年第一〇号

＊58 中川源三郎「阪神沿道の気候は日本第一である」（『郊外生活』第一巻第五号・第八号　大正三年）

＊59 中川源三郎「居住地としての阪神沿道」（『郊外生活』第二巻第三号　大正四年）

＊60 大正二年度一学期は、部長に上田稔、次長に故田賢意・永森顕成、総勢二〇名の部員で構成されていた。二学期には部員の縮小もみられ、森瀬雷城を部長、花山信勝を次長として総勢一二名。三学期には、次長に多田義正を迎え、

井ノ口静ら部員四名が増員となった。

＊61　関露香『大谷光瑞』（大正五年）

＊62　第一号の書評が『教海一瀾』第五三六号（大正二年四月十五日）に掲載され、「予期の如く内容完整初号としては最も讃称に値する者なり。（中略）講義録一般の流弊たる難渋乾燥の失を避け得たる者として仏教講義録中の白眉なり」と評されている。続く第二号の書評は『教海一瀾』第五三八号、第三号は第五四一号に記されている。

＊63　第三号が刊行されたのが大正三年二月十日のことであり、廃校によって策進団が分散するのが三月三十一日であることを考えれば、第三号が最終号であると推測される。第一号は大正二年六月二十八日印刷、大正二年七月一日発行。第二号は大正二年十月二十日印刷、大正二年十月二十五日発行。第三号は大正三年二月十日印刷、大正三年二月十日発行。

＊64　後には、上下合本され『大無量寿経義疏』と題されて、大正三年二月二十日に発行され、並製と皮装丁の上製の二種が刊行された。上製版には、「迦蘭陀竹林精舎」や「鷲峰山の遠望」の図版も掲載されている。『教海一瀾』第五五三号（大正三年一月一日）には、その書評が載せられている。

＊65　大村徹郎「出世本懐」（『瑞門会誌』第六号）

＊66　大谷光瑞資料館所蔵の本資料には「この写真帖は大正二年の晩歳から翌年の春にかけての撮影製版である　伊藤」と記されている。ここに記された伊藤とは、武庫仏教中学出身の伊藤千尋のことであり、大正三年三月発行と考えて差し支えなく、二楽荘印刷所で作成されたものと推定される。

＊67　『簡易仏教講義録』には他にも脇谷撝謙「諸経論大意」、伊藤義賢「印度仏教史」「支那仏教史」、斯波随性「正信偈講義」「浄土和讃講義」などがあり、龍谷大学図書館には斯波随性述の「正信偈講義」「浄土和讃講義」や脇谷撝謙述「諸経論大意」の『簡易仏教講義録』抜刷和綴本が所蔵されていることを考えれば、武田龍栖述『宗義要論』のような再製版された印刷物が他にも存在する可能性も推測される。

＊68　第一号は大正元年九月十二日印刷、同十五日発行、編輯兼発行者橘瑞超、印刷社益田勝利、印刷所光村印刷株式会社。第二号は大正元年十一月十二日印刷、同十五日発行、編輯兼発行者橘瑞超、印刷社益田勝利、印刷所光村印刷株式会社。第三号は大正二年三月二十日印刷、同二十五日発行、編輯兼発行者橘瑞超、印刷社益田勝利、印刷所光村印刷株式会社。第四号は大正二年七月二十五日印刷、同二十八日発行、編輯兼発行者橘瑞超、印刷社増田政吉、印刷所二楽荘印刷部。

＊69　武庫仏教中学関連の絵はがきをみると、「武庫中学」と「武庫仏教中学」という写真面のタイトルによって、製作年代が二つに区分される。武庫中学から武庫仏教中学に改名告示されたのが、明治四十五年二月二十二日のことである。古相の絵はがきは武庫中学開校記念として、新相の絵はがきは策進書院などの新しい武庫仏教中学の附属施設が竣工した記念として製作されたものと考えられる。一部の絵はがきの表面下には「神戸光村印刷所発行」と記されており、外部発注されていたことが窺われる。ただ、「二楽荘発行」と記された「食堂並ニ炊事場」のコロタイプ版もみられることから、一部は印刷所開設後、荘内で再版され

たことも考慮しなければならない。しかし、二楽荘印刷所で製作された絵はがきは数量的には限られたものであり、大半は外部発注していたものと考えられる。

二楽荘関連や武庫仏教中学関連の絵はがきのほとんどは、明治四十五年三月十五日に発行された『二楽荘写真帖』に使用された写真と同一の構図である。そこで、この『二楽荘写真帖』に使用された写真がいつ頃最終撮影を完了したのかを考えれば、稲刈り後の株起こしの構図【写真帖M—1】や武庫中学生の衣替えの構図【写真帖M—11、M—12】から、明治四十四年十一月から十二月が算出される。徳富蘇峰記念館には、明治四十五年一月二十一日の消印を有する、光瑞から徳富蘇峰に宛てられた封書内同封の二楽荘絵はがき（表面白紙）があり、『二楽荘写真帖』「本館夜景」【写真帖M—21】と同一構図となっている。また、明治四十五年一月二十八日消印の封書にも『二楽荘写真帖』「二楽荘（山麓ヨリ望ム）」【写真帖M—1】と同一構図の絵はがき（表面白紙）が同封されている。このことから、これらの絵はがきは、『二楽荘写真帖』に使用された写真原版を利用して、明治四十五年一月中に製作されていたことになる。また、武庫仏教中学への改名が告示された時期を考慮すれば、「武庫中学」と記された絵はがきは、明治四十五年二月中頃までに校了されていることになる。

将来品の絵はがきについては大正二年八月五日発行の『考古学雑誌』に、「中亜探検発掘物絵葉書」として、コロタイプ版六枚が二楽荘より発売されたことが記され、「発売所兵庫県武庫郡本山村二楽荘内河崎宗良、価郵税共金拾七銭」と記載されている。また、大正三年一月五日発行の『考古学雑誌』には、第二集として新疆及び印度発掘の仏像や書画の絵葉書五枚一組を発売したと記されている。

絵はがきに押印されたスタンプについては、色調（朱・青）、形態（外形一重丸・二重丸・四角）から四種類確認でき、これも二楽荘本館の公開に伴って作成されたものであろう。【口絵24】

絵はがき帖の体裁を有したものもある。これは、絵はがきの一方にミシン目がみられ、切って使用するといったものである。この絵はがきの構図は六種類みられ、表紙と考えられる「二楽荘ヱハガキ帖」【口絵22】と記された台紙も確認されている。

第五章　二楽荘と大谷探検隊

＊1　出発から英国到着までは、片山章雄「大谷光瑞の欧州留学」（『東海大学紀要 文学部』第七六輯　平成十四年）を参照のこと。

＊2　片山章雄「大谷光瑞師の北極圏旅行」（『東洋史苑』第五〇・五一号　平成十年）

＊3　片山章雄「大谷光瑞の英文著作」（『東海史学』第三六号　平成十三年）

＊4　すでに本多隆成『大谷探検隊と本多恵隆』（平凡社　平成六年）で指摘されているように、小川琢治『一地理学者之生涯』（小川芳樹刊　昭和十六年）の一五二頁に「中央亜細亜探検が計画されつゝあつたらしかつた」とある。

＊5　大谷光瑞「遊北記程」（『地学雑誌』第一三輯第一四五巻、第一四六巻、第一四八巻　明治三十四年一月、二月、四

月）

＊6　以上の滞欧時期の直接記録としては、多数の書簡や葉書、さらに零細な記録が公刊物中にある。さしあたり片山章雄「ヨーロッパの大谷光瑞」（『東海大学紀要 文学部』第七八輯　平成十五年）を参照。またロンドン出発については、片山章雄「一九〇二年八月、大谷探検隊のロンドン出発」（『東海大学紀要 文学部』第七五輯　平成十三年）を参照。

＊7　上原芳太郎編『新西域記』上巻（有光社　昭和十二年）に本多恵隆「入新疆日記」、渡辺哲信「西域旅行日記」がある。パミール越えに思い入れがあった光瑞の記録は、当初雑誌掲載されたが、後に「パミール紀行」として再録されている。

＊8　藤井宣正は明治三十六年（一九〇三）六月六日没、後に遺稿集が出ている。島地大等編『愛楳全集』（森江書店・鶏聲堂書店　明治三十九年）。清水黙爾は明治三十六年八月二十日没、遺稿集に島地雷夢編『紫風全集』（鶏聲堂書店　明治四十年）がある。

＊9　渡辺哲信「西域旅行日記」（上原芳太郎編『新西域記』上巻）の三一二頁を参照のこと。

＊10　本願寺室内部（本多恵隆代表）『印度撮影帖』（本願寺室内部　明治三十七年）

＊11　「渡辺哲乗氏」（『中外日報』明治四十年五月二十九日・二面）

＊12　野村栄三郎「蒙古新疆旅行日記」（上原芳太郎編『新西域記』下巻所収）、橘瑞超『使命記 蒙古の部』（橘照嶺刊　平成十三年）。前者は新疆調査を終えて北インドに至るまで、後者は新疆の古城子着までを扱っている。

＊13　その日付は、橘がこの年を閏年と勘違いして一日挟んだため七月七日とし、野村は日記に旧暦・新暦を併記したにもかかわらず閏年の他にもう一日誤ってしまい七月六日としたが、実際には七月八日だった。彼らの二日の勘違いは、野村のスリナガル到着時の日記記載、すなわち明治四十二年十一月十一日改め十三日としていることからも確認される。野村栄三郎「蒙古新疆旅行日記」、五五四頁参照。日付の解釈については、片山章雄「大谷探検隊第二次隊員橘瑞超の西域南道踏査」（日中共同ニヤ遺跡学術調査隊編『日中中日共同尼雅遺跡学術調査報告書』第三巻、仏教大学アジア宗教文化情報研究所・仏教大学ニヤ遺跡学術研究機構　平成十九年）、片山章雄「橘瑞超の楼蘭近辺の踏査と関係する記録・文物（1）」（『東海史学』第四二号　平成二十年）参照。

＊14　(A correspondent), Exploration in Chinese Turkestan, The Times, Feb. 3, 1910, p.5.

＊15　片山章雄「大谷探検隊の活動と大谷尊重（光明）・渡辺哲信」（『東海大学紀要 文学部』第七七輯　平成一四年）の六三～六四頁を参照。

＊16　橘瑞超「新疆通信抄」（上原芳太郎編『新西域記』下巻）の七二八頁を参照。

＊17　楼蘭再訪を含む日記は、明治四十四年（一九一一）九月二十日以後の『国民新聞』に掲載された「沙漠行」全八回と、同月二十六日以後の『大阪毎日新聞』に掲載された「新疆探検日誌」全五回があった。前者の原稿が光瑞書写で徳富蘇峰に宛てられた「沙漠漫遊記」で、榎一雄「橘瑞超氏の沙漠漫遊記」（『月刊シルクロード』第七巻第一号　昭和五十六年）でも公表されている。後に片山章雄「大谷探検隊関係記録拾遺Ⅱ」（『季刊東西交渉』第四巻第四号

昭和六十年）、六二頁で新聞連載の後者が指摘された。
＊18　出発からここまで、さらにこの後についても、吉川小一郎「支那紀行」（上原芳太郎編『新西域記』下巻）がその全旅程をカバーしている。なお、千仏洞は敦煌手前だから、その写真撮影は敦煌到着前後にわたっていることが、吉川の写真の日付から判明する。吉川撮影の写真は、西域文化研究会『西域文化研究』第一巻（法蔵館　昭和三十三年）所収。
＊19　「西派法主の著述」（『中外日報』明治三十六年五月二十七日・一面）、「足利義蔵氏」（『中外日報』明治三十六年五月二十八日・一面）
＊20　禿氏祐祥「七十七年回顧録」（『龍谷史壇』第四〇号　昭和三十年）、一二〇頁以降を参照のこと。
＊21　「テントの引払い」（『中外日報』明治三十六年九月十日・一面）、「西派法主の帰山」（『中外日報』明治三十六年九月十三日・一面）
＊22　藤井宣正と清水黙爾の葬儀や追悼関連行事は、同年の六月から十一月に及んでいる。
＊23　「印度の古器物」（『中外日報』明治三十七年五月十三日・二面）、そこには「悉皆取揃えて同舘に出品されたり」とある。
＊24　「西域印度の古仏像の展閲」（『日出国新聞』明治三十七年五月三十一日・一面）
＊25　『京都帝室博物館列品目録』（京都帝室博物館　明治四十年）、歴二七～二八頁を参照のこと。
＊26　ただ、京都博物館には西安将来品もあった。これに関連して、明治三十九年（一九〇六）から四十年（一九〇七）にかけての大谷光瑞の中国旅行の将来品は、その帰国が四十年五月であることから、このリストには含まれていないはずである。すなわちそのリストは、第一次探検の新疆隊による新疆とその帰途の西安からの将来品、およびインド隊の将来品、それも右に述べたような、明治三十七年（一九〇四）の五月以来の寄託出陳品と考えられるのである。
＊27　以上の大半は、鏡如上人七回忌法要事務所編『鏡如上人年譜』（同事務所　昭和二十九年）を参照のこと。
＊28　「支那新疆省の探検」（『芸文』第一年第三号　明治四十三年）の一一八頁を参照のこと。
＊29　「新疆省発掘物写真の陳列」（『地学雑誌』第二二年第二五八号　明治四十三年）の七五～七六頁を参照のこと。
＊30　『大阪朝日新聞』掲載、上原芳太郎編『新西域記』下巻に再録。
＊31　高松茅村『本願寺裏方大谷籌子』（芳醇社　明治四十四年）、一五四頁を参照のこと。
＊32　鵜飼長三郎「二楽荘建築工事概要」（『建築工芸叢誌』第二〇冊　大正二年）の五頁を参照のこと。
＊33　日本での展示歴・図録掲載歴は、例えば、『旅順博物館所蔵品展』（京都文化博物館・京都新聞社　平成四年）、一〇九頁に見える。提示の図は『旅順博物館蔵西域書迹選』（＝『書法叢刊』二〇〇六年第六期）、表紙裏から複写。
＊34　「渡辺哲乗氏」（『中外日報』明治四十年五月二十九日・二面）。そこには「書画、石摺等の荷物方」とある。
＊35　鵜飼長三郎「二楽荘建築工事概要」（『建築工芸叢誌』第二〇冊　大正二年）、四頁を参照のこと。
＊36　岡本定吉編『住宅建築写真集成』第参輯（建築工芸協会　大正七年）、三二一
＊37　伊藤義賢「光瑞上人追慕記〔No.7〕」（『寿光タイムス』

第二四号　昭和二十九年・二面）

＊38　『旅順博物館所蔵品展』、一〇六頁。提示の図は旅順博物館のビラから複写。

＊39　香川黙識編『西域考古図譜』下巻（国華社　大正四年）、絵画（36）

第六章　その後の二楽荘

＊1　「大法主猊下の御近情」（『教海一瀾』第五六〇、五六一号。一九一四年）

＊2　『本山録事』（大正三年五月十七日発行）

＊3　「二楽荘の什器競売さる」（『神戸又新日報』大正三年七月十七日・六面）、「大谷光瑞氏外遊の噂」（『大阪朝日新聞』同日・一一面）。

＊4　その様子は、七月二十三日付の『神戸新聞』『神戸又新日報』『大阪毎日新聞』『大阪朝日新聞』に詳しく掲載されている。

＊5　「光瑞師の二楽荘復帰」（『大阪毎日新聞』大正三年七月十八日・九面）

＊6　「光瑞師の二楽荘入り」（『大阪毎日新聞』大正三年七月二十六日・一一面）

＊7　同右

＊8　久永丑次郎「二楽荘回顧」（『一点鐘』甲南学園通信第三号、一九七八年）

＊9　伊藤正雄「二楽荘の思ひ出と甲南薫風会」（『一点鐘』甲南学園通信第三号　昭和五十三年）

＊10　橘瑞超「二楽荘を公開して」（『郊外生活』第一巻第八号大正三年八月十五日）

＊11　『大阪毎日新聞』（大正三年七月三十一日・八面）

＊12　『大阪朝日新聞』（大正三年七月三十一日・七面）。ただ、連載二回目にあたる一日（一一面）の記事が展示内容と合致しないことを考えれば、口頭による取材の可能性が考えられる。

＊13　「二楽荘の展覧会」（『大阪毎日新聞』大正三年八月二日・三面）

＊14　『神戸新聞』（大正三年八月五日・七面）

＊15　『郊外生活』第一巻第一〇号（大正三年十月十五日）

＊16　『神戸新聞』（大正三年十二月五日・六面）には再展示する予告がみられる。

＊17　『郊外生活』第二巻第二号（大正四年二月十五日）、『郊外生活』第二巻第七号（同七月十五日）広告記事

＊18　「六甲山麓別荘村」（『大阪毎日新聞』大正四年四月二十八日・兵庫県附録一面）

＊19　榎原徹了「追慕記・別宴」（『光寿』第一巻第一号）

＊20　「大谷光瑞師の外遊」（『大阪毎日新聞』大正三年十一月二十七日・九面）には、その随行員の代表者である廣瀬によって光瑞の代弁として、外遊の目的、予定などについて端的に語られている。

＊21　「疑問の外遊　二楽荘の末路」（『大阪朝日新聞』大正三年十一月二十九日・九面）

＊22　「光瑞師外遊後の二楽荘は何うなる」（『神戸新聞』大正三年十二月五日・六面）

＊23　関露香『大谷光瑞』（大正五年）

＊24　「光瑞師は復職すまい」（『神戸新聞』大正四年七月三十一日・六面）

＊25　なお、七月十一日付の蘇峰に宛てた光瑞の書簡には、蔵書の未着と、同月十日に橘が到着したことが記されており、同月十日から二十日の間に、橘が上海の正金銀行支店倉庫において蔵書の到着を確認したと考えられる。
＊26　高野静子『蘇峰とその時代』（昭和六十三年）
＊27　この書簡には、宗教家光瑞の仏典の研究に対する強い思いが現れていると、高野静子『蘇峰とその時代』において触れられている。
＊28　高野静子『蘇峰とその時代』（昭和六十三年）
＊29　会見する予定が『神戸新聞』（大正四年十二月三日・二面）、『大阪毎日新聞』（大正四年十二月三日・七面）にみられる。
＊30　「生きて再び郷土を踏まず」（『神戸新聞』大正四年十二月五日・二面）
＊31　「二楽荘売らる」（『神戸新聞』同年十二月十日・七面）
＊32　「続大谷探検隊秘話　隊員吉川小一郎さんに聞く」（『月刊シルクロード』第六巻第五号　昭和五十五年）
＊33　「二楽荘は久原家に」（『大阪朝日新聞』大正五年一月五日・七面）
＊34　米本二郎『伝記久原房之助翁を語る』（平成三年）
＊35　関露香『大谷光瑞』（大正五年）
＊36　「光瑞師割愛の大鹿」（『神戸新聞』大正五年八月二十五日・七面）
＊37　「久原房之助論」『中央公論』（大正六年）
＊38　井上好太郎家文書の『精米売掛帳』（大正五年二月二十五日から昭和五年四月八日）には、大正五年十一月二十五日初出の「久原二楽荘」と記された受注先がみられ、その日以降は間隔をあけ「二楽荘」と連記されている。その中には、「二楽荘事務処」や「二楽荘大工行」などとされた記載もみえ、事務や施設の管理（修繕）も行われていたことが窺える。また『精米売掛帳』から白米の購入間隔、量がほぼ規則的にみられることから、所定の仕事に従事する者が住み込んでいたことが想像される。平均一週間おきに四斗の白米が購入されていたと考えれば、仮に一日三食白米を五合食べたとすると、一〇人前後の者が二楽荘内に在中していたことになる。『精米売掛帳』に連記された「二楽荘」は、大正六年十月二十六日を最後にみられなくなる。
＊39　「続大谷探検隊秘話　隊員吉川小一郎さんに聞く」（『月刊シルクロード』第六巻第五号）
＊40　「平生日記抄」一（『一点鐘』甲南学園通信第五号　一九七九年）
＊41　「平生日記抄」四（『一点鐘』甲南学園通信第一二号　一九八二年）
＊42　同右
＊43　『向上』第一四巻第九号（大正九年九月一日）
＊44　久永丑次郎『一点鐘』（甲南学園通信第三号）
＊45　片山章雄（『東西交渉』第五巻第一号）の指摘による。
＊46　『おかもとさんぽ』第二五号（岡本商店街振興組合、昭和六十年）
＊47　『甲窓』第一一号（甲南学園同窓会、甲南大学同窓会発行）
＊48　藤木九三『屋上登攀者』（昭和四年）
＊49　「甲南聴雨記」（『瑞門会誌』第二号　昭和二十七年）
＊50　その中で、特記すべきことは、和泉慧晃が光瑞が碑文の拓本を朗読していることを印象深く思っていたという『瑞門会誌』第六号の記述にも関わらず、同報告に拓本類の記

載がみられず、支那室から二階に上る階段下に貼り付けられた赤色の絵馬の残存のみを記していることである。この拓本は、前述したように大正九年八月の修養団の天幕講習会が開催された時には確認できるから、それ以降に持ち出された可能性が指摘できよう。もう一点は、策進書院や食堂、巣鶴楼がすでに取り壊されて、礎石しか残存していないことである。

*51 朝倉斯道『朝倉斯道随想抄』（昭和四十八年）

*52 水野信太郎『日本煉瓦史の研究』（平成十一年）

*53 大高庄右衛門「煉瓦の形状に就いて」（『建築雑誌』第二二五号）

*54 小野田滋『鉄道総研報告』特別第二七号（平成十年）

*55 『武庫離宮新築工事』二五

*56 「今明日の二楽荘」（『大阪毎日新聞』大正元年十一月二日・四面）

*57 筆者は、平成十二年十月二十日、岡本交友会（代表廣岡倭蔵）の講演会の席上で、土居武雄氏より、二楽荘の遺物と推定される石柱の話を拝聴した。現在も道路の側溝に安置されているため、実物を実見した。この石柱は二石あり、一石は直径三六センチ、長さ一〇八センチ、一方の端は丸く入念に仕上げられ、直径三〇センチの平坦面を形成している。その中央には直径四センチ、深さ九センチの円形の穴が穿たれている。一方の端は平坦面に仕上げ、中央に直径一二センチ、深さ五センチの穴が開けられている。もう一石は、直径三六センチ、長さ九六センチ、両端は平坦面に仕上げ、一方の端の中央に直径一二センチ、深さ五センチの穴が開けられて、片端は一辺一〇センチの隅丸方形の穴に花崗岩柱がはめ込まれている。両石材の表面は入念に研磨仕上げが行われているが、風化により凹凸やひび割れが顕著に認められる。

　その後、この石柱が旧野村和吉邸の門柱として利用されていたこと（昭和十三年七月の水害で建て直し）が判明した。さらに石質が龍の石造品と同じ大理石であること、石柱の一端に、龍の台座裏面に穿たれた穴と同じ法量の穴があることから、龍の石造品と石柱は接合し、同一の用途として使用された公算が高くなった。また、花崗岩柱がはめ込まれた石柱の下部には、未見の台座が存在していた可能性も考えられる。

　子供ながらにこの門柱をみていた野村和子（大正十一年生・野村和吉の娘）は、先端部に置かれる龍の石造品の記憶はないとのことであるから、すでに昭和の初め頃には細谷の言う土蔵の奥にしまい込まれていたものと考えられる。

書き下ろし論考

二楽荘私的研究史

片山章雄

一、二楽荘の関係者と二楽荘に関する情報

大谷光瑞が六甲に建てた別荘二楽荘については、当然ながら光瑞自身および同時代の関係者、あるいは六甲山麓の居住者、阪神間の鉄道・沿道から実際にその姿を仰ぎ見た当時の人々が詳しい。彼らによって、記録や報道がなされ、また、それに加えて写真も残ったので、そこから得られる情報も少なくない。二楽荘は竣成から二十三年（起工・名称公表から数え二十五年）で焼失し、以後はその姿を確認できなくなった。したがって二楽荘の関係者や、その当時その姿を目視した人々も、その後は文献情報・写真情報に依拠することにならざるを得ず、二次的・間接的情報しか持たない他の人々との違いは、目視経験に基いた回想を残せるか否かのみとなる。つまり、文献・写真情報が保管され再提示されてきたことによって生み出されてきた臨場感は侮れないものなのである。

二楽荘は元々は個人の別荘であるから、一部関係者は研究の観点から見たとはいえ、そもそも本格的な研究の対象にはならなかった。しかし二楽荘は今、その情報を収集したり回想談の対象とするだけでなく、明らかに研究の対象にもなっている。そうなった一要因に関与した者として、今回ここに「二楽荘私的研究史」として新稿を書く所以であるが、三十年の二楽荘追跡を振り返ると、「研究」という語の枠組のみで経緯をまとめられる状況ではなく、至る所に人間関係や情報把握の幸運があった。したがってここでは関係者からの恩恵に感謝しつつ、

個々人のお名前を挙げて、その「研究」の軌跡をたどってみたい。

二楽荘との出会いは人によって様々であろうが、私の場合は東洋史、特に中央アジア史の史料に関わる保管場所、すなわち大谷探検隊の収集将来品が置かれた大谷光瑞の別荘として知った。一九七〇年代の後半、東洋文庫附置ユネスコ東アジア文化研究センターで『日本における中央アジア関係研究文献目録』の作成作業に関与し、その中で、ウイグル語文書から中央アジア史を研究している梅村坦氏（現在中央大学教授）から二楽荘の存在を教えられたのである。その目録は昭和六十三年（一九八八）、同目録索引はその翌年に刊行されたが、そこには「二楽荘」「二楽叢書」の語で四件の専門的文献が確認できる。この目録を作成中の昭和五十九年（一九八四）十一月、上原芳太郎編『新西域記』を井草出版で復刻する際、別冊で山田信夫氏（当時大阪大学教授、故人）が解題を書くことになり、附載「大谷探検隊中央アジア関係文献目録」を急遽作成する件が私のところに舞い込んだ。約一カ月という短期間の作業で、バランスのために採録する文献を取捨選択したが、その結果、目録に数点の二楽荘関係、『二楽叢書』関係の文献を登載した。作成の裏話を同年暮れに井草出版の『季刊東西交渉』に書いたが、それを今取り出して再確認すると、すでに二楽荘に焦点を当てていたことが解り、実に懐かしい。

その少し後、手紙のやり取りがあった三浦太郎氏（三浦朱門氏・曽野綾子氏の子息、後に英知大学を経て現在中部大学教授）と夫人三浦暁子さんから二楽荘隣地の新住所を記す転居通知をもらった。また、昭和六十年（一九八五）の夏前に、二楽荘に関する零細な新聞記事などを相当数集め、二楽荘跡地管理中の霊法会と連絡を試みたりしていた。『季刊東西交渉』の同年夏の号の表紙には、二楽荘や探検隊に関する忘れられた記事多数を散りばめて紹介したが、それらを持って本気で神戸に行こうと考えたのである。

昭和六十年（一九八五）八月上旬の自身の日誌を見ると、一日おきに、上野アキ先生（東京文化財研究所名誉研究員［平成二十六年十月十二日永眠、故人］）に伴われて大谷探検隊将来品を入手した木村貞造氏（明治四十五年生まれ、故人）に会って二楽荘を話題にしたり、明治三十四年（一九〇一）生まれで二楽荘見学経験をもつ植村清二氏（当時新潟大学名誉教授・国士舘大学教授、故人）宅に遊びに行ったり、また、当時は都内在住だった、明治三十二年（一八九九）生まれで明治四十五年（一九一二）武庫中学入学、後に昵近部で光瑞に近い所にいた嶋北三晃氏（故人）に会って二楽荘の話を聞き出したりしている。

同じ八月の中旬には四泊五日で神戸・京都・米原に行ったと記載がある。この時点ですでに刊行されていた商店街紙『おかもとさんぽ』九月号には二楽荘で遊んだ坂田元三氏の回想が載り、それを受領したお礼もあってまずは三浦太郎氏・暁子さんに挨拶を済ませ、翌日は霊法会事務所に行った。対応の方に手持ちの全資料の複写を渡した。事務所の壁で二楽荘跡の内線電話番号を確認、『空から見た神戸』（日本交通公社、昭和五十七年）に見えるようにそこにはその後建設された建物があって、そこに電話もありと踏む。諸事お世話になって満足して帰った。また明治四十年（一九〇七）生まれで、神戸と華僑・在留外国人を研究し、ご自身で刊行されていた『日華月報』（第五四号、昭和四十六年）に「大谷光瑞の別邸、二楽荘」を掲載していた鴻山俊雄氏（故人）を訪ねもした。彼も二楽荘見学者である。その後、旧知の甲南大学の堀直氏（現在同大学名誉教授）に会い、次の日は本山村の元村長だった増田太郎右衛門氏宅で明治四十五年の『二楽荘写真帖』を拝見、さらに二楽荘がかつてあった地を西側から見るために隣の山に登ったり、下りては書店に先に触れた坂田氏を訪ねたりした。

さらに翌日は甲南大学の学園史資料室に赴き、課長の了解のもと、担当の佃安紀子さんから関係資料についてご教示を得た。その時の佃さんと課長のやり取りが印象的であった。曰く、「二楽荘を研究されている方です。」対して曰く「二楽荘は研究の対象になるのですか。」と。無理もない話である。その夜は京都に一泊、翌日は米原で下車し、大谷探検隊吉川小一郎隊員にインタビュー歴があり、黒田鵬心『古美術行脚』（趣味之友社、大正三年）中の二楽荘に関する記載を雑誌で紹介していた粕淵宏明氏とも情報交換したのである。

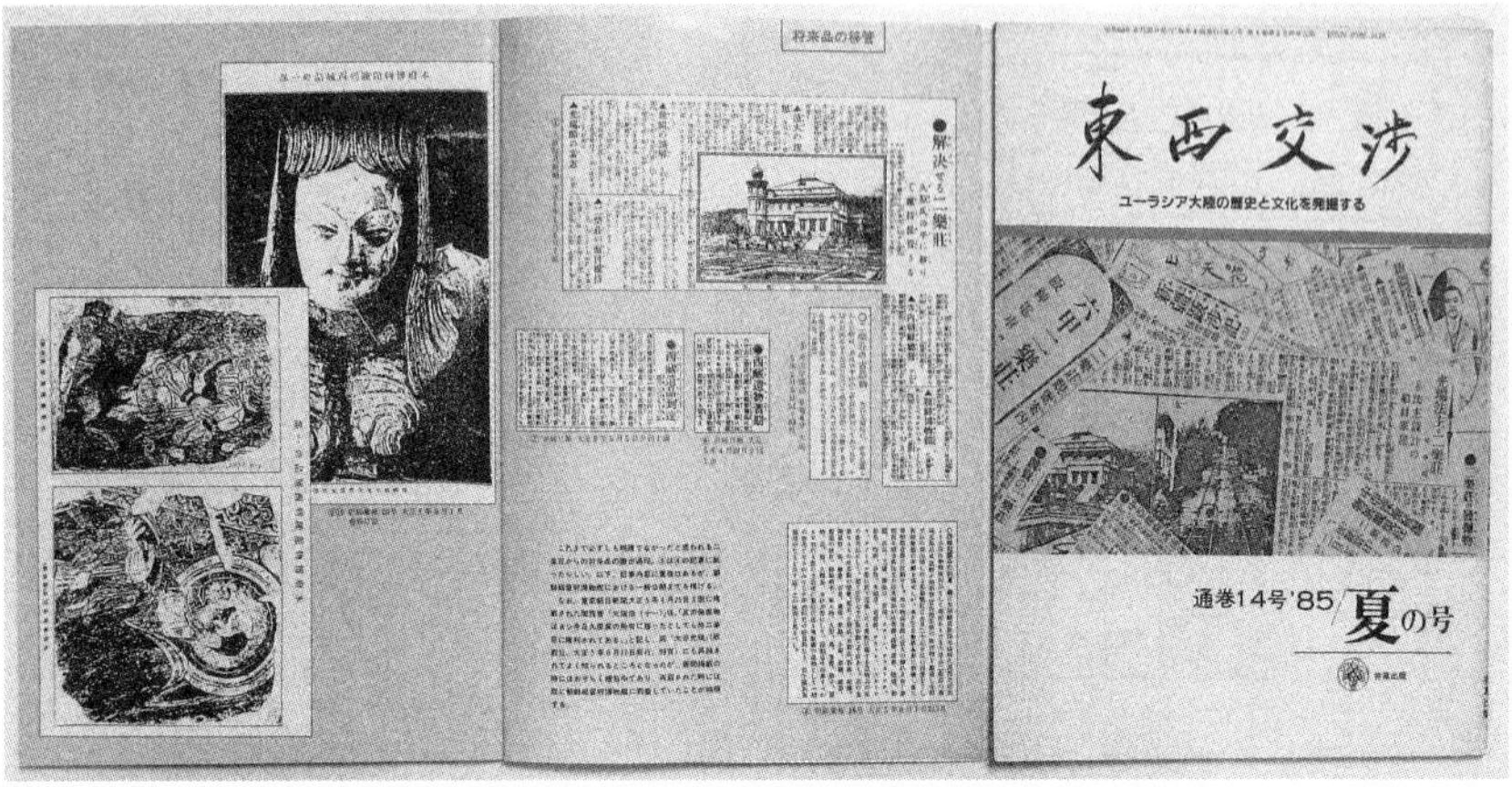

『季刊東西交渉』1985年夏の号表紙と1985年秋の号の関連頁：「解決せる二楽荘」などを掲載した。

二、関係文献の再収集から紹介研究へ

右のような昭和六十年（一九八五）八月の情報収集、二楽荘跡地とその近隣地訪問を経て、『季刊東西交渉』の同年秋の号では「大谷探検隊関係記録拾遺Ⅰ」を書き、「解決せる二楽荘」という大正五年の新聞記事などを掲載した。続いて同誌同年冬の号では、図版中心だった先のⅠの解説版として「拾遺Ⅱ」を書いたが、それよりも重要だったのは、八月に面会して話を聞いた嶋北氏のかつての回想文を増補した「六甲山に憶う――大谷光瑞猊下・武庫中学・二楽荘についての思い出」を同時に掲載するのに尽力できたことである。八六歳の光瑞門下生による回想文の掲載であった。

このような動きに加え、関係文献の再収集も進んでいた。例えば、偶然にも近所の飲食店で知り合った建築学専攻の渡辺富雄氏（現在日本大学准教授）経由で、貴重な文献すなわち『建築工芸叢誌』に、二楽荘に関する基本的記述があることを情報提供下さった近代建築専攻の大川三雄氏（現在日本大学教授）、『建築工芸叢誌』掲載の写真を再録した『住宅建築写真集成』の存在を指摘してくれた加藤直人氏（現在日本大学教授）と森田憲司氏（現在奈良大学教授）、その他多くの方々のご教示は忘れられないものである。瑞門会の井上春三氏からのご教示や文献貸与もありがたかった。さらに自力で把

握し入手した情報もあった。例えば明治四十一年（一九〇八）五月二十二日の『中外商業新報』の記事やその直後の『建築雑誌』、また大正元年（一九一二）十一月の二楽荘一般公開直前の『大阪毎日新聞』の「光瑞法主と二楽荘」連載やその関連記事などである。特に、大阪毎日新聞社の関露香は、直接の関係者で後年影響をもった『大谷光瑞』（政教社、大正五年）を書いた人であるにもかかわらず、二楽荘の一般公開年を明治四十四年と誤り、それに依拠した複数の作家が未確認で誤った記載をしていることにも気付いた。ただ、田中末広『興亜の先覚大谷光瑞師』（愛国新聞社出版部、昭和十四年）と、浦井靖六（浦上五六・井上靖によるペンネーム）『現代先覚者伝』（堀書店、昭和十八年）は正しい年号を記していた。このように多くの関連文献を把握できたことを背景として、『季刊東西交渉』昭和六十一年（一九八六）春の号に「拾遺Ⅲ」を書いた。口絵四頁、本文八頁の全部が二楽荘の文献紹介と追跡であった。「本邦無二の珍建築」という伊東忠太の表現を紹介していた『別冊・都市住宅』（第六号、昭和五十一年）を見落としていたのが悔やまれるが、焼失時の久原房之助と大谷光瑞の新聞談話を紹介したのは今でも意味があったと思う。その後、そこで未見とした二楽荘絵葉書の各国室カラー四枚や、それと一体と思われる「聚遠閣絵はかき二楽荘」という袋、二楽荘スタンプ付き発掘物絵葉書を千葉の古書展で購入し、相前後して『建築工芸叢誌』や『住宅建築写真集成』、さらには書物ではなく手製作成されたロシア語表示アルバム、訳せば『久原房之助邸 ゲオルギー・ミハイロヴィッチ大公訪日記念アルバム』（大正五年）を入手することができて、一部は前掲誌連載の続編である同年夏の号の「拾遺Ⅳ」で紹介した。

『季刊東西交渉』1986年秋の号表紙

　その後約十年、小さな文献の収集に努めたが、平凡社

『建築工芸叢誌』第20冊（大正２年）と『住宅建築写真集成』第参輯（大正７年）

『太陽』平成三年六月号の二楽荘の部分（編集側は「〃本邦無二の珍建築〃——光瑞の夢を具象化した絢爛たるパラダイス」と題を付けた）を担当した以外はほとんど書いていないはずである。そして大きな衝撃は、平成七年（一九九五）一月十七日の阪神・淡路大震災であった。以後しばらく神戸、特に六甲近辺に赴くことが躊躇された。三年後の秋、復興を示すための内陸アジア史学会が甲南大学で開催された。その折に、前出の堀直氏は一冊の本をそっと差し出して下さった。題して『学園が震えた日』、甲南学園が往時と震災、追悼と復興を記録して前年に出したものであった。

三、二楽荘追跡のその後と芦屋市立美術博物館

内陸アジア史学会が甲南大学で開催された平成十年（一九九八）の前年、芦屋市立美術博物館で「阪神間モダニズム　六甲山麓に花開いた文化、明治末期―昭和15年の軌跡」と題する特別展が開催され、

同題の図録も作成販売された。そこには和田秀寿氏による三頁の「六甲の天王台と評された二楽荘」が掲載されている。日誌を見るとこの平成九年（一九九七）は、十月末から翌月初めにかけて大阪へ出張、その機会に神戸の海寄りにあったその会場まで足を延ばしたのである。会場一巡の後、受付を通じて担当者の在、不在を聞き、運よく和田氏と面会して話すことができた。その折に、五年も前に『大谷記念館誌』第一号に寄せた文中で、光瑞の『濯足堂漫筆』（民友社、大正十四年）に「山水」という項があり、そこで「山水を併有するものにあらざれば、好風景と云ふ可らざるか。」とあること、二楽荘も別府の鉄輪別邸も相通じるということを話題にしたや否や、記憶が怪しい。その後の和田氏の文献と情報の探索は広範にして詳細で、結果的に二年後の平成十一年（一九九九）の「二楽荘と大谷探検隊」展示と同名の図録刊行となった。協力した甲斐もあった上に、十数年を経て前出の佃さんとその展示会場で再会することもできた。

この会期中に思い出した、二楽荘焼失時の『大阪朝日新聞』の記事。そこには上空からの二楽荘の写真があり、朝日新聞大阪本社の旧知の松井京子さんに、社内から発見できれば大発見だと願望を伝えた。果たして上空写真二枚が見つかり、会期末期に展示され、和田氏は再度特別展が企画された暁には図録表紙にと念じた。こうして平成十五年（二〇〇三）の「二楽荘と大谷探検隊Ⅱ」の開催と図録表紙の出現となったのである。

二楽荘に関する情報と研究文献、追跡成果の全貌は、芦屋での二度の特別展の濃密な図録に見える通りで、今回それらを合体し再編成した本書でも同様の情報が得られる。一方、近十年ほどの成果の一部は、龍谷ミュージアムに場所を移して開催される三度目の「二楽荘と大谷探検隊」で扱われることだろう。詳細は、本書や「二楽荘と大谷探検隊」各図録の関係箇所を参照されたい。なかなか純然たる研究史にはならないが、二楽荘の情報と文献の追跡には、縷々述べたような、関係者との人間関係や協力関係、文献入手の幸運という歴史があったことを記し、研究史の一側面としたい

阪神間モダニズム文化の中の二楽荘

和田秀寿

一、モダニズム文化の萌芽

二楽荘が機能していた明治末期から大正初期は、阪神間では交通機関の発達によって大阪・神戸の実業家らの別荘地、郊外住宅地が形成され、西洋文化の浸透と相まって新しいライフスタイル（阪神間モダニズム文化）が萌芽し始めた頃であった。そこで、本稿では、別稿の繰り返しとなる部分もあるが、当時の文化と共にその立地環境が経年的に変化してきたさまを再度概略しながら、阪神間の文化史・地域史の中の二楽荘について見ていきたいと思っている。

阪神間において、明治七年（一八七四）に大阪―神戸間を約七〇分で走る官営鉄道が開通した。停車駅は、神崎・西宮・住吉・三宮で、農村地帯を蒸気機関車が走り抜ける光景は、近代阪神間の夜明けを告げるものであった。そして、近世以前から続いてきた村々の発展と停車場周辺の新たな土地開発が徐々に進む中で、明治三十八年（一九〇五）、官営鉄道からさらに海寄りに並走する私鉄の阪神電気鉄道（阪神電鉄）が開通する。この阪神電気鉄道は、大阪出入橋―神戸間を海岸沿いに走り、三四の停留所を経由しながら約九〇分で結ぶもので、各町村と大都市を直結する電気軌道であった。

阪神電気鉄道は乗降客を増やすため多くの沿線開発を打ち出した。芦屋の打出浜には関西初の海水浴場を開設し、また博覧会場・動物園・ホテル・音楽堂・公園等が複合する総合的娯楽施設である西宮の香櫨園遊園地を開

岡本梅林と西本願寺別邸（明治44年）：二楽荘が建築された頃、眼下には田畑が広がっていた。

業、スポーツの場（ゴルフ・登山）・避暑地としての六甲山の開発に乗り出す。また、『市外居住のすゝめ』や『郊外生活』といった阪神間の総合情報誌を独自に発行し、健康面を重視しながら、阪神間が郊外生活をするのにどれほど優れた環境であるかを、自社の鉄道の利便性と共に広く世間に訴えた。一方で民間によっても、娯楽施設として西宮苦楽園のラジウム温泉、園芸・遊園施設として鳴尾の百花園、そして関西競馬倶楽部競馬場が開設されるなど、神戸・大阪の大都市に近在する阪神間は、交通機関の発達、それに付随する集客娯楽施設の増加、四季折々のイベントの開催等によって、さらなる発展をとげ、自然に恵まれた良好な住宅地としての魅力を提供できる地域となっていく。

このように発展する阪神間ではあったが、交通の利便性を考え、特に郊外住宅の開発は停車場・停留所周辺に限られていた。そのため、二楽荘が建築された頃、その眼下には田畑が広がり村落が散在し、地場産業でもある酒造業・絞油業に伴う水車小屋が点在するような、さほど阪神間では珍しくない原風景を留めていた。そして、まさにその風景の中で山麓側に一際目だったのが二楽荘であった。また、二楽荘と共に当時の新聞が「六甲山下の双美」と称えた建物がヴィクトル・ヘルマン邸（ヘルマンハイツ）であった。ヘルマン邸は、二楽荘が立地する「天王山」と対峙する「十文字山」の中腹に同時期に併存し、その建物は中世城郭を想起させるものであった。

概して、大阪湾から鳥瞰した風景と言えば、海岸から灘五郷の酒蔵・漁村風景が広がり、その中に別荘地、郊外住宅地が散在し、六甲山を背後に臨むその中腹には二楽荘とヘルマン邸が対峙している、という風景が思い浮かべられた。そしてその二つの建物は、今まで見たこともない異国風の建築物であった。なかでも建築家・建築史家の伊東忠太が「本邦無二の珍建築」と評し、「経済・堅牢・趣味の三つを主としたる建築にして落成の上は我が建築界に一種独特の標本を供するならんと」と報じ「建築界の異彩」と論評した二楽荘本館は、まさに阪神間モダニズム文化の萌芽を思わせる象徴的な建物であり、ランドマーク的な存在であったことが想像される。

見よこの二大邸宅を：上にヴィクトル・ヘルマン邸、下に二楽荘。

二、二楽荘と阪神電気鉄道

阪神電気鉄道が大正三年（一九一四）一月から刊行した

月刊情報誌『郊外生活』は、阪神間の郊外生活の魅力をいち早く盛りだくさんに紹介した文化情報雑誌であった。内容は阪神間に関連した随筆・評論、娯楽・園芸記事、連載「沿線の紳士」「園芸月暦」「阪神沿線の史蹟」など、現代の鉄道沿線の情報誌と全く変わらないような内容であった。また自社の考えを周知させるべく「阪神電車より」という連絡記事を掲載することもあった。そして、この情報誌には、別稿で詳細に記したように二楽荘に関わった多くの者が投稿している。二楽荘園芸部主任の千原清は、当時まだ栽培方法が確立していなかったマスクメロンの栽培に成功し、その成果報告を詳細に記した。また「あぶら虫」「秋大根」「草苺」といった園芸研究も公表している。元神戸測候所所長で二楽荘私設六甲山測候所所長の中川源三郎は、阪神沿線の気候について、過去の気候データ等から「本邦第一の気候」と評し、感覚温度についても「何処よりも好適の地」と述べている。さらに、日本でもほとんど実施されていない、電気を用いた栽培方法の研究にも言及している。これら二者の寄稿は、実験成果を公表する、内容的にも高い水準の研究論文で、研究会などにおいて多くの研究者に刺激を与えた。そして、六甲山測候所では、山上から夜間に大電灯を色別に点灯することによって翌日の天候を知らせ、微妙な気候に左右される酒造や寒天製造者にとっても有益な行為となった。その他にも、大谷探検隊隊員で中央アジアの仏蹟調査に赴いた橘瑞超が、自身が将来した資料の一般公開についての詳説を寄稿したり、同じ中央アジア調査班の吉川小一郎が、現地で健康維持として酸乳（ヨーグルト）を飲んだ経験に基いて、二楽荘で乳牛から酸乳を製造した成果やその販売促進について記している。

これら二楽荘の活動報告をみると、その活動が郊外住宅形成の一翼を担い、地域の活性化や発展、そして学術貢献にも結びついていたこと、それを地域から全国に発信しようとする思いを感じとることができる。そして、これらの記事を読んだ読者は、阪神間が住み良い環境であることをさらに理解すると同時に、二楽荘での活動も認識したことだろう。それは阪神電気鉄道と二楽荘という両者の思いの融合ともいうべき結果であった。

三、一般公開された二楽荘

二楽荘は一個人の別荘であり、教育施設（武庫仏教中学）、研究施設であったため、入山許可がなければ入ることができなかった。本願寺の機関誌である『教海一瀾』にも、二四時間前までに通報所長に届出すること、訪問時間は午後二時から午後四時まで、と厳密に規定されていた。しかし、明治末に表面化した大谷家の負債問題や第四仏教中学の移転問題など、二楽荘にとってグレーな面が一般に知られ、それを払拭する意味もあり、一般公開に踏み切った。近年存在が確認された『二楽荘月報』には、「本館は申すまでもなく一私人の所有物で殊にその住宅である以上公開すべき性格の物ではないが、然しこの天然の好風景と、此花卉の美しい庭園と、幾多の歴史と、美術に関する物品とを一私人が壟断するは甚だ惜む可きことであるから広く天下の公衆と共に此楽みを頒つのが至当であろうと思ふて之を開放するに至つたのである」と二楽荘本館及び庭園の公開理由が述べられている。

初回の公開は、大阪毎日新聞社独占の期間限定として、大正元年（一九一二）十一月二日・三日に実施された。詳細は別稿で述べた通りであるが、最寄りの官営鉄道の住吉駅や阪神電気鉄道の青木駅・魚崎駅・住吉駅は、列車が到着するたびに二楽荘に行く人びとで賑わい、沿道にも出店が多く建ち並び、名物「二楽荘餅」まで売られる状況であった。二日間の総入場者数は三万人以上となり、普段はひっそりとした田園地帯が広がる風景の中に突如生じた、沿道をひしめき合って二楽荘に向かう人びとの様子は、村民たちを驚かしたことであろう。

二楽荘の公開は、その後も有料（五〇銭）で行われた。また大正二年（一九一三）二月一・二・三日の三日間は、クラブ化粧品本店主催の無料公開が実施された。クラブ歯磨きやクラブ化粧品などのクラブ商品愛用者に限定して公開するもので、当日その商品一品以上かその袋二袋以上を持参することで無料見学ができるという仕組みになっていた。その後も二楽荘の公開は有料で継続され、その時の見学記も散見される。さらに、大正三年（一九一四）八月十五日からは「中亜探検発掘物第二回展覧会」が入場料一〇銭で実施された。この展覧会の開催の目的は、日本における西域文化の研究の焦点を定めるため、と同時に、西域文化研究の指示者、大谷光瑞師の真意を伝えるため、と言われている。展覧会の概要は、各新聞社が報じた。朝七時から夜十時まで開館され、軽便鉄道や食堂も準備されていた。また、土・日曜日の両夜には幻灯機による映像解説もあった。展示は当初一カ月間の予定であったが、好評を期したのだろうか順延され、十一月三十日まで開催された。そして、以後も二楽荘は公開されており、大正四年（一九一五）一月から再展示する計画も報じられ、少なくとも大正四年四月までは公開が継続された。つまり、二楽荘の公開は、間断期を一部挟みながらも、大正元年十一月から大正四年四月までの期間一般に公開されていたことになる。

四、博物館機能としての二楽荘

明治維新後、富国強兵・文明開化を達成するために急速に殖産興業を推進しなければならなかった日本において、博物館・博覧会は、近代化を進める上で一つの大きな役割を担っていた。そして、国の博物館施設に影響され、地域の産業や教育と深く結びついた地域の博物館も設置された。また、明治末期は、さらに新しい形式をもつ特殊な観覧施設である物産陳列場が各地方において盛行するなど、斬新な博物館のあり方が提起され、博物館の新たな方向性が萌芽する時期でもあった。

さて、二楽荘の一般公開で最大の目玉になったものは、二楽荘本館で展観された「中亜探険発掘物展観」であった。英国室の障壁画、アラビア室の障壁天井・新疆の古銭、支那室やインド室の仏陀釈迦千仏断片・経石片・銅鼓の展示では、身動きが取れないほどの盛況であった。展示の中には中央アジアから発掘されたミイラもあった。その時の新聞記事や展示風景写真を見ると、展示資料は展示ケースに収められ、大まかに各部屋毎に出土地別・種類別に区分・展示されていた。インド室においては、インド彫刻が並ぶ中で、その中央に背の高い菩提樹を配置するなど生態的な展示も取り入れられている。また、本館二階の回廊書庫では既存の書架が撤去され、発掘された経典類が棚に工夫をもって展示されていたようである。展観の記念グッズとして「中亜探険発掘物絵葉書」や「二楽荘絵葉書」も販売されていた。

大正二年（一九一三）二月一日～三日のクラブ化粧品本店主催の無料公開では、今で言う特別展における記念講演会と同じような「二楽荘大講演会」が連日実施された。また、二楽荘山上等から風船を飛ばし、風船には景品券をぶら下げ、後にその景品を渡すという余興も行われた。その景品は三日間の累計で、二楽荘温室の花卉一五〇鉢、懐中時計六個、洋傘六本、クラブ化粧品若干であった。さらに、二楽荘オリジナルの「支那温麺」「印度香飯」「新疆料理」等が食堂にて販売されるなど、入館者促進のため色々な手段が講じられている。また、大正三年（一九一四）八月から展観された「中亜探検発掘物第二回展覧会」では、展示手法においても、幻灯機を使った映像展示と考えられるような工夫を取り入れており、注目に値する。

このように二楽荘は、資料を収集保管し、調査研究して展示に供するという博物館としての機能を有していたと考えられる。おそらく、大谷光瑞師は、ロンドン留学時や海外巡遊に際して多くの博物館や博覧会を観覧し、海外における博物館学に対する意識を持っていたものと思われる。

五、「二楽荘写真展覧会」の開催

二楽荘本館では、大正二年(一九一三)四月一日より十日まで一般公募による写真展が開催された。この展覧会は、毎年春秋二回の開催予定で、第一回においては、会費一円を添えて三月二十五日までに作品を出品すること、作品は一人三点までであることが規定された。そして、展覧会の総裁として大谷光明、審査員としては総裁に加えて大阪の写真家宗徳蕪湖らを選出し、優秀作品には金盃・銀盃・小銀盃他を贈呈した。応募者に限り展示期間中随時二楽荘本館に入場でき、食券が提供されるという優待が採られた。

この頃、撮影した写真を展示する場としては、写真愛好家が設立した倶楽部や研究会、百貨店が企画する写真展覧会があった。とはいえ、大正二年には、大阪の浪華写真倶楽部が府立大阪博物場で写真展を開催したが、内容は優れなかった。また京都では大丸呉服店主催の写真展が十四日間開催されたが、特記すべき作品の展示には至っていないと言われている。そして管見によるとこの時期神戸においては、写真展の開催は認められない。その中にあって、二楽荘での写真展は、写真界においてもトピック的事業であったと理解できる。なお、この二楽荘での展示会の責任者は柱本瑞俊であった。柱本は二楽荘内にあった武庫仏教中学校において、生徒に「写真術」の講義をしており、講義を受けた学生(布賀瀬龍山)はその影響を受けて、広く写真に興味を持つことになったという。

この展覧会は、今で言うところの、博物館における一般参加型の小企画展のようなものであり、出品者側と主催者側との相乗効果を生む事業であったと評価できる。

六、すべては「仏陀ノ大慈悲ヲ伝ユル」

大谷光瑞師は、二楽荘において色々な事業を実践してきた。明如宗主（大谷光尊師）が西本願寺第二一世宗主であった明治三十二年（一八九九）一月には、二四歳で「国家の前途と宗教の将来とに付て深く考ふる所ある」として、初めて外遊の途に就き、その後もインド仏蹟巡拝とヨーロッパの宗教制度研究のため再渡航した。インドからイギリスに入り、ロンドンを拠点として約三年間、ヨーロッパの環境のもと、様々な分野で多くの事象を見聞・体験し、自らもスキルアップしていった。その成果が形となったのが「二楽荘」における実践であったと考えられる。

二楽荘竣工前に大谷光瑞師は、西本願寺の役員を集め、白書院において、浄土真宗の現状と将来の発展について言及している。その中で「仏陀ノ大慈悲ヲ伝ユルノガ今日ノ急務」とし「布教伝道ニ勉メテ一派ノ生命タル根本ヲ培養スルニ注意ヲ怠ラナヒヤウニ希望スルノデアル」と述べた。そして、この親諭を自ら実行に移した場所が二楽荘であったと考えられる。荘内では、仏教の人材育成、農事の発展、地域振興に関わる多くの事業が展開されたが、その活動の根本は「仏陀ノ大慈悲ヲ伝ユル」であった。

（参考文献）

阪神間モダニズム展実行委員会編著『阪神間モダニズム　六甲山麓に花開いた文化、明治末期―昭和一五年の軌跡』（淡交社　一九九七年）
中川源三郎「阪神沿道の気候は日本第一である」『郊外生活』第一巻第五号・第一巻第八号（阪神電気鉄道株式会社　一九一四年）
千原清「マスクメロンの作り方」『郊外生活』第一巻第七号（阪神電気鉄道株式会社　一九一四年）

橘瑞超「二楽荘を公開して」『郊外生活』第一巻第八号（阪神電気鉄道株式会社　一九一四年）
千原清「秋大根」『郊外生活』第一巻第八号（阪神電気鉄道株式会社　一九一四年）
千原清「草苺」『郊外生活』第一巻第九号（阪神電気鉄道株式会社　一九一四年）
千原清「あぶら虫」『郊外生活』第一巻第一〇号（阪神電気鉄道株式会社　一九一四年）
吉川小一郎「中央亜細亜からのみやげとして」『郊外生活』第一巻第一一号（阪神電気鉄道株式会社　一九一四年）
中川源三郎「居住地としての阪神沿道」『郊外生活』第二巻巻第三号（阪神電気鉄道株式会社　一九一五年）
中川源三郎「電気栽培の話」『郊外生活』第二巻第四号（阪神電気鉄道株式会社　一九一五年）
中川源三郎「六甲の四八〇高地」『郊外生活』第二巻第八号（阪神電気鉄道株式会社　一九一五年）
中川源三郎「電気栽培の話」（続き）『郊外生活』第二巻第一〇号（阪神電気鉄道株式会社　一九一五年）
伊東忠太「二楽荘の建築」『建築工芸叢誌』第二〇冊（建築工芸協会　一九一三年）
鵜飼長三郎「二楽荘建築工事概要」『建築工芸叢誌』第二〇冊（建築工芸協会　一九一三年）
「二楽荘の楽観」『中外日報』（一九一三年一月二九日・二面　中外日報社）
「建築界の異彩」『中外日報』（一九〇八年五月十七日・二面　中外日報社）
一記者「雑録　大正二年の回顧」『写真界』第九巻第Ⅰ号（大阪写真界　一九一三年）
布賀瀬龍山「写真術」講義ノート
「御親諭」『本山録事』明治四十二年九月二十五日（本願寺）

二楽荘と都市計画について
――大谷光瑞にとって二楽荘とは何だったのか

掬月誓成

一、二楽荘研究における近年の成果

大谷光瑞が、ある時期に本拠地および活動拠点にしようとしていたと考えられる二楽荘。[1]本稿では、二楽荘と、そしてその地平の先にあった大谷光瑞の都市計画について、試論を述べてみようと思う。

まずは、二楽荘の研究史についてごく簡単に振り返っておこう。二楽荘研究の濫觴は、片山章雄のレポートとエピソード集である。[2]そして平成十一年（一九九九）秋に、本書に収録されている「二楽荘史談」の基となった、芦屋市立美術博物館の展覧会「モダニズム再考――二楽荘と大谷探検隊」が開催された。二楽荘と武庫中学の膨大な資（史）料を収集し、統一的・本格的に研究・紹介した画期的なものであった。芦屋市立美術博物館では、続いて「モダニズム再考――二楽荘と大谷探検隊Ⅱ」も企画し、平成十五年（二〇〇三）秋に実施した。

最近の二楽荘研究で興味深いものは、服部等作の「大谷光瑞と二楽荘――その建築に影響した英国の邸宅文化とインドの僧院の景観」である。[3]「その着想と建築についての由来が多く語られることがなかった」という従来の二楽荘研究の問題点を指摘し、「二楽荘の着想と原点には、英国留学と時代背景、及び、インドの仏教遺跡調査があったと考え、その検討をすすめた」とする服部の論考は、二楽荘の建築経緯や内部構造、あるいは機能の紹介という従来の研究に留まらず、建設の動機、建築の発想をも考察しており、まさに二楽荘研究の新たな視点と拡がりを示したものと言えるであろう。

二楽荘本館からやや離れた場所から採取したモルタルと瓦片

服部が指摘するように、一九世紀末の英国をはじめヨーロッパ諸国にみられる別荘経営、また当時特に流行した温室経営が光瑞に大きな影響を与えたことは確かであろう。また「光瑞が目にみた英国貴族の邸宅と景観、ならびに直接指揮をとり現地調査した第一次大谷探検隊―インド調査、特にガンダーラの仏教遺跡が二楽荘に影響した蓋然性が多数ある」という服部の論旨も、正に卓識、卓論と言える。

昭和七年（一九三二）に二楽荘が焼亡して以来、本願寺や本願寺宗門立である龍谷大学にも、そのような視点を持った研究はほとんど見当たらない。理由として考えられるのは、探検隊将来品に比して、二楽荘は大谷家の私的別邸であったという要素があり、学術的対象になりにくいことが挙げられる。加えてさらなる核心的理由としては、光瑞本人と本願寺教団との関係も挙げられよう。

大正三年（一九一四）に光瑞は、疑獄事件の道義的責任を取り、浄土真宗本願寺派宗主及び西本願寺住職を退任、伯爵も返上した。そして西本願寺を出たのち、朝鮮半島を経て、大陸を活動拠点としてその後半生を始めることとなる。これらの行動は、本願寺教団にとって些か困惑の種となったのであり、二楽荘が人手に渡って、その後焼亡したことにより、教団は光瑞の象徴的建築物である二楽荘を研究する必然性をも失ったのである。

二、興亜計画

本願寺を出て大陸へ渡ってから、光瑞は、無憂園《むゆうえん》（上海）、浴日荘《よくじつそう》（大連）、逍遥園《しょうようえん》（台湾高雄）、大観荘《たいかんそう》

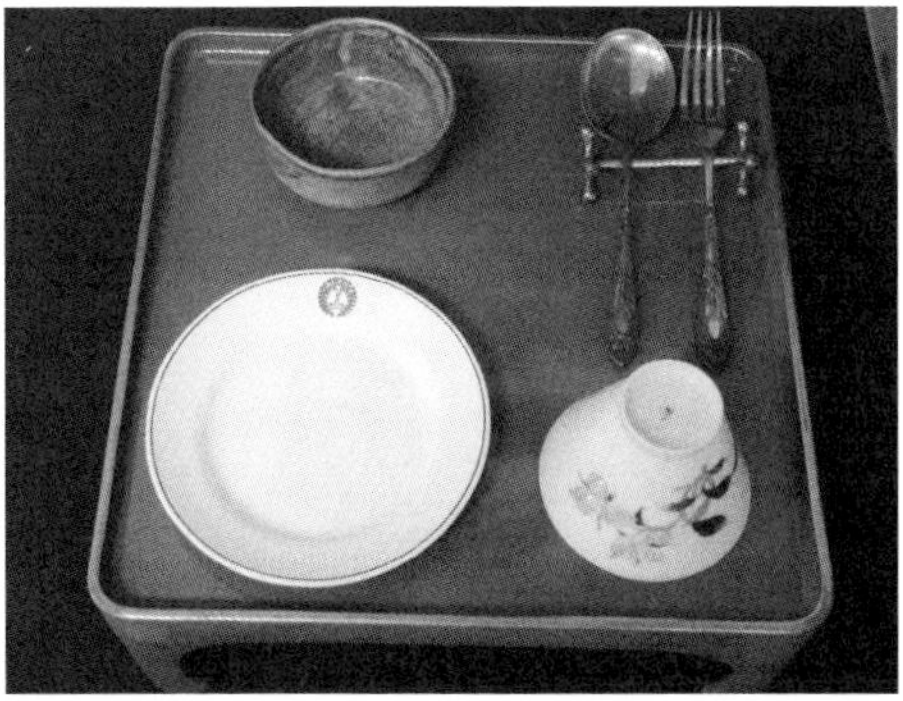

光瑞がロンドン時代から愛用していた銀のスプーンとフォーク、「大連浴日荘」の銘が入った皿など

（ジャワ）、環翠山荘《かんすいさんそう》（ジャワ）、耕雲山荘《こううんさんそう》（セレベス）などの別荘と農園を経営した。これらの一部については、大谷記念館が少しく紹介したことがある。[4] また南方農園については今のところ加藤斗規の研究があるのみである。[5] 近年発見された逍遥園については、高雄大学の黄朝煌が研究を始めている。[6]

それでは光瑞は、なにゆえにこのように多数の別荘や農園を経営したのであろうか。そこには光瑞の都市に対する眼差しが関係しているのかもしれない。そこでまず初めに、光瑞による一種の都市論がみてとれる「中国遷都論」をごく一部ではあるが紹介しておこう。

光瑞は、『大谷光瑞興亜計画』で、中国を中心とした東アジアおよび東南アジアの未来像を構築し、治政、産業、農業、運輸、水利、港湾、都市計画等に言及し提言を行っている。[7] それは、第二次世界大戦後のアジアの国々の独立復興などを目的としたもので、仏子にしてアジア人である光瑞の面目躍如たるものがある。第一巻の序文で、光瑞はその計画の目的に触れている。

夫れ、政は民を養ふに在り。民を養ふは徳を正し用を利し、生を厚くするにあり。不肖学浅く、才短く、蓬蒿《ほうこう》の下に生を送らば足れりと雖も、少なきより四十有余年、九洲の山河に遊び、天山、葱嶺《そうれい》亦皮鞋の下に在り。知りて是を曰はざるは義に不ず。茲に記する所を述べ、以て世に告ぐ。幸ひに済民の用たらば、不肖の望、是に過ぎず。

（訳）思うに、政治は、民衆の生活を豊かにするために、徳を高め、手を尽くさなければならない。自分は学問が浅く、才能が無く、根無し草のような境涯を送れば良いと思っていたが、若い頃より四十年以上にわたり、中国中を旅し、天山山脈やパミール高原に遊んだ経験と知識をもっている。これを世に問うことは大切なことだと思う。これによって、幸いにも人々の暮らしに役立つならば、自分の望むところだ。

同書には、「首都」と題した文章も収録され、「首都変遷の大要」「首都を奠《さだ》むるの意義」「首都としての要素」「各都市の首都としての比較」「新首都としての最適地、長興」「新首都唯一の弱点と其の対策」「新首都の建設理由」と小題を付け論を進めている。

「首都変遷の大要」では、夏、殷、周の時代から黄河流域に首都が定められ、国民党政府によって南京に首都が置かれるまでの歴史の要点を述べている。

「首都を奠むるの意義」は、現実の日中関係を嘆きつつも、「人見を一新し、新興の気象を立つは、首都を奠むるにあり」として、新しい国家建設をするには、新首都建設が必要という。

「首都としての要素」では次のように述べている。要素の第一は全国の中心がよい。中心とは人口の粗密、交通の利便等を考えるべきである。第二は気候の温和。第三は交通の利便。第四は平坦地と丘陵の交わるところ。人口を考えれば、平坦地がよいが、丘陵は眺めや園林によい。第五は用水の豊富。第六は土地が肥えていて、農業に適したところ。食糧の確保のため。第七は動力としての熱源、水力源の確保。第八は風光の明媚。第九は海路交通を考えて海の近く。第十は現に人が居住し、付近に人が多いところ。

「各都市の首都としての比較」では、以上の十条件につき、当時、人の口に上がった新首都の候補地を採点している。それによれば、北京は、第一項と第二項は、〇点、第三項は半分の減、第五・六項は三分の一の減、第九項は四分の一の減、第四・七・八・十項は満点というように表現されている。一項につき十点満点とし十項、満点を百点としている。

そして、例えば上海は、第一・四・七・八項に改良の余地があり、近隣の呉淞江付近や蘇州城と天平山の間などが首都の条件に適していると述べている。第一項から第十項までの各都市の合計点は左の表になる。

北京	65.7
南京	89.1
武漢	82.5
徐州	80
上海	92
長興	97.5

「新首都としての最適地、長興」では、次のように述べる。長興は、太湖の西南側、東西三五キロメートル、南北三〇キロメートルにわたる地域で、南北に丘陵があって、中央に渓流がある。そして太湖のほとり（具体的に位置説明があるが、ここでは省略）に水深八メートル（太湖の最低水位）にて築港し、運河を以て海港と連絡せよ。さらに必要であれば、水深の浅い太湖の水路を浚渫し、アメリカ合衆国のミシガン湖とシカゴ市のように、各主要地に通じさせよ。この他、排水量と吃水線の関係を具体的に述べたり、揚子江夏期の増水に備え、閘門を新設（具体的に述べているが、ここでは省略）するべきとしている。また、第一項から第十項までの要素を、気候、避暑、水源、エネルギー、山林や植物に至るまで、些か詳細に説明し、九十八点と採点している。

「新首都唯一の弱点と其の対策」は、長興の水害の可能性について触れている。これについては、先述の閘門は太湖への逆流は防ぐけれども、太湖それ自体の増水対策のためには、運河を新設し、海に注ぐことが必要としている。そして付近の夏期の雨量を示し、運河の位置や幅、長さについても具体的に言及している。

「新首都の建設理由」では、新首都は人心を一新するということを述べ、新興の中国に新首都建設を唱えないことは、或はそれについての計画を持たないことは、恥辱であるとまで言っている。

以上が「首都」で論じられた都市計画であるが、首都周辺に備わるべき付帯施設である、海港、鉄道、運河、漁港、水道、水利などについて微細にかつ大いに論を展開しており、大谷光瑞は、その都市計画のみをみても大胆不敵、と同時に非常に繊細で具体性に富んでいる。人一倍（何倍かは不明）多面性をもった光瑞を、単に知的好奇心旺盛といった言葉のみで片づけてしまって良いものであろうか。若き日、大谷探検隊を計画し、自ら率いて実行し、二楽荘を建設した光瑞には、計画は実行するものであるという不文律があったのではないだろうか。たとえそれが結果的に実行されなかったとしても、必ず実行すべく用意し準備をしたからこそ、このような緻密な計画が存在しえたのではないだろうか。

三、別府鉄輪大谷邸と観光都市への提言

昭和二十二年（一九四七）五月、光瑞は別府国立病院に一カ月程入院治療した。その後旅館常盤屋（鉄輪）を経て、その近くに大谷邸を計画し建設する。

当時別府市長であった脇鉄一《わきてついち》の『ある市長のノート』には次のようにある。(8)

高岸氏所有の鉄輪の土地の一部を同氏から贈られてこれに粗末でも一時を凌ぐ住居を建設されることになったが、何分当時は建設制限で、一戸十二坪の建築しか許されない折なので、猊下の秘書山本節子女史と二人名義で、各十五坪の建築をしてそれを後で繋いで氏の住居に充てることにしたのである。氏自らの設計で、屋根は二重にして温度の変化に備え、地下室を大きくして住いの狭隘を補うなど、ここにも氏らしい周到な用意が見られた。しかし、何れにしても嘗ては二楽荘の豪華な邸宅に、又世界到る所でも最高の生活をされて来られた氏にとって、この粗末な住いに甘んじなければならなかったのは御当人ではなく、われわれにとっても今昔の感慨深いものがあった。

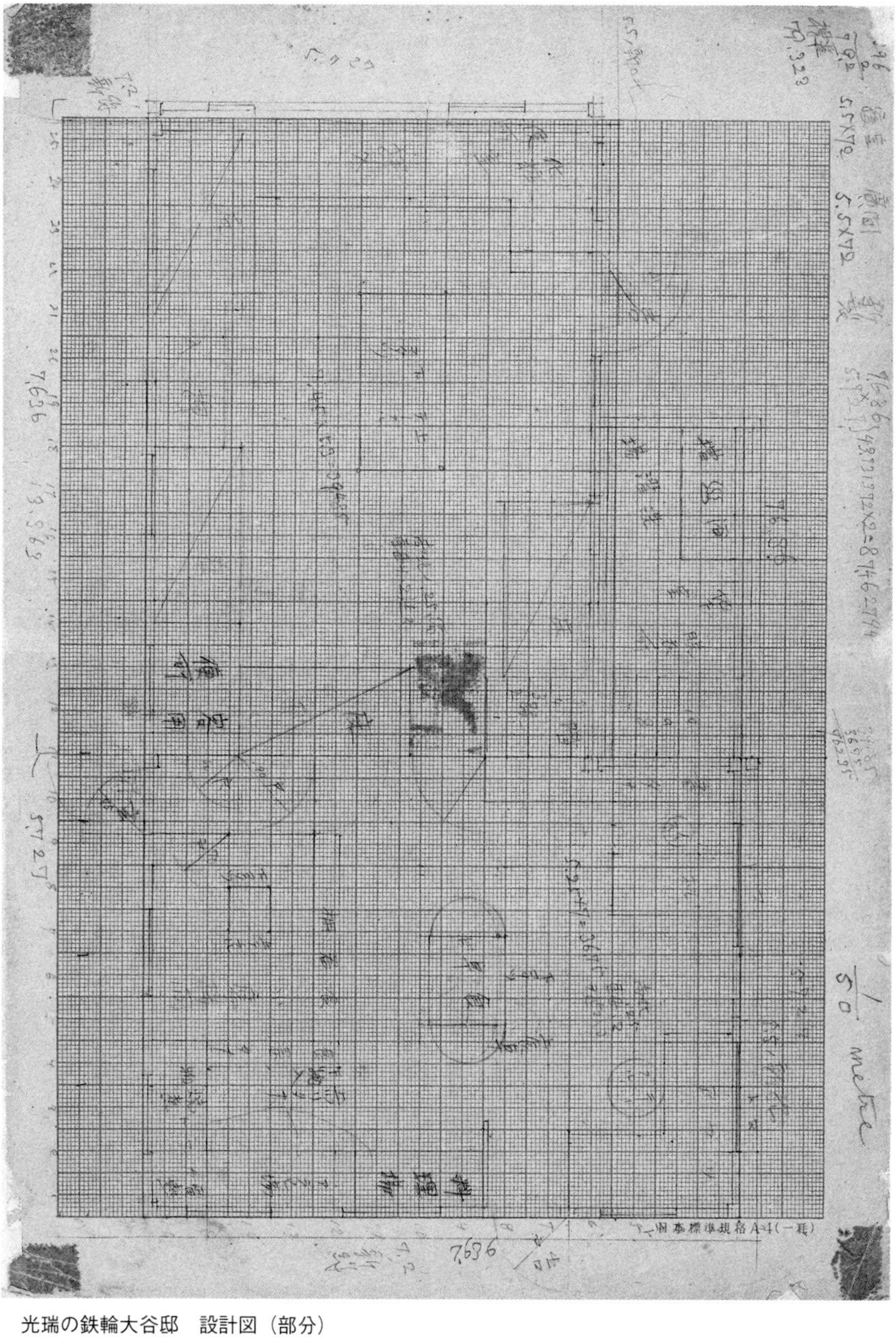

光瑞の鉄輪大谷邸　設計図（部分）

石碑「光瑞上人遷化之処」：甲斐虎山の書。光瑞遷化の直後、鉄輪大谷邸跡に、高岸源太郎、脇鉄一によって建立された。

光瑞遷化（昭和二十三年十月五日）の後、別邸の跡地には光瑞顕彰の石碑が建立され、跡地は「大谷公園」と名付けられた。今では海岸まで家が建ち並んで視界が悪くなったが、当時はこの地からは海岸まで麦畑が多くみられ、些か標高が低いが、二楽荘の立地によく似ているという。[9] おそらく光瑞は、意識してこの鉄輪の地を選んだのだろう。

昭和二十二年（一九四七）十月二十二日大分合同新聞朝刊には「別府で大谷光瑞氏の観光大分縦横談」と題して次のような記事もある。[10] 少し長いが目に触れる機会もあまり多くないだろうし、別府や観光についての光瑞の考えを示していて興味深いものなので引用をしておこう。

——まずあなたの観光立国論を

大谷　平和日本という看板を出して世界の国々と交際して行くのならなるべく世界中の人がいい気持ちで往来してくれるような国にしなければならん、それには観光施設を十分にして大いにきてもらい、大いに遊んでもらい、ついでに金も置いていってもらう、これだけのことです、簡単なんですよ

——各国の観光地を歩いての感想は

大谷　欧州の観光地は残さず行ってみた、大きく分けて四季いつでもいいのはスウェーデンだが、地中海は冬、ノールウェーは夏、スコットランドは春といった具合にそれぞれ時と所で特色を生かしている、欲張っ

て一年中いつでもお客さんを絶やすまいとするのでなく、夏から秋には雲仙へどうぞ、そのかわり春は別府がいいですよ……そんな風にせんといかん

――大分県下の観光ルートを決めるにしても、別府に観光港を設計するにしても、それが観光日本の一環をなすものだという考えから離れられないのですが、その意味から現在うわさにのぼっているルートについて

大谷　そうです、大事なのはそこですよ、セクショナリズムはもちろんいけない、と同時に日本人は物事をすべて自分だけの頭で考えて判断を下だし、それが天上天下に通ずる唯一の真理であると決める悪いくせがある、だいたい、この狭い島国に育った日本人の知識とか経験とかいうものは極めてお粗末なものでそんな頭で観光のルートを決めたり施設をしたりしたのでは誰もきてくれませんよ、正しく広い世界観の上に立ってよく考えなけりゃ、日本人だけの習慣や考え方から離れることが必要です。今あるものを生かさにゃならんとか、ゆきがかりにこだわって妙なことをする、そんな了見もいけません、ルート案はいろいろあるようだが、私はまだどこも見ていないので具体的な批評は申し上げかねる、来月は一ヶ月がかりで全九州を歩いてみる予定だからそれがすんだらお話しましょう

ただこれだけはいえる、ルートはできるだけ直線コースを引く、そしてそれに枝をつける、というのは見たい所を残さず見れるし、見たくなければそこは除いて行きたいところだけに行く……こんな仕組みが親切だと思う、いやな所を引っ張り回される程不愉快なことはないでしょう

――別府港は

大谷　別府港というのでなく、この湾全体を一つにして考えたい、港は豊岡と日出の間がいい、亀川から仏崎までは煙突を立てること一切まかりならぬ、松をもっとウンと植えこんでドライブ、散策の専用に供する、大分から鶴崎佐賀関までは重工業地帯にします、大野川あり大分川あり平地ありでもってこいです、それか

ら九四連絡を私なら佐賀関にもってきます、別府観光港からは盛んにヨットが飛び出すようになるから、これを迎えるために国東半島の国東、深江、それから日出あたりにはこざっぱりしたお茶のみ場くらいはぜひ必要です、漁業は湾内どこででもやってもらっていいが、漁港の中心は佐賀関になるのがいい

――別府についてどうぞ、市民への苦言やなんかあったら御遠慮なく

大谷 なる程別府は風景と温泉には恵まれているけれどもただそれだけで、別府にきて愉快だと思うことは一つもありゃせん、こんな馬鹿な観光地は世界中どこにもない、日光や箱根はここよりはいくらかいい、別府が一番いかん、私のいうのは建物とか設備とかのことじゃない、いろいろあるのだがまず道路のざまはどうです！ 雨が降ってヌルつくなんてのは道路のうちにははいりませんよ、街じゃなくて野原ですね（中略）

――具体的に施設に関する抱負を少しお願いしましょう

大谷 さっき話した亀川、仏崎間に三本の道路を敷く、一つは海岸……これは今あるので大方よろしい、も一つは地獄巡りの遊覧バスの通っているあの道をズーッと仏崎まで延ばす、も一つはさらに高いところで堀田、明礬の線を高崎山あたりから仏崎に下ろす、この三つの道路にそれぞれ優秀な遊覧バスを配す、道路は二五米幅で中央をスピードの速いのが飛ばす、両側はのろいのが通る式です、それから城島台のようなのを十文字原あたりにもう一つほしい、湯布院はぜひ別府と一緒にせねばならん、海にあきたら山、山の次には海と旅行者は気分の変化を求めるのだから、湯布院の人も小さいことを考えとらんで、もっと頭を使ったらいいに、けれども湯布院から耶馬渓に出る道路を立派にしなけりゃほんとうは湯布院は生きてこない（中略）積極的には花を植えるのですね、別府は花が少ない、桜、梅、桃も結構だが、四季いつでも花を絶やさぬように、山茶花、つばきその他草花もいいでしょう〝君子花を愛す〟で花を見て怒るものはいないから、街の清掃は市役所でもっと精出してもらいたい、も一つ「別府」の名はいかん、外国人に「ベップ」といわせてごらん必ず「ベッピッピ」とか何かとやります、むつかしくて仕方ないらしい、「速見」はどうです、

フロリダ半島の南方の有名な避暑地に「マイアミ」という所がある、これと似ているから速見ならすぐ覚えてくれるし向こう様もいいやすい、それだけ宣伝価値も大きくなると思うのです

実際の光瑞は、京都の御所言葉だから、イメージが些か違うが、内容はほぼ正確に伝えているだろう。この「観光大分縦横談」は、『大谷光瑞とアジア』所収の拙稿「大谷光瑞と別府」で紹介し、吉田セツ（『ある市長のノート』の中の山本節子）が旧蔵、現在龍谷大学が所蔵している光瑞自筆の「観光都市建設私案」を基にしているのはいうまでもない。

四、二楽荘の次元

前節までに、光瑞の都市への眼差し、観光立国への考えなどを見てきた。二楽荘を見るとき、その建築物の背景や周辺にあるもの、また大谷光瑞本人を知ることが、非常に大切だと思ったからである。

それでは、光瑞にとって二楽荘は、如何なる存在であったのか。建築の目的は何であったのだろうか。「山を楽しみ、海を楽しむ」あるいは「山海を楽しみ育英を楽しむ」[11]という「二楽」という名の由来を、光瑞が二楽荘を建築した理由として解釈するのが一般的であろう。一方、『鏡如上人年譜』には次のようにある。[12]

明治四十一（一九〇八）年七月十八日裏方同伴にて二楽荘に静養す。
同年八月十八日二楽荘に静養す（九月十二日まで）。
同年十一月六日裏方同伴、二楽荘に赴く（八日まで）。

明治四十二年（一九〇九）四月二十日、脳神経衰弱のため二楽荘に静養す（五月六日まで）。

「脳神経衰弱」が現代では何の病気に当たるか分からないが、光瑞は西本願寺での政務や勤めが、むしろ苦痛であり、二楽荘が活力の元、さらには静養や活動の拠点となっていたのではないか。このようなことを思う時、筆者は、親鸞にとっての比叡山と、そして法然が布教を行った吉水草庵のことを連想する。一般的には、比叡山での厳しい修行に挫折し絶望した親鸞が山を降りて居住したのが、吉水草庵であるとされている。しかしその後の親鸞の行動や著書を見れば、二十年間修行や学問にあけくれた比叡山には、苦悩に沈む民衆を救う術はなく学ぶべき仏教はない、と判断したために、彼は山を降り、大衆の救いを説いていた法然に学ぼうとしたというのが正解であろうと思われる。(13) そして光瑞にとっての西本願寺は、親鸞にとっての比叡山のようなものであり、二楽荘は、吉水草庵ではなかったかと思う。二楽荘がこのような位置付けをなされていたことこそ、二楽荘が本願寺教団側の理解をはるかに超えた存在となった理由ではないか。

明治になり、キリスト教などが開教された後、西本願寺の伝統的な教学や組織を近代化し、再構築しようと苦闘する明如（大谷光尊）・鏡如（大谷光瑞）(14) に、門末の教団人は如何に応えたのであったか。(15) 果たして光瑞が二楽荘に併設した武庫中学にしても、既設の本願寺立の中学とはほとんど関わることをせず、光瑞自ら教育に携わり驥足の人材を育てようとしたのであった。

インド・ムガール時代を意識した二楽荘本館の珍建築の内部には、支那室、インド室、アラビア室、イギリス室などを設け、自身を疑似的に世界各地に置くことで、光瑞は世界を意識し様々に思案を廻らした。そして、含秀居ではチベット僧を住まわせ、学生には天気予報をさせ、『二楽叢書』を刊行した。テニスコートやプールや果樹園を運営し、温室ではマスクメロンをも栽培した。二楽荘は、もはや別荘というより、小さな都市の機能を持っていたと言えなくもない。また、二楽荘建築の構想と実際の居住生活が、後の都市計画の構想へ向かわせたといっても過言ではない。先に列記したような、後年光瑞が経営した別荘や農園群は、（もちろん光瑞自身にとっての位置、意味を問えば、それぞれニュアンスは些か違ってくるであろうが）二楽荘構想の発展型、或いは分化であるとも言えるであろう。同じく先に見たように、光瑞は中国や終焉の地別府において都市計画に関する提言も行うが、その萌芽がこの二楽荘構想と建設にあったといっても良かろう。伝統的な教学や組織の近代化・再構築を目指していた光瑞が、世界的視野を有しながら、一種の都市計画の具現を成し遂げた記念碑的建築、二楽荘。これこそが、二楽荘が他の追随を許さない「二楽荘の次元」なのである。光瑞が行動する「思想的知識人」であるならば、二楽荘は正に光瑞の行動によってその思想と知識が形となって表出した建築物だといえよう。

注

（1）徳富蘇峰「二楽荘経営と大谷光瑞」（大谷光瑞猊下記念会編『大谷光瑞師の生涯』百華園　昭和三十一年）
（2）片山章雄「大谷光瑞をめぐる十一のエピソード」（『太陽　特集大谷探検隊』平凡社　平成三年）ほか。詳しくは本書所収の片山章雄「二楽荘私的研究史」参照のこと。
（3）服部等作「大谷光瑞と二楽荘――その建築に影響した英国の邸宅文化とインドの僧院の景観」（柴田幹夫編『大谷光瑞とアジア――知られざるアジア主義者の軌跡』勉誠出版　平成二十二年）
（4）片山章雄・白須浄真編『鏡如上人五十回忌法要誌』（本願寺別府別院　平成九年）
（5）加藤斗規「大谷光瑞と南洋」（『大谷光瑞とアジア――知られざるアジア主義者の軌跡』勉誠出版　平成二十二年）
（6）黄朝煌「日治晩期高雄市大谷光瑞的逍遥園之源流興建築構成」（修士論文・未公刊　二〇〇九年）
（7）大谷光瑞『大谷光瑞興亜計画』（大乗社　昭和十五年）
（8）脇鉄一『ある市長のノート』（脇事務所発行　昭和三十九年）

（9）吉田せつ「別府での思い出」（片山章雄・白須浄真編『鏡如上人五十回忌法要誌』本願寺別府別院　平成九年）

（10）大谷記念館主催のシンポジウム（平成六年）のパンフレットに掲載されたものを引用。記念館嘱託（当時）高橋篤法が新聞社より転写した。

（11）関露香『大谷光瑞』（政教社　大正五年）

（12）鏡如上人七回忌法要事務所『鏡如上人年譜』（鏡如上人七回忌法要事務所発行　昭和二十九年）

（13）「顕浄土方便化身土文類」後序（『浄土真宗聖典　注釈版』同朋舎　昭和六十一年）

（14）本願寺史料研究所編纂『本願寺年表』（昭和五十六年）を見ると、明如、鏡如が宗派の学制、宗法、議会制度、海外開教などの改革、刷新を行った様子が分かる。

（15）『六華遺音』（臨時法要事務所　昭和十年）所収の上原芳太郎による註によれば、明治十二年（一八七九）明如は、宗務所を東京移転する計画を実行しようとするが、赤松連城ら重鎮達は、これを阻止した。明如の没後、赤松はこれを恥じ罪死に当たると懺悔した。

参考資料

『大谷光瑞』

関露香 著　政教社　大正五年

（全文）

序

大谷伯か、光瑞師か、適当の尊称が無い。今姑く光瑞上人と呼んで置く。

上人は大なる駄々子、一代の驕児、充分に発育したスポイルド・チャイルドである。

此点に於て岩倉公に似て居るが、公の如き凡物でない、たわいなくはない。

遠い昔、魯共公が酒味色台の国を亡すを戒めたが、上人は決して酒味色に身を持ち崩さぬ、唯だ台を好む癖がある。

二楽荘は楚王の強台に譲るまい。近年日本に於ける随一の高台たるを失はぬ。而して上人失脚の一原因となつた。

上人は徒らに台に登つて楽む者でなく、志は更に他に在る。雄大なる志に較べれば、六甲山も眼中に消えてしまふ。然し其の志の何たるかは明白を欠く。

上人の体格は尋常に超えて居つても、精力は一層超え、材能は層一層超えて居る。彼の如く材能の豊かなのは世間に少い。

彼は天分に富んで居り、殆ど天の寵児といへる。惜い事には、一の堅忍性に乏しく、万難を排し一貫して進むことが出来ぬ。

堅忍性に乏しいが為め、万能余つて一心足らぬ結果を生ずる。何の因縁で斯かる性格になつたか。

其の精力旺盛、常に世間に活動して已まぬのは、光演師と反対であり、又たタゴール氏と反対である。

上人が印度に往き、タ氏が日本に来たのは、事が偶然でも面白い。

タ氏の沈思冥想は善い、錦心繡口は善い、甚だ善い。けれども現代の日本に盛んに流行することは願はしくない。

日本は印度と違ひ、国である、強国である。遠い将来は兎も角、愈々強国と為らねばならぬ勢がある。日本には寧ろ光瑞の如き活動的人物の多いのを望む。否、光瑞では足らぬ、活動的にして万難を排するのを望む。

今迄の所、上人は宗教よりも他の方面、意外の方面に貢献して居る。幾年かの後に段々と知るであらう。

本願寺は上人を持て剰し、災難と号して居るが、持て剰されるのが悪いか、持て剰すのが悪いか。

本書は上人の伝でなく、履歴らしい者がないけれど、事実に拠つて人物をありありと写し出してある。

大正五年六月　雪嶺迂人

自序

十年は一昔だ。それを土臭い田舎に送《おくつ》て、久振りで東都に出た。人も、家も、何も、箇《か》も、がらり変つて、十年は矢張り一昔の、偽《いつわり》のない歴史を語つて居る。

暇に任せて新旧の知己朋友を訪ねた。而して到る所で光瑞師の話が出た。彼等の脳裡に描いた光瑞観は一として当を得てゐない。総ての点に於て「だらう」的のものだ。唯「国民」紙上に依て彼等の知り得た光瑞観のみは大差なしに一致して居る。其他に至つては毀誉褒貶纏《まとま》る所がない。結局は身親しく渠《かれ》に接触したものがないからである。

我輩の今の立場と今の境遇から見て、此に光瑞師を論じ、批評することは余り好ましくない。去ながら渠に関する知識の余りに幼稚なるに驚いて、我輩は著京早々、旅館の一隅に立籠つて憶ひ出づる儘、鈍才の鈍筆で、我輩の観た光瑞師を「東京朝日」と「日本及日本人」に投じた。それが即ち是れである。朦朧裡《もうろうり》に渠の性格が幾分描写されたとすれば、我輩の光栄《くわうえい》至《し》幸之《かうこれ》に過ぐるものはない。蓋《けだ》し光瑞師にして若《も》し此書を手にせば、或は「馬鹿がッ」と一喝するかも知れない。

大正五年五月末日　関露香識

一　孟買今昔の感

渠今や一学生を伴うて孟買《ボンベイ》にあり、第三回の印度旅行には裏方故籌子《かずこ》の方も同伴にて、旅行は本隊、枝隊、輜《し》重《ちよう》の三部隊に別たれ、本隊には総大将の光瑞伯あり、之に瑞超師と我輩加はり、枝隊には故裏方籌子の方あり、足利、柱本、青木、和気《わき》、の四師等《ら》は之に附属して観光隊を造り、輜重は野村栄三郎氏を隊長として、土人従僕数十名之に附随し、一見して此の旅行は所謂大名行列の堂々たるものであつた、此等の三部隊は或は分離し、或は合して、其勢荒《すさ》まじく、全印度半島が殆んど之が為に風靡《ふうび》されんとした、然るに今日の渠の境遇は如何、当時渠は旅行の出発点たる孟買にて東洋一の大ホテル、ダシ、マハールに一日の室料五十留比《ルーピー》を払ひ、二階のベランダより眼下に砕くる波濤の潮煙《しほけむり》や、マラバル、ヒルに浮ぶ淡霞《あはがすみ》など打眺めて、裏方諸共最《い》とも興ありげに見受けたれども、今は其人もなく、孟買正金《しやうきん》銀行支店に体よき居候とのこと、変れば変る世の中にあらずや。

勿論我輩は渠当時の旅行を身分不相応なりと思はず、何となれば古倫母《コロンボ》より孟買まで我等一行と同船したる、正金銀行支配人の小田切万寿之助《をだぎりますのすけ》氏の如きは、一日のルーム・レントに百留比即ち我が七十円余を投じたるに比べて渠の旅行は寧ろ謙遜に過ぎたもの、而も故籌子の方には流汗淋漓《りうかんりんり》自ら手廻りを処理され、一言其の労苦を口外せず、甲斐甲斐しくも婢僕《ひぼく》同様の御振舞あるに対し、我輩は衷心敬意を表したる次第、畏くも故籌子の方は現皇后陛下の御姉君に候はずや。

何は扨置《さてお》き渠今回の旅行は前回に比して雲泥の差であるけれども渠は一向ソレに頓著せず、元気愈《いよく》旺盛に、相も変らずの粗服で、孟買中央公園の一隅、海に沿うた日本人倶楽部に在留民一同を集め、仏典の講義に例の快弁を振ひ、尚或時には海風吹き抜く広きヴエランダに立ちて二時間余の説教もなすとのこと。

而已《のみ》ならず渠は年来の宿望たる、彼のサンスクリット原本より仏経典の翻訳に著手せりと聞くは、何より結構にて、既に基督教にあつては数年前より東京、京都、神戸に委員七名を設け、現に京都同志社教授ラーネッド博士は松山高吉《まつやまかうきち》、川添満寿得《かはぞへますえ》の両氏を輔佐とし、希臘《ギリシヤ》語の原本から新約聖書の改訳に従事し居ると聞く、此際、渠の著眼は逸早《いちはや》くも其の大事業に一指を染むるに至つた、蓋し是れ我が仏教界に一道の光明を与ふること素より言ふまでもない、ソレとも知らず世人は海外に於ける渠の放浪生活を評し、瘦《やせ》ても枯ても流石《さすが》に西本願寺の前法主《ほつす》である、夏は旅順に或は上海の一孤島に、冬は馬来《マレー》半島に或は印度に随時寒暑を避けつゝ思ふ存分スネクリ廻るといふ者あれども渠の足跡印する処には必ず何かの意味なくては叶はぬと、我輩は深く信じ居たるに果して此事あり、一昨冬《さくとう》も昨冬も相次での印度行は必然それにてありしかと、我輩も今は全く了解したのである。

本年一月下旬我輩は京都本山室内部に積徳院《しやくとくゐん》（光瑞伯の令弟大谷尊由師《おおたにそんいう》）を訪《と》うた、然るに尊由師は折悪く東上中にて面会するを得ず、已むなく部員斯波随性《しばずゐしやう》氏に渠の所在を尋ねたるに室内部には手紙は総て在香港本願寺出張所宛にて送れば、ソレにて届くとのみ、至極簡単のハガキ一枚舞込たるのみにて一向渠の行先分らずとの返事であつた。

最近の情報に依れば渠は四月中旬に孟買を出でゝ帰途に就き、例に依り再びダージリンの山上市街を訪ひ、其処のタイガーヒルにて又もやヒマラヤの雄姿を仰ぎ、更にカルカツタのフーグリ橋畔からガンヂスを下り、緬甸《ビルマ》に寄港し、彼南《ピナン》より馬来半島縦貫鉄道にてジヨホールの柱本瑞俊《はしらもとずゐしゆん》（伯の従兄弟）を訪ひ、六月下旬再び旅順の新市街に帰館すべき予定なりと聞くが、例の復職問題にて此の予定は如何に変更せらるゝや素より余の知る所にあらず、去る三月京都の本山に開かれたる集会《しふえ》は、一万円の復職運動費を議決し、実行委員たる本多恵隆《ほんだけいりう》、今里《いまさと》游玄《いうげん》、山本貫通《やまもとくわんつう》の二師も既に上京して当局者の意嚮《いこう》を捜りつゝあれば、其の結果如何に依つては、使者として大谷尊由師は東より、渠は西より香港を以て両者会見の場所とすべく、而して其の期日は明白ならざるも、斯くして復職問題の曙光表はるゝに至らば渠は必ず茲《こゝ》にノッピキならぬ幾多の条件を提出すべく、而して此条件容れられたるにしても、渠は問題の復職に関しては勿論十二分に駄目を押さゞれば容易にウンとは言はざるべく、然も本山側に於ても亦ソレ相当の条件のあることなれば、両者接触の一致点を発見するは蓋し一難件なるや測り難し、去りながら渠は何時《いつ》までも今日の如き放浪生活を持続すること事情の容《ゆる》さざるものあり、依て事件は或は案外容易に片附くやも知れずと観測する者もある。

大正三年十月三十一日夜、渠は数名の幹部員を三書房に召集し、本日限り愈城明渡すべき宣告を発した、列席者は、橘瑞超《たちばなずゐてう》、柱本瑞俊、吉川小《こ》一郎、中川源三郎、松原達蔵氏等と我輩を加へた外に九名の学生も居た、住慣《すみなれ》た二楽荘も愈今日限りとあつて、食卓は温室の有ゆる花もて飾られ、山海の珍味は山の如く積まれた、主人席の渠はソレにも係らず、快談縦横の上機嫌で熾《さかん》に捲し立てた。

十一月一日一台の自動車が朝霧を破り沙塵《さちん》を揚げて二楽荘の山麓に著いた、山上より下り来るケーブルの響は忽ち我輩の夢を破つて、ソレと許り寝衣《ねまき》の儘我輩をして戸外の人たらしめた、自動車は臭煙を残し、神戸埠頭に渠の体を運んだ、主人を失つた二楽荘は火の消えた様に淋しくなつた。

二　二楽荘脱出

夢にも知らぬ渠の二楽荘脱出は本山の執行所《しゆうぎようしよ》をして吃驚《びつくり》仰天殆んど其の為す所を知らしめなかつた、警鐘乱打、本山は鼎《かなへ》の沸くが如くに騒いだ、折角の此の俘虜を取逃してはと、七里執行は禿頭に向鉢巻、尻を紮《から》げてエツサ〳〵と、神戸埠頭を目指して韋駄天走《ゐだてんはし》りに駆けつけた、而《そ》して人込みの波止場の中を、其処か此処かとキリ〳〵舞で捜し廻つた揚句の果、漸く光瑞伯を見付け出した、渠は袖に縋《すが》つてコレだコレだと両手を合せても、肝心の本尊様は空嘘《そらうそぶ》いて『私《わ》しや知らぬ、お前等《ら》の胸に聞くがいゝ』と光瑞式三十三吋砲《いんちはう》を放たれて、七里執行はアツト眼玉を丸くし、空しく本山に引返したといふのである、翌年二月の集会は之を以て現局に肉薄し、前法主の脱出は本願寺に取つての一大事件であるソレにも拘らず、当局者は全然之を知らなかつたとは抑《そもそ》も何たることぞやと、四方から猛烈に攻撃されて執行所は閉口頓首《とんしゅ》、ソレでも矢張り知らなかつたのだから仕方がないと、事実有りの儘の答弁に会衆《ゑしゆう》も呆気に取られて、ソレでお仕舞になつたとの話である、此の一事を以ても前法主光瑞師と執行所とが、常に意志の疎通を欠き両者の間一大溝渠《かうきよ》の横つて居たことが分かる。

残留九名の学生中Aは東蒙古の喇嘛寺《ラマてら》に、Bは南洋の新領地ヤルイト島に、Cは浦港《ほかう》に、Dは大連《たいれん》に、Eは哈《ハ》爾賓《ルビン》に、Fは上海に、G、H、I、の三人は印度に光瑞伯の命ずる任地を指して夫《そ》れ夫《ぞ》れ分布された、幹部連の誰れ彼れも日一日と姿を没し、最後に残つたのは、一疋の小猿と、番《つが》ひの孔雀と、大きな犬の『レオ』と、英国産の虎猫『プツシ』と無数の鳩と、而《しか》して人間の我輩とであつた、其後の二楽荘は年額三千円の契約で大阪の料理店天狗楼《てんぐろう》之を引受け、我輩の管理の下に三箇年賃貸経営の筈であつた、けれども天狗にも金といふ翼が無ければ飛べず、愚図々々《ぐづ〳〵》と半箇年余も無家賃の儘、二楽荘は天狗秀太郎《てんぐひでたらう》の横行跋扈を黙認し、散々の馬鹿を見た揚句の果、天狗は遂に山から追ひ出され、各所に散在する大小の附属建物は二足三文で毀屋《こはしや》の手に渡つて毎日ガチ〳〵敲《たた》き壊された、二楽荘当時の管理人は神戸の弁護士太田弥《おおたや》一郎氏であつた、我輩は犬の『レオ』を引連れて岡本梅林の一小屋《せうをく》に引上げた、去りながら太田氏の管理といふは殆んど名ばかりであるから、我輩は二楽荘の内外を毎日見廻つた、何となれば白昼窃盗の訴へが日に幾件と起り荘内は殆ど無政府の状態に陥つたからである、勿論光瑞伯出発の際には服部《はつとり》兵庫県知事に依頼し、御影警察署は十分に注意を払ひたるに拘らず、何分周囲一哩《マイル》もある山上のことなれば、素より監督の十分に行届く筈なく、駐在の巡査も我輩も殆ど之を持て余し閉口し切つたのである。

山腹の二楽荘本館には光瑞伯や、橘瑞超師や、吉川小一郎氏などが中央亜細亜や印度で発掘して来た、金や、泥や、石仏《いしほとけ》の首や、乃至《ないし》バラ〳〵になつた其手足や、二千年前の納骨函や、珍無類の土人形や、墓場の茶碗や、塔や、得体の分らぬ古文書や、絵画等ありて、其れが印度、亜剌比亜《アラビヤ》、埃及《エヂプト》、支那其他各国の建築法を模写した立派な室に、唯訳もなく至極無雑作に陳列された儘残つた、而已《のみ》ならず二千年前の人間の木伊乃《ミイラ》が沙漠の墓場から寝棺の儘掘出されて、X、Yの両室に積み重ねられ而も頭の髪から足の爪尖《つまさき》まで何一つ不足のないものが死んだ当時の其姿で支那室の中央に寝かされてあつた、人気のない、薄暗い、ナフタリンの臭ひがプンと鼻を衝く、此の薄気味の悪い大広間を我輩は日に一回づゝ見廻つた、盗み足の微《かすか》な音でもガーンと響いて余音《よいん》は何処かへ消えて了ふ、此の寂寞荒寥の光景を今から思へばゾツト皮膚《はだえ》に粟《あは》が出る。

二楽荘の時めく頃此家と此の発掘物に光瑞伯の趣味が漲つて居た、没落後発掘物全部が橘瑞超師に依つて何処にか売却さるゝことゝなつた、帝国大学＝高楠《たかくす》博士＝高田慎蔵《しんざう》氏といつた風の取合せが第一に現れた、価格は五万円だといふことが大阪某紙に依つて吹聴された、関西骨董界の驍将《げうしやう》山中六三郎氏がソレと聞いて五万五千円出さうと我輩に申込んだ、我輩は直接之を光瑞伯に通じた、当時上海附近の一孤島普陀山《ふださん》に避暑中の伯は左の通りに返事した。

拝啓御申越山中商会の儀は近々橘瑞超来り候間同人に申置候発掘品の儀全部同人の責任に属し候間其儀御含置被下度候小生目下普陀山に避暑致居海風冷に頗る愉快に御座候

御手紙は依然上海正金支店へ願上候

七月十日　光瑞

発掘物の売却につき橘氏の態度明瞭ならず、其後渠は光瑞伯の召電に依り上海に急航した、発掘物の売却は橘氏の帰荘後依然曖昧の態度で持続され、帝大と山中氏は渠の為に巧に翻弄された、其後山中六三郎氏は病を得て本年二月遂に逝つた、臨終前渠は我輩に電話をかけ発掘物の成行を尋ねた、冥途に旅行中なる山中氏も三途の川端に立止まつて或はソレを考へたかも知れない、発掘物は二楽荘諸共遂に久原房之助《くはらふさのすけ》氏の手に落ちた。

三　光瑞伯と詩人タゴール

主人の運命に急激の変化があつても、自然に詐《いつは》りなくば矢張り花は咲く、椿や木蓮に次いで花壇の薔薇《ばら》花は美しく、そよ吹く風に香りを載せて、蜜蜂や胡蝶を誘ひ出した、日も麗かに照る四月三日の午後三時、我輩は例の如く皮のゲートルを着け、片手に『レオ』の鎖を握つて、梅林の裏道より二楽荘本館に登り、庭先の花を眺めて居ると、瘦ぎすな色の黒い男と、生白《なまじ》ろい顔の太つた一青年とが、息も絶え〴〵額の汗を拭ひながら、森陰の急坂を辿つて我輩の前に現れた、皺枯《しやがれ》声の色の黒い男は、慌しくポケツトより一通の書面を取出し、名刺を添へて我輩に手渡した、『唯今神戸に著いた許りで直ぐと御伺ひした、光瑞伯は頗る元気で目下カルカツタに御滞在中である、書中の詩人タゴールは一月後れて到著の筈であるから何分宜敷《よろしく》御頼みする』と言ひ終つて、自分は光瑞伯の依頼に依り日本に於けるタゴール氏歓迎の件に就いては、第一貴下と御相談する必要があるといつた、うどんを捏《こ》ねる名人の山上天川《やまかみてんせん》（曹源《そうげん》）などは、カルカツタで知合であるけれども木村といふ男は名も顔も始めて見るので不思議に思つた、ソレが何ういふ風に光瑞伯に取入つたか、渠の余に宛てた紹介書に依れば『同行の木村師は多年印度にあり日印将来につき大抱負有之《これある》趣《おもむき》貴下と御協議有之《これあら》ば国家の為め大慶と存候』云々なんて大したことが書いてある、何は兎もあれ伯の紹介書に対して、我輩は夫れ相当の待遇をせねばならぬ、依つて我輩は彼等両人に亜剌比亜室に導き茶菓を饗して其の語る所を聞けば、一より十までタゴールのことはソチ除けで、自分に都合の好い而も山師的の話ばかりする、これには我輩も呆れ返つて物が言へず、去りながらタゴールと聞けば、ノーベル賞金の名誉ある印度の大詩人、一応伯の意嚮を伺つた上、渠のサンマー、ハウスであつた含秀居《がんしうきよ》を詩人に提供せんと、其頃は既に印度から上海に帰著して居る伯の許に交渉を始めた。

其後木村の消息は杳として聞くを得なかつた、聞く所に依れば木村某は、タゴール氏の一箇年日本滞在中の通訳として、月三百留比の報酬を受くべき契約の履行を迫り、而もタ氏の意志に反して種々誇大の言辞を弄し、詩人の迷惑と其の名誉を傷くべしとの虞《おそ》れありと認められ、一箇年契約の報酬を受けて、タ氏より解雇されたと聞いたが、事実は果して其の通りであるや否やは敢て我輩の保証する限りでない、只タ氏が木村の行動に怖《おぢ》て、遂に日本漫遊の挙を中止したといふに至つては、返す〴〵も残念である、察するに光瑞伯は帰途カルカツタにて再びタ氏に会ひ、同氏の日本行を勧誘するやも知れず、其結果或はタ氏の心動きて日本漫遊の現実ともならば、我が国民は勿論盛んに此の大詩人を歓迎するに至るであらう。

四　二楽荘現状

昨春四月某日、我輩は或目的を抱いて、阪神電車のD君と、大朝幹部の某々両君と、四人連れで含秀居に登つた、此時は既に第二ケーブルの運転も中止され、線路は雨露《うろ》に洗はれ、或所は土砂に埋もれ、其上レールもワイヤーも赤く銹付いて居た、含秀居の伯の書斎であつた一室も、其他の居間も、総ての装飾も、悉く取外されて洵《まこと》に見る影もなき哀れな状態となつて居た、北面の大玄関に雨が漏つて、壁に地図を描いたやうな染が滲み出して居た、運命の支配権は斯く許り迅速に此処に及んだのかと驚いた。

含秀居の建築未だ竣工せざるに、渠は早くも居を此処に移した、全然の設計はアクバー大帝の宮殿を模写したもので、大帝の築いたアグラ城内、黒白玉座《ブラックアンドホワイトスローン》の附近にありさうなものである、アクバー大帝は渠の脳裡に描いた理想的人傑である、故に渠は総ての点に於て大帝を模写せんと努めたのである、渠は三方面に蒼海を展望する窓下にありて、端然として椅子に椅《よ》り、東京下関間の特別列車を眼下に見て『丸《まる》で百足《むかで》の這ふやうだ』と言つて居た、周囲一哩もある山の上を大根か茄子の皮を剝くやうに、渠は意《こゝろ》の動くに任せて玩具《おもちや》にした、渠の社会観は或はソンナものであつたかも知れない、渠此に棲むこと僅に二夏期、飲料用水には殆んど閉口した、水は山奥の谷の清水を鉄管で呼ぶので、夏期に至れば枯渇して一滴の水なき日もあつた、雷鳴に次いで渠を困らせしめたのは即ち此の水であつた、没落前或日突然鉄管に損所を生じ、水全く枯れて渠は山腹の二楽荘本館に下りた、此日を最後として山上には再び渠の姿を認むることが可《で》能《き》なかつた、猛虎は水を飲む為に山から下に降りたのであつた、三年前《ぜん》山一面に渠の植付けた楠や栗や杉苗等は根を固めて今や生々《いきいき》として成長しつゝあり、幾年か幾十年かを経て、渠若し再び之を見舞ふの期あらば、渠は秩序ある自然の教育法に成程と感心するだらう。

五　光瑞式の中学

　武庫中学存立の頃は、渠は背広服にキヤツプを被り、松林の新道を、大股にニコ〳〵顔で此から坂下の校舎に通つた、当時の其姿を我輩は如何《どう》しても想ひ出さずに居れない、教室に入つては白墨《チヨーク》を手にし、黒板に向つてスル〳〵と書き流す、其の一字一句の上に真理が輝いて、忽ちソレが金科玉条となり、之を説明するに該博の譬喩を用ひ横より縦より弁に任せて滔々と説き去る、此の異彩ある中学教師の光瑞伯を、我輩は何うしても想起せずには居られない、渠受持の時間中教室は色づいた一種の空気で充ち満ちて居た其頃の学生は数《すう》に於て四百五十名ばかりも居たかと思ふ、一年より五年まで伯は又作文と習字の受持教師であつた、漢詩と書とは伯の最も得意とする所、然も作文の課題に至つては頗る奇抜なものもあつた、即ち『世界を見る眼』なんどは其の一例である、之が一年から五年を通じて課せられた、採点は提出時間の遅速《ちそく》に関係し、又之に対する学生の心理状態にも及んだ。

『含秀居』とは天下の秀才を含み集めて渠自身其処に居るといふの意なるが、兎に角海抜一千五百呎《フイート》、六甲山脈の一支脈で荘内の最高山巓《さんてん》を削つて其処に豪放な一洋館を建築し、南面の大広間に驚く可き大デスクを控へ、此に宇宙の景を一呑《ひとのみ》として、渠は端然として椅子に倚《よ》り、昵近部の学生六名は一隅の橘瑞超師と相対し、各自卓を擁して読書するが常であつた、廊下に沿うて世界各国の地図棚がある、此の内印度に属する者は英国政府と渠の外又と他に見ることの出来ないものであつたといふ、之が時々《じゝ》渠の大デスクに拡げられて『未来の問題は此の辺だ』と独語したと聞く、最近京都某所某社長宅にて我輩は渠の「印度出兵論」といふのを見た、烈風にスミスの宙返りを見るやうに、冷《ひや》りと心胆を寒からしむるものがあるけれども、而も其の眼識は到底凡人の思ひ及ばざる所である、印度に次いで西蔵《チベット》は渠の注目する所である、渠と達頼喇嘛《ダライラマ》とは特殊の関係がある、先年伯はダージリンにて再三渠と会見し其の結果渠の代表者として青木文《あをきぶん》教《けう》師の外一名の青年が首府拉薩《ラツサ》の宮殿に今尚現に政治顧問として客寓《きやくぐう》して居る、二楽荘全盛の時代には山麓西端の林中に「西蔵僧正室《チベットそうじやうしつ》」といふ新築二階建の一棟があつた、没落後ソレが取毀されたか、或は今尚存在して居るかも知らないが、兎に角一時は其処に達頼喇嘛の使者として一高僧の駐在し居たことは確実である、曽て僧正の著用した僧服が西蔵風俗の一参考品として、中亜発掘物と共に英国《イギリス》室に陳列され其後或方面より他の荷物と共に西蔵に輸送された、是れより先き我輩は西蔵僧正の光瑞伯に呈した西蔵文の公書といふものを見た、尺五寸に三尺大の立派なもので方五寸の大喇嘛の印が捺されてあつた、或時には西蔵政府から密電も来たやうである、其れが何ういふ風に、何の線を取つて来るかといふに至つては、素より我輩の知る所でない。

尚此外に蒙古人の学者で羅先生といふのも居た、渠は二楽荘附属岡本梅林の一家屋に住し、三箇年間蒙古語を教へて居たのである、表面の生徒は橘瑞超師と学生四五名であつたが、羽織袴の和服姿で、年の頃はといへば二十七八から三十二三の、顔は日にやけて赭黒であるが、帽子の陰で殊更に白く目立つ一線を額に画した、若武者九名も、御影や住吉方面から毎週二回蒙古語の研究に通つて来た、抑《そもく》彼等は何れの方面から集まり来つたのか、我輩一向ソレを知らないが、風聞する所では何んでも彼等は〇〇本部の〇〇部隊に属する、一、二、三とかA、B、Cとかの行動を執る人々で、三箇年間熱心に蒙古語の研究に従事した結果、今日ではソレを自由自在に話せるやうになつたといふのである、羅先生は二楽荘没落後、暫時梅林の我輩の住居附近に居たが、今は満洲奉天にあつて或る命令を待つて居るとのことである、渠は日本人を妻とし、二人の子女を挙げ、漢詩と書を能《よ》くし、其上画才もあつて、巧に日本語を操り、常に和服を纏ひ、散髪のあばた面に、黒髯《こくぜん》を蓄へ頗る肥満の男で、一見した所で、何うしても蒙古人とは思はれない。

裏面の蒙古語研究生中には、随分酒乱癖の者もあつて魚崎浜《うをさきはま》のB酒亭で卒業の祝宴が開かれた時、研究生の一人が酔に乗じ麦酒《ビール》壜で、羅先生の頭を一つ御見舞申したとかで其が悶著の種となり、遂に〇〇本部にまで聞え、殴つた本人が始末書を取られ漸く無事解決となつた、此の第二の祝宴を今度は御影のB亭で開いた、此時は羅先生の方から前回の復讐にとて格闘を始めたといふことも聞いたが、今はソレもコレも昔物語の一笑草となつて了つた。

二楽荘生活中、武庫中学は渠の生命であつた、学生は全国末寺一万一千寺より秀才を選抜し、尚ほ広く僧籍にあらざる者をも養育した、校舎の建築も、教育の方針も、日常生活の状態も其他何んでも乎《か》でも、総て光瑞式一点張に出来上つて居た、渠は裏面の校長であると同時に生徒監であつた、無資格の教師であると同時に朋友《ともだち》であつた、渠は四百五十余名の学生を以て一大家族を造り、而して其の家長となつて居た、而も渠の学生を遇する極めて懇切にして、学生用として一人分三枚割当の純毛白色の上等毛布を倫敦《ろんどん》に注文した、寝台も全部鉄の特製なれば靴も其通り上等ものであつた、学生中渠の眼鏡に叶つた者は選抜されて、外交部を組織し、経理部を編成し、風紀部を造り、出版部を設け、賉金部を編み、賓客の送迎より、学校一般の会計、風紀の取締、雑誌講義録の出版、含秀居の女房役に至るまで、総て彼等部属の学生に依て取扱はれて居た、更に驚く可きは何百何千円の金銭までが、彼等学生の会計部に依て処理された、渠曰く『子供に欲がないから算盤《そろばん》が間違ても金は減つて居ない』といふのであつた。

斯の如く渠は無資格無経験の武庫中学教師として、彼等学生を遇する恰も我が子の如く、生徒等をして殆ど気の儘に振舞はしめた、彼等は一脚何十円といふ、椅子やソフアに凭《か》けたり、寝転んだり、或は泥靴の儘二楽荘本館に上り込んだり、或は花園に悪戯を試みたりしても、殆ど其れ等を度外視して、謂はゞ渠自ら我等の餓鬼大将といつた風に、彼等を対手《あいて》にして山中を駆づり廻り、或時は彼等に号令して雑木雑草を刈取らせ、渠自身も亦鎌を手にして其の先頭に立つたこともあつた、朝は六時から七時までに離床するが慣例で、パンに牛乳玉子といつたやうな軽い食物、昼は南京米《ナンキンまい》に麦飯の生徒と同じもの、夜は洋食でなければ支那料理、ソレも都合悪ければ先づ三品か五品の日本料理で、渠一人一箇月の食費は三十五円と規定された。学校に受持の時間がない時には、先其《まつ》日一日は読書に充てられ、夜は生徒の作文の添削に重《おも》なる時間を取られる、其れも却々《なかなか》綿密で、一字一句たりとも決して疎《おろそか》にしない、文章の組立、著想の点など、一々味はつて、若し其中に我が意を得たものがあつたとすれば、渠は卓を叩いて飛び上り、是れ也、これなんめりと、顔の造作も打崩して悦ぶ、又洒落と戯談《じやうだん》は渠の最も得意とする所で、ウツカリ乗ると尻跳ねして落される、『昨夜《ゆふべ》ネ屑籠からダイヤを拾うてネ』『其れはお裏さんのでもあつたのですか』と真面目に聞いて居れば、それは作文の添削中渠の意に叶つたものがあつたといふのだ、何だツマラない、と我輩なども度々乗せられた。

六　光顔院追懐

口癖として渠は六条（京都の本願寺を指す）には腐敗

した一種の空気が満ちて居る、私の頭と本山の坊主とは殆ど一世紀の差がある、自分の理想を実現するには、此《こ》奴等《やつら》（学生を指す）の出世を待つより外はないといつて居た。要するに裏方籌子《かずこ》の方を喪はれてより、渠の単純《シンプル》生活《ライフ》は愈文字通に表はれ、荘内には一異性の存在を認めず、衣服の出し入れからメーキング、ベッドに至るまで、総て眤金部の学生に依つて取扱はれ、渠自身は含秀居に所謂ブック・ウオムとなつて読書三昧に耽つて居た。我々眤金者の中で、談一度故籌子の方に及ぶと、伯は必ず顔を横に向けて『裸になつても金《かね》なれば時節が来れば取返せるが其れ許りは永遠無窮に駄目だ』と嘆かれた。若し裏方にして今尚存命であつたとすれば、二楽荘は斯くの如く脆くも没落すまじ、本山は斯の如くに紛争に紛争を重ねまじ、伯は斯の如くに放浪生活を営まざるべしと、我輩は絶えず左様《さう》思つて居る。

我輩は今此に光顔院《くわうがんゐん》の霊牌に対《むか》ひ、ツリビユートとして左の一文を引照する、前者は故角田浩々歌客《つのだこうくかかく》の草する所、明治四十四年二月五日の大阪毎日紙上に掲載されたものである、後者も亦同紙上に「逝ける光顔院」と題して我輩の追懐を叙したものである。

教祖の裏方　浩々歌客

本願寺大法主光瑞師の裏方籌子の方が、日本婦人の典型として録すべき女性《によせう》なることは、訃音《ふいん》の伝へられたる時、夙《はや》く既に世に紹介せられたり、その極北冱寒《ごかん》の樺太に行きたる、清国に遊びたる、最後に印度内地を遍歴する七千余哩、その足跡ヒマラヤ山の東北端より西南端を究めしかも基督教祖の国パレスチンに至り、更に欧洲大陸に及びたる、単に婦人の旅行家としても日本に比倫無《ひりんな》き女性といふべし。

裏方の婦人として伝ふべきは、本願寺大法主の裏方なるが故にあらず、伯爵夫人なるが故にあらず、東宮妃殿下の姉君なりといふ故にあらず、唯だ一個人の妻として現れた性行に於て典型とすべき価値あるに由る。

しかも、短き三十年の生涯に於て、長き印象をわが日本婦人社会に与ふるに力あるは、その位置大に与る、女の社会的位置が世に認められてより以来、日本宗教の大勢力たる本願寺に斯かる婦人典型の裏方を見しは、初めてなる事、東宮妃殿下が姉君を亡《うしな》はれたるは少くとも東宮の御家庭に於て、妃殿下の御不幸なる事、夫人は英邁《えいまい》にしてわが国家の為に将来多望なる大谷伯爵の前途有為の共同者たる事、此等は夫人の敬ふべき性行をその重んずべき位置に繋《か》けて記憶せらるべし。

吾人《ごじん》は、此等の所見を繰返す時、顧みて本願寺の教祖親鸞の裏方に思ひ及ぶ、親鸞が肉食妻帯の宗旨を採りし最初の夫人は、藤原兼実《かねざね》の女《むすめ》なり、兼実は即ち籌子夫人の生家九条家の祖なり。

兼実は、大義を取りて当時の皇紀を保ち威信を繋ぎたる人なり、清盛が安徳帝を私《わたくし》して福原に遷都せし時、旧都に帰らるゝを主張せしは彼なり、平氏が帝を奉じ神器を擁して西海に走りたる時、「天下一日も主無かるべからず、宜しく早く定策して皇基を固うすべし」と上言し、即ち御鳥羽帝の即位ありたるは彼の大義に由れり、義経が頼朝追討の宣旨を賜へと迫りたる時、頼朝に討つべき罪未だ現れず、軽々しく下すべからずと諫めたるは彼なり、其他動《や》もすれば武士の威力が皇紀を冒さんとせる危機に立ちて大義名分を正しく遂行するに努めたる、彼が良相とせらるゝに何人も異存無かるべし、頼朝が彼を推重したるは、自家覇業に都合好かりし為なりといふべからずして、彼が大事に処して誤らざる良相たるを識《しり》たればなり。

兼実の日記「玉海《ぎよくかい》」は平安鎌倉両時代の史実考究に大なる材料なることはいふまでも無く、その功績は単に此書のみにても表彰するに余あらん。

兼実は法名を円照《えんせう》と号し、法然に帰依す、建仁三年(一説に元年)の冬彼は吉水《よしみづ》なる法然を訪ひて法を談じ、御弟子《みでし》多き中に兼実は在家肉食妻帯の身なり、僧侶の念仏とわれ等の念仏と相違ありやと問ふ、法然曰く、十方衆生は僧と俗と何の差別も無し、兼実乃ち、然らば御弟子の中に於て、僧を一人われ等に賜ひて、妻帯となし在家往生の亀鑑《きかん》とせしめられたしと請ふ、法然少しも痛まず、直に弟子中より親鸞を択びて兼実の請に従はしむ。

斯くの如くして親鸞は、兼実の五条西洞院《にしのとういん》の邸に伴はれ、兼実の第七女玉日姫《ちよたまひひめ》を夫人となしたり、親鸞三十一歳、(或は二十九歳)姫は十八歳なり。

玉日姫は翌年男子範意《はんい》(印信《いんしん》)を生む、越えて六年にして親鸞は師法然と共に流謫せられ玉日姫は小児を擁して都に留まりたるも親鸞が配所越後にあること五年にして赦免せらるゝに先だつ三年、承元三年玉日は二十六歳を以て世を去りたり。

教祖の夫人は籌子夫人よりも早世なりき、彼は一子を残したけれども此には子無し、彼は平安朝時代の繊弱なる女として、親鸞の配流中小児を育しつゝ如何に愁ひたらん、此は明治女性の堅貞なる意識を以てその夫に共同の実を挙げたる、教祖夫人に比して孰れか教化の力に与れる多き。

しかも彼は九条家の祖に出で、此は同じ家の血統より来る、両夫人の出処同じくして、その早世の程も多く違はざる、吾人は、九条家の大谷家に因縁の深きを見て、更に夫人の留めたる婦人社会精神上の印象の一層深きを思はざるを得ず。

若夫れ他年光瑞師の教界に将《は》た社会に施為《しゐ》する所、教祖の教化に庶幾《ちか》きものあらんか、その端緒は籌子夫人の功与るとすべし。

霊柩を拝して（想ひ出づる儘）

関露香

人生は流れに浮ぶ泡沫か、花に宿る朝の露か、今浮ぶと見る間に、今結ぶと思ふ間に、消えつ砕けつ、実に果敢《はか》なきは人の命。

昨日は花と見し美はしの裏方も、今日は無情、早や鳥辺《とりべ》の山に荼毘一片の煙となつた。

回顧すれば一昨年九月二十四日、余は法主裏方の一行と共に印度に向つた、裏方は洋装美々《びゞ》しく前途燃ゆるが如き希望に充たされ、而も頗る御壮健で、夢だに今日のことあるべしとは思はれなかつた。

月明かに波静なり、船は印度洋を航す、甲板の裏方は細き清らの声もて、英歌を独吟されつゝ波濤を渡る月を愛でらる。

噫《ああ》、一望際涯なき印度洋の月は、今も尚波間に照りつ、愴絶《そうぜつ》無限の美を放射せんも、而も其美に洗はれた肉の裏方は、今や白骨と化し、大谷本廟の中陰壇《ちういんだん》に納つた、想へば印度洋の月は、恨みの月であつたか、将た、美はしの月であつたか。

孟買のタジ、マ・ハールは、アグラのタジ、マ・ハールに因んで建築された、宏大壮麗の一大旅館である、タジは波斯《ペルシヤ》語の王冠を意味し、マハールは宮殿の誇りといふ義である。法主裏方の一行は一昨年十月二十八日孟買に上陸して此に投宿した。

カシミール出立の前二時間、余は所用ありて裏方の居間を訪うた、此時裏方には随員足利瑞義師を督して、御手廻りの小荷物を整理さるべく、熱気に蒸されて、額に玉のやうな汗を流され、殆んど蒸殺されん許りに働いて居られた。

日本ならば箸一つ重き物を手にせられない、此の裏方にして斯の如く其身を動かさるゝのを見て、余は実に裏方の健気なる心ばえに感奮した。

タジにして印度皇帝の『王冠』を意味するものならば、裏方籌子の方は本派本願寺のクラウンである、併しマハールは『宮殿の誇り』といふの義であれば、籌子は大谷家の誇りとする取替へのない人である、而して余は裏方と共に此のタジ、マハールを訪うた、又大法主と共にアグラのタジ、マハールに投じ、然るに今日は本派本願寺の王冠とする裏方大谷家の誇りとする籌子の方は、花に宿る露朝《つゆあした》を待たないで散つて了つた。

余は昨年十月一日欧洲から帰朝の裏方を敦賀に出迎へた、此時の裏方は純然たる日本服で、而も久し振に懐しき故郷の土を踏まるゝことなれば、心も浮き立たんばかり、随員渡辺哲心師を伴うて無事本山に帰られた。

法主裏方の一行が印度に向つて、神戸を解纜せらるゝ時には、風烈しく雨横に降つて波はボートの甲板を洗ひ一行が本船オリエンターに乗移するのに殆んど命がけであつた、裏方が御帰朝の際敦賀に御上陸となつた時にも、亦夜来の雨であつた、然るに今回御葬儀前三日も陰雲天を鎖《とざ》して時時雨《ときぐ》を送つた、然ながら愈御葬儀に至つて一天拭ふが如き晴天となつた、之と均しく神戸解纜の翌日も敦賀を出でられて本山に向はるゝ時も、雨霽《は》れて日は赫赫《くわくくわく》として山の端に照り輝いた。

斯の如く自然は裏方の日本を出入せらるゝに当り、必ず雨を降らし、今は復た往つて還らぬ旅路にも亦雨を降らす、噫、涙か雨か、雨と裏方又不思議な因縁がある。

御葬儀の当日、余は鴻《こう》の間正門前に佇立《ちよりつ》して、御輿の出づるを今や遅しと待つて居た、御輿は大玄関の広庭に、純白の綾錦《あやにしき》を幕として其裡に据ゑられてある。

時到つて幔幕《まんまく》左右にサラリと開けば、霊棺を安置せる御輿が、シーといふ声諸共に動き始めた、右側の附添は足利、左側が渡辺、柱本等の諸師で何れも裏方の印度欧洲行に随つた人々である。

余は御輿と此等の人々を目睹《もくと》するや、忽ち感慨無量の念湧き、最早御輿を拝み見ることも出来ず、走つて門外に出でゝ人なき所でハンカチーフを濡らした、人は朝たに生れて、夕べに死する露の命とは予て知るものゝ、裏方籌子の如きはまだ花も盛り、漸く三十に達せられた許りであるに、俄然吹き起る一陣の風に誘はれて遂に散つた。

想い出だせば御輿の出でた鴻の間の大玄関は昨年新法主が御結婚御披露の際、裏方は珍らしくも大丸髷《おほまるまげ》に我が大礼服を召されて、幾百の賓客を迎へられた所である、此時余も亦其一人に加はり、裏方に導かれて能狂言の観覧席にと入つた。

嗚呼《あゝ》、昨は此の目出度き佳宴に賓客を迎へられた裏方今は記念の此の大玄関より御輿に安置されて、而も冥界の旅路に出でられんとは、復た何人も思ひ寄らなかつた所、想へば総て涙の種である。

不思議なるは御葬儀の当日、皇太子妃殿下の御代拝が式場の御霊棺前を一揖《ゆう》されて右側の休憩所に入らせらるゝや、偶然とはいひながら御霊前の弔燈《てうとう》突然火を発し炎々として焼け落ち、背景に老松古杉《こさん》生ひ繁る此式場をして、愈々一種凄惨の光景と化せしめた、此の不意の出来事も亦光顔院の御霊が、御代拝に答へられた徴《しる》しと見れば、ソレも思ひ出づる涙の種となるが、余が裏方を想ひ出づるの記は心乱れて最早コレ以上書き綴るゝことが出来ぬ。（明治四十四年二月五日記）

七　中学設置の理由

裏方逝去後渠の胸裏に湧いた悶々の情が如何にして霧消さるべきかに就いて渠は非常に苦慮した、爛漫たる花も、皎々たる月も、渠の鬱心を医するに足らず、反つて其れが既往の追懐を増大ならしむるのみであつた、此に於てか渠は何物かを覓めて此の憂情を拭はねばならなかつた、渠は此の悶々の情を何所にか打棄ねばならなかつた、渠は此の愁雲を払つて理想郷に一宮殿の現出するを認めた、武庫中学は即ちソレであつた、渠は此の学校に渠の所有する総のモノをさらけ出した、渠は自から此の学校の教師となり、又其私財をも抛つて学生の日常生活の費用を支弁した。校舎は山巓の二楽荘測候所近く、東端の山の背を切開いて、南北に五十間東西に五間の二階家であつた、学校の建設に就ては本山に多少の反対者があつた、夫れにも拘はらず、渠は断然之を決行するに至つた。

校舎は元二楽荘の山麓にあつて、規模も小さく謂はゞ大谷家塾といつた風のものであつた、然るに広島の第四仏教中学や、簡易仏教学校などが追々と附け加はるゝに従つて校舎は山の上へ上へと延《の》し上げられた、山上の校舎増築は二楽荘の発展に伴ふ自然の結果であつたが、尚他に一つの理由もあつた、ソレは一定の料金を取つて二楽荘を一般公衆に開放せんとのことであつた。

八　二楽荘の公開

明治四十四年十月某日、二楽荘から電話があつて、光瑞伯から我輩に至急相談がある、可能《できる》ならば来て貰らひたいとのことであつた、当時我輩は大阪毎日新聞社に居た。

階上の印度室にて我輩は光瑞伯の用談を承はつた、渠曰はく『私《わし》一人で山と海の此二景を占領して楽むといふよりも、寧ろ公衆一般に開放して衆と共に楽みたいと云ふのが相談の主旨である、伯林《ベルリン》ではカイゼルの宮殿さへも見せるでないか、私は或日を卜《ぼく》して朝日、毎日を始め、阪神間の有《あら》ゆる新聞記者に来て貰つて、二楽荘公開の主旨を演説して見たいと思ふが何うだ』と我輩に詢《たづ》ねた、此の時代の二楽荘は警察権も及ばない謂はゞ六甲山脈の支脈に治外法権を布《し》いた、一居留地であつたかのやうでもあつた、阪神電車や、汽車などの旅客が、山上の豪放な洋館や、急阪のケーブルを眺めて「彼《あ》の変んな建物は何んだらう」と総て此の方向に驚奇《きやうき》の眼《まなこ》を放つて、百人が百人、之が西本願寺の別荘であるといふことを知らなかつた、住吉駅の俥夫《しやふ》ですら二楽荘といふ名称を知らなかつた、彼等は只単に本願寺さんと呼んで居た、彼等の仲間や、附近の村民に二楽荘といふ名称の知れ渡つたのは公開後稍時を経ての後であつた、公開前の二楽荘は蟻一疋でも上へは登らせなかつた、光瑞伯に面接を求むるか、或は二楽荘を拝観せんとするには、京都の本山に出頭して、種々様々な面倒臭い手続を履《ふ》まねばならなかつた、左《さ》なくば二楽荘山麓の事務所では、誰彼の用捨《ようしや》もなく悉く刎《は》ね飛ばして一向相手にしなかつた、我輩の如きでさへ前以《まへもつ》て電話を掛け面会の都合を聞かないうちは山麓の関門すら通れなかつた、許可さへあれば伯乗用の定紋附《ちやうもんつき》の馬車が、駅なり、停留所なりに出迎へに来て居た、田舎の狭い泥道を御者は用捨なく馬の尻を敲《たた》くので、我輩の如き或時馬車が顚覆して泥田《どろた》の中へ放出された、それ以来といふものは全く命がけで馬車に乗つたのである、二楽荘が斯の如き権威を以て、鎖港攘夷《さかうじやうい》の一城壁を築いて居た頃には、山麓には請願巡査や、剣道柔道の幾段かの剛の者も居て、イザと言へば取つて投げん勢であつた、時の農商務大臣すら此の手続を履なかつた為めに追払はれたこともあつた、時態《じたい》は斯の如きものであつた二楽荘をば今日公開せんといふのであるから、勿論之は阪神間の一事件であつたに相違ない、景気附の興業的販売政策を執つて居た大毎の営業部にあつては何んで之を見遁《みのが》すことが出来よう、我輩は一言之を桜田部長に洩らすや、議は忽ち成立して、二楽荘の公開は大阪毎日新聞一手販売で、十一月二日三日の両日に挙行さるゝことゝなつた、時候は良し、天気は好し、お負けに無料と来て居るから公開の当日は未明から道といふ道が蟻の這ふ様に間断なく人で埋められて、第一日に、二万七千、第二日に七万といふ驚くべき人出があつた、驚いたのは光瑞伯である、渠は山上の一巨岩に腰を下し、双眼鏡を手にして見物して居たが、拝観者が鯨波《とき》の声を揚げて、押合圧合《おしあいへしあ》ひつゝ、二楽荘本館に押寄せ来り今しも人死《ひとじに》が出来さうな此の凄じい光景を見て、コリヤ堪らぬと渠は松の樹に架設してある電話を以て入場者中止の伝令を幹部員の事務所に送つた、此に於てか山麓の入口には厳重な竹矢来《たけやらい》が結ばれ、神戸、大阪の停留所には「満員入場中止」の警告が掲げられた、此の御蔭を蒙つて阪神電車の臨時収入が数千円もあつた、斯くして二楽荘は光瑞伯の希望通り公開された、既に一般公衆に公開された以上は、芸者でも、娼妓《しやうぎ》でも、淫売婦でも、其他何んな女でも入場を拒絶する訳に行かなかつた、女厭ひの渠は何して之に堪へられようか、此の結果含秀居の工事が未だ終らない中に、渠は山の上に逃げて了つて下には夕方でなくては降りて来なかつた、武庫中学の山上に移転したのも此の訳であつた。

九　二楽荘と久原家

大正二年秋九月か十月の初、其頃稀に見る六甲颪《おろし》の猛烈なものがあつた。大きな松が幾本も倒れる、含秀居は船のやうに揺れる荘内の電線は悉く切断される、家根《やね》の瓦が木の葉のやうに飛ばされる其の光景の如何にも物凄き裡にあつて、五十間（校舎の俗称）危しと聞くや渠は松の枝を片手に岩上に突立ち、大声疾呼《たいせいしつこ》身を以て脱れよと学生に号令するや、其刹那校舎はメキ〳〵と大音響を発して倒れたが幸ひに一人の怪我人もなかつた。渠の此時の勇姿は絵に見る奈翁《なおう》のやうであつた、其後学校が修理されたけれども、其れにケチが付いて間もなく閉校となつた。

校舎の倒壊と聞くや野寄村なる久原房之助氏の母堂が見舞金の外に学生四百余名に対し、万年筆と手帳（価格二円五十銭）とを送つて来た、房之助氏の母堂は光瑞伯崇拝者の一人である、倅房之助氏の近来メキ〳〵と身代を延し上けるを見るにつけ、痛はしきは光瑞伯の御身の上であると、母堂は常に倅房之助氏に物語つて居たと聞く。氏は非常なる親孝行で老母の申出に対しては何一つ聴入れぬことがないさうな、況《いはん》や余命幾許《いくばく》もなき老齢の母堂の此言に於てをやだ。『房之助御門跡さんを何とかしてあげ』とは老母の口癖であるさうな、去月二楽荘が発掘物諸共二十一万円で久原家の手に渡つたといふも実は此の消息から来て居る。久原家が大谷家所有の共保生命保険株を五十五万円で譲り受けたといふのも亦此点から来て居る、久原家が二楽荘を譲り受けた裏面の消息は凡そ斯の如きものである、恐らく伯は之に対し多大の感謝を表し居るに相違ない。其れと此れとは雲泥の相違があるが、嘗て二楽荘に乞食同様の身成《みなり》をした、汚ない老夫婦が尋ねて来た、而して伯に面会したいと申込んだ。彼等は新聞に依り二楽荘の没落を聞いて痛ましさの余り新潟県から遥々此処にやつて来たのである。用向は五円か十円かの志納金《しなふきん》であるが、其れには血も涙も附著《つい》て居る、渠の心は此一事に刺戟されて彼等は食事も給せられ、一日二楽荘にあつて優遇された。近時の渠は却々《なか〳〵》に思ひ遣の情が深くなつて来た、恐らく一箇年余の海外放浪の生活が斯くの如き変化を渠の心底に湧かし来つたものと思われる。去りながら渠は一面に於ては頗る我儘である、癇癪持である、性急である、突飛である、極端から極端に走る人である、是が非でも我意を徹《とほ》さうとする、飽までも痩我慢で押切らうとする。而して総ての点に於て人に負けることが嫌ひだ、其の向鼻の強いことは驚く許りであるけれども、近来は何やら角が取かゝつて来た様でもある、其温かき思ひやりの情が渠の胸裏に漲り漂つて居るのを見ても分かる、渠の性行が世上の風波に揉まれて漸く円熟の方向に一歩進めて来たのかも知れない。去りながら我輩は渠の性格が悉く角度を磨擦して円熟一方に進むべしと冀《こひねが》はず、何となれば渠が性格の欠点は又一面に於て美点と認められてあるからである。

一〇　錦華殿の俘虜

大正三年三月十四日渠は瑞超師と二名の学生を従へて山麓に現れた、山麓には荘員十数名一列となつて渠を見送るべく整列して居た、渠は二名の学生を従へ住吉駅へ向はんとして五六歩足を運ぶかと見るまに何に思ひけん只一人スート印刷所に来た、我輩は襯衣《しやつ》一枚となつて機械場に働いて居た『私は暫らく京都に行つて来る後は宜《よろ》敷《しく》頼む』といふのであつた、思ふに荘員の整列中に渠は我輩の姿を認めなかつたので告別に来たのであつたらしい、我輩は此日限りで渠は二楽荘を棄つべしとは夢にも思はなかつた、今から考へて見れば渠の様子は何となく変つて居た様でもあつた、羽織袴に山高帽子、護謨裏雪《ごむうらせつ》駄《た》に太いステツキを携へ、悠々と歩を運ぶ渠の背後《うしろ》姿《すがた》は、平時《いつも》のやうな快活闊歩の光瑞伯とは違つて居た、渠は麗かに照る田舎道を幾度か斜めに二楽荘を眺めた、岡本に名高い梅の花は既に散つても桜は未だ蕾であつた、麦は二三寸青々と延びて居ても雲雀は天に冲《ちう》して渠に告別の歌を雨降すべく余りに早かつた、渠は徒歩の儘駅に著いて自から切符を買求めた、ソレ以来渠は錦華殿《きんくわでん》に黄金の鎖に繋れた俘虜となつた、其後間もなく二楽荘にあつた渠の家具家財一切が神戸のワイマークに依つて競売された、甚だしきに至つては渠の寝具から馬車自動車の膝掛けまでも用捨なく売飛ばされた、而已ならず、故裏方の古靴、古下駄、古傘まで零細な金で屑屋の籠に入らうとした、余のことゝ思ひ我輩は早速之を取戻して人知れず、焼捨てたことがある。此は素より渠の指揮でもなく又意志でも無かつたらうが、整理に当つた二三の人々が盲目《めくら》無鉄砲に何から何まで持ち出したのである、最後には裏方の寝具迄も売飛ばされようとしたが抗議する者があつて結局其は本山の室内部へ送られた、二楽荘閉鎖の前後は斯の如く惨澹たるものであつた、二楽荘閉鎖後渠は京都本山に四ケ月間苦しき生活を送つた、同年七月渠は錦華殿の熱気に堪へ兼ね再び二楽荘に帰り、十一月飄然《へうぜん》海外に飛び出して今尚放浪生活を営んで居るのである。

一一　二楽荘の時めいた頃

二楽荘の時めいた頃、其所に種々《いろいろ》毛色眼色の変つた者が来た。坊主は勿論言ふに及ばず、外国人も支那人も、我国朝野の名士も、猫も杓子も、金魚の糞《うんこ》のやうに、陸《ぞく》続《く》つながつて、入れ代り立替りやつて来た。然ながら彼等の十中八九は二楽荘本館の拝観者で、光瑞伯に面接した者は至つて少かつた。賓客として迎へられたのは故《こ》桂公《かつらこう》、寺内伯《てらうちはく》、後藤男《ごとうだん》、九鬼男《くきだん》、徳富蘇峰《とくとみそほう》、村野山人《むらのさんじん》其他の数氏で、故桂公の如き時々大阪附近で、行方不明と認められた時には、公は二楽荘に一泊もし二泊もした時であつた。寺内総督は久原房之助氏と自動車で来たことがある、此時伯は何処かの待合の女将を道中の装飾品として携へて来た。我輩はケーブルに同乗して、一行を本館の亜拉比亜室に導いた。総督の装飾品が何時の間にか消えて了ふと、室内中央の噴水池に、金魚の游泳《およ》いで居るのを眺めながら、伯と伯とが卓を囲んで話し始めた。光瑞伯は自慢らしく技師柱本瑞俊氏製造のサイダーを伯に薦め『これは当荘手製の珍品にて候』とコップに波波注いだが、総督は糖尿病とあつて、一滴も口にしなかつた、一寸ソレに間が抜けたけれど、話は案外ハズンで今にも脱線しさうであつた。隣室のイギリス室には荘員の外数名の新聞記者も控へて居た。彼等は天井や外の景色を見てトボケ面で居たが、心耳《しんじ》は穎敏《えいびん》に働いて隙さへあれば何ものかを捉へようとして居た、危しと見て両伯は第二ケーブルで雲の上合秀居の人となつた、交通遮断、それから二人は何を話したものか一切分らなかつた。

新平男《しんぺいだん》が未だ鉄道院総裁の時である、一日二楽荘に光瑞伯を訪ふといふ電報が来た、明日は鉄道の親分が来るからケーブルに注意せよと伯からの命令が伝はつた。左様言はれると何んでも堅くなるものと見え、滅多に故障のなかつた第一ケーブルが、此日に限つて坂の中途で脱線した、新平男驚いて飛び降りたが、幸ひに怪我はなかつた。時は確か十一月の末か十二月の初であつた、朔風烈しく谷間から吹き上げて、後藤男の一種変つたインパネスをビラビラと吹き飛させて居た。其れにも拘らず、男《だん》は息絶え〱急坂を登り詰め額に汗ダラ〱の困つた姿をカメラに入れた者がある、光瑞伯と後藤男、其の性格の何処にか似よつた点がある、何処にか馬の合ひさうな処がある。

徳富蘇峰氏は親譲りの記者である、先代法主明如上《みやうによじやう》人遷化《にんせんげ》の際渠を将来の友人とし、且指導者とせよと渠に遺言して逝つたといふのだ。斯いふ関係から渠の放浪生活が国民紙上に載つて居る。渠の倫敦留学時代は非常に煙草が好きで、渠はソレを喫《す》ふといふよりも寧ろ其のヤニを甜《なめ》たといふ位の大喫煙家であつた、所が或動機から蘇峰と禁煙を約し、ソレ以来一本のシガーも、半本のシガレットも口にしない。印度旅行中渠は印度人の残酷な火葬法を見て、極端に煙草好きの我輩に向つて、君の如きは煙草のヤニで、火葬の場合には、あれよりも烈しくヂウ〱音がするだらうといつた。酒は止んでも煙草は容易に止まない、渠は禁煙断行の日から既に十数年を経過したといふが、克己心の強いことは此の一事でも分る。

酒と女、これは英雄豪傑の附属品か若《もし》くは一要素であるかに考へられて居るが此の点に於て渠は英雄の一要素を欠いて居るかも知れない、酒は初めから一滴も口にしない、飲めないのか、飲まないのか、我輩と雖も其辺の所までは詮索しない。併し渠とても矢張り人間だ、人間の血が通うて居る間は情もあり欲もある、が唯其れをゆるめずに引締めて居る丈けが豪《え》らいといふのだ、齢《よはい》漸く四十一、燃えん許りの欲と情を抑へて、誰か克《よ》く其の内を浄め得べき、其権威ある独身生活を持続せんには必要条件として精神の修養が入用だ、これ渠が二楽荘にブツク・ウオームたる所以であつた、即ち読書は渠が心の糧であつた。

　東久邇宮殿下が突然の御来臨は、二楽荘の最後を飾る最も光栄ある者であつた、大演習に御西下になつた殿下には、戦時服にて二名の従者と住吉駅長とを従へられ腕《わん》車《しや》で御著荘となつた、此に於て荘員一同山麓に御出迎へ申上げ、直《ただち》にケーブルにて山腹の二楽荘本館に御案内申上げた、途上殿下にはケーブル両側の果樹園を眺められ、『何んで斯んなに草を生やして置くのぢや』と御尋ねがあつたが、荘の運命は既に旬日《じゆんじつ》に逼《せま》り居ることゝて、何んと御答の詞《ことば》にも窮し居れる折柄、殿下には又もや『今少し手入れをしては何うぢや』と再度の御質問に、我々は唯々恐れ入つた次第とのみ黙して何の言葉も出なかつた、ケーブルの終点に達するや、例の猛犬「レオ」は我輩の姿を見るよと思ふ間に、早や山上の岩陰から、其の房々とした長い毛を風に吹かして、獅子か虎のやうに駆け付け来つたので、殿下には『アレは何んぢや、ドーもしないか』と御訊ねあり、『何うも致しません』と御答へ申上げたるに、殿下には直に二楽荘本館に向はれ玄関の外に御迎へ申上げたる光瑞伯と暫らく御対談あり、ソレより殿下には発掘物につき光瑞伯より一々説明を聴取りたる後、我輩は「レオ」を殿下の前に伴ひ行き、若し此犬が殿下の御気に召せば献上致さんと申出でた、此に於てか殿下は孰《つらつ》ら此犬を御覧ありて駅長を顧みられ『駅長函があるか』『御座りません』『二時間で出来るか』、『出来ません』と、御問答の末犬は遂に宮殿下の御伴相叶はざることになつた、犬は瑞西《スキツル》産セントベルナード種で、目方十九貫身長五尺近く、アルプス登山の凍死者を啣《くは》へて病院へ運ぶもので、久原房之助氏から光瑞伯に献上したものであつた。

　其後「レオ」は貨車に乗つて我輩と大阪見物に出掛けた、帰途図らずも闘犬の大関とかいふ土佐犬と挌闘して、左耳《さじ》を傷つけ入院恢復後、第一の主人たる久原氏へ無条件で連れて行かれて了つた、岡本梅林の我茅屋と、野寄の久原家とは距離に於て二十余丁、「レオ」は宮殿のやうな富豪の邸宅よりも、尚高等貧民の余が茅屋を快しと思つてか、隙を狙つて屡《しばしば》余の許に逃げて来た、夜中なれば二三声家も吹き飛ばん許りに吠えて家人を呼び起す、其の心根のしほらしや、噫汝は今何処にありや、聞けば東都に送られて某家に飼はるゝと我輩不幸にして某家を知らず、余も亦浪人となり、汝の後を慕うて此に流れ来《きた》る、されど未だ汝の姿を見ず、幸ひに健全なれよ。

「レオ」は形見として余に二児を遺して行つた、本年一月十日我輩は約に基き、之を木堂犬養毅《もくだういぬがひき》氏に送つた、当時犬養氏は伊豆長岡の別邸にあり、家人より犬二頭到著の電報に接し、急ぎ帰京して犬受取の為め中央駅に到れば、送状なき為め犬は受取れずといふ、『別に証書を作り本人及び保証人連印証券印紙貼用など例の杓子定規に引つかゝり申候只犬が早く受取たさに唯々諾々官命の儘致候』云々と木堂先生より我輩に宛てた礼書の末端に記入してあつた。

二楽荘没落後梅林に「レオ」の姿を見た阪神の人士は『二楽荘没落して此犬のみ其面影を負へり』といつたが、汝の第二主人公たる光瑞伯は、本年、一月元旦を迎ふるに当つて、新嘉坡《シンガポール》三井物産の客窓にあり、左の如き所感を七言律に表はされた。

世事古今貉一邱　任他毀誉復何求
客帆夢裡年光忘　霜鬓鏡中日月遒
蒼海雪山皆故旧　炎州朔漠又重遊
南洋新歳君知否　揮扇嚼氷白紵裘

悠々放浪の渠が心中復《また》察すべきである。

一二　天文と植物研究

二楽荘山上に完全な私立六甲測候所があつた、所長は元神戸測候所長中川源三郎氏で、氏は光瑞伯の気象学研究の補助として聘用《へいよう》された、渠は関係連絡の各測候所から、午前九時一回の観測電報を受取り、其れを参照して自個観測のチヤートを作り、之を阪神沿道知己の許に分配した、附近の汽船会社や、阪神電車などは之に依つて尠からぬ便利を得たといふ。のみならず夜に至れば晴風雨の目標として色別け五百燭光の電燈が、煌々として山上に照り、近海の汽船や漁夫は、之に依つて航海安全の便宜を得たといふ。

天候観測の傍伯は亦天文の研究にも従事した、器械は一切英国から購入した頗る精巧のもので、価格も亦容易ならぬ者であるといふ、天文や気象学を研究する中で渠の最も得意とするは即ち雲の研究で、渠は之を学理的に研究し尚又之を詩歌的にも味はつた。渠の雲と題する詩文が、三四年前何処かの新聞か雑誌に掲載せられた、『雲を見る者怒らず』と伯はいふ。

渠は又植物に趣味を有ち且ソレに精通して居る。印度旅行中でも我々の見て、洵にツマラぬと思ふ一木、一草、一花も、渠の眼には頗る興味あるが如く、絶えず其を研究し、又其を蒐集した。ヒマラヤ山脈に入つてはロテデ《（ママ）》ンドロン（石楠樹《しやくなぎ》）やオーキッド（蘭の種類）などの種別を調査し、又之を携へて二楽荘に移植を試みた、一時二楽荘園芸部には高山植物のみでも何百種とあり、各国の石楠樹でも三百余種もあつたが、石楠樹は没落前、朝鮮の李王家へ他の植物と共に献上し、温室の蘭は熱帯植物と共に大阪の某家へ譲渡《ゆづりわた》された、其後温室も取毀して何処かに売飛ばされた。斯の如く渠の足跡の印する所には仏蹟や、歴史や、地理や、乃至殖産興業の視察や、或は其の研究以外に必ず植物が附纏つて居る、此故に二楽荘全盛の頃には、世界の珍木花卉で埋められて居たけれども今は其の片影も認むることが出来ない、『花を愛する者殺さず』と又伯はいふ。

斯の如く渠の旅行は却々に多忙である、ホテルに泊つても食事前に一回は必ず視察に出掛ける、食後は勿論汽車、自動車、馬車、牛車、トンガ何んでも御座れで、飛び廻り駈け廻る、夜は労《つか》れて早く寝るかと思へば、鞄の中から書籍を取出して、翌日の日程と研究に資する、読書をする、襯衣が汗に染《そめ》ば自分で洗濯もする、イヤハヤ何んとも言へぬ忙しい性分で、少しも静止《ちつ》として居られない、我輩の如きは到底其の足もとにも追付かない、それ故に印度旅行中我輩の如き、或時は伯と別れ、又或時に合して幾日かの休養を試みたもんだ。

印度旅行中渠の厚情に就て我輩は終生忘るべからざるものがある、前述の如く我輩は渠と別れ単独ラジプタナの高原を横断し、インダスを渡り、其の西北岸なる歴山《アレキサンドル》大帝の印度侵略本陣の古城アトックを訪ひ、ペシヤウオルを経て、亜富汗斯坦《アフガニスタン》に入らんとして能はず、引返して伯の後を追ひ、ヒマラヤ大山脈のモレー峠で、気候激変の為め熱に冒され、再びデリーに引返してホテルに病を養ふの身となつた、此時渠は印度東北彊のカシミアに暑を避けて、ダル湖上にボート生活（船の家に住み湖上を遊び廻る）を送つて居た、「明朝出発デリー会合」の電報が届いた、旬日を経てホテルの隔離室に馬車の軋る音烈しく、渠は瑞超師を伴うて突然我輩の病床に現れた、「熱病です早くお帰りなさい」「マラリアなんか土人の風邪だ、神経も手伝つて居る、明日此処を出発する」と無理往生に我輩を引張つて、アグラ城に連れて行つた、二日間渠の介抱を受けて、我輩は漸く快復に近づいた、「一緒に来た者を棄てゝ行けるもんか」とは渠の言ひ分であつた、紙より薄き世情に、而も渠の如き身を以て、斯の如く同行者を思ふ、其の懇情に対しては、我輩は何うしてもソレを忘るゝことが出来ない。

一三　二楽荘の前身は沈没船

播州須磨の今の武庫離宮は光瑞伯の別荘であつた、夫が宮内省に御買上げとなる前に、伯は其処に探検部隊の編輯長となつて、探検や紀行の編纂に従事した、其後間もなく二楽荘が建設された、建築前委員は地点選定の為尠からぬ苦心をした、けれども甲論乙駁《かふろんおつばく》の状態で容易に決定しなかつた、二三の予定地が何れも決定しない前に渠は第二回印度探検の途に就いた、香港から渠の電報が委員の許に届いた、『地点は北緯何度東経何度』とある許りで、何処だか薩張《さつぱ》り判らない、苦心の結果漸く探り当てたのは即ち今の二楽荘である、伯は斯ういふ風のイタズラが非常に好きだ、其癖自分にはチヤンと判つて居るのである。

　建築も普通では面白くないとあつて、世界のありと有らゆる港湾を訪うて、神戸沖で沈没した英商船を買入れ、其船材を以て建築したのである、故に二楽荘本館の廊下は、総てデツキのチーク材、各室の戸は船のキヤビンや食堂にあつたもの、三階の丸窓は船の窓其儘、而して山上一面に布設しある用水鉄管のタンクは、船の釜、家其れ自身は世界一週（ママ）の沈没船、之に住んだ主人公は、第三回印度探検を終り、世界を一周して帰ると、間もなく沈没した、といへば何んだか謎のやうでもある。

　加之《しかのみ》ならず、内部の各室は支那、印度、亜拉比亜、埃及の古代建築の精華を集めて、其の模範を示して居るといふもの丶、今から考へて見れば、以上の各国は何れも亡国的のもの、若しさうでなければ其方に傾きかけて居るもので、之も亦没落表徴の謎であつたのかも知れない、然しながら一面より観れば、家其者も、室其の者も、渠の世界的趣味と一致し且調和して居たのであらう、世界的といへば一時其処に集つた人間も、或意味に於て世界的であつた、西蔵の僧正も居れば蒙古の学者も居た、緬《ビル》甸《マ》の坊主も居れば支那人のコツクも居た、尚其上に十八と十九の英国美少年の二人の給仕も居た、之が又頗る珍だツた、既に世人の知る通り渠の常食は麦飯である、彼の沈没船に用ひられた銅鑼《どら》の合図で食堂が開かれると、英人の此の二人の給仕人《ウエーター》は、正式に食堂礼服を著けて渠を食堂に導く、而して渠がトースト・マスターとなつて我々の各々が其席に就くや、彼の二人の給仕人はピカ〳〵と光つた靴を穿き、頭髪を綺麗に撫で分け、カラやシヤツも洗濯したての純白《まつしろ》なもので、其れにドレスを著て、手に塗盆を持つて、麦飯や味噌汁の給仕をする、而して使用の言葉はといへば総て英語であるから面白い、『ワン、モール、ミソシル』『ワン、カツプ、オブ、メシ』といつた風に、ソレも儀式を重んずる英国汽船の食堂に入つたやうに、彼等は我々の耳の傍《そば》に来て窃《そつ》と其れを聞き取る、食堂といひ、洋服の主人公といひ、英人の給仕人といひ、総て英国紳士の家庭気分を漂はして居るけれども、麦飯や味噌汁では何とも仕方がない、此点が他と比較して非常に不調和であつた、矛盾であつた、撞著して居た、去りながら矛盾も撞着も、一面に於て豪傑の一要素でありとすれば、光瑞伯も亦此一事で或は彼等の仲間入りをして居たのかも知れない。

一四　青年時代

渠の頭は初めから世界的に出来て居る、齢未だ二十も超すか超さないのに早渠の周囲には、雄志鬱勃《ゆうしうつぼつ》の青年が蝟集して絶えず何事をか計画して居た、御大《おんたい》の渠は世界地図を拡げて、足利（瑞義）お前は帆船でアラスカに向へ、尊由（令弟）はボルネオ、ニューギニアの蛮地《ばんち》に踏込め、渡辺（哲心）堀（賢雄）野村（栄三郎）の三人は中央亜細亜に、園田は印度、何某は支那満洲にと言つた風に、夫れ〴〵其人に依つて指揮号令し、各其人に依つて目的を異にする方面に向はしめた、之が総て今から二十年も前の話である、斯ういふ時代に早くもそんな計画をやつて居たのである。

尊由師のボルネオに入るや、食人種に鷲摑みとなつて危く生命を落さんとした、足利のカナダ、アラスカに到るや、氷雪の為めに将に凍死せんとした、其後伯の倫敦留学となるや、世界的探検家として博士ヘデンの名声が、欧米の各新聞紙上に喧伝された、之を見て伯は先鞭を博士に著けられたりと憤慨し、直に倫敦を去つて露領土耳《トル》機斯坦《キスタン》より新疆に出た、之と同時に堀、渡辺の両師は支那より、園田師は印度より各其の部署を定め、戈壁《ゴビ》の大沙漠を中心として、三方面より仏蹟の大捜索を開始した。

此等三部隊の探検隊は旗鼓《きこ》堂々と中央亜細亜に進入して将に探検の戦線に就かんとするや、先代法主明如上人病気危篤なりとの報あり、茲に於てか渠は涙を嚥《の》んで之を中止し、遂にカラコロムの峻嶺と東北ヒマラヤの諸嶺を踏破して印度に出た、其他の部隊もそれぞれ帰朝の途に就いた、其後伯は橘、野村、吉川の三氏をして、予《かね》ての素志を貫徹せしむべく、中央亜細亜に向はしめた、此事は普《あまね》く世人の知る所で、其の発掘物は縦《よ》し今日久原家の所有に移つたとしても、尚二楽荘に陳列されてある。

一挙一動総て渠の為す所は、世界的であり、其の性格は到底旧思想の而も俗臭芬々たる坊主どもと全然一致する筈がない、此の故に彼等は二楽荘を鬼門と称へ、若し本山より役僧の其処に転任することあれば、彼等を新兵の入営と呼んで居た、何となれば彼等は今までの美食珍味を棄てゝ、南京米に挽割切半《ひきわりせつぱん》の殆ど砂を嚙むやうな、而もボールに盛つた囚人同様の麦飯を食はねばならぬからであつた、去りながら光瑞伯始め其他の荘員も悉く此粗食に甘んじて居たのだから仕方がない。尚其上渠の禁煙禁酒主義は一層彼等を困らせた、斯の如く六条派は有形無形に二楽荘を忌避し、当らず触らず成るべく敬遠主義を執つて居たが、六甲党に於ても本山の執行所を水族館と称し、執行は三方面の硝子障子に囲まれて、其の禿頭を光しつゝ悠々游泳し居る、彼等の此のノンビリした状態を水族館に養はるゝ魚類《さかな》だと冷笑した。

夫れ斯の如く渠の山上生活は禁煙禁酒に加へて異性禁制の頗る厳格な単純生活であつた、尚それに軍隊的時間厳守の制度を執つて、寝食共に総て夫れから割出されて居たのである、表玄関から見れば、渠の二楽荘生活は頗る華侈驕奢《くわしけうしや》を極めたやうであつたが、裏口から窺《のぞ》いたら夫れは洵に質素節倹《しつそせつけん》の而も伯爵家としては寧ろ身窄《みす》ぼらしきものであつた、それならば何故に二楽荘が没落したかといふことは今は言ふまい。

一五　新聞紙発行計画

光瑞伯の理想の一は権威ある宗教新聞の発行にあつた、斯の如きは渠の性格から言へば、殆ど疾風原野を捲くが如き勢ひで、ドシ〳〵進行すべき筈であつたのに、不思議なるかな此事許りは、渠にも似合はず、狐疑逡巡《こぎしゆんじゆん》して容易に著手しなかつた、当時本山の二三有力者は資金として現金百万円、一箇年十万円づゝ捨石をして、十箇年間に土台を築き上げようとの、遠大な希望を抱いて、押強く渠に交渉をしてみたけれども、渠は見事にそれを刎ねつけて了つた、然しながら渠は此の計画に就ては用意周到の注意を払ひ、其の準備として二楽荘山麓の田畑を潰し、其処に渠の理想とする一大印刷所を設けた、最初に我輩は印刷事業の極めて困難な事情を述べて、偏に其の計画の中止を要求したが、一旦それと思ひ込んだことは、渠の性分として容易に聴き容るゝ筈なく、遂に其れが建築さるゝことになつた、左様なれば早いもんだ、僅に三週間経つか経ぬかに、鉄骨フレームの一本の柱もない、十五間に十間の工場がチヤンと出来上がつてしまつた、某社某職長が活字、機械其他附属品一切の買入をして、何一つ手落なく整へて呉れた、尚其の上彼の部下職工をして準備の夜業に迄手伝はせた、此時我輩は未だ二楽荘に関係なく、某職長の居る社に同じく勤めて居た、我輩は印刷所の設置には初めから反対であつた、それ故に柱本瑞俊師に某職長を経営者として推薦した、斯くして一切の膳立が整ふと我輩は突然休職となつた。

我輩の休職は二楽荘に於て非常に歓迎された、之と同時に光瑞伯より二楽荘印刷部長の辞令を受取つた、二楽荘の印刷物に加へて、京都本山の諸雑誌や小印刷物が続々やつて来た、二楽荘を得意とする神戸の印刷所や、京都本山の印刷所は之が為めに非常な打撃を蒙つた、武庫中学選り抜きの学生が放課後毎日印刷所に送られて印刷に関する一切の知識を吸収すべく各科に配布された、之が仕事の邪魔になつて職工が頻《しきり》に不平を鳴らした。

去りながら光瑞伯には「新聞紙発行」といふ遠大の希望もあつたので、我輩は是れ正しく渠が彼等をして其れと至大の関係ある印刷知識の実地研究を行はしめたのだと合点して居た、日ならずして新聞研究の踏台として、二楽荘月報といふ四六半折のものや、仏教青年といふ雑誌などが現れて来た、未だ半年も経過しない先に、早や彼等学生の中には、立派に校正眼を備ふる者が出来て来た、渠は毎日のやうに山の上から降りて来て、工場の此の活動的光景を見て頻に悦んで居た。

迷惑したのは岡本村である、今までに機械の音なんか全然《まるで》聞いたことのない、此眠さうなノンビリした片田舎に、三十二頁一台と二十四と足踏とが、間断なくガタンピシ〱と動き始めたのだから堪らない而も動力が石油であつたから故障が続出する。パイプの尖口で瓦斯《ガス》が爆発すると、鉄砲のやうな音がして、二楽荘の森に烏や雀が逃迷うた、而已ならず漸く寝かしつけた子供が喫驚《びつくり》して眼を覚すといふので、近辺の村民からも抗議が出た、去りながら山麓に来た者は、之を見て如何に二楽荘が活動して居たかゞ窺はれた。

一六　五年間苦心の著書

「本願寺＝釈光瑞著と銘を打つた菊版五百六十頁の「大《だい》無量寿経《むりやうじゆきやう》義《ぎ》疏《そ》」といふものが出版された、それを最後の事業として、二楽荘印刷所は僅かに一箇年一箇月の寿命で脆くも斃れた、渠の此の著は五箇年の星霜を積んで苦心惨澹の末漸く脱稿したものであつた、印刷用紙は水彩画用のもので、仏国製の頗る軽い目方の掛らないものを選んだ、其の為めに印刷上非常な困難と苦心が伴うた、本書は他と比較して一種風変りの立派なものであつた、用紙の如きも初めに渠は千歳の寿命を保つといふ鳥子《とりのこ》を用ひよとのことであつたが、印刷上乾きが遅いのと取扱上目方が重くなるといふので遂に前者を選んだ、渠の原稿は総て先きのブツ切られた万年筆で書かれてあつた、書き始めの一節はざつと斯んなものである。

窃ニ以ルニ大智願海深広ニシテ測ルベカラズ、如来ノ勝慧虚空ニ偏ク、所説ノ義言唯仏ノミ明了ニシタマヘリ、垢障ノ凡夫疑情去リ難ク、無始以来虚妄輪ノ為ニ輪廻シ、六道四生二十五有蚕繭ノ自縛スルガ如ク獼猴ノ黐膠ニ捕ハルヽガ如シ。

斯ういふ調子の漢字許りで、づツと押通して来たのだから、印刷所は欠字の塡補《てんほ》に悩まされた、のみならず、校正の為めに京都から出張して来た仏教大学の脇谷《わきたに》内《うち》田《た》武《たけ》田《だ》の三教授等は時々渠から突き込まれて大に閉口した、三校が済んで四校が渠の手許に届くと、渠は読経の調子で極めて早口に其れを読み上げる、而してソレ此処に一つ、彼処に一つと誤字誤植の見落を発見する、其れが亦頗る迅速で、而も巧妙であつたことは、宛然《さながら》カルタの競技会に味方の中堅選手《チャンピオン》が指頭《しとう》で敵の鼻毛を読みつゝ札を刎ね飛ばすやうな工合で、一々三教授の眼の前にむきつけて散々に油を取つた『此後校正の見落しに対し私は一々罰を加へる、誤植一誤字の見落ある毎にお前等一人は平身低頭私《わし》に謝罪する、髯のある者は其の都度髯一本づゝを抜く』と宣言した、内田と武田の両教授には口髯がないから格別それを意ともしなかつたが、脇谷《わきや》教授は髯武者だけに大恐慌を来した、サア大変だ、彼《あ》の調子では宣言通り真実《ほんと》に行《や》るかも知れないとあつて、脇谷教授は髯の中から眼を剝き出し、念には念を入れて、もう是れで大丈夫と四校を差出すと、渠は幾度か念を押して例の如く早口読経の調子で、一気に三十二頁を校正する『無さゝうである、機械にかけてよろしい、が一寸其の幾頁かの始めの字に不審がある、今一度』と取上げて『ウーン之れは明かに誤字である、脇谷髯一本頂戴する』と大声で猿臂《えんび》を伸せば、脇谷教授の姿は其時ドロンと消えて了つた、渠の校正眼が斯の如く鋭くして而も精確なることは恐らく漢籍の造詣深きと其の精力の旺盛なるとに由つたのであらう。

　殊に渠の記憶力の強健なるに至つては更に驚くべきものである、何年何月何新聞の第何面に斯ういふ記事があつた、何年何月何日は誰某と何処で会つて何ういふ話をしたといふことから、世界各国の軍艦の名称や、砲数や、築城砲台の建設者や其の何吋砲何門を据ゑ付けてあることまでも記憶して居た。

一七　結婚に生馬の贈物

　渠は又意表に出て人を驚かしたり、困らせたりすることが好だ、然しそれは決して渠の悪意から出たのでなく対手の不注意若しくは契約の不完全、乃至或る意味から渠を道具に使うとする者に逆ねぢを喰せるので、若し其れが渠の思ふ通り逆襲のツボにはまつたとすれば、渠は六尺大の其の図体を縮めて、シテやつたりと鼻蠢《うごめ》かしつゝ悦ぶのである。

　大正三年夏七月某日京都本山錦華殿より二楽荘に電話があつて、お上には明早朝五時頃其処にお帰りとの通知あり、二楽荘没落後久し振りのお帰りとあつて、居残りの荘員学生は眠い眼を擦りながら、午前四時頃からお出迎として住吉駅に詰めかけた、待てど暮せど一向に渠の姿が見えない、又さういふ時間に京都からの汽車もない、待ちあぐんだ末、すご〳〵と帰り来れば二楽荘山麓に一台の自動車がある、渠の体は午前五時頃京都から此処に運ばれて居たのであつた、渠は誰一人出迎へのないのを見て自動車を飛び降り、山を駆登つて含秀居に素知らぬ顔で収つて御座る、コレはしたりと何れも汗だら〳〵、御機嫌お伺ひと参上すれば『久し振り私の帰りに誰一人出迎へのないのは何うした』と不注意と観察力の足らざることを叱責され、時間が五時とあれば、汽車か自動車か其辺の判断がつかぬやうでは駄目だと散々に油を取られた。

　之れと同じやうな例がまだ幾等もある、嘗て大阪天王寺公園に共進会だか博覧会だかがあつた、其時主催者は人気と景気附の一策として、東西両本願寺の法主に来臨を乞うた、光瑞伯は絶対に謝絶したが、東本願寺の方では遂に承諾したといふので、渠も遂に臨場することゝなつた、交渉に当つた委員は、日を定めたけれども、時間を定めなかつたが手落ちであつた、此の手ぬかりを捉へて、渠は約束の日に朝早くから学生二名を従へ、滅多に見ない和服姿で山の上から降りて来た、羽織袴に山高帽子護謨裏の雪駄に、ワイシヤツ其儘の上に襦袢を著て、梅田に著いてから市内電車に乗換へ会場前で入場券を買求め、大急ぎの早足で館内をサツサと七分通りも過ぎた頃、彼の方が西本願寺様と云ふものがあつて、それと許り役員委員等は俄に騒き出したが、此等は総て後のお祭り、渠は得々として会場を抜け出て再び電車に乗つてスーツと二楽荘へ帰つて了つた。後から電話が頻々とかゝる、委員は其の不注意を謝罪して今一度改めて御来臨をと懇請したが、約束は履行されたのだから仕方がないといつて何うしても応じない、斯ういふ出抜きの行為や、其裏を掻いたりすることが、渠の最も悦ぶ所でシテ行《や》つたりと満面得意の笑《ゑみ》を帯ぶるが常であつた。

　大浦兼武《おほうらかねたけ》氏の愛婿《あいせい》であつた堀貞《ほりてい》氏は光瑞伯に見抜かれて大谷家と関係の浅からぬ仏教共保生命保険の社長となつた、先妻逝去後渠は京都岡崎公園附近の一小家屋に孤独三年の淋しき生活を送つた、其の当時一日渠は錦華殿に光瑞伯を訪うて近日後妻を迎ふべしと話した、其の序《ついで》に渠は秘書官時代に於ける腕力自慢の話しをした。其話しが馬術に関係があつたので、話が済んで玄関まで堀を見送つた光瑞伯は、結婚の御祝ひとして堀氏に馬を進上しようと約した、結婚の当日堀氏は式を済まして家に帰つて見ると、小さい家の玄関一杯に栗毛の亜拉比亜馬が繋いであつた。渠思へらく伯の馬といつたは彫刻か刺繍か其れとも悪戯半分に翫弄《おもちや》の馬でも贈つて来ることと思つた、ソレが正真正銘偽りのない生きた馬であつたのには、流石剛情の渠も一杯喰はされて、殆ど其処置に困つた、が折角の贈物を其儘他人に贈るも如何《どう》かと思ひ半年余りも散々に持余した揚句の果、渠は遂にそれを京都大学の馬術部に寄贈したといふ、馬は今も尚ツマラヌ顔をして京大の馬術部に居るさうな『到頭堀も困りよつて大学に与《や》つたさうな』と渠は窃《ひそか》に手を拍《う》つて喜んだ。

　坊主以外の者には渠の言葉使ひや其の動作は非常に叮《てい》

嚀《ねい》であつた、印刷所に来ても『暑いのにご苦労だネ』といつた調子で頗る平民的であつた、人夫が枯松の切株を斧で割つて居るのを見れば『少し休んで又行《や》るが良い、一寸其れを私に貸して見イ』、と言ひながら其の斧を取上げて、『サア幾つ打込んだら之が二つに割れるかお前達も試《や》つて見ろ』と昵近の誰彼を麾《さしまね》いた、眼前に横たはつて居るのは周囲三尺大の切株であつた、打込む鉄の楔、打込む斧の数幾つが競争で、それが真二つに割れるか何うかゞ問題であつた、渠の身辺に集つた昵近者は、何れも上衣《コート》を脱ぎ棄て、額に汗だらくで試して見たが、定数の九回で成功したものが一人もなかつた、ただ渠一人ソレに成功した、『一寸其の握力試験器を貸して見イ』、といつて、ウンと一声握り詰めた渠の力は四十五で、我輩の如きは渾身の勇を振つても漸く三十七八であつた、お次は第二ケーブルの胸突く峻坂を攀登《よじのぼ》る競争だ、渠の長い大きな脚は我々のに比べて二と三との割合だ、何うして其れで競争なんか出来ようか、斯の如く渠の腕力、握力、脚力、読書力、記憶力、忍耐力に至つては寧ろ驚くべきものである。

一八　和服の光瑞伯

極めて稀に和服姿の光瑞伯を見ることがあつた、羽織袴に山高帽子、護謨裏雪駄に大きなステツキを携へ、肌にはワイ襯衣《シヤツ》其儘のこともあり、時には繻袢を用ふることもあつた、和服の選択は敢て伯の意とする所でなかつた、唯著て居ればそれで用が足りるやうであつた、が流石に倫敦仕込みだけあつて、洋服姿で客に接する時には非常に礼儀を重んずる、面接の時間前には必ず髯を削り、カラやシヤツを取換へ、尚客次第で洋服《きもの》も著更へるが、多くの場合は人に面会することが余り好きでなかつた、理由は読書の妨げとなり、乃至は管《くだ》らぬ質問を浴せかけられて、大に閉口するといふのだ、けれども時には毛嫌ひして絶対に会はないこともあつた、又会つて悶著の種に捉へらるゝこともあつた、其れ故に事情の許す限り、成るべくは会はない方針を執つて居たのである。

一九　山上の単純生活

単純生活は渠の主義である、軍隊的生活は渠の理想である、ボールに盛つた麦飯二杯の前には、絶えず塩辛、雲丹《うに》変つた漬物、といつた風の、総て酒飲みの好きさうなものがならんであつた、尚食後二三十分間の午睡《こすゐ》は渠年来の慣習で、日の長短を論ぜず、一回でも其れを欠かしたことはない、若し何かに妨げられて、それを欠いた場合には何となく気分引立たず、何かに就いて腹立ち易く昵近者は意外の叱責を蒙つたこともあつた。

囲碁と将棋、女と老人《としより》、雷と蛇、是が渠の最も嫌ひなものだ、碁は時間を空費するもの、将棋は品質の劣等なるもの、女は愚痴を零《こぼ》すもの、老人《ろうじん》は過去を語るもの、蛇は一目見てもゾッとするといふ、殊に雷鳴と来ては到底お話にならない、彼《か》の六尺余りの大の男が、芋虫同様に縮み上つて殆ど身動きも出来ない程怖がる、その故に二楽荘全体には、驚く許り避雷の設置がしてあつた、昨年二月印度デリーのホテルで、渠は猛烈な雷鳴に出会ひ、毛布にくるまつて息を殺して恐縮して居ると、二つ三つ続けさまにホテルの庭先に落ちたので、渠の顔色は忽ち蒼白となつて物も言へない位であつたと、随行員の一人から我輩に宛てた書信の末端《はじ》に書いてあつた、何んでソンナに雷が恐ろしいのか我々共には一向解せない。

斯の如く渠は或点に於て非常に臆病である、尚又或点に於て非常に死を怖れる、宗教家で死を怖れるといへば語弊があるかも知れないが、事実は左様であるから仕方がない、然し渠の死を怖れるといふのは何にも無意味に怖れるといふのではない、言葉を換へていへば、渠は今日の此儘では何うあつても死に切れないといふのである、何となれば渠の今日まで為し来つた総ての事業は悉く未成品で、而も渠其れ自身が矢張り未成品だといふに止《とゞ》まるのだ。渠にして若し今日の儘で万一死んだとすれば、渠の負ふ有形無形の負債が何うして償却することが能《でき》るか、況や教主として此の世に生れ来つた、其の絶大の天職が如何にして完《まつた》うせらるべきか、此点に於て渠は其肉体の比較的強健なるに拘はらず、絶えず苦悶懊悩するのである。ソレ故に渠の身体に些少の故障が起きても渠は直に其れを苦にして神経を悩ますのである、斯かる点に於て渠は頗る弱い人である。

要するに渠は血の人である、涙の人である、非常に強い人で又非常に弱い人である、豪《えら》い所が見えるかと思へば、又子供じみた所も見える。詮ずる所渠の性行は何れも此等の要素を基礎として、幾多の分岐点を作り、幾多の経路を踏んで、各方面に活躍閃飛《せんひ》するのである。此の故に我輩は今の渠を以て必ずしも豪いとは思はない、又必ずしも豪くないとは言はない、唯我輩の鈍眼から見れば渠は単に一大謎の人で、それが何時解けるか分らないといふに止まるのだ。

然しながら、渠は今日の状態を以て断じて満足するものでない、必ず或る機を捉へて何事か為さゞれば、腹の虫が承知しまいと思ふのである。尚渠の性格から見ても左様あるべき筈である、今や渠は干潮に船を乗上《のしあげ》て殆ど其の手も足も出せないといふものゝ、一旦運の潮が差し来つたならば、船は容易に動き出すこと火を睹《み》るよりも明かである。

由来本願寺歴代の法主で聊かでも活動的性格を帯びた者の出た場合には、派内は必ずモメルに極つたものだ、本山の所謂丸く治るといふのは、当時の法主が、病身であるとか、乃至は無能であるとかに限つて居たのであつた。去りながら斯の如きは既に過去に属したもの、過去は即ち過去を以て葬り去るべきである、今日は即ち今日を以て確定の方針を立てねばならぬである。

渠の放浪生活は何日まで持続さるゝか之も疑問である、本願寺が法主なくして現状の儘何時まで押通せるか、それも疑問である、今の水族館（現内局を指す）が既に財政に苦んで、科井《かゞゐ》、名和、七里といふ三尾の魚がアプ〳〵しかけた、死際になると方角違ひに矢を射る如く頭を突あてる、或時は光つた鱗の横腹をも見せる、名和の如きは集会（議会）の当時辞表を懐にして既に其下腹の白い所も見せた。泥に酔つた鮒や、手傷を負つた鯉の死際は総じて斯うしたもんだが、会衆（議員）の買収に成功して不思議にも蘇生した、何此の上に「下女鉢巻を腹に締め」たと許り驚いた、七十近い六雄《むつを》管長代理が馬場ことの艶けし裁判に、涙金三千円の不当支出をして、漸く円満に解決されたといふのは抑も何たる不体裁のことぞや、既にお代理様とも言はるゝ六雄管長代理が、京都地方裁判所に「七、ワ、一七四」の記録番号を以て、一般公衆の面前に、縦《よ》し一時たりとも番号附の被告人となるに及《およん》では、宗教家殊に法主代理としての威厳は、抑も何処《いづこ》にありやだ、況や緋の法衣《ころも》を著て地方巡錫《じゆんしやく》に出かけたりとて、誰が念仏を唱へて随喜の涙に咽ぶものがあらう、歎かはしき極みである。

二〇　渠の信仰如何

世人動《やや》もすれば渠の宗教心に疑念を挟《さしはさ》む者がある、渠は宗教家としてよりも寧ろ政治家である、政治家とするよりも寧ろ探検家である、甚だしきに至つては宗教家として渠の信仰はゼロであるといふ。成程渠は其性格の一面に於て政治的色彩がある、或は探検家としての素質も経験も備はつて居る、然しながら宗教家としての信仰が全然零《ゼロ》であるといふに至つては、何うあつても其儘では受取られない、唯其等は渠の宗教的観念が他に比して進歩的であるのと儀式一点張りや、迷信一方の旧思想と、或点に於て悉く衝突するので爾《し》か思はせるのみである、渠の抱いて居る理想は仏教も時代の進運に伴うて進歩せざれば遂に滅亡するに至るといふのである、徒らに愚夫《ぐふ》愚婦《ぐふ》を瞞著して其の巾著金《きんちやくがね》を搾取らうとするは渠の屑《いさぎよ》しとせざる所である、其は純粋の喜捨でなければならぬといふのである、斯の如きは真理を土台として築き上げられた信仰に依つて初めて完全に行はれるといふのである。渠は曽て御影住吉居住の富豪有志と謀つて、住吉倶楽部内に一会堂を建築した、最初の目的は渠自身其処に現はれて、所謂渠の理想的説教乃至其の演説を試みん為の計画であつたが、其れも本山側の抗議に会うて遂に断行するに至らなかつたと聞いた、会堂は今尚其処に存在して居る。

一方の信徒側から言へば渠の探検や、旅行や、読書や、著述なんかは法主として無意味である、それよりも矢張り東本願寺の如く、各地の巡錫に専心意を用ゐた方が、幾倍の有難味があつたのだとの不平を洩らした者もあつた、一応ソレも尤も千万のことであるが渠には又渠自らの理由もあつた『自分を御輿に担いでお賽銭を袂に拾ひ込む奴等の道具にはなれない』と憤慨して居たこともあつた、それでも渠は北陸、山陰、九州、山陽などゝ数回巡錫したではないか。

法衣の色を以て自分を有難いと思ふような時代は既に過ぎ去らんとして居る、巡教の材料としては教理に殖産興業的の趣味あるものを加へねばならぬ、シテ其れが幾分にても地方民を裨益《ひえき》し、尚且国家の為ともならば、説教も亦之が為に活きるといふもんだ、との意味ある詞を我輩は屢《しばく》渠から聞いた、この故に渠は旅行中到る所若し我国に移植して殖産の進歩となり改良ともなる何物かを発見した場合には、必ず其れを研究し又其れを携へ帰るが常であつた、仮令《たとへ》ばセーロン島に行けばセーロン茶、印度に行けばアツサム茶、ペシヤウオルに行けばペシヤウオル米といつたやうに、必ず其等を携帯して来て適応の地に移植を試みた。渠将来の伝道方針としては唯念仏ばかりが本位でなく、それには時代の進運に伴うた何ものをかを結び付けて、小にしては個人、大にしては国家の利益といふ風の、一種変つた伝道の方針を思案して居たものと我輩は思ふのである。嘗て渠の山陰巡錫に我輩も同行した、此時渠は一般の係僧侶に一内訓を発し、渠の通過に際しては決して土下坐す可らず、賽銭を投ぐべからず、歓迎は喜んで受くるも直立の儘たるべく、自分は之れに対して相当の答礼を為すべしと宣した。此時渠の旅行は総て自動車であつたけれども、其の送迎に対しては自動車は徐行し、渠自身は脱帽して極めて慇懃に挨拶した、それでも或所では土下坐して銅貨を投げつけたものもあつたといふ、昔の一文銭なれば兎も角洵に此等は危険千万であつたと随行者の一人が語つた。

二一　学者か政治家か

要するに渠は世人の噂する通り、或は世人の評判する通り、実際それ程豪《え》らい人だらうか、或は事実に於て左程でもなからうか、これを疑問といへば疑問だ。

坊主以外の者では我輩は比較的多く渠に接近し、又比較的多く其の性格も知つて居る、けれども普通の人に比べてどれ程豪らいか、豪らくないか、我輩と雖も未だ其の判断に苦しむ訳だ、併し克《よ》く考へて見れば、渠には豪らい所もある、同時に、復た豪らくない所もある。

京都に禅宗坊主の独山《どくさん》和尚《をせう》といふが居る、我輩一日渠を訪うて光瑞伯の人物評を質した、渠頭を振り「西園寺や八代なれば、一寸揶揄《からか》つて見ようが、光瑞さんは私や知らん」と答へた、西園寺侯は和尚と絵や俳句の友であるさうな、八代前海相は和尚の禅弟子であるさうな。

独山和尚は一派の管長で、気骨稜々《れうく》たる面白い坊主だ、渠曰く、「光瑞さんとはタツタ一度本願寺で会つた切で、未だシンミリと話したことがない、けれども大きな男で眼が光つてるのを見ると、世間の人は豪らさうに思ふだらうよ」と言つて、アツハヽヽと笑うた末に「アレは放蕩児だ、復職や何《な》ん乎《か》で騒ぐにや及ばない、金が無くなりや帰つて来るよ」と和尚の気焔と光瑞観はこれだけであつた、けれども「大男で眼が光つて、人が豪らさうに思ふよ」、といつた其の言葉尻を味つて見れば、実は己《おれ》も左様思ふよといふ多少の意味を含まれて居たと思ふ。

渠は学者としても一本立で食へる、政治家としたならば総理大臣級だと、世間の評判を我輩は常に耳にするが、渠はそれを何んと思つて居るだらう、若し世間がそんなに言ふなら、私も一番僧籍を脱して、これから其の方面にでも乗り出さうといふだらうか、我輩嘗て大阪毎日に居た頃、数名の同社同人と、階級無差別の民間内閣が若し万一成立すると仮定したなら、誰が総理大臣になるだらうかとの投票を試みた、開票の結果、それが悉く光瑞と書いてあつたのに驚いた、我輩一日二楽荘に渠を訪うて此の由を告げた、渠は体軀を二つに折り、右手《あて》を耳辺《じへん》に振はし、「真平々々《まつぴらまつぴら》、本山の小天地でもヤリ切れない私が、政党なんテ、聞いても慄《ぞ》つとする」といつた。

光瑞伯が普通の家に生れなかつたといふのが、渠が終生の損失で而も不幸であると、世間で屢《しばく》次評判するのを聞くが、ソレは男に生れて来なかつたのが女の損だといふのと同様で、渠は宗祖親鸞上人の立てた宗教から何うあつても引離すことの可能《でき》ない者で、飽くまでも宗祖から十幾代かの法主であらねばならぬのである、従つて渠の学問は何処までも仏典本位で、其他のものは総て渠の支柱であらねばならぬのである、そして其れが断じて主客の顚倒を容《ゆる》されないのである。

油絵を一定の距離から見れば、光線と視力の調和で、ホンノリと綺麗に見えるが、近けば粗雑でガサ付いて洵《まこと》に汚ない、美人の面《めん》を正面から見れば美しいもんだが、裏に廻れば穴だらけで、見られないと、全然此の比喩を渠に嵌め込む積りで、光瑞反対の一皮肉屋が言つた、成程それも一面の真理であるか知らないが、渠の引照した比喩は果して正直に光瑞伯に当嵌《あては》めらるゝか何うかゞ問題である。

然しながら我輩とても全然之を打消すことが可能ない、

渠も矢張り人間である以上、そして人間の血が通つて居る以上は、勿論失敗もあり、欠点もある、唯我輩の世間に向つて主張する所は、渠をして他の坊主と均しく、十五銭とか二十銭とかの均一棚に列《なら》べて置きたくないといふのにある、尠くとも渠一人は他と引離されて相当の敬意を以て取扱はれたいと希望するのみである。

二二　法衣を纏うた光瑞師

容貌魁偉、眼光烱々《けいけい》、筋骨飽くまでも逞しい渠を我輩は曽て京都の大本山に見た、当時は宗祖六百五十回の大法要で渠は此の荘厳な儀式を司るべく、身に燃えんばかりの緋の法衣を著け、威風堂々と四隣《あたり》を圧しつゝ、奥の一間からヌーと姿を現はした、参列幾千の坊主が、サツと衣ぬ擦れの音を立てゝ、人間の畝から頭を下げた、参堂幾万の善男善女が、心の奥から称名した、渠は大手を振り大股に、一歩づゝ悠々と歩を運んだ、風もないのに無数の法燈が揺めき渡つて、さしもに広き大本山の御堂は大谷光瑞一人で一杯になつた、夫れは〳〵大した勢ひで、門外漢の我輩とても、思はず知らず頭が下がつた。

法衣を纏うた時の渠は夫れ斯《かく》の如く偉らい、然し是れは強《あなが》ち其の法衣が他の坊主と比べて画然区別のある訳でもあるまい、勿論「衣服哲学」から言へば多少それもある、けれども其の大部分は依て然らしむる渠の人格にも因る、況んや身長六尺、体重二十余貫の渠にあつては、世人の所謂貫目が自然に備はり、其れと此れとが調子よく一致して物質的にも精神的にも、渠をして飽くまで豪《えら》く見せしむるのである、蓋し渠の議論から言へば、法衣の色を以て渠に差別を附るは間違つて居る、渠を官服の巡査視し、軍服の軍人視するは難有迷惑《ありがためいわく》である、衣服のみなれば三越に行け、白木屋に見よ、法衣の色にのみ真理が輝くと云ふなら、高島屋に行け、大丸に見よ、仏法の真理を覓《もと》めんとならば、須らく来つて我が説く所を聞けと渠は言ふのである。

今や渠は法衣も其他の物も一切脱ぎ棄てゝ、全くの裸一貫となりつゝ、海外に随意随所の放浪生活を営んで居る、渠が、今日の生活状態と其の心理状態とは、果して猛虎の鉄檻《てつかん》を脱し、禽鳥《きんてう》の籠を放れて、自由と新鮮の空気に飛翔するの気分ありや否やである。

二三　第四回の印度旅行

大正三年十二月二十四日、渠は朝鮮満洲より中部支那を経て上海に出た、出迎人数名に擁せられて、本願寺出張所の汚ない、狭い、寒い一室に入つた、『石炭位険約するに及ばない熾《さか》んに焼《く》べて盛んに暖《あた》れ』と渠はいつた。

炎々とストーブは燃える、渠の太い眉毛と、隆《たか》い鼻の左側《さそく》と、平つたい顔の頬辺《ほうべり》とが、火焔に熱して焦げつきさうだ、『面白い話ツて別にない、鴨緑江《あふりよくこう》で辷《すべ》つて転ろんで、帽子が飛ぶ洋杖《ステツキ》を放す、尻餅つく、それが一愛嬌の芸当だつた』と。

『それから奉天の北陵見物に、自動車が積雪の畦道に入つて何うしても動かない、「己れツ早や腰を抜しよつたか」と怒鳴つた所で仕方がない、「それでは私が後押してやる」と、飛び降りての自動車後押しは私が生れてから始めてだつた』と渠は言つた。

井上出張所主任は渠の今日の境遇を思うて泣いた、彼は渠の新門さん時代の支那旅行も知つて居る、故裏方御同行の印度行も知つて居る、彼は其れと此れとを思ひ比べて、一隅の藤椅子に頭を垂れて居た、ストーブは熾んに燃える、時計は十一時を打つ、随行の廣瀬学生はモツト御話を聴きたいといふ、廣瀬は上海から渠に随行して印度のラホイル大学に留学するのである。

大連別院の幼稚園では渠の来園を光栄とした、儀式張つたそれよりも、渠の平民的背広の粗服を悦んだ、渠は可愛い坊ちゃんや嬢ちゃんに小波《さゞなみ》もどきの御伽噺をした、渠は子供の頭ほどの大きな手を拡げて、彼等の頭を撫でたり、抱き上げたり、御土産のお菓子などを分配したりして、無我無心子供のやうになつて子供のやうに遊んだと語つた、モー寝るといつた時、十二時を打つた、渠は狭い寝台に大きな図体を窮屈さうに横へた、睡眠中に偉大の光瑞もなく、逆境の光瑞もなかつた、睡眠は王侯も乞食も、囚徒も、無差別平等に取扱つて居る、之れあるが為に人間は活きて居る、之れある為に人間は幸福である、之れ無ければ岩崎の富も三井の富も何かあらんやである。

二十五日渠の体は郵船会社のランチで、一万二千噸《とん》の伏見丸に運ばれた、船は午後五時に上海を出帆した、船中には仏国行の救護班、南洋視察の官吏、各方面の実業団が居た、それに話上手の渠が加つて船中は破《わ》れる程賑つた、三日間台湾海峡は大荒れに暴《あ》れた、食堂の落伍者は一食時毎に減つて行つた、けれども渠一人だけは得意で舌鼓を打つて居たが話対手が一人づゝ減つて行くので気抜したやうであつた、二十八日午前十一時伏見丸がやつとのことで香港に著いた『私《わ》しの予言から一晩おくれたが、是れはメー香港総督が戦時状態の今日、船の夜間入港を禁じてあるからで、実を言へば私の予言が命中したのだ』と船長ソツチ除けの気焔を吐いた。

香港本願寺出張所に在留同胞を集め、渠は四十分余り説教を試みた、ソレから直ぐとピークに登つた、『斯んな所に棲みたいネ、ケーブルは二楽荘よりも、モー一つ品物が上等だ』と渠はいつた。

三十日午前十時伏見丸は新嘉坡《シンガポール》に向つて香港を離れた沿岸の岩礁に砕くる波白く、一望千里の海碧く、仰けば空に一朶《だ》の雲もない、船客一同甲板に出でゝ、景を眺めながら雑談に耽けて居る、渠は船長気取かなんかで附近の島や風の方向や、雲の名称や、船の速力なんどを説明して、船中の初航者をアツと言はせた、お負けに例の諧謔と諷刺とを混ぜた快弁で、一も二もなく彼等を煙《けむ》に捲いた。

渠に取つて四十回目の雑煮を祝ふべく、大正四年一月元旦が船の中で廻り来《きた》つた『アヽ私も四十になつたか、思へば早いもんだ、今は六尺の此の体軀を自分の家として、浪人旅行だ、相手は海と空だ、虚言を吐かぬ筈の虚《うそ》つき坊主を対手にして、気を腐らすよりか此の方が余程気楽だ』と渠は語つた。

一月三日伏見丸は新嘉坡に錨を投げた、藤井領事や阿部三井物産などの出迎を受けて、渠は三井物産の社宅に一泊と決した、夜は領事館の晩餐会に招かれた、物産の阿部重蔵氏は年来の知己である、食卓は例に依つて賑つた『領事さんは却々《なかなか》立派なお体格だ、日本人としては私も滅多に引を取らない、が貴君と何《ど》うでせう』と渠と領事との身長自慢の競争が始つた、阿部氏の行司で勝負が決した、其の結果領事の方が少し高いので、コレは〳〵と許り渠は引退つた、『私の方が高い筈だ』と負惜みを云つても追付かない行司の阿部氏が尺を以ての実地検査であるから仕方がない、翌四日朝渠は自動車を駆つて、日清連合経営の護謨園《ごむえん》を訪《と》うた、偶然にも救護班長塩田博士の一行が其所に居た、渠はパラ護謨栽培の方法から樹液の吸集に至るまで、尚ブラジル護謨と馬来半島護謨樹の関係の相違や、其他繁殖精練の歴史などを細大洩さず、息もつかず一気に説き聞かしたので、博士の一行はコレは〳〵と驚いた、何時渠は斯の如き護謨の知識を得たのであらうかと何れも呆気に取られてしまつた。

船は六日の午後五時に新嘉坡を出た、碁石のやうに羅列する群小島嶼に緑樹の蔚蒼《うつそう》たるを見る、風は涼しく吹く、海は油を流したやうである、渠は甲板のデツキチエヤに、気持よく眠つて居る、渠は今寂静《じやくせい》の境に遊行して居るのだ、軽薄虚偽の俗界を離れて渠は今何《な》にをか夢む。

十三日未明、船は古倫母に入つた、途中の印度洋では、エムデンの残党、帆船に四吋砲を搭載《のせ》てチク〳〵悪戯をやるといふので、船長は航路を北へ〳〵と取つた、十日の真夜中に何処か知らないが、或は遠く或は近く、轟々と大砲の音らしいものが聞えた、ソレ敵艦だと何れも胸ドキ〳〵で縮み上つた、幸に其れは雷であつたので一同胸撫で下して安心したが、雷と来ては渠の最も嫌なもの、何《どつ》ちにしても助からぬと、渠は毛布を被つて寝台に潜り込んだ、雷公は己れ一番渠の荒胆《あらきも》を挫《ひし》ぎ呉れんとの勢ひで、ピカリと前檣《ぜんしやう》の無線電信器に落ちた、翌朝渠は前夜の落雷を以て、安眠妨害の最甚なるものだと船客一同に訴へた、安眠妨害所か渠に取つての雷は悪鬼の来襲よりもヨリ以上に怖かつたのである。

雲を突き破る古倫母港頭の時計台が八時を打つた、著港前渠の無線電信に依て、トーマス・クツク会社のランチが迎へに来て居た、之と同時に七千噸級の商船八隻が、潜航艇一隻の護衛の下に、単縦列を作つて古倫母港に入つて来た、伏見丸甲板の船客と潜航艇の英水兵とが、お互に高潮した感情で万歳を歓呼した。

上陸後渠は夜行列車でカンデに向つた、カンデの寺院には釈迦の頭髪が三本程納めてあるといふのである、渠はカンデより六千呎《フィート》のヌワラエリヤに登つた、随行の学生廣瀬《ひろせ》了乗《れうじやう》は此に渠と別れて、チ、クリンから汽車で孟買に先発した、廣瀬は孟買からラホールまで千二百三十九哩北へ走つて、ラホール大学に入学するのである渠は其所に伯の来電を待つて居た、二月一日渠は伯の招電に依りアグラ城まで伯の出迎に行つた、城はアクバー大帝の築いたもの、市街を去る二十余哩に帝の墳墓がある、アクバー大帝は渠の崇拝する印度の偉人である、渠の崇拝する人物は支那にあつては唐の太宗《たいそう》、印度にあつては阿育王《アソカ》とアクバー大帝とである、此の故に渠は幾度印度に来ても必らずアクバー大帝の墳墓シカンドラを訪ふのである、渠は大帝の墓前に立ちてスラ〳〵と一詩を賦した。

大王真英主　揮剣伏群雄　万国皆朝会　欽仰帝業隆
典章何燦爛　文徳勝武功　我来訪遺跡　此地余故宮
巍峨壮宮闕　山河猶旧観　燕麦舞春風　歎息三百歳
蕭条五天空

二月五日渠の一行はラホールに著いた、『ホテルに泊るよりはお前たちのダツクバンガローに寝る方が余程気楽だ』といつた、ダツクバンガローとは印度政府が旅人の為に建《たて》た粗末な小屋である、先著者は二十四時間之を占有するの権利がある、若し後著者が現はれたなら是が非でも其人に譲らなければならぬ幸に後著者が無かつたので、渠は四日間之を占領することが可能《でき》た、此間に渠はラホールの博物館を訪《と》うて、ガンダラ彫刻物の研究もし、快傑妃《くわいけつひ》ヌールゼハンの墓や、ラシソド・シンの墓所を弔うて、彼等の面白き歴史を調査した、八日午後二時ラホール発カルカツタ直行の最大急行で、学生三人等にシツカリ勉強せよとの一言を残して出発した。

二四　ヒマラヤ登山

ラホールを出発した渠は途上伽耶《がや》と仏陀伽耶《ぶつだがや》の仏跡地を訪ひ、カルカツタに著いて直ぐとダージンに向つた、ダージンは印度と西蔵の国境、ヒマラヤ大山脈近く避暑地の山上市街である、市街を去る六哩の東崖端に虎ケ丘《タイガーヒル》といふがある、大雪山の一峻峰キツチンジヤンガ（二万九千呎）の雄姿が其所から仰がれる――千歳の氷雪を被つて蒼穹にヌーと其の姿を現はすや、旭日は之に映じ銀色眩く、中腹の叢雲金垠に解けて、山と山との間四十哩は是れ黄金《こがね》の海、宇宙の大観、天下の美観、何んとも形容の詞《ことば》がない――キツチンジヤンガに連続《つづ》いて大雪山の大山脈が、東南から東北に千六百哩も延びて居る、畳々銀氷塊の城を築いて、西蔵と新疆とを一直線に区画して居る、渠は印度を訪ふ毎に、必らずダージンに登つて偉大なる此の宇宙と接触して親しく人生の表現を味わひつゝ心身の洗濯をする、二月十四日に渠はダージンより尚二十余哩、一万二千呎のトンゴルまで単身遠征を試みた、渠はヒマラヤ杉の昼尚暗き、奥底知れぬ深林を通過して、其所に聖者の過ぎし昔の生活を想起し、或は又深紅純白色彩種々の石楠樹《しやくなぎ》を手折り、其一枝を携へて――自然の熱愛者、高らかに「人生の表現」を絶叫する――神秘詩人のタゴール翁に贈つた、自然の美、生の美は一結して此裡にありと渠はいつた、我輩不幸にして未だ翁と渠との対談や感想を叙述するだけの材料を有《も》たない、此の一事は我輩の最も遺憾とする所である。

三月初旬渠は印度を去つて突然香港に現はれた、本願寺の集会は満場一致を以て、渠の復職を可決し、利井《りゐ》現内局は共保財団理事下間教証《しもつまけうしやう》師を使者として金一封を渠に贈つた、金一封の中身は僅かに一千円であつた、下間師は遠路香港まで渠を出迎へて、眼の玉の飛び出る程叱られた『利井内局は如何なる理由の下に、恁《かか》る眼腐れ金を俺に贈つたか、貴様は何んと思つて此の役目に立つたか、私は現内局から一厘たりとも見舞金なんぞ受理すべき理由がない』と怒髪天を衝いて其れを突返へした、下間師は光瑞伯直系の一人である、渠は伯の赫怒《くわくど》に遭うて這々の体で逃げて来た。

言ふまでもない、利井現内局は精神的に渠の生命を奪つたものである、彼等は一致団結して武庫中学の廃校を強ひ二楽荘の経費を節減し、遂には兵糧攻として其の没落に快哉を叫んだ者である、二楽荘に対する彼等の仕打裡には、言ふに忍びざる権力の争奪もあり、見るに忍びざる醜行為も纏綿《てんめん》した、斯くして彼等の一味徒党は渠の首に黄金《こがね》の鎖をかけて無理往生づくめに京都に引づッて行つた、斯くして渠は錦華殿に俘虜となつた、渠は精神の過労に依つて極度の神経衰弱に陥つた、二楽荘に残留する武庫中学十数名の学生が、一週間更代《かうたい》を以て錦華殿に派遣された、渠の病状は日一日と募る許り、顔色は蒼白となる、手足は氷の如く冷たくなる食物は咽喉《のど》を通らない、毛布に両脚を包んで渠はソファに横臥するのみだ、二楽荘の病院長であつた多和田《たわた》軍医は招電に接して郷里岐阜から来た、渠の従兄弟たる秘書役の桂本（ママ）俊瑞師も橘瑞超師も二楽荘を空にして京都に行く、渠の恩寵を蒙つた一学生阿部定円が遥かに京都の空を望んで殉死を遂げたとの説も伝はる、橘瑞超師を途上に擁して錦華殿より追放せんと脅迫する者がある、ことに依つては渠の生命をも奪はんとする、一暴漢の現れんとする根拠なき風説も伝つた、中央公論の麻田駒之助《あさだこまのすけ》氏などは此の風説に驚いて、急遽西下して渠を訪うた、麻田家は本願寺附譜代《つきふだい》の武士である、而已ならず渠は中央公論の創刊に尠からず伯の援助を蒙つた此の故に渠は身を挺して錦華殿に赴いたのである、我輩の如きも亦此の風聞に驚かされて、御影より大阪に出て、二楽荘印刷所の残党を引率して船《せん》場《ば》に一印刷所を設け、光瑞伯擁護の一雑誌を発行し、言論の力を以て渠引退の真相を世人に訴へんとした、我輩微力なりと雖も亦男一疋の血ある以上は此際与論を喚起して渠に対する世評の誤解を糺さんとした、去ながら先立つものは金である、之を得るに我輩は妻や娘の衣類を典物《てんぶつ》とし所有の書籍を売り払ひ、此に二千金を得て大阪船場東横堀に一工場を設けた、斯くして我輩は桂本（ママ）俊瑞師と密かに会合して作戦の計画を立て、或時は二楽荘事務所の一室に桂本（ママ）と相抱いて泣いた、此時我輩はクラブ白粉《おしろい》の中山太一氏は光瑞伯崇拝の一人なることを聞いた、我輩は中山氏に一面識なき者である、去ながら此際多少の助力を乞はんが為め顔を犯し刺を通じて面会を求めた、渠は快よく我輩を二階に導いて応接した、其後二三回渠に会うた、シカシ何ものをも獲ることが出来なかつた、唯我輩の方から光瑞伯の著書「大無量寿経義疏」一巻を渠に贈つた許りであつた、此の書は伯が記念として巻首に著者「大谷光瑞」と自署して我輩に与へたものであつた、其後渠は大阪ホテルに我輩と会合せんとの約を結んだ、けれども其れだに未だ履行されずにゐる、勿論渠は商業上非常に多忙である、故に心ならずも忘れて了つたのであらうと思はる、然《しか》しながら渠は京都の下村房次郎《しもむらふさじろう》氏が光瑞伯に対し非難の声を揚げたのを聞いて大に憤慨し、数百金を投じて全国各新聞紙の広告欄に光瑞伯弁護の一文を掲載した、之を見て渠と同業の一化粧屋が『中山といふ男は広告が上手だ』と言つた、然し我輩は中山氏の労を多とし、翌日車を飛して謝辞を述ぶべく渠の本宅を訪うた。

　我輩の印刷所は殆んど何事も為し得ずして倒れた、四月から七月まで僅か三月の間に註文取りや、製本屋や、職工などに喰はれて了つて、それでお陀仏となつた、依つて我輩の一家族は予定の退却地、二楽荘附属の梅林に引揚げた、結局は骨折損の疲労《くたぶ》れ損の、有るか無しかの金費はれ損の、損と損とが幾つも重り合つてそれでお仕舞となつた。

二五　当分は旅から旅人へ

　大正四年四月渠の姿は再び上海に現はれた、渠は正金銀行上海支店長児玉謙次《こたまけんじ》氏方に其身を寄せた、児玉氏は孟買正金支店長時代から渠の知己であつた、二楽荘に残つてあつた渠のデスクや、椅子や、食器や、トランクなどが上海に送られた、渠は上海近郊の何所かに住む積りであつたらしい、何となれば渠は二楽荘の留守番に含秀居を取毀して上海に送れと命じた、ソンナことから考へて我輩は左様《さう》思つたのである、含秀居をバラ〳〵に解いて、山上から山麓に、それから船で上海に送つた所で、其れが何になるか、結局は皆運賃に喰はれて了ふのである、腹立ち紛れか、無成算か、要するに其れは七分三分であつたらう、其後渠は再び大連に行つた、大連本願寺別院新築落成式に臨む為めであつた。

　青島《せいたう》陥落当時渠は占領の一洋館を借受けて、其所に永住の基礎を立てんとの希望であつた、けれども渠と別懇の間柄なる神尾《かんを》将軍が、大谷将軍と更迭するといふので其れも沙汰止みとなつた、間もなく渠は大連から旅順に移つた、白仁《しらに》民政長官が渠の為に非常なる便宜を計り、新市街の一洋館を修理して渠に提供したといふのである、二楽荘の含秀居にあつた万巻の書籍が馬力二十幾台にか積まれて、神戸から船で旅順に送られた、発掘物を除いた外是れで二楽荘が全部空虚になつた訳である。

旅順に滞在中京都から令弟尊由師（積徳院）と神戸の百万長者森本瑞明《もりもとずゐめい》師とが伯を訪うた、表面の用向は大連別院新築落成式に臨む為めであつたが、裏面に於ては復職問題につき伯の意嚮を探らん為であつた、『膳立も何にも出来て居ないのに何んで私が帰れるものか』といつた風の挨拶があつた、其後渠は瑞超師を招いて支那中部を旅行し再び上海に出で、夏期中普陀山《ふださん》に避暑して居たが、昨秋再び上海から印度方面に出発したのである。

　事の序《ついで》に森本瑞明師を此に紹介する、渠は神戸の百万長者で光瑞伯崇拝の一人である、渠は欧米漫遊の途次、倫敦《ロンドン》郊外のポツトレーで初めて光瑞伯と邂逅した、爾来渠は光瑞宗の一信徒として頻りに其人格を慕つて居た、帰朝後間もなく隠居し、二楽荘で光瑞伯から得度《とくど》を受け、光瑞の瑞の一字を頂戴して今道心《いまどうしん》の瑞明となつた、大正三年十月以来、渠は京都東台寺境内に一寺院を借受けて、今尚其所に住んで居る。

『建築工芸叢誌』第二〇冊
建築工芸協会　大正二年九月十五日発行

二楽荘の建築

東京帝国大学工科大学教授工学博士　伊東忠太

大谷伯の六甲山二楽荘は、元来伯が自ら大体の規模を定め、設計の方針を立てたるものにて、六甲山の半腹に在り。其麓より約三十度の急勾配の坂路を一直線に開きて、ケーブルカーを通じ、直立約八百尺の高地に達せしめ、こゝに一宇の珍奇なる別荘的小宇を建築せるものにして、其着想既に甚だ超凡なるに、建築の様式も亦頗る奇異なるものあり。始め大谷伯は印度に遊びて深く其建築の妙趣を感得せられ、帰来これを実施するの希望を有せられたるが、遂に之を二楽荘に実現せられたるものゝ如く、西本願寺技師鵜飼長三郎氏は、伯の旨を受けて其設計に従事し、伯は自ら細大之を検定せられたり。

建築のプラン及その各室の様式の変化は、伯が特殊の要求に出たるものなり。外形を印度サラセン様とせるも、伯の註文に出たるものなり。但細部の手法、材料構造は主として鵜飼氏の意匠に成り、施工の全責任は鵜飼氏に帰せり。但伯が始終鋭意この工事を督励し、時に自ら技手職工と伍して、労役に参加せられたるが如きは、頗る伯の特色を発揮せるものあり。鵜飼氏がこの面倒なる工事を担当し、僅に一ケ年半の日子を以て、之を竣成せしめし努力と、其縦横無尽なる伯の要求に堪へて、殆ど全く伯の希望を充したる技倆とは、吾人の深く敬服する所なり。

余は此設計の当時、鵜飼氏の希望に応じ、多少の助言を試みたることあり。参考の図書を示したることあり。落成の後行て観覧し、伯の説明を聞きて之に批評を加へたることあり。今忌憚なく当時の感想の一端を述べんに、第一六甲山の半腹にこの珍奇なる別墅を開きて、後に千仞の峻岳を仰ぎ、前に万里の大海を眺むるの布置を取りたるは、流石に大谷伯の気宇を現はしたる規模にて、思はず快哉を叫ばしむるものあり。其プランは取立てゝ言ふ可き特点なきも、建築物は別墅としては、相応の外貌を備へたりと云ふ可し。只其ドームの形、玄関、窓等の局部を検すれば、やゝ物足らず思はるゝ節もあり。但し比較的低廉なる工費と、僅少なる日子とに対しては、頗る良好の成績を挙げたりと云ふを得可し。構造の工夫も行き届けり、内部支那室の天井その他の手法も妙案と云ふ可し。但内部各様式の装飾には物足らず思はるゝ節少なからず、例之ば、印度室の装飾は、悉く印度式手法、印度紋様等を以て経営されたるに係らず、何となく未だ充分に印度の空気に接するの感想を生ぜしめざるは如何。埃及室に至りてはこの感殊に深し、然れどもこの責の一半は、最初鵜飼氏の助言者たる位置に在りし余の、分負す可きは勿論なりとす。

要するに本建築は、大谷伯の創意と鵜飼氏の設計監督とに由て完成せる、本邦無二の珍建築として特に之を江湖に紹介するの価値ありと思惟す。余が幾分この建築に関与せるは、余の光栄とする所なり。

（大正二年八月稿）

二楽荘建築工事概要

西本願寺技師　鵜飼長三郎

一位置　兵庫県武庫郡本山村の内岡本村にして、六甲山中腹に位し、山水明媚の地なり。

一建築様式　建築外観の様式は、印度サラセン式にして、内部は室毎に様式を異にし、印度、支那、英国、アラビヤ、エヂプト等に分類せり。

一構造　木造洋館二階建にして、基礎は地盤より深さ四尺、岩石層を掘鑿平均し、煉瓦積基礎にして地上二尺迄煉瓦にて積登り、根積下端より土台上端迄要所に鉄ボールトを貫通緊束せしめ、木骨構造にして、下図の如く鉄板を張付け、猶石綿盤にて包み、壁中空並に二階床内へ籾殻を填充し、以て外気と絶縁し、防寒、避暑、音響止めの目的に供せり。各室造作木材は、「チーク」「トチ」檜、亜米利加松等を使用し、床は主として「チーク」紅葉、「オーク」紫檀、柿、梨材の寄木張にして、他は大理石及人造石床とす。小屋組は木造にして、屋蓋は石綿盤及銅板葺とす。

一間取配置　書斎本位の建築にして、階下大広間即ち支那室を書斎に充て、同室階上を打抜き、周囲廊下を書庫とし、階下には客室大食堂、朝飯室、廊下等にして、階上は喫煙室、居間及寝室を配置し、三階「アッチック」全部は、僕婢の居間及寝室とす。

一防火設備　窓入口戸類は、総て鉄板張引戸にして、山上水源地より給水して、階下階上「アッチック」共三ケ所に消火栓を取付け、二種巻「ホース」を備へ非常に供せり。

一暖房装置　暖房器は米国「ラジエーター」会社製温水式を用ひ、地下室には汽鑵室及石炭庫を設け、屋上に「タンク」を据付、各室に放熱器を取付け、寒中適当の温度を保たしむ。

一室内装飾　書斎（支那式）床は黒色平瓦（人造石）を張詰め、腰巾木、窓額縁、階段等総て「チーク」材にして、天井格縁内張付は雲龍の彩色画にして、中央折上げ天井は、四方天人遊飛の図にして、中央に円形雲龍図を嵌込、周囲側壁は総て張付枠として、唐詩集石摺を紅唐紙表装にて貼付け、時々石摺を取替へ得るに便にし、側壁上部は裂地に唐模様鳳凰図を貼付し、椅子、卓子等の器具は、全部支那製にして紫檀造なり。

客室（アラビヤ式）床は但馬、長州産大理石、黒白の二種を四半石敷とし、中央に「アラビヤ」独特の噴水を設け、両側及庭園に面して上段床とし、模様絨纏を敷詰め、周囲脇羽目は「チーク」材にして、組立壁は模様付壁紙を貼付し、天井は幾何学的形状の格縁を取付彩色を施こせり。

朝飯室（アールヌーボー式）床、腰羽目、入口戸、窓額縁等総て「チーク」材にて仕上げ、天井は白漆喰塗、周囲壁は草色塗とし、中央には特製の「シャンデリヤ」を吊下し、側壁上部は水上に鶴の飛遊せる壁画にして、暁の空色と水色とを配色せり。

大食堂（古代英国式）床及側壁は「チーク」「トチ」の二種にて張り詰め、天井は梁を現はし、梁間は白漆喰塗仕上にして、隣室の客室との境は、大引戸を用ゐたり。

主人居室（印度式）床周囲は寄木張の輪廓を作り、中央模様絨纏を敷込み、四方壁は張付枠とし、窓間毎に印度古代壁画を摸写し、天井は「チーク」材折上げ格天井にして、蓮華模様の彫刻を取付、中央には特製の「シーリング　ライト」を嵌込めり。

家族居室（英国レネーサンス式）各室共床は絨纏を敷込み、天井は漆喰天井にして、周囲壁は模様壁紙を貼付せり。

喫煙室（エヂプト式）床は大理石、腰羽目は「チーク」材にて、「エヂプト」「アッシリア」の人物、窓額縁には象形文字を彫刻し、天井及柱は白漆喰塗にして彩色を施こせり。

一電燈、電話、電鈴、避雷針　燈火は電燈を用ひ、各室天井には、室毎に意匠を異にせる「シャンデリヤ」を吊下し、電話器は公衆及室内の二種を用ひ、電鈴標示器等を設置し、通信、通話に便にし、避雷針は塔二ケ所、大棟二ケ所に設け、電導線は屋蓋全部表面に縦横網形に編み、建物側壁鉄板に接続して地中に埋没せしむ。

一工事期間　本工事は明治四十一年三月十七日起工し、同年八月十二日上棟を終へ、翌四十二年九月二十日全部竣成を告げたり。

一工事関係者

工事設計監督技師　鵜飼長三郎
同　技手　大概乙次郎
壁画揮毫者　伊藤快実
建築請負人　雑賀長三郎
同現場係主任　福田秀吉

（大正二年八月稿）

『山水随縁記』
蘇峰学人著・平福百穂画　民友社　大正三年

二楽荘より不退庵

芦屋不退庵より一筆啓上。此行日程もなく、旅程もなし。固より政党遊説にあらす、民情視察にあらす。社友予に仮すに若干の休養期を以てす。幸機真に逸す可からさる也、乃ち百穂画伯と相拉へて西下す。車中堀貞君あり。又た住友別子銅山の支配人久保無二雄君あり、君は十数年前伯林に於ける予の東道の主人たりき。偶然邂逅、世間離れの快話にて、時の移るを覚えさりき。特に堀君の東海道汽車中に於ける酒興失策談に至りては、奇絶快絶、只た天機の漏し難きを嘆するのみ。二十八日暁眠覚れは、汽車は既に近江路を過く、石山一帯烟雨空濛の裡にあり。急に行李を祛きて、雨衣を出たす。大阪にて中谷君同乗。三の宮より住吉に引返し、二楽荘を訪ふ。半は百穂画伯を案内して、新疆発掘物を見物せしめんか為め也。予等の予定は、同日午後五時神戸出港の大阪商船会社持船紅丸に搭し、四国路を径して豊後別府に赴かん為めなりき。然るに当日の荒模様にて、一日延引となれり、是れ齟齬の第一也。而して齟齬は、却て我等に取りては、仕合なりき。そは一夕を、芦屋なる不退庵に過すの機会を与へたれは也。固より急く旅路にあらされは、一日は愚ろか二日ても、三日ても、主人方は兎も角も、客方たる我等には、一向迷惑す可き様なし。予は本年の初、偶然大分県事務官として赴任の竹島君と同車し、他日往遊を約したりき。而して去月下旬君か赤十字社総会の為め上京するや、予に面して、別府の勝を説き、頻りにその前約を履まん事を勧説したりき。されは此行窃かに君に依りて主人たらんことを期せり。然るに車中堀君の語る所によれは、君は既に休職の恩命に接して、鎌倉に帰臥したりと云ふ。此れは予か過般京城滞在中の出来事とは云へ、此程の事を今迄承知せぬとは、我なから不覚の至り、新聞記者の資格、自から奉還するの外なしと苦笑したる次第也。是れ齟齬の第二なり。話元に返りて、二楽荘の主人伯爵は勿論、橘、柱本等の職員、其他重なる学生の面々迄も、旧知なれは何れも待ち設けたりと云はん許りの面地にて、久々にて山上清爽の気を嗡ひ、殆んと帰るを忘れたり。下山不退庵に至れは、守山夫人出迎へ、又た玆に一安楽窩を得たり。一浴散髪――散する程の髪もなけれと――庭上を歩すれは、風濤怒号、殆と庭に迫らんとす。而して六甲山を仰き見れは、二楽荘は既に雨雲万重の中に没す。悪詩あり、

空翠濕レ衣松径微。　清談半日世情非。

帰来矯首望二山上一。　黒霧濃雲挟雨飛。
蓋し実境也。燈下百穂画伯と古法帖を展覧し、就寝、夢は既に瀬戸内海烟波縹渺の間に墜つ。

大正二年　六月念九午前

二楽荘の甜瓜

『小橋深竹午風便。一道垂楊帯二乱蟬一。山下行人遮レ日去。郤従二茅屋一問二瓜田一。』とは元遺山の詩也。夏日の食料には、瓜は恰好の物也。支那人の諺に瓜田に履を入れすと云えは、瓜畑に入りて、瓜泥坊をなす者の多かりしや知る可し。又た秦の東陵侯邵平か、漢初に於て、帰農して、甘美なる瓜畑の主人たりし話もある也。瓜栽培の流行知る可し。又た王建か華清宮の詩に、『酒幔高楼一百家。宮前楊柳寺前花。内園分得二温湯水一。二月中旬已進レ瓜。』とあり。此れは温湯を以て、瓜を早熟せしめたる例にして、我か別府抔にても、温泉の余分を、耕作に利用しつゝありと云えは、古猶ほ今の如く、支那又た日本の如しと云ふ可し。過日二楽荘の大谷伯は、予か禅院生活の頗る淡枯なる可きを想ひ、其の手培の甜瓜を贈られたり。予は預て其の栽培の甚た面倒にして且つ困難なるを知るか為めに、之を一人にて私するに忍ひす。普く之を和尚、寺男、及ひ来訪の檀家総代等に分配したり。一個の瓜を多人数にて喫したるか為めに、十分に其味を解したりと云ふ能はさるも、本年のは特に上出来たりしか如し。

予は曽て十月中旬、露国のオデッサに於て、甜瓜を喫し、十月下旬、土京に於て、又た之を喫し、共に其の漿液の口に滴たるを覚えたりき。今ま耶律楚材の西域風俗に関する詩を読むに、『留二得晩瓜一過二臘半一。蔵二来秋菓一至二春残一。』の句あり。以て甜瓜の冬に及ふを知る可し。豈に啻た十月と云はん哉、十一月と云はん哉。

橘瑞超君の話によれは、西域の瓜は美にして、且つ廉なりと云ふ。

頃ろスタイン氏の Ruins of Desert Cathey, を読めは、崑崙山の麓には、葡萄や、甜瓜の頗る豊盛なるを説き。葡萄の如きは、五千八百尺の高地に成熟するを云ひ。又た和闐《こーたん》に於て、其の水曜日の市日に、各種の瓜の出て簇りたるを説くを見る。宛も橘君の語る所の如し。予は今ま富士山麓にありて、坐ろに之を想ひつゝあり。

試みに耶律楚材の詩を読めは、『甘瓜二如馬首一。大者狐可レ蔵。採レ杏兼食核。喰レ瓜悉去レ瓤。西瓜大如レ鼎。半枚已満レ筐。』とあり。其の大さも略ほ想像せらる。さりとて余りに大にして、詩人の誇張にはあらすやと疑へとも、又た『飽啖鶏舌肉。分レ餐馬首瓜。』とあり、特に自註して、土産瓜大如二馬首一とあり。若し此の如き瓜ならは、分餐尤も妙ならむ。知らす果して然るや否や、姑く記して橘君に質す。

大正二年　八月十五日朝

『趣味叢書第五篇　古美術行脚』
黒田朋信著　趣味叢書発行所　大正三年

二楽荘

十五日午後阪神電車に乗り住吉で下りて二楽荘に向かつた。電車の中から六甲山腹によく見えてゐるが、歩いてみると思つたより遠い。三十分あまりを費して山麓に到着すると、ケーブル、カーの上り口があつて、大きな立札に、二楽荘の拝観を許す事と其の料金五十銭と記してある。其の傍の事務所で料金を収めるとちやんと登山、拝観、下山の切符が出来てゐてそれを渡され、絵葉書はどうだと勧められる。これらが如何にも普通の観せ物のやうで、いい感じは起らない。

折柄ケーブル、カーに故障があつて、もう小一時間止まつてゐるが、直き通ずると云うので、トロッコに乗つて待つことにした。所が十分待つても動かず二十分待つてももう少しと云つて、とう〳〵小一時間たつてから漸く動いた。三十五度位の傾斜と見えるが、動き出したら左程危険は感じなかつた、一秒々々高くなり眼界の広くなつてゆくのが面白い。

二楽荘のある所まで五町、数分間で上ることが出来る。下から一緒に来た案内の学僧についてまづ庭園と温室とを観る。庭園は西洋風の花壇で、花壇そのものよりも、遠くの景色が非常にいゝ。殆んど神戸と大阪との中央で、前面に茅渟《ちぬ》の海が見え、眼界が中々広い。温室も可なり広いが、あまり手入はよくないやうに見えた。それから鉢ものなどに値段がついて売物になつてゐるのが感じがよくない。

二楽荘は外観が甚だ変つてゐる。大体印度風と回教式と混合したやうな様式で、色も赤茶けてゐる。中に入ると別に武庫中学の生徒が案内して呉れるが、先づ第一のイギリス室に入ると、其の室は食堂になつてゐて、中央の卓上にはスープがいくら、カツレツが何程と西洋料理の値段附が半紙に書いて置いてある。其処へ又絵葉書や本などを持つて来るのが、如何にも商売的で、益々厭な感じを抱かせた。イギリス室と続いて奥のがアラビヤ室で中々立派に出来てゐる。その二室が玄関を入った左手にあつて、右は大きな支那室となつてゐる。それから二階にはアラビヤ室、印度室、埃及室、仏間、菊の間、藤の間、椿の間などがある。

此建築は、大体の格好から各室の好みなど、皆大谷光瑞法主の考案から出たものだ相であるが、全体としても一室としても、生粋の一式を現はしたものなく、多少くづれている。而してかく各室各様の様式をとるのも其の様式相当の家具を供え、相当の物品を置く目的のものならばいゝが、単に変つた別荘としてはあまりに奇を好んだ建築であると思ふ。現在は更らに一段高い所に三楽荘を作り、法主は其処に住んで居り、この二楽荘には印度、支那の発掘品が陳列してあるので、二楽荘の建築もやゝ応はしく感ぜられた。併し陳列品に珍奇のものがあるにも拘らず、目録もなく、説明も不完全なのは甚だ遺憾である。壁画の破片や土器などが多いが、中で面白く感じたのは洛陽の土馬の形が、厳島神社でみた木馬と甚だよく似てゐた事である。新疆及び敦煌の発掘品にも注目すべきものがあつた。点数は数百点もあるので、短い時間ではとても見尽す事が出来ない。殊にケーブル、カーの修繕に手間取つた上、西の宮の従姉の家へも一寸寄つて六時に神戸へ帰る約束がしてあるのでほんの一瞥しただけで下山した。

二楽荘は景色もよし、陳列品も珍奇のものだし、建築も一般には面白からうし、兎に角一度は観て置く値がある。唯商売気が其処此処に露骨に見えるのは甚だ興を殺ぐ。併し一通り見終わると、光瑞法主が偉い人である事も感ぜずにはゐられない。

西の宮の従姉を訪ねて神戸に帰り、S君を訪ふたのは八時に近く、久し振で十一時迄快談した。

「六甲山上の大建築」
中外商事新報　明治四十一年五月二十二日・五面

西本願寺六甲山上の新別荘は総坪数三十四五万余ありて起伏

せる丘陵の小高き所に阪神の平蕪、紀州の諸山より淀の川流を一目に見渡し殆んど畿内の風光を一眸の中《うち》に収めたる勝地にして建築は光瑞法主自らの意匠に出で壁は寒熱の気を透さず且つ堅牢なる為めに印度の瓦及び鉄板等を幾重にも塗り重ね部屋は一室〳〵に意匠を異にし或は埃及、印度、支那、希臘、羅馬より近代の欧洲に於ける時代の装飾を施し、天井及び壁には法主が嘗《かつ》て支那漫遊の節親しく其地を踏みて支那古代の石碑を石摺《いしずり》にして帰りし其の石摺を以て貼り付けたる意匠にして何れも珍らしき品のみにて中にも唐太宗の昭陵の馬碑などは最も珍とするものなり、板は何れも船材に用ふるチークにて而かも一度船材に用ひし古板を用ふるなと頗る用意周到なる由にて凡て経済堅牢趣味の三つを主としたる建築物なるが落成の上は我が建築界に一種独特の標本を供するに至たるべしとなり

「六甲山腹の理想郷」
国民新聞　明治四十四年十月十二日・二面

大阪にて　蘇峰生

十月八日　六甲山腹大谷伯の武庫中学を見る。中学は大谷伯の私財を投じ、門末貧寺の子弟の優秀なる者を教育する所。即《そく》今《こん》生徒一百五十人、一切の給養《きふやう》悉く大谷伯に出づ。而して其の教育方法の奇抜非凡、悉く大谷式ならざるはなし。科目は英語、漢学、而して次ぎに数学に重きを措く。室内の掲示、英語にあらざれば漢文也。而して漢文は、最初より無点本を課す。寄宿舎は一言すれば、軍隊式也。而して大谷伯自《みつ》から其の連隊長たり。授業の如きも、教師不足の部分は、大谷伯自から之に当りつゝあり。予《よ》等《ら》が参観の節は、伯自から支那仏教史を講義しつゝありき。今夫《そ》れ白雲は、遠慮なく寄宿舎の窓を見舞ひ、流泉は勝手に寝室の下を繞る。若し居《きよ》は志を移すものとせば、之に加ふる好寄宿舎は少からむ。伯の気象学に精通するや、予じめ日曜の雨天たる可きを察し、土曜と日曜を繰り換へ、土曜の好晴に乗じ、生徒を引率し、山中に栗拾ひに赴きたりとて。日曜の雨天には、平常の如く課業をなさしめ、予等も亦た晩餐には、栗飯の御馳走に預かれり。人生適意《てきい》多しと雖も、自個《じこ》の理想を実行するより最なるはなし。伯や乃ち此《かく》の如し。豈《あ》に健羨《けんせん》に堪へんや。晩来雨を衝いて山を下る。回看《くわいかん》すれば電燈煌々、山雲去来の際《さい》より漏れ来る。天上人間自《おのづ》から縁なきを奈何《いかん》（十月九日）

「光瑞法主と二楽荘（一）天王台の大観」
大阪毎日新聞　大正元年十月二十三日・七面

攀援《はんえん》して高きに登り、箕踞《ききよ》して巒外《らんぐわい》の月を邀《むか》ふるの時、数州《あましう》の土壌悉く衽席《じんせき》の下《もと》に集まって尺寸千里、垤《てつ》の若く穴《けつ》の若く縈青繚白の大観を占有しやうといふのが、御法主様の御好みです、と近侍の柱本氏等《ら》はいふ。

実《げ》にも六甲山南の天王台に屹《きつ》として現はれた光瑞法主の二楽荘が、摂海一帯の巨観を脚下に集め遠く紀泉の眺望を縦《ほしいまゝ》にして居るところ此言に負《そむ》かずである。珍しい天王台の名、それさへも嘗て人の知らなかつた天王台が、此二楽荘と共に灘目《なだめ》の名物となつた昨今、阪神電車の窓に凭つて行く人も帰る人も岡本山の空高き天際の朱屋を望まぬ人はない。

梅に名を得た岡本山の左に当つてコンモリと暗く茂つた風致林の宮山一帯が「みなし塚」といふ山地、それから上が扇山、

この扇山とみなし塚との全部を総括した二十七町歩余の一山が天王台と称せられて居る、けれども今日までは誰も天王台とは呼ばないで、岡本山、岡本山といつたもの。梅の岡本村の村有山であつたのを本願寺の買受けたのが明治四十年、須磨の別邸を皇室へ御買上になつた其年に法主が尺寸千里の大観を占領すべく探し当てたのが即ち是であつた。

地を得るために費やしたのが約《およそ》十五万円、建築と土工とに費やしたのが約十七万円、明治四十年以来六年の今日が日までも尚ほ工事を継続しつゝある二楽荘の大邸内に蠢々として動く人の影が約八百、光瑞大法主を中心にして学生が六百、事務員が五十、工夫百五十、それが精神界と物質界とに傍目も振らで働いて居る別天地の別生活状態は実に山中の奇観ともいふべきものだが、峻阪険路に隔てられて久しく下界の人に秘せられてあつた。

其秘せられたる山中の荘房に法燈の前路を想い研学育英の往途を考へ時に静に籌子《かずこ》の亡霊を弔いつゝ鬱勃の吟懐を万年ペンに走らせつゝある洋服破帽の大法主が尋常教界の生仏様と其選を異にせる日常の活動ぶりこそ洵《まこと》や二楽荘と共に当代の珍とすべきである。

「光瑞法主と二楽荘（二）山麓と中部と山頂と」
大阪毎日新聞　大正元年十月二十四日・七面

谷と谷とに挟まれた天王台の二楽荘は全邸内が自ら三段になつて居る、

魚崎の停留場から住吉川に沿ひて北する道すがら、遥に前山を望めば明かに三段の区分が見える、即ち山麓に当つて建ち並んだのが事務所の洋館と、第四中学校になつて居る灰色の大校舎及び付属館で、其山麓部から白く直立《きつたち》の道が風致林の左に沿ふて上つて居るのが中部へ上るべき第一のケーブルカー、

中部とは風致林の頂きと並行の高さにある山地の一角を切開いた海抜六百尺余の邸内主要部で、こゝに建てられた菫壁朱屋《きんぺきしゆおく》が即ち珍中の珍と称すべき二楽荘で、山上の園地を繞らし千里の景に飽くことを知らぬもの、

それから更に急勾配のケーブルカーが山頂部に達してある、海抜実に千二百余尺緑深き巋巒《きらん》の頂きに純白の穹屋と平屋根の大厦《たいか》が雲に横たわつて居る、これぞ法主が二楽荘の大観に加ふるに万里一眸の欲望を以てせんとしたる坐臥《ざくわ》の室で、百万の図書堆裡《たいり》に鵬翺《ほうこう》の大図を画せんとするところ、

山を繞る平面軌道は縦横に走つて遥かに東方なる山角、中学新校舎に接続して居る、

一山に供すべき用水の水源地は其白亜殿の後方にある、一山に光明を配与する電燈発電所も其辺りにある、ケーブルカーを動かすべき大機関室の分房も其近くにある、全山に法主の命を伝ふべき電話の主局も此地点にある、初めは中央部にあつた全山の主権が白亜殿の竣成と共に漸く山頂部に移らんとする昨今の二楽荘が日夜工事を急ぎつゝある光景は随分素晴らしいものだ、下段の第一ケーブルカーは勾配三分の一で長さ百八十尺、上段の第二ケーブルカーが勾配二分の一で直立百五十尺、扇山の一角を掘鑿して隧道《トンネル》の如く桟道を岨に渡して車を通ずる雄大な設計にも大法主の本領は遺憾なく発揮されて居る、毛氈を無蓋車に敷いて徐ろにワイヤーロープの引き出すに任ずるとき、両側のコスモス秋風に揺ぎながら我を迎接して次第に寰宇《くわんう》を横画せる地平線の高まり来る面白さ、世界は一秒一秒に広く遠く、視野一瞬一瞬に拡大し行くところ、凡夫も正に天地を呑むの概

がある。

「光瑞法主と二楽荘（三）法主設計の船材家屋」
大阪毎日新聞　大正元年十月二十五日・七面

天王台を探し当てるまでの候補地探検には大層な難行苦行が伴つて居る。

由来豪宕《ごうとう》飄逸《へういつ》千万里を遠しとせず、千万尺を高しとせざる光瑞法主が万里一眸の冀望《きばう》を満たすべき理想地の選定とあつて、今の新法主光明師や連枝の尊由師を始め山内の青年健脚家は麦飯弁当で四方八方へと派せられた。

中でも柱本、橘なんどいふ大旅行の経験を有《も》つた人々は、四十年の春尚寒き余雪の山々を冒険的に強て登らされ、強て難行の稽古かた〴〵、法主指定の地図によつて探らされた、そして夫れが連日連夜に亘つたことさへ珍しくなかつた。地は展望悠遠にして山水の両趣を兼ね備えねばならぬ上に、人跡を絶して而も文明の空気と甚だしく隔つてはならぬといふ大方針から煎じ詰て、遂に此の天王台が第一候補地と確定され、更に其の家屋の建てどころなどに就てなかなかの研究を重ねた。

勿論法主も親《みづか》ら荊棘《けいきよく》の間を踏破して地勢を熟視した結果、今の山頂部よりも稍低い部分に二楽荘を建てやうといふ意見であつたが、それでは余りに不便だと気遣つた周囲の忠言を納《い》れて現在の場所と定まつたのである。

蓋し山を楽み、水を楽むの二楽を兼ね得たるの意に出でた名が、即ち二楽荘だと聞いたけれど、今では正《まさ》しく山水を楽み、育英を楽むの二楽と解して居るものが多いやうだ、而も此の二楽荘の建築が愈々始まるとなつて、細かに設計案を立てたのは即ち光瑞法主で、担任の鵜飼《うかひ》技師などは纔《わずか》に法主の設計と、法主の指示による材料を纏めて実際図を作つたといふくらゐのものであつた。

菫色のスレートと、丹色のスレートを以て張詰められた二楽荘の外部と、意匠惨憺たる二楽荘の内部とを今日より見て、これが誰あろう生仏様御手づからのご設計です、と聞かされた人々が魂《たまげ》消るのも無理ではないが、更に〳〵驚くべきは此の二楽荘全部が廃船の船材によつて作り上られてあるといふことである。設計の当時、恰も神戸で五千噸《トン》とかの廃船を入札に附するものがあつた、光瑞法主は其新聞記事を見ると等しく、船材の廃物利用といふ考案を立てゝ、時を移さず之を買取らせた、価はタツタ数万円。其枯れ切つたチークの甲板も、キヤビンも、船艙も、様々の形となつて今は二楽荘の内部を装つて居る、船《せん》側《そく》の鉄板は機械室に利用されて居る、煙突の太いのは山中水道の鉄管に利用してある、細い鉄管も相応に利用してある。

其利用の巧妙なるに至つては屢々技師を驚かしめ呆れしめたもので、而も大胆に船材のまゝ鉋《かんな》も掛けずに使つてある所さへあるといふが、未だ嘗て発見したものがない。

其手間を省き、費用を省き、多大の労を意匠の上に用ゐられたお法主様の御考案は敬服の外なしです、と柱本氏等の語る通り、倹素を緯とし、工夫を経としして作り上げた二楽荘が、一見百万の大金を擲つたかと思はるゝまで善美を尽せるの観を備へて居るところに非常なる大法主の俤を髣髴させるのが、何よりも愉快な点である。

マア〳〵此の家の真価を言ひ当てるものはあるまい、随分達識な技術家だといふ男で漸う〳〵四五倍の価に見積つたのが今迄では上出来な答なんだからねー、と時々は法主も笑はれることがあるとやら

「光瑞法主と二楽荘（四）二楽荘内の各国室」
大阪毎日新聞　大正元年十月二十六日・七面

（本文中に全文を引用）

「光瑞法主と二楽荘（五）支那室と亜剌比亜室」
大阪毎日新聞　大正元年十月二十七日・七面

（本文中に全文を引用）

「光瑞法主と二楽荘（六）英式の封建室と近代室」
大阪毎日新聞　大正元年十月二十八日・七面

（本文中に全文を引用）

「光瑞法主と二楽荘（七）廻廊室の書庫」
大阪毎日新聞　大正元年十月二十九日・七面

（本文引用からの続き）

回廊室をグルリと廻つて、ケオスクの赤い部屋に這入ると、次にあるのが裏方の御仏間だ、あゝ此の御厨子を御本山から御裏方が此方へ御迎へになつて、朝夕御礼拝になりましてより数月ならずですヨ悲しき御別れを致しましたのは、仰りこそせね法主の御愁傷は御濶達な御言動の内にも今以てアリ〴〵と拝されるやうに思はれますと柱本氏は低語の末を顫はせるのであつた。

御少憩の御部屋が是で、と教へらるゝ小房の四周には何国《いづこ》のものにや貼布の紅紋爛として目も眩く、爰に薄色衣の裏方が寛くソフアーに凭らるゝ俤を想像すると、宛らに絵のやうな感じが浮んでマザマザと哀愁を呼ぶのであつた。

「光瑞法主と二楽荘（八）思い出多き印度室」
大阪毎日新聞　大正元年十月三十日・七面

（本文引用からの続き）

記者往訪の日、丁度此室にウイグル語の経片数枚が硝子板に挿《はさ》まれてあつた

今は絶滅したるウイグル人種の手記したりと思しき此の奇形文字の経片を近く新疆から日本に齎したのは橘瑞超師であるが、方今世界に於けるウイグル語学者の唯一人と称せられつゝあるカルカツタ在留の英人ロス氏も、同氏を師としてウイグル語の研究に日を積んだ瑞超師も日本に於けるウイグル通と許さるゝ京都帝国大学の羽田《はた》学士も辛うじて読み得たばかり、固より何の経文とも知る由のなかつた奇形文字を一見して以来、其研究考覈《こうかく》に寝食を忘れ、サンスクリツト、羅甸《ラテン》、印度語から広く西欧諸国の各語と対照しつゝ似たるものは似たる各語の系統を纏め、似ざるものは似ざる各語の差点を細査して昼夜を別たざるもの幾百日の久しきに亘るの後、遂に紛れもなき観無量寿経第十観の第一章なりと断定し、知己の間に発表して忽ち学界を驚

倒せしめたる光瑞法主の大努力と大功労とに至つては、語学界と仏学界とを通じて実に特筆すべきもの

其大功を語れる「観無量寿経第十観」の貼紙を附せる此ウィグル語経を、衆徒よりも学者よりも更に深き狂喜を以て迎ふべかりし故裏方の遺室に見たるの刹那、何とはしらず、記者は只だ暗涙《あんるい》の催すに堪へなかつたのである

「裏方御逝去後の御法主が御勉強は強健偉大なる異常の御身体にも御障りがありはすまいかと案ぜらるゝばかり。御再婚のことなど絶えて耳にも掛けさせられず御楽しみといふも、御慰みと申すも、唯だ仏典の研鑽ばかりです」と柱本氏は語り添えた

「光瑞法主と二楽荘（九）埃及室と毛氈庭」
大阪毎日新聞　大正元年十月二十九日・七面

（本文中に全文を引用）

「光瑞法主と二楽荘（一〇）法主の園芸」
大阪毎日新聞　大正元年十一月一日・四面

法主が研学の余暇に於ける当今唯一の慰藉《いしや》は二楽荘内の園芸である。

而も其園芸材料たる花卉も樹木も、乃至《ないし》果樹も、総て世界的に蒐集せられ、世界的園芸術を学ばうとして居るのが法主式である。

邸内の温室は山頂部に一ツ、二楽荘本館の南に一ツ、そして山麓部に一ツある。山頂部の温室は長さ数十間に亘つたもので、外人の賞美するマクリ、メロンのみを栽培するところ、所謂メロンハウスなるもので、三年以前に温室新築以来次第次第に収穫が増して来年は慥《たしか》に二三百箇を作り上げる覚悟だとか、此メロンは知る人ぞ知る食卓上の珍果で、一個の価二円五六十銭から四五円にも及ぶといふのだが、法主は常に舌鼓を此珍果に打たうといふのではなくて、広く此珍果趣味を日本の家庭に推奨しやうといふ意気込み。

山麓部の温室は内外の葡萄ばかりを栽培するので、今は尚研究中に属するもの中部の温室こそ正しく法主が観賞園芸の欲を満たすべき主要部で東房、中房、西房の三房より成り、東房に高温植物を養ひ、中房より西房に至つて順次に低温となつて居る、

法主の園芸欲は尚此温室いじりを以て満足せず、二楽荘の四壁にも北方の崖にも盛に科学的の技巧を試みやうとして居る、其主なるものは異属の同種植物を合成せしめやうといふので、朝顔と夕顔とを合成せしめた二楽荘独特の珍草が盛に蔓《はびこ》つて居る、

蔓は朝顔よりも太くして針は薔薇の如く葉は夕顔の如くして色深く花は夕顔の如き形にして、朝顔の如き各様の色彩を帯びて居るが、去年出来て、今年を過ぎて、来年も原種に復帰しなければ、爰《こゝ》に法主の新命名をなすべき珍花の発表をする筈だと技師も、柱本氏も気張つて居た、

由来植物の花にある赤色と紫色とを調べて見ると、何の草にも明礬《めうはん》の原素が含まれて居るといふ泰西《たいせい》の新説に基き法主は盛に各種草花の明礬培養を試みて色がはりの花を作つて居るが、オブコユカ（桜草）の紫花と赤花にも既に非常の変化を認めるやうになつた、

のみならず法主独特の工夫に基いた化学的培養によつて両三年後には余程変つた花が出来るだらうと信ぜらて居る、而も二楽荘の園芸は今後其園芸より得べき収入によつて自治的に維持研究を続けやうといふ案を立て既に「二楽荘園芸部」の名によつて其得たる数十万袋の種物《たねもの》を売出したのは寧ろ称讃すべきである、

「今明日の二楽荘」
大阪毎日新聞　大正元年十一月二日・四面

発掘物見学と一日の清遊

▽新山路の秋興

二楽荘を公開すべく山麓の事務所脇より西谷に添ふて新たに開かれたる新道路は山内の茸《たけ》どころと聞えたる雌松山《めまつやま》の茂みを縫ふて、緩勾配に委它《うねり》つゝ、赤松の下枝越しに、摂南の平野と、茅海《ぼうかい》の白帆《しらほ》を眺めながら二楽荘の西隅なる奇形のケオスクを仰ぎ上る快路にして、十町の道程は優に妙齢女子の散策にも適すべく、青年健脚の男子が、更にケーブルカー（当日は運転せず）の軌路を取つて直ちに天王台を踏破するの快に至つては又得易からざるもの

▽下りは風致林

然して二楽荘観覧後、温室及苗床《なへどこ》の平地より南へ下るべき新道路は通称岡本の宮山《みややま》と称する風致林を過《よぎ》るものにして鬱々たる老樹が龍の如く根を交ふるの間を繞りつゝ羊腸して、岡本宮《をかもとぐう》の奥院に入り、夫れより石段または女阪と呼ばるゝ緩路によりて山麓道に出づる面白さもまた正に一日の秋興を縦《ほしいまゝ》にするに足るべし

▽本館内の奇観

二楽荘本館内の各室が法主の設計によりて印度室、アラビヤ室、支那室、英国封建室、同近代室、埃及《エヂプト》室等各国の様式を取れるは連日の記事により読者の知了せらるゝところ、其の奇観を尽せる各国室に配するに橘師が中亜探検によつて得たる数十数万の発掘物を以てしたる今回展観の多趣味なるは今更に呶々《どゞ》を要せざるべきも、更に法主が珍蔵せる各旅行の発掘物をも多数に添加せる壮観は蓋し研学界の異彩として永く謳歌せらるべき物たるを疑はず

▽来観者の注意

されば今回の二楽荘公開の計画一たび発表せらるゝや遠近各地よりの反響は実に予想以上のものあり、今明《こんめう》両日とも恐らくは非常の来観者を以て満たさるべきにつき、来観諸君は切に左の諸項に注意せられんことを企望《きばう》す

▽公開の時間

両日とも山麓受付は午前八時開門、午後三時閉鎖、本館は午後四時閉鎖（但し非常混雑の場合は時間を繰上ぐることあるべし）

▽本社観覧券

入場者は是非とも一人毎に本社観覧券一枚宛《づゝ》を持参する必要あるにつき、十一月一日、二日、三日の三日間本紙欄外に刷込みたる同券を切取り忘れざるやう持参の上山麓受付に示して「案内記」を受取り登山の上、本館入場の節受付に交付せらるべし

▽団体を認めず

団体にて来場あるは固より御随意なるも入場については個人として取扱ふの他なきにより予め了知ありたし

▽小児と老人

十三歳以下の小児は到底登山不可能につき断然入場を謝絶することと既報の如くなるが、足弱《か》の老人にも或は登山不可能なるべきにより見合せらるゝかた可ならんか

▽**優待券とは**

本社優待券を所持せらるゝ向は今回の観覧券を所持せざるも入場差支なきこと既記の通りなるが優待券とは今回の公開につき別に配付したるものにあらず本社一万号の祝賀に際し、本紙五ケ年継続購読者諸君に呈したるものなれば、誤解なきを望む

▽**館前の休憩**

本館前の広場には出来得る限り休息の設備をなせるも、多人数の際遺憾なき能はざるは予め寛恕ありたく、而し同広場にはすし、弁当、絵端書《えはがき》等二楽荘管理の下に販売の準備あり、特に西洋料理はミカドホテル出張して求めに応ずる筈なり

▽**風呂敷の用意**

本館入場の際に於ける下駄及携帯品は総て各自所置せられたく、特に下駄の包みものとして是非とも風呂敷若くはハンカチの用意ありたく、新聞紙等の芥《ちり》になり易きは断じて遠慮せられたし

▽**逆行はならぬ**

山麓よりの上り道にも、本館内巡覧にも、はた新下道《しんくだりみち》にも、断じて逆行することを許さゞるにつき、各自其の積りにて滞らざるやう前進ありたし

▽**鉄道及電車と俥**

二楽荘道として最便利なるは官線鉄道住吉駅より下車するにあれど、阪神電鉄なれば魚崎又は青木よりするを便とす、然し、御影、住吉停留場よりするも宜《さ》し今回警察署にて取定めたる俥賃《くるまちん》は左の如くにつき不当の請求をなすものあらば警官へ御注意ありたし

一、御影住吉両停留場より　廿五銭
（前回に二十銭とあるは誤り）
一、魚崎、青木両停留場より　二十銭
一、官線住吉駅より十八銭
（但し雨天の際は孰《いづ》れも三割増）

「二楽荘公開第二日」
大阪毎日新聞　大正元年十一月四日・九面

和気秋の郊山に満つ＝前日に数倍せる人出

我社計画になる六甲山二楽荘中亜探検発掘物の展観第二日は前日に引続き開催、日曜の旧天長節に搗《かて》て加へて小春日和のぽか〳〵と暖かく空には雨を気遣ふ雲もなくて大阪より僅かに四十分の行程なればソノ人出は殆んど言語に絶したり

▽**六時より押寄す**　二楽荘内における模様に就ては既に前日に記載したれば之を再記せざるがこの日の人出は実に吾社の予期以上にして午前七時開門といふに六時頃早く山麓は人を以て充され開門と共に上り道を登攀《とうはん》するもの引も切らず八時に至つて約《およそ》二千の来場者を数え得たり

▽**利に敏き商人**　利に敏き商人は山麓数町が間といふもの名物二楽荘餅、果物屋を始め雪駄《せった》、草履の類《るい》を売ひさぐ者相続き青木魚崎御影住吉の諸停留場若くは停車場より六甲山麓へかけて数条数岐の道路は午前八九時頃より既に既に陸続として人影相次ぐの大雑沓を見たり

▽**絵巻物の展開**　然《さ》れば山麓より山頂に至るの索道は何分細き一筋道とて肩々相摩《けんくあひま》して身動きもならざりしが歩一歩登るに従つて武庫一帯の大観は眼下に広がり而かも青空《せいくう》一片の雲なうし

て山容水態の絵巻物は遺憾なく展ぜらるゝより老も幼《わかき》も共に登攀の苦を忘れて「好《え》え景色やなア」とばかり松林の蔭楓樹《かげふうじゆ》の下感嘆の声を絶たざりき

▽**入場謝絶の掲示**　時を加ふる毎に群集は倍加して殆んど底止《ていし》する処を知らず従つて山上の混雑は最早極点に達し三四百人宛《づゝ》順次に本館に入らしめんとするに中々にその制止は達せず打見《うちみ》たる処この勢ひを以てせば今終日に及ぶも全部を入館するの不可能なるを認めしより遺憾ながら午後一時を以て一般の入場を謝絶するに決しまづ梅田神戸を始め阪神各沿線に本館を閉鎖し入場を謝絶する旨の掲示をなし且山麓の入場口をも閉鎖したり

▽**当日の入場者**　当日の来場者は殆んど各種の階級を網羅し紳士あり学生あり令嬢あり善男善女あり而して予《かね》て気遣はれし老人老婆も強て勇を鼓して山を登れる者少からざりしが途中混雑の苦痛も忘れて本館に入ると共に貴重にして珍奇なる発掘物を始め見事なる各室の有様に舌を捲き「後が支へますから成だけお早く」と社員が注意するに拘らず中々に動きさうになく館外に出《いで》ては花壇の美しき眺望の広やかなる唯うつとりとなつて須臾《しばし》我を忘れしが実に当日の入場者は二万三千を超えしなり唯山上と本館と斯る予想外の多人数を収容するに難く少からず混雑して来場者諸君に充分の満足を与え得ざりしは吾社の深く遺憾とする処にして切に寛恕を望むと共に御影署がこの大雑沓に対し細心周到なる警戒を与へ以て万一のことなきを得たるは吾社の偏《ひとへ》に深謝する処なり尚ほ当日の山上に於る観覧者の遺失物にして拾得し得たるものは悉く一括して御影分署に託しあれば遺失者は同署に就て問合さるべし

▽**二楽荘公開**　因《ちなみ》に本社計画の二楽荘公開はコレにて終結せるが同二楽荘事務所にては尚一般の縦覧希望者の為引続き公開をなし四日より以後縦覧（入場料五十銭）せしむべしといふ

「二楽荘閉鎖されん」
大阪毎日新聞　大正三年二月二十八日・十一面

光瑞法主本山常住説

本派本願寺の改革問題に関しては種々の意見あるが曩《さき》に各学者耆宿《きしゆく》派より提出したる改革意見は最も妥当なるものにて法主に本山常住を乞ひ且武庫中学を廃して一意法燈に親まれんことを以てしたるは最も機宜《きぎ》に適したるものなると共に法主の本山常住は啻《たゞ》に学者派のみに限らず一山悉くの希望する処なるよりさしも豪宕《ごうとう》なる光瑞法主も終《つひ》に我を折りて本山常住を盟《ちか》はれたると共に来月上旬を以て二楽荘を閉鎖することゝなれりと伝へらる法主が二楽荘を捨てゝ本山に復帰する事は余程の大決心といふべく二楽荘は今後大谷家の別荘として単に夏期の保養所に充てらるべきが斯かる大建築を絶えず閉鎖し置くも惜しむべきなればその内便利なる方法にて従前の通り公衆に公開することゝなるべく又法主が専心経営したる武庫仏教中学も遠からず他に移転さるべしとの説あり因に法主は先月中旬以来本山にありしが漸く右の如く自己の立場を決し得たるものか廿七日午前二楽荘に帰れり

「二楽荘の展覧会」
大阪毎日新聞　大正三年八月二日・三面

二楽荘の各国室に、朝の山気を領しながら、又夕暮の武庫嵐に吹かれながら、三年の苦心を積んで今度漸く届いたといふ珍奇無類の新疆《しんけう》発掘品を悠《ゆる》り〳〵と見物するのは蓋し今夏に於ける上乗の避暑法であらう、開館は午前八時から夜の十時までだといふから納涼《すゞ》みがてらの登攀も面白からう、展覧品の主なものを並べて見ると

▽**土器の部**　では唐時代以後の祭祀用器から日用具に至るまで細大精粗を集めて千載の昔を偲ばせるに足りるが、中でも奉天土器の立派なことは好古家をして垂涎を禁ぜざらしむるものがある

▽**壁画の珍品**　は実に非常な数《すう》に上つて居るが、骨董的たらんよりも寧ろ技術的の参考品として眼を眩《げん》せしむるものが些《すくな》くない。中でも「トロハン」の東方にある「トイコー」といふ旧地から発掘した「諸神が仏を供養する図」は実に稀代の珍品たる物である。いつたい、此の「トイコー」といふ地には千数百年の昔に地下に埋没したる高昌《こうせう》といふ大都会があつて、唐の太宗が彼の楊貴妃を寵《てう》して盛に栄華を貪りつゝあつた全盛時の文華が深く此地にも及びつゝあつたことを覗《うかが》ふに足るべき研究上の好資料が稀に得られる訳で、此処より得たる壁画や鋳銭類《ちうせんるい》は実に天下の珍とすべきもの、其他の壁画も皆天山支脈《てんさんしみやく》の谿間《けいかん》にある洞窟寺院中の珍品ばかりだといふ

▽**発掘の古銭**　類中には支那古銭帳にも嘗て其名をさへ録《ろく》し居らざる「高昌吉利《こうせうきつり》」即ち前記の高昌にて鋳たる金質絶好の古銭や「ウイグル文字の古銭」を始め、日本に幾枚よりなしといはるゝ「大暦通宝」「建中通宝」「貨泉半両《くわせんはんれう》」「五銖《しゆ》」なども随分多数に陳《なら》べてある

塑像と木造品　のなかには唐時代の反古《ほご》を地に入れて土を塗つたやうなものや、土製品ばかりの地方に珍らしき木造の「欄間」などがキルタのやうになつて立派に掘り出されたものなど歴史家を喜ばせるものばかり、赤砂石《せきしやせき》の碑石なども独逸《ドイツ》博物館ヘルボツク博士の陳列して居るのと同品がある

▽**古文字の陳列**　として隋唐六朝を始め支那各朝時代の比較、印度系の梵字《ぼんじ》及変形のカシチー文字、ウイグル文字、摩尼字《まにじ》、西蔵《チベツト》文字等見れば見るほど面白く、天山植物の陳列や旅行具の陳列なんど他の参考品と共に捨て難いものが幾千点、悉く平易な説明を附して子女にも判らせるやうにしてある

「光瑞師外遊後の二楽荘は何うなる」

神戸新聞　大正三年十二月五日・六面

旅館にするとは真赤な嘘

光瑞前法主外遊後の二楽荘処分問題に就ては世間種々の取沙汰伝えられつゝあるが右につき其跡の経営方を任されたと云ふ大阪南区順慶町《じゆんけいまち》天狗楼《てんぐらう》の主人は曰く「二楽荘を全然私に貸与されたと云ふことは大間違いで二楽荘管理者としては神戸の太田弁護士が居られるので私は云はゞ御留守を命ぜられたゞけのことです然しアノ立派な建物をアノ儘遊ばして置くのは惜いものであるから世間を益する程度に於て公衆の利便を図ることは差閊《さしつか》へないと思つてゐるが私がアレを料亭にするの新しく名前を附けるのと云つた様な事は決してしない前法主は私の気質を見込んで預けられたのであるから法主の名を汚すやうな事は決して出来ないのです而《そ》して前法主は二楽荘は私の終生の住居ぢやと云つて居られたから今後二楽荘が処分せられると云うやうな事は特別の事情の発生しない限り有らうとも思はれぬ前法主今回の外遊は来年四月頃を以て帰朝せられる予定だと云ふやうな事も伝へられてゐるが私の聞く処に依れば前法主には今茲《こゝ》に云ふ事を憚るけれども非常な大抱負をもつて出発されたと云ふ

事だから直にお帰りにならうとは思はれぬ若し四月頃に帰られるものなれば何も二楽荘を八釜敷《かまし》く云つてお守《もり》をする程の時日《じじつ》はないではありませんか二楽荘の手入には常に八十名の人が掛つてゐるが今後は経営の点から大に減員するとしても四十人以上を要する先《ま》づ差向《さしむ》き来年一月一日から例の発掘物展覧会が開かれるが前法主は其内に印度の方からも珍しいものを続々送つて遣ると云つて居られたさうです私は公衆の利益になる事ならば何にでも使用し又計画されても大に便利を計らうと思ふが差当つて何等《なんら》の考へも有《も》つて居りませぬ云々《うんく》（大阪電話）

「豪華の二楽荘　今暁・怪火で全焼」
大阪朝日新聞　大正七年十月十九日・二面

六甲山腹で地の利、水の利悪く
消防組も手を束ぬ

阪神沿線六甲山中腹に聳立する赤褐色の殿堂――往年大谷光瑞師が巨財を投じて建築豪華を極めたといはれる二楽荘（現在は久原房之助氏所有）は十八日払暁突如として起つた怪火のため全焼、瞬くうちにいたましい廃墟と化してしまつた

同日午前三時二十分ごろ兵庫県武庫郡本山村地内、二楽荘附近に一道の火柱が立つたのを発見、所轄芦屋署では直に非常招集を行ひ全署員が現場に急行、一方精道《せいどう》、本山、本庄各村消防組合で組織する甲南消防協会全員、隣接町村の御影、魚崎、住吉から応援に繰出した青年団、在郷軍人などで総勢約百名

急勾配　の坂道四町を一気にかけ上り必死の消防につとめたがこの時火はすでに全館に燃えひろがつてゐるうへ山腹のこととて水利悪く、火焔は悪魔の舌の如く乾ききつた建物に物凄く燃えからまり、豪華の極致といはれる東南隅の八角部屋が忽ち恐ろしい火柱を立てゝ燃え落つれば赤く聳えた円塔が土台を焼き尽され大音響をたてゝ猛火の中に崩れ落ち本館も見る〳〵火焔の底に姿を崩すといふ凄壮な光景に駆けつけた消防手らも殆ど手の下しやうなくたゞ燃ゆるにまかせる有様で、コンクリートで固めた十一坪五合の地下室のみを残し、一階百十二坪、二階七十二坪の全館を焼失し十八日午前五時半漸く鎮火した

幸ひ消防組必死の活動と同館を囲む約一千坪の

庭園が　防火帯となつたため山林への類焼は免れた、同荘は今日では全然使用せず殆んど荒廃に委せてあり、テーブル二台、椅子四脚のほか家具も全くなく損害は約五万円の見込みである、なほ保険は久原氏の名義で中央火災傷害保険会社に五万円の契約がある

放火の疑ひ濃厚に
電灯設備なく・火は内部から

二楽荘出火の原因については所轄芦屋署で調査中であるが、同荘には現在電燈設備もなく、昨春の山火事で番人小屋を焼失して以来番人も山麓の二楽荘事務所に起居し毎日一回づつ見廻るだけで全く無人であり、かつ三重硝子《ガラス》の窓と各入口には全部錠《ぜう》がしてあつたのに内部から火が出たといふのであるから漏電説は問題でなく、失火説および自然発火説よりも放火説の方が有力で、同署では番人坂本万太郎氏らを召喚する一方、全刑事を八方に派して慎重裡に調査を開始したが警察当局に集つた放火説の根拠をなす諸点は次の如くである

防火の日的のため外壁は石盤、屋根は石盤スレート造りで外部より火の侵入は不可能△入口、扉各窓は全部錠がかけられてゐたのに火は最初発見当時本館東南隅八角堂内部からふき出してゐた△建物内部には漏電発火物等の憂は全く

ない△現場附近に色あせた中古の藍色ソフト帽子（サイズは六吋半位）が発見された

右の諸点を綜合した結果、現所有主久原房之助に含むところある何ものかゞ深夜硝子窓を打ち破り侵入、放火したか、或は単に内部の所蔵品をねらつて侵入した犯人が放火したものではないかと見られる、これに対し一部の失火説は発火の前日および前々日が二日続きの休日であつたため六甲散策の群《むれ》が二楽荘附近の丘上に腰を下ろしその時の煙草のすひがらか焚火の燃え残りが延焼したものでないか、或はルンペンが館内に巣くつてゐてそれらのものゝ仕業かといはれてゐるが、何れにしても現場に遺棄されてゐた中古ソフトの主が怪火解決の鍵を握るものとして同署では現品を持ち帰り鑑定、八方に捜査の手をのばしてゐる

前日の午後四時頃見廻る

番人、坂本氏談

番人の坂本万太郎さんは語る

半鐘の音に眼をさまし表に飛び出すとこの火事なので無我夢中で駆けつけましたが火の手はすでに全館に延びてゐてどうすることも出来ませんでした、昨春山火事で番小屋が焼けてからは麓に下りて毎日一回づつ見廻りをし、昨日も午後四時ごろ行つて見たときには何の異状もなかつたのに……ほんとにえらいことになつてしまひました

全部自分で設計

光瑞師談

焼失した二楽荘について大谷光瑞師を訪《と》へば

住宅は住む人が設計すべしといふ私の主義から全部私が設計した建物です、建てるまでは楽しみで一年もするとなんの愛着も感じなくなるやうな私の性分として古いことはよく覚えませんが、当時の新しい試みとしては安いのと狂ひがないので解体船のチークを用ひたこと、当時は捨ててゐたスラグウールを防音、鼠害防止に使つたことでせうと語つた

二楽荘関連年譜

年	月・日	事項　［ ］内は出典を示す
明治三十五年（一九〇二）	八・一六	光瑞、イギリスから帰国の途次、渡辺哲信、堀賢雄、本多恵隆、井上弘円を伴い、第一次中央アジア探検に向かう。［鏡如上人年譜］
明治三十六年（一九〇三）	五・五	西本願寺白書院においてインド将来品の一部を展観。［教海一瀾］
	六・―	光瑞、須磨月見山別邸において仏蹟巡拝記編纂所を設ける。［教海一瀾］
明治四十年（一九〇七）	三・―	須磨月見山別邸、宮内省より買い上げられる。［教海一瀾］
	九・一八	岡本山林売却問題の解決。［西摂新報］
明治四十一年（一九〇八）	二・一三	光瑞、別邸（二楽荘）より本山（西本願寺）に帰山。［教海一瀾］
	二・二八	光瑞、別邸建築工事視察。［大阪朝日新聞］
	三・一七	二楽荘起工。［建築工芸叢誌］
	四・二七	西本願寺の新別荘として、大谷家別荘（二楽荘）が新聞記事で紹介される。［大阪朝日新聞］
	六・―	建築中の六甲の大谷家別邸を二楽荘と称することを公表。［教海一瀾］
	六・一六	第二次中央アジア探検隊、橘瑞超・野村栄三郎が北京を出発。［使命記］
	七・一四	光瑞、二楽荘から本山（西本願寺）に帰山。［教海一瀾］
	七・一八	光瑞・妻籌子、二楽荘に静養。［教海一瀾］
	八・一二	二楽荘棟上げ。［建築工芸叢誌］
	八・一八	光瑞、二楽荘に静養。［教海一瀾］

明治四十二年（一九〇九）	九・一一	光瑞、二楽荘から本山（西本願寺）に帰山。インド仏蹟探検の準備（設備食料品・着衣）。［大阪朝日新聞］
	八・二二	伊東忠太、二楽荘視察［伊東忠太フィールドノート］
	九・二〇	二楽荘竣成。［建築工芸叢誌］
	九・二四	光瑞・妻籌子、神戸港よりピーオー会社のオリエンタル号にてインドへ旅行。二楽荘より各員数十名住吉駅にて見送る。［教海一瀾］
明治四十三年（一九一〇）	四・三	木下杢太郎、京都博物館（現在の京都国立博物館）で、大谷探検隊発掘資料の塑像仏頭を実見。［三田文学］
	七・―	二楽荘発生源の害虫騒動。［神戸新聞］
	八・一六	橘瑞超、ロンドンから第三次中央アジア探検に出発。［教海一瀾］
	一一・一五	地方寺院子弟の教育のため別邸二楽荘に校舎を設け、入学志望者を募集する。（中書藤山尊證・橘瑞超・柱本瑞俊）［教海一瀾］
	一二・―	二楽荘で光瑞の昵近を中心に整理中、『善導大師親筆阿弥陀経跋文』確認。［教海一瀾］
明治四十四年（一九一一）	四・一五	初年度（明治四十四年度）徒弟学校入学許可生発表。志願者数三九六名うち給費生志願三三七名（許可生九〇名）・半給費生志願三四名（同二〇名）・自費生志願二五名（同二一名）。［教海一瀾］
	五・五	武庫中学入学式。［教證寺（阿部芳昭）資料］
	五・二八	第三次探検隊吉川小一郎、住吉駅より出発。［教海一瀾］
	八・五	武庫中学認可。［神戸新聞］
	八・一五	明治四十五年度の武庫中学生徒（給費生七〇名、半給費生六〇名、自費生若干名）を募集する。（中書橘瑞超・柱本瑞俊）［教海一瀾］
	一〇・八	徳富蘇峰、武庫中学視察。［国民新聞］
	一一・一五	二楽荘に来訪する者は、通報所に必ず届出、規定を照会後、入荘する旨、通告する。（通報所長堀賢雄・中書柱本瑞俊）［教海一瀾］

	一二・二三	明治四十五年度武庫中学の入学地方試験開始。（東京築地別院）［教海一瀾］
明治四十五年（一九一二）	一・―	神戸商業会議所特別議員、村野山人が武庫中学各級二名計一〇名に対して学資の寄付を申し出、受理される。［教海一瀾］
	一・二三	二楽荘から多田等観、青木文教、藤谷晃道と、チベットからの留学生ツァワ・ティトゥル、その他二名の留学生が、インド、チベット仏蹟調査のため出発。
	一・二八	武庫中学学生検定試験の病気その他事故による事後試験の実施。［教海一瀾］
	一・二九	佐賀駐在通報所員寺崎慈辨、二楽荘駐在。［本山録事］
	二・二三	武庫中学を本山立武庫仏教中学と改称。［本山録事］
	三・一	明治四十五年度の武庫仏教中学生徒の入学許可生発表。志願者数三四六名うち給費生八〇名・半給費生四九名・自費生一三名の一四二名が合格。［教海一瀾］
	三・一	広島第四仏教中学、二楽荘内移転に伴う生徒募集。（願書期限三月三十一日・試験日四月十日）［教海一瀾］
	三・四	二楽荘において清国語研究生の入所試験が実施される。（志願者三五名）［教海一瀾］
	三・一〇	第四仏教中学の二楽荘内移転が告示される。［本山録事］
	三・一五	光瑞、宗祖大師六五〇回御忌正当報恩講（第二期）及び光顔院殿追慕法要準備のため武庫仏教中学生徒数名とともに本山（西本願寺）巡視。［教海一瀾］
	三・一五	二楽荘から写真帖（仮称『二楽荘写真帖』）を発行。［刊記］
	三・二六	宗祖大師六五〇回御忌正当報恩講（第二期）及び光顔院殿追慕法要終了のため、武庫中学生徒帰校。［教海一瀾］
	四・六	第四仏教中学、二楽荘内に移転。［教海一瀾］
	四・一二	教師試補志望者教育のために武庫仏教中学に附属簡易科を設置。［本山録事］
	四・一五	清国語研究所を二楽荘に開設。［本山録事］

	四・二一	真宗大阪婦人会七〇余名、二楽荘拝観。（百円寄付、二楽荘より婦人会へ写真帖一部・同会役員へ絵葉書帖各一冊・少年会員へ絵葉書各一組進呈）［教海一瀾］
	四・二七	徳富蘇峰、二楽荘来訪。［国民新聞］
	五・一五	二楽荘内に清語研究所開校予定。［本山録事］
	六・—	橘瑞超『二楽叢談』（後に二楽叢書と改名）発行を予告。（七月十五日期限）［教海一瀾］
	六・四	第三次探検隊橘瑞超、帰国。（下関着）［教海一瀾］
	六・五	橘瑞超、二楽荘に向かい光瑞に復命後、歓迎宴会が催される。（足利瑞義仏教大学長・原田了哲執行所賛事長・堀賢雄通報所長他三名出席）［教海一瀾］
	六・一四	橘瑞超、仏教大学講堂にて『新疆跋渉談』を講演。［教海一瀾］
	七・一六	橘瑞超、京都市議事堂にて『中亜探検』の講演会を開催。（参加者三千人）［教海一瀾］
大正元年（一九一二）	八・一	武庫中学生徒、横山正英・阿部定円、小笠原諸島へ視察。（京都帝国大学理学部小川琢治団長）［教證寺（阿部芳昭）資料］
	八・一	武庫仏教中学附属簡易科設置に伴う生徒募集。（願書期限三月三十一日・入学試験四月二十日・開校五月十五日、若干名）［教海一瀾］
	八・一	大正二年度、武庫仏教中学生徒募集。（給費生七〇名・半給費生六〇名・自費生若干名）［教海一瀾］
	九・一五	橘瑞超編『二楽叢書』創刊。［刊記］
	一一・一	橘瑞超著『諸訳浄土三部経』刊行の広告。［教海一瀾］
大正二年（一九一三）	一・一〇	『二楽荘月報』創刊。［教海一瀾］
	四・一	『簡易仏教講義録』創刊。［刊記］
	四・三	私立武庫仏教中学開校式。［光徳寺（富樫彰子）資料］
	七・一	『仏教青年』創刊。［刊記］
	七・一	六甲山測候所観測開始。［神戸又新日報］

大正三年（一九一四）	二・二〇	大谷光瑞著『大無量寿経義疏』刊行。［刊記］
	三・二〇	武庫仏教中学第一回卒業式挙行。［蓮光寺（白石宗典）資料］
	四・一五	武庫仏教中学の移転。［教海一瀾］
	五・一	武庫仏教中学附属簡易科生徒募集。（五月三十一日願書期限・六月十日新学期開始）［教海一瀾］
		※武庫仏教中学の住所を京都市西六条猪熊通七条上ルに変更。
	五・一	武庫仏教中学生の進路状況報告。［教海一瀾］
	五・一四	光瑞、管長を引退。［教海一瀾］
	五・一七	武庫仏教中学附属簡易科生徒募集。（五月三十一日願書期限・六月十日新学期開始）［教海一瀾］
	七・一〇	第三次探検隊吉川小一郎、神戸着、二楽荘に復命する。［鏡如上人年譜］
	七・一五	武庫仏教中学附属簡易科生徒募集。（八月三十一日願書期限・九月三日新学期開始）［教海一瀾］
	七・一八	二楽荘の家具・装飾品の競売に伴い下見が行われる。（二十一日まで）［大阪毎日新聞］
	七・二二	二楽荘の家具・装飾品競売される。（第一回）［神戸新聞］
	七・二三	二楽荘の家具・装飾品競売される。（第二回）［大阪毎日新聞］
	七・二五	光瑞、京都から二楽荘含秀居に入る。［大阪毎日新聞］
	八・一	吉川小一郎帰朝に伴う第二回中亜探検発掘資料を二楽荘本館にて公開。［大阪毎日新聞］
	八・五	本山教学課より武庫仏教中学及び簡易科廃止通達。［教海一瀾］
	一一・二七	光瑞、神戸港より阿波丸にて外遊につく。［教海一瀾］
	一一・三〇	第二回中亜探検発掘資料公開の終了。［大阪毎日新聞］
大正四年（一九一五）	二・一	柱本瑞俊、賀茂丸にてインドへ渡る。［神戸又新日報］
	三・一九	武庫仏教中学第二回卒業式挙行。［教海一瀾］
	三・三一	武庫仏教中学廃止。［文部省告示第九三号］

	六・一	光瑞序文、香川黙識編『西域考古図譜』が国華社より刊行。〔刊記〕
	七・五	橘瑞超、二楽荘を出発し神戸港より賀茂丸にて上海に渡航。〔神戸新聞〕
	七・三〇	橘瑞超、普陀より帰り二楽荘に着く。〔神戸新聞〕
	九・―	二楽荘の蔵書数万冊を大連の満鉄図書館に委託。〔教海一瀾〕
	一二・二	二楽荘留守番中の吉川小一郎が、上海本願寺出張所の神田眞證と同荘で打ち合わせ。〔神戸新聞〕
	一二・四	橘瑞超、神戸に帰朝、二楽荘にて吉川小一郎と会合。〔神戸新聞〕
	一二・五	光瑞から二楽荘の売却及び珍宝品の旅順転送の指示下る。〔神戸新聞〕
	一二・一〇	久原房之助、二楽荘を二一万円で買い取り決定。〔神戸新聞〕
大正五年（一九一六）	一・二	二楽荘に残存する発掘物は、朝鮮総督府に寄附することが決定される。〔大阪朝日新聞〕
	一・一七	久原房之助、二楽荘の権利取得。〔登記簿〕
	二・二七	二楽荘の整理中『建中通寶』五点が確認されたことが報道される。〔大阪毎日新聞〕
	四・三〇	二楽荘の発掘品の一部が朝鮮総督府博物館に搬出される。〔京城日報〕
	五・三	二楽荘の発掘品の一部が朝鮮総督府博物館に到着する。〔京城日報〕
	六・一七	関露香『大谷光瑞』が政教社より刊行される。〔刊記〕
	九・一〇	二楽荘の発掘品が朝鮮総督府博物館で一般公開される。〔京城日報〕
大正六年（一九一七）	一一・―	甲南中学校の校舎として、二楽荘を利用する計画が上がる。〔平生釟三郎日記〕
大正七年（一九一八）	八・一九	木下利玄が昭子・郎と二楽荘を見学。〔住吉日記〕
	一二・一一	甲南中学仮校舎として旧武庫仏教中学寄宿舎が移築される。〔同仕様書〕
大正八年（一九一九）	四・二一	旧武庫仏教中学事務所を利用し、甲南中学第一回入学式が挙行される。〔平生釟三郎日記〕

大正九年（一九二〇）	八・五	二楽荘にて修養団が天幕講習会を開催する。（一一日まで）［向上］
昭和六年（一九三一）	三・二〇	六甲山の山火事によって、二楽荘本館南側ベランダ及び武庫仏教中学付属施設の一部を焼失。［神戸新聞］
昭和七年（一九三二）	一〇・一八	二楽荘本館、不審火によって全焼。［神戸又新日報］
昭和十二年（一九三七）	四・一〇	上原芳太郎編『新西域記』有光社より刊行される。［刊記］
昭和十五年（一九四〇）	一・二三	旧武庫仏教中学の生徒、小谷淡雲・末政寂仙らが二楽荘探訪。［大乗］
昭和十七年（一九四二）	—・—	細谷興太郎、二楽荘跡に住む。［聞き取り］
昭和十九年（一九四四）	一二・—	尼崎製鉄株式会社、二楽荘跡地を購入。［登記簿］
昭和四十七年（一九七二）	一・一七	二楽荘跡地、常陸紡績株式会社（阪本紡績株式会社）が権利取得。［登記簿］
昭和四十九年（一九七四）	一・—	旧武庫仏教中学事務所の解体が決定。［甲南広報］
昭和五十四年（一九七九）	—・—	二楽荘跡地、宗教法人の所有に移る。［登記簿］

二楽荘関連主要新聞記事一覧

†は、本文中ないし「参考資料」に全文ないしは一部を掲載

年	月・日	新聞	紙面	見出し
明治四十年（一九〇七）	七・二	中外日報	三面	西本願寺新別荘地
	七・二三	中外日報	二面	新別荘三十万円
	九・四	神戸又新日報	二面	本願寺法主と測候所　†
	九・一八	西摂新報	二面	岡本山林売却問題の解決
明治四十一年（一九〇八）	二・一三	神戸又新日報	一面	大谷法主の道楽　†
	三・三〇	大阪朝日新聞	三面	西本願寺法主
	四・二七	大阪毎日新聞	七面	西本願寺の新別荘
	四・三〇	大阪朝日新聞	九面	西本願寺の新別荘　†
	五・四	神戸新聞	七面	極楽往生請合の男　本願寺法主の帽子を冠る　†
	五・八	大阪毎日新聞	九面	涼風の通う家　†
	五・二二	神戸又新日報	一面	六甲山の新緑（上）
	五・二二	中外商事新報	五面	六甲山上の大建築　†
	五・二三	神戸又新日報	一面	六甲山の新緑（下）
	五・二四	大阪毎日新聞	六面	郊外生活（日曜倶楽部）
明治四十二年（一九〇九）	三・三	神戸新聞	四面	投書欄
	六・六	神戸新聞	一面	記者と世間
	九・七	大阪毎日新聞	九面	大谷武子姫の結婚
	九・八	大阪朝日新聞	二面	大谷伯旅行準備
	九・一一	大阪毎日新聞	七面	印度旅行の途に上らんとする大谷光瑞師
	九・一一	大阪朝日新聞	二面	本願寺の昨今
	九・一二	大阪朝日新聞	二面	武子姫の入輿

二楽荘関連主要新聞記事一覧

年	月・日	新聞	面	記事
	九・一六	大阪朝日新聞	三面	西本願寺法主
	九・二一	大阪毎日新聞	七面	光瑞法主の大演説
	九・二一	大阪朝日新聞	二面	大谷伯の行程
	九・二三	大阪朝日新聞	三面	光瑞法主外遊中止の運動
	九・二四	神戸新聞	一一面	本願寺法主光瑞師の外遊出発
	九・二四	大阪毎日新聞	四面	西本願寺法主出発
	九・二四	大阪朝日新聞	三面	大谷光瑞法主
	九・二五	大阪朝日新聞	三面	光瑞法主出発
	九・二六	大阪朝日新聞	三面	新疆の大発掘
	九・二七	大阪毎日新聞	二面	新疆探検消息
	九・二七	大阪朝日新聞	三面	新疆の大発掘
	九・二八	大阪朝日新聞	七面	新疆の仏蹟探検
	九・二九	大阪毎日新聞	一面	印度視察員派遣　広告
	一〇・五	大阪毎日新聞	一面	印度行（一）
	一〇・一〇	大阪毎日新聞	一面	印度行（二）
	一〇・一七	神戸新聞	二面	光瑞伯旅程
	一〇・二五	大阪毎日新聞	一面	印度行（三）
明治四十三年（一九一〇）	七・一一	神戸新聞	四面	郡部の消息　武庫
明治四十四年（一九一一）	六・四	神戸又新日報	二面	印度仏蹟調査
	八・八	神戸新聞	二面	武庫中学認可
	一〇・五	国民新聞	五面	光瑞法主六甲山上に伊土の戦争を語る
	一〇・一二	国民新聞	二面	六甲山腹の理想郷　†
	一一・一二	国民新聞	三面	本派本願寺と革命乱
	一一・二〇	国民新聞	三面	本派本願寺と革命乱
明治四十五年（一九一二）	四・八	神戸又新日報	七面	テニスコート初会
	五・一	国民新聞	三面	六甲山と茅海　†
	六・五	神戸新聞	二面	橘瑞超師通過

	六・六	神戸新聞	二面	新疆探険談　橘瑞超氏帰る
	六・八	神戸新聞	一面	社説　橘瑞超師
大正元年（一九一二）	一〇・二三	大阪毎日新聞	七面	光瑞法主と二楽荘（一）天王台の大観　†
	一〇・二四	大阪毎日新聞	三面	光瑞法主と二楽荘（二）山麓と中部と山頂と　†
	一〇・二五	大阪毎日新聞	七面	光瑞法主と二楽荘（三）法主設計の船材家屋　†
	一〇・二六	大阪毎日新聞	三面	光瑞法主と二楽荘（四）二楽荘内の各国室　†
	一〇・二七	大阪毎日新聞	四面	光瑞法主と二楽荘（五）支那室と亜刺比亜室　†
	一〇・二八	大阪毎日新聞	三面	光瑞法主と二楽荘（六）英式の封建室と近代室　†
	一〇・二九	大阪毎日新聞	七面	光瑞法主と二楽荘（七）廻廊室の書庫　†
	一〇・三〇	大阪毎日新聞	七面	光瑞法主と二楽荘（八）思出多き印度室　†
	一〇・三一	大阪毎日新聞	九面	中亜探検発掘物観覧規定
	一〇・三一	大阪毎日新聞	七面	光瑞法主と二楽荘（九）埃及室と毛氈庭　†
	一〇・三一	大阪毎日新聞	三面	中亜探検発掘物展観
	一一・一	神戸又新日報	六面	西本願寺六甲二楽荘の公開　広告
	一一・一	大阪毎日新聞	一一面	二楽荘観覧案内　†
	一一・一	大阪毎日新聞	四面	光瑞法主と二楽荘（一〇）法主の園芸　†
	一一・一	大阪毎日新聞	四面	中亜探検発掘物展観規定　†
	一一・二	大阪毎日新聞	四面	今明日の二楽荘　†
	一一・三	神戸又新日報	五面	二楽荘の仏蹟発掘品陳列（上）
	一一・三	大阪毎日新聞	一五面	二楽荘公開第一日　†
	一一・四	神戸又新日報	五面	二楽荘の仏蹟発掘品陳列（中）
	一一・四	大阪毎日新聞	九面	二楽荘公開第二日　†
	一一・六	神戸又新日報	六面	二楽荘の仏蹟発掘品陳列（下）
大正二年（一九一三）	一・二六	神戸又新日報	四面	クラブ化粧品本店主催　二楽荘拝観券無料進呈
	一・二六	神戸又新日報	四面	クラブ化粧品本店主催　二楽荘拝観規定
	一・二七	神戸新聞	六面	クラブ本店主催　二楽荘拝観券進呈
	一・二七	神戸新聞	六面	クラブ化粧品本店主催　二楽荘拝観規定
	一・二七	神戸新聞	一面	五大銅王（二五）久原房之助（二三）

一・二九	神戸又新日報	七面	クラブ本店主催　二楽荘拝観券進呈
一・二九	神戸又新日報	七面	本願寺別荘六甲山の二楽荘　二月一日より三日間公開
一・二九	神戸新聞	四面	クラブ本店主催　二楽荘拝観券進呈
一・二九	神戸新聞	四面	本願寺別墅　六甲山の二楽荘
二・一	神戸新聞	四面	クラブ化粧品本店主催　二楽荘拝観規定
二・一	神戸新聞	四面	本日よりクラブ化粧品本店主催　二楽荘拝観券無料進呈
二・二〇	神戸新聞	七面	岡本の怪しき縊死
七・一五	神戸又新日報	三面	六甲山測候所開始
七・一七	神戸新聞	一面	噴火口上の法主（一）疑問の本体
七・一八	神戸新聞	一面	噴火口上の法主（二）疑問の人物
七・二〇	神戸新聞	一面	噴火口上の法主（三）危険なる偶像
七・二二	神戸新聞	一面	噴火口上の法主（四）偶像の神秘力
七・二四	神戸新聞	一面	噴火口上の法主（五）退化せる天才
七・二五	神戸新聞	一面	噴火口上の法主（六）美妾の子
七・二六	神戸新聞	一面	噴火口上の法主（七）腕白貴公子
七・二七	神戸新聞	一面	噴火口上の法主（八）仏に縁遠き学習院
七・二八	神戸新聞	一面	噴火口上の法主（九）都落ち
七・二九	神戸新聞	一面	噴火口上の法主（一〇）担ぎ倒し
七・三〇	神戸新聞	一一面	二楽荘の賊
八・三	神戸新聞	二面	六甲山測候所の信号
八・九	神戸又新日報	六面	六甲山測候所　†
八・二二	神戸新聞	三面	一市三郡園芸品評会
八・二三	神戸新聞	七面	赤い桃、青い林檎
一一・九	神戸新聞	四面	本願寺什宝入札
一一・九	神戸新聞	七面	武庫の宮居（一）
一一・一〇	神戸新聞	七面	武庫の宮居（二）
一一・一二	神戸新聞	四面	本願寺最後入札
一一・一三	神戸新聞	七面	武庫の宮居（三）

一二・一五	神戸新聞	七面	武庫の宮居（四）
一二・一九	神戸新聞	七面	武庫の宮居（五）
一二・二〇	神戸新聞	七面	武庫の宮居（六）
一二・二一	神戸新聞	七面	武庫の宮居（七）
一二・二三	神戸新聞	七面	武庫の宮居（八）
一二・二四	神戸新聞	七面	武庫の宮居（九）
一二・二八	神戸新聞	七面	武庫の宮居（一〇）

大正三年（一九一四）

一・一	大阪毎日新聞	一八面	新春の参拝所
一・一	大阪毎日新聞	一九面	新春の参拝所
二・二	神戸新聞	七面	問題の人ヘルマン
二・一五	神戸新聞	七面	西本願寺の疑獄
二・一五	大阪毎日新聞	一五面	本派本願寺大疑獄
二・一六	神戸新聞	七面	本願寺の大負債
二・一九	神戸新聞	七面	本願寺の財団
二・二〇	神戸新聞	四面	本願寺の秘密会
二・二一	神戸新聞	七面	本願寺の集会
二・二一	大阪毎日新聞	九面	光瑞法主を退隠せしめよ
二・二五	中外日報	三面	東京学者派の宣言書
二・二八	大阪毎日新聞	一一面	二楽荘閉鎖されん　†
三・二〇	大阪毎日新聞	一五面	二楽荘愈よ閉鎖
五・三	大阪毎日新聞	一一面	囚はれたる光瑞法主（一）昨は二楽荘豪華の人今は錦華殿裏幽囚の身
五・四	大阪毎日新聞	七面	囚はれたる光瑞法主（二）深更一箇の担架六甲山荘より出づ
五・五	大阪毎日新聞	一一面	囚はれたる光瑞法主（三）一夜山荘の奥に主従名残を惜む
五・六	大阪毎日新聞	一一面	囚はれたる光瑞法主（四）迅雷耳を掩ふ中学廃校の命令
五・七	大阪毎日新聞	九面	囚はれたる光瑞法主（五）法主非か重役非か
五・八	大阪毎日新聞	九面	囚はれたる光瑞法主（六）錦華殿裏死せるが如し
五・一二	大阪毎日新聞	一一面	大谷光瑞伯の東上
五・一三	大阪毎日新聞	九面	西本願寺大法主大谷光瑞上人の管長辞任

五・一三	神戸新聞	七面	光瑞法主引退す
五・一五	大阪毎日新聞	一一面	管長辞任認可
五・一五	神戸新聞	七面	噫！法燈の危機　西本願寺問題混沌たり
五・二〇	大阪毎日新聞	一一面	本願寺問題解決す
五・二〇	神戸新聞	六面	敢て真宗四百万信徒諸君の清鑑を仰ぐ（中山太一）
六・二	大阪毎日新聞	九面	光瑞伯隠居許可
七・一	大阪毎日新聞	一一面	本願寺事件予審決定
七・一七	神戸又新日報	六面	二楽荘の什器競売さる
七・一七	大阪朝日新聞	一一面	大谷光瑞氏外遊の噂
七・一八	大阪毎日新聞	九面	光瑞師の二楽荘復帰
七・二一	大阪朝日新聞	九面	二楽荘の運命
七・二二	神戸新聞	七面	二楽荘の什器
七・二三	神戸新聞	七面	運命の廃墟　二楽荘内の競売
七・二三	神戸又新日報	五面	二楽荘の競売
七・二三	大阪朝日新聞	一一面	競買の二楽荘
七・二三	大阪毎日新聞	九面	二楽荘競買
七・二三	大阪毎日新聞	九面	光瑞法主の来荘
七・二四	神戸又新日報	五面	売るゝ什器　二楽荘の競売売上一万五千円
七・二四	大阪毎日新聞	九面	売上僅に四千円
七・二六	大阪毎日新聞	一一面	光瑞師の二楽荘入り
七・三一	大阪朝日新聞	七面	中亜発掘物の展覧
七・三一	大阪毎日新聞	八面	最後の昼夜二楽荘公開（広告）
八・一	大阪朝日新聞	九面	二楽荘の発掘物
八・二	大阪毎日新聞	三面	二楽荘の展覧会　†
一一・二七	神戸新聞	七面	豪僧大谷光瑞師の外遊
一一・二七	大阪毎日新聞	九面	大谷光瑞師の外遊
一一・二八	神戸新聞	七面	遥かに六甲山巓を眺めつつ光瑞師旅程に上る
一一・二八	大阪毎日新聞	九面	光瑞師出発す

一一・二八	神戸又新日報	六面	前法主光瑞師三度印度に仏蹟を探る
一一・二九	大阪毎日新聞	一二面	二楽荘中亜展覧会今明日で閉会（広告）
一一・二九	大阪毎日新聞	一一面	光瑞師渡鮮
一一・二九	大阪朝日新聞	九面	疑問の外遊　二楽荘の末路
一一・三〇	大阪毎日新聞	九面	光瑞師大邱へ向ふ
一二・三	大阪毎日新聞	九面	光瑞師京城着
一二・四	京都日出新聞	一面	大谷光瑞談
一二・五	神戸新聞	六面	光瑞師外遊後の二楽荘は何うなる　†
一二・七	大阪毎日新聞	七面	浪人主義の光瑞師

大正四年（一九一五）

一・七	大阪毎日新聞	九面	光瑞伯印度に向ふ
二・二	神戸又新日報	五面	瑞俊師印度行
四・三	大阪毎日新聞	六面	大谷光瑞伯　今後の態度如何
四・一〇	神戸新聞	六面	光瑞伯還る
四・一三	大阪毎日新聞	九面	光瑞師日本に帰らず　小猿を供として読書す
四・二八	大阪毎日新聞	一面	六甲山麓別荘村（兵庫県附録）
五・七	大阪毎日新聞	九面	光瑞師は何うする
五・一六	神戸又新日報	二面	光瑞師浦港行
五・二八	大阪毎日新聞	一面	阪神十里　悪太郎行脚一八　深江から魚崎（兵庫県附録）
六・二五	大阪毎日新聞	九面	光瑞師普陀落山に向ふ
六・二七	神戸又新日報	五面	蔵経の翻訳にいそしめる光瑞氏
七・六	大阪毎日新聞	九面	光瑞師の内意か　復職問題につき瑞超師は上海へ
七・六	神戸新聞	七面	瑞超師が支那へ　前法主に何事の急用か
七・八	神戸又新日報	五面	光瑞師帰らず
七・八	神戸新聞	七面	瑞超師出発
七・二五	神戸新聞	七面	光瑞師に帰心なし　二楽荘を彼地に移さんとす
七・三一	神戸新聞	六面	光瑞師は復職すまい　普陀より帰りし瑞超師語る
一二・三	大阪毎日新聞	七面	光瑞師の特使　西本願寺に到る

	一二・三	神戸新聞	二面	光瑞師の密使帰る
	一二・四	神戸又新日報	二面	瑞超師帰る
	一二・七	大阪毎日新聞	二面	豪僧光瑞　支那に於ける前法主の生活振り　何等野心なしとは瑞超師の云ふ所
	一二・一〇	神戸新聞	七面	二楽荘売らる　二十一万円にて久原氏へ
	一二・一一	神戸新聞	二面	紛々録　二楽荘の売却
	一二・一四	大阪毎日新聞	七面	光瑞師の否認
	一二・一七	神戸又新日報	三面	光瑞師の消息
大正五年（一九一六）	一・五	大阪毎日新聞	七面	解決せる二楽荘　久原氏の手に移りて維持保管さる
	一・五	大阪朝日新聞	七面	二楽荘は久原家に　信徒として永久保管
	一・六	神戸新聞	一面	龍一　中川源三郎
	一・七	神戸新聞	一面	龍二　中川源三郎
	一・八	神戸新聞	一面	龍三　中川源三郎
	一・九	神戸新聞	一面	龍四　中川源三郎
	一・二四	神戸新聞	七面	露大公関西御遊覧
	二・一七	神戸又新日報	六面	光瑞伯　日本へは帰らぬ
	二・一七	神戸新聞	六面	久々日本に帰らん　大谷光瑞師船中に語る
	二・二七	大阪毎日新聞	七面	古銭の談一
	四・二〇	神戸新聞	二面	印度の消息　大谷光瑞伯の近状
	四・二九	京城日報	一面	西蔵遺物著期
	五・五	京城日報	一面	西蔵遺品到達
	五・七	神戸新聞	七面	光瑞師は死すとも帰らず
	七・一二	神戸新聞	一面	庭園見物三　三万坪の久原房之助邸一
	七・一五	神戸新聞	一面	庭園見物四　三万坪の久原房之助邸二
	七・一六	神戸新聞	一面	庭園見物五　三万坪の久原房之助邸三
	七・一七	神戸新聞	一面	庭園見物六　三万坪の久原房之助邸四
	七・一八	神戸新聞	一面	庭園見物七　三万坪の久原房之助邸五
	八・七	神戸新聞	七面	密偵扱ひの光瑞師
	八・二二	神戸新聞	六面	瑞俊師帰る

大正七年（一九一八）	八・二五	神戸新聞	七面	光瑞師割愛の大鹿　謝恩の為め久原氏庭園へ　†
	九・四	神戸新聞	七面	光瑞師は日本へ帰らず　帰国したる柱本瑞俊師は断言していふ
	九・四	神戸又新日報	七面	光瑞師は今上海に　帰来柱本瑞俊の談
	九・九	京城日報	二面	二千余点の古代芸術品　久原氏寄贈＝総督府博物館に陳列
	一一・二七	神戸新聞	二面	甲南中学　久原、河内諸氏の新計画
大正九年（一九二〇）	八・六	神戸新聞	七面	二楽荘の天幕生活
	八・六	大阪毎日新聞	一面	六甲山上の向上村（兵庫県付録）
	八・六	神戸又新日報	七面	天幕張りの清姿を連れて二楽荘に向上村
昭和六年（一九三一）	三・二一	神戸新聞	七面	六甲の山火事　二楽荘は附属建物の一部焼失
	三・二一	大阪毎日新聞	二面	六甲稀有の大山火事　二楽荘本館一部焼く
	三・二一	大阪毎日新聞	九面	山火事の季節
	三・二一	大阪毎日新聞	七面	千六百町歩を焼き鎮火の見込み立つ
	三・二一	神戸又新日報	二面	六甲の大山火事　火焔猛烈天に冲す　二楽荘附属建物を焼き本館も危険に頻す
	三・二二	神戸又新日報	七面	猛火、山麓を吹き一時は住宅地を脅す
	三・二二	神戸新聞	二面	住吉谷から発火猛火六甲を包む　名建築二楽荘焼く
	三・二三	神戸新聞	七面	六甲連峰の山火終焉す
	三・二三	大阪毎日新聞	九面	山火事を重大視し原因を徹底的に糾明（神戸毎日版）
	三・二三	神戸又新日報	七面	六甲も鎮火
昭和七年（一九三二）	一〇・一八	大阪朝日新聞	号外	二楽荘全焼す　今暁発火、遂に烏有に
	一〇・一九	神戸新聞	二面	光瑞氏豪華のあと　六甲二楽荘焼く　†
	一〇・一九	大阪毎日新聞	二面	二楽荘・怪火で焼く
	一〇・一九	大阪毎日新聞	―	豪奢の二楽荘がむざんの廃墟に（阪神版）
	一〇・一九	大阪朝日新聞	二面	豪華の二楽荘今暁・怪火で全焼　†
	一〇・一九	神戸新聞	五面	原因は全く謎　放火か失火か　二楽荘の灰燼事件
	一〇・一九	神戸又新日報	二面	六甲名物二楽荘　怪火から烏有に
	一〇・一九	神戸又新日報	三面	保険金欲しさに自宅に放火す　二楽荘も此奴と一時色めく

平成三年（一九九一）	一〇・一四	京都新聞	七面	仏教東漸四一（大谷光瑞の足跡⑭）
	一二・三〇	京都新聞	七面	研究ノート　大谷コレクションが語るもの（片山章雄）
平成四年（一九九二）	四・一一	北国新聞	五面	仏教東漸五二
平成十年（一九九八）	五・一三	神戸新聞	一五面	神戸新聞にみる兵庫の文化史　第二部戦前編七　二楽荘炎上
平成十一年（一九九九）	四・一五	朝日新聞	一七面	二〇世紀文化事件簿　大谷光瑞の「二楽荘」炎上
	一〇・一	本願寺新報	七面	特別展モダニズム再考　二楽荘と大谷探検隊
	一〇・九	中外日報	一一面	特別展モダニズム再考　二楽荘と大谷探検隊
	一〇・一九	産経新聞	三三面	「大谷光瑞氏」の足跡
	一〇・二〇	朝日新聞	三三面	大谷探検隊派遣の光瑞別邸二楽荘全ぼうわかる
	一〇・二二	読売新聞（夕刊）	一四面	西域探検・大谷光瑞の別邸二楽荘を模型で復元
	一〇・二三	神戸新聞	二五面	二楽荘の全容紹介
	一〇・二三	THE DAILY YOMIURI	三面	Model aims to bring 100-year-old villa to life
	一〇・二三	読売新聞（夕刊）	一八面	大谷光瑞の「二楽荘」再現　全国版
	一〇・二六	中国新聞	一一面	大谷光瑞の大別邸　二楽荘の資料公開
	一一・六	日本経済新聞	五面	大谷光瑞の別邸二楽荘　近代化先取り阪神間に刺激
	一一・七	神戸新聞	二二面	舞台裏の主役
平成十一年（一九九九）	一一・八	毎日新聞	一面	余録
	一一・一〇	本願寺新報	二面	モダニズム再考　二楽荘と大谷探検隊展によせて（白須淨眞）
	一一・一三	朝日新聞	三三面	岡本「二楽荘」初の本格調査（兵庫版）
	一一・一四	京都新聞	一面	凡語
	一一・二一	産経新聞	一五面	大谷光瑞の二大事業　「二楽荘と大谷探検隊」展
	一一・二一	朝日新聞	二八面	「二楽荘と大谷探検隊」展
	一一・二四	毎日新聞	一六面	「二楽荘」通し大谷光瑞の実像に迫る
	一二・一	神戸新聞	一三面	特別展「二楽荘と大谷探検隊」に見る
	一二・一	築地本願寺新報	一七頁	「二楽荘と大谷探検隊展」について

『教海一瀾』に掲載された主な二楽荘関係記事

冒頭の数字は号数を表す

四二二　六甲御別邸名称　一九〇八・七・四
四二五　猊下の御静養　一九〇八・七・二五
四二九　猊下御静養　一九〇八・八・二二
四六四　猊下海外御渡航　一九〇九・一一・一
四七八　生徒募集　一九一〇・一一・一五
四七九　生徒募集　一九一〇・一二・一
四八〇　生徒募集　一九一〇・一二・一五
四八〇　中央亜細亜第二回探検　一九一〇・一二・一五
四八一　中央亜細亜第二回探検（前号続き）　一九一一・一・一
四八三　中央亜細亜第二回探検（前号続き）　一九一一・二・一
四八八　徒弟学校入学願書提出者ニ告グ　一九一一・四・一五
四九一　新疆探検　一九一一・六・一
四九二　大法主猊下の命を奉じて探検発掘に従事せる橘瑞超師の「カシュガル」より致せし消息　一九一一・六・一五
四九三　大法主猊下の命を奉じて探検発掘に従事せる橘瑞超師の「カシュガル」より致せし消息　一九一一・七・一
四九六　二楽荘武庫中学写真　一九一一・八・一五
四九六　時論　二楽荘武庫中学に就て　斯波随性談　一九一一・八・一五
四九六　生徒募集　一九一一・八・一五
四九七　生徒募集　一九一一・九・一
四九八　生徒募集　一九一一・九・一五
四五〇　生徒募集　一九一一・一〇・一五
五〇一　生徒募集　一九一一・一一・一
五〇二　二楽荘来訪者へ注意　一九一一・一一・一五
五〇二　生徒募集　一九一一・一一・一五
五〇三　生徒募集　一九一一・一二・一
五〇三　二楽荘来訪者へ注意　一九一一・一二・一
五〇四　二楽荘来訪者へ注意　一九一一・一二・一五
五〇五　武庫中学生学資特志寄附　一九一二・一・一
五〇六　武庫中学学生検定試験ニ就テ　一九一二・一・一五
五〇六　二楽荘来訪者へ注意　一九一二・一・一五
五〇七　二楽荘来訪者へ注意　一九一二・二・一
五〇八　二楽荘来訪者へ注意　一九一二・二・一五
五〇九　本年度武庫中学入学志願者調査報告　一九一二・三・一
五〇九　生徒募集広告（第四仏教中学）　一九一二・三・一
五一〇　本年度武庫中学入学志願者調査報告　一九一二・三・一五
五一〇　生徒募集広告（第四仏教中学）　一九一二・三・一五
五一〇　清語研究生入所試験　一九一二・三・一五
五一一　武庫中学生の帰校　一九一二・四・一
五一四　二楽荘拝観　一九一二・五・一二
五一五　橘瑞超氏の帰朝　一九一二・六・一
五一五　橘瑞超氏の帰朝　一九一二・六・一
五一七　講筵　新疆跋渉談　橘瑞超　一九一二・七・一
五一七　橘瑞超師仏蹟探検旅行記　広告　一九一二・七・一

五一七　二楽叢談発行趣意書　一九一二・七・一
五一九　武庫仏教中学依託の簡易科生徒募集広告　一九一二・八・三
五一九　武庫中学生徒募集　一九一二・八・三
五一九　探検講演会　京都市議事堂　一九一二・八・三
五二〇　二楽叢書第一号目録　一九一二・八・一五
五二〇　武庫仏教中学生徒募集　広告　一九一二・八・一五
五二〇　武庫仏教中学依託簡易科生徒募集広告　一九一二・八・一五
五二一　武庫仏教中学生徒募集　広告　一九一二・九・一
五二一　二楽叢書第二号内容　広告　一九一二・九・一
五二一　武庫仏教中学依託簡易科生徒募集広告　一九一二・九・一
五二二　二楽叢書第二号内容　広告　一九一二・九・一五
五二二　武庫仏教中学生徒募集広告　一九一二・九・一五
五二三　二楽荘園芸試験場よりの苗配布広告　千原清　一九一二・一〇・一
五二三　武庫仏教中学生徒募集広告　一九一二・一〇・一
五二三　新刊紹介　二楽叢書第一号　一九一二・一〇・一
五二四　二楽叢書第二号延期広告　一九一二・一〇・一五
五二四　二楽荘園芸試験場よりの苗配布広告　千原清　一九一二・一〇・一五
五二四　武庫仏教中学生徒募集広告　一九一二・一〇・一五
五二五　二楽荘園芸試験場よりの苗配布広告　千原清　一九一二・一一・一
五二五　武庫仏教中学生徒募集広告　一九一二・一一・一
五二五　諸訳浄土三部経・二楽叢書第二号　広告　一九一二・一一・一

五四一　武庫仏教中学依託簡易科生徒募集広告　一九一三・七・一
五四一　簡易仏教講義録批判（第三号）　一九一三・七・一
五四二　武庫仏教中学依託簡易科生徒募集広告　一九一三・七・一五
五四三　簡易仏教講義録第五号刊行案内広告　一九一三・八・一
五四四　武庫仏教中学独立学生総班　夏期遊履伝道　一九一三・八・一五
五四四　二楽荘聖忌法要　一九一三・八・一五
五四四　簡易仏教講義録第五号既刊　一九一三・八・一五
五四五　武庫仏教中学生徒募集　一九一三・九・一
五四五　簡易仏教講義録　第一号再版出来、第六号近日発行　一九一三・九・一
五四六　武庫仏教中学生徒募集　一九一三・九・一五
五四六　武庫仏教中学独立学生総班　夏期遊履伝道　一九一三・九・一五
五四六　二楽荘印刷部　広告　一九一三・九・一五
五四六　転居　脇谷撝謙　一九一三・九・一五
五四六　簡易仏教講義録　第一号再版出来、第六号九月一三日発行　一九一三・九・一五
五四七　簡易仏教講義録　第一号再版出来、第七号一〇月上旬発行　一九一三・一〇・一
五四七　武庫仏教中学生徒募集　広告　一九一三・一〇・一
五四七　二楽荘印刷部　広告　一九一三・一〇・一
五四七　転居　脇谷撝謙　一九一三・一〇・一
五四八　武庫仏教中学の風害状況　一九一三・一〇・一五
五四八　武庫仏教中学生徒募集　広告　一九一三・一〇・一五

五四九　仏教青年の発行　一九一三・一一・一
五四九　仏教青年　広告　一九一三・一一・一
五五〇　武庫仏教中学生徒募集　広告　一九一三・一一・一五
五五一　仏説無量寿経義疏　二巻　二楽荘出版部　広告　一九一三・一二・一
五五一　武庫仏教中学生徒募集　広告　一九一三・一二・一
五五一　簡易科臨時生徒募集　広告　一九一三・一二・一
五五一　仏教青年　広告　一九一三・一二・一
五五二　仏説無量寿経義疏　二巻　二楽荘出版部　広告　一九一三・一二・一五
五五二　武庫仏教中学生徒募集　広告　一九一三・一二・一五
五五二　簡易科臨時生徒募集　広告　一九一三・一二・一五
五五二　印刷中の無量寿経義疏　広告　一九一三・一二・一五
五五二　仏説大無量寿経義疏　上下巻　二楽荘出版部　一九一三・一二・一五

主要参考文献

赤澤日雄『須磨名所独案内』　神戸日報社　一八九二年

上原勇太『訂正増補須磨誌』　新居政七　一八九六年

『山陽鉄道案内』　山陽鉄道株式会社運輸課　一九〇一年

柳瀬筆三『英文挿入須磨案内　附舞子明石』　蝸牛窟　一九〇四年

「西本願寺の新別荘」『建築雑誌』第二五七号　建築学会　一九〇八年

「本願寺の大別荘」『建築雑誌』第二五八号　建築学会　一九〇八年

橘瑞超述・関露香編『中亜探検』　博文館　一九一二年

『兵庫県の園芸』　兵庫県農会　一九一二年

関露香編『印度探検』　博文館　一九一三年

『仏教青年』第一号　武庫仏教中学策進団　一九一三年

『仏教青年』第二号　武庫仏教中学策進団　一九一三年

伊東忠太「二楽荘の建築」『建築工芸叢誌』第二〇冊　建築工芸協会　一九一三年

鵜飼長三郎「二楽荘建築工事概要」『建築工芸叢誌』第二〇冊　建築工芸協会　一九一三年

『仏教青年』第三号　武庫仏教中学策進団　一九一四年

黒田鵬心『古美術行脚』趣味叢書第五篇　趣味叢書発行所　一九一四年

中川源三郎「阪神沿道の気候は日本第一である」『郊外生活』第一巻第五号・第一巻第八号　阪神電気鉄道株式会社　一九一四年

「沿線の紳士」其三『郊外生活』第一巻第五号　阪神電気鉄道株式会社　一九一四年

奥村不染「記憶の断片」『郊外生活』第一巻第五号　阪神電気鉄道株式会社　一九一四年

「香櫨園浜に催されたる第二回関西ダリア大会」『郊外生活』第一巻第七号　阪神電気鉄道株式会社　一九一四年

千原清「マスクメロンの作り方」『郊外生活』第一巻第七号　阪神電気鉄道株式会社　一九一四年

菊池幽芳「六甲より摩耶へ」『郊外生活』第一巻第八号　阪神電気鉄道株式会社　一九一四年

橘瑞超「二楽荘を公開して」『郊外生活』第一巻第八号　阪神電気鉄道株式会社　一九一四年

千原清「秋大根」『郊外生活』第一巻第八号　阪神電気鉄道株式会社　一九一四年

北神貢「マスクメロンの食べ方」『郊外生活』第一巻第八号　阪神電気鉄道株式会社　一九一四年

中安磯次「メロン研究会の成績私見」『郊外生活』第一巻第九号　阪神電気鉄道株式会社　一九一四年

千原清「草苺」『郊外生活』第一巻第九号　阪神電気鉄道株式会社　一九一四年

「二楽荘」発掘物公開広告『郊外生活』第一巻第九号　阪神電気鉄道株式会社　一九一四年

千原清「あぶら虫」『郊外生活』第一巻第一〇号　阪神電気鉄道株式会社　一九一四年

「土曜日の夜の会議」『郊外生活』第一巻第一〇号　阪神電気鉄道株式会社　一九一四年

吉川小一郎「中央亜細亜からのみやげとして」『郊外生活』第一巻第一一号　阪神電気鉄道株式会社　一九一四年
「二楽荘」公開広告『郊外生活』第二巻第二号　阪神電気鉄道株式会社　一九一五年
中川源三郎「居住地としての阪神沿道」『郊外生活』第二巻第三号　阪神電気鉄道株式会社　一九一五年
中川源三郎「電気栽培の話」『郊外生活』第二巻第四号　阪神電気鉄道株式会社　一九一五年
「二楽荘」発掘物公開広告『郊外生活』第二巻第七号　阪神電気鉄道株式会社　一九一五年
徳富猪一郎『両京去留誌』　民友社　一九一五年
中川源三郎「六甲の四八〇高地」『郊外生活』第二巻第八号　阪神電気鉄道株式会社　一九一五年
「二楽荘」広告『郊外生活』第二巻第八号　阪神電気鉄道株式会社　一九一五年
中川源三郎「電気栽培の話」（続き）『郊外生活』第二巻第一〇号　阪神電気鉄道株式会社　一九一五年
源兵衛「売られたる二楽荘」『中央美術』第二巻第三号　一九一六年
関露香『大谷光瑞』　政教社　一九一六年
岡本定吉編『住宅建築写真集成』第参輯（客室と居室　其二）　建築工芸協会　一九一八年
木下利玄『住吉日記』　木下利玄　一九一八年
渡辺虹衣・中井新三郎「二楽荘の名品」『書画骨董掘出物語』　玄文社　一九一九年
好古斎道人『趣味の古銭』　精華堂書店　一九一九年
山崎延吉「二楽荘と講習会」『向上』第一四巻第九号　修養団本部　一九二〇年
蓮沼門三「六甲山裡国士の感激」『向上』第一四巻九号　修養団本部　一九二〇年
武庫郡教育会編『武庫郡誌』　武庫郡教育会　一九二一年
熊澤一衛『青山余影　田中光顕伯小伝』　青山書院　一九二四年
藤木九三『屋上登攀者』　黒百合社　一九二九年
驪城卓爾『箕山遺稿』　驪城芳子　一九二九年
大谷光瑞述・金谷哲麿編『世間非世間』　実業之日本社　一九三一年
上原芳太郎「芦の屋漫筆」五『大乗』第一五巻第七号　大乗社　一九三六年
小谷精明「六甲時代を顧みて」『大乗』第一八巻第七号　大乗社　一九三九年
榎原徹了「策進団史のある一節」『大乗』第一九巻第七号　大乗社　一九四〇年
末政寂仙「二楽荘の趾を尋ねて」『大乗』第二〇巻第一号　大乗社　一九四一年
谷田盛太郎編『住吉村誌』　武庫郡住吉村　一九四四年
榎原徹了「別宴」『光寿』第一巻第一号　瑞門会　一九五一年
和泉慧晃「甲南聴雨記」『瑞門会誌』第一号　瑞門会　一九五二年
藤辺文学「思い出のままに」『瑞門会誌』第二号　瑞門会　一九五二年
荒木即成「病床から」『瑞門会誌』第二号　瑞門会　一九五二年
本山村誌編纂委員会編『本山村誌』　本山村誌編纂委員会　一九五三年
喜代門高英「思い出のままに」『瑞門会誌』第三号　瑞門会

一九五三年
本田里一「消息」『瑞門会誌』第三号　瑞門会　一九五三年
小谷徳水「六甲山」『大乗』第五巻第一〇号　大乗刊行会　一九五四年
藤辺文学「路傍の饗宴」『大乗』第五巻第一〇号　大乗刊行会　一九五四年
小笠原彰眞「官僚を叱る」『大乗』第五巻第一〇号　大乗刊行会　一九五四年
小笠原彰眞「羅先生」『大乗』第五巻第一〇号　大乗刊行会　一九五四年
小笠原彰眞「船と和蘭ガラス」『大乗』第五巻第一〇号　大乗刊行会　一九五四年
龍島祐天「猊下の体温」『大乗』第五巻第一〇号　大乗刊行会　一九五四年
山本晃紹「六甲に思う」『大乗』第五巻第一〇号　大乗刊行会　一九五四年
仁本正恵「天馬空を行く」『大乗』第五巻第一〇号　大乗刊行会　一九五四年
伊藤義賢「光瑞上人追慕記」七『寿光タイムス』第二四号　寿光タイムス社　一九五四年
『鏡如上人年譜』鏡如上人七回忌法要事務所　一九五四年
太田信行「無題」『瑞門会誌』第四号　瑞門会　一九五五年
田ノ倉真賢「六甲時代の回想」『瑞門会誌』第四号　瑞門会　一九五五年
新宅博雄「不世出の偉人　大谷光瑞猊下」『瑞門会誌』第四号　瑞門会　一九五五年
徳富蘇峰「史傳　大谷光瑞師」『大谷光瑞師の生涯』大谷光瑞猊下記念会　一九五六年
榎原徹了「先師会」『瑞門会誌』第五号　瑞門会　一九五七年
榎原徹了「煙霞の痼始まりし歳」『瑞門会誌』第五号　瑞門会　一九五七年
和泉慧晃「十八班の思出」『瑞門会誌』第五号　瑞門会　一九五七年
田ノ倉真賢「会員消息」『瑞門会誌』第五号　瑞門会　一九五七年
坂田元三「特集　先輩の語る甲南生活の思い出　大正十年ごろのころ」『甲南』第五号　甲南編集委員会　一九五九年
志保井利夫「特集　先輩の語る甲南生活の思い出　異国的な二楽荘」『甲南』第五号　甲南編集委員会　一九五九年
伊藤忠兵衛「甲南ノ生イ立チ　創立前夜ノ歩ミ」『甲友』第五号　甲友編集委員会　一九五九年
大関尚之「六甲のあの頃　今もチビやなあのお言葉そのままに」『大乗』第一一巻三号　大乗刊行会　一九六〇年
松尾善英「上人におんぶされた思い出」『大乗』第一一巻三号　大乗刊行会　一九六〇年
榎原徹了「出世本懐」『瑞門会誌』第六号　瑞門会　一九六〇年
伊川法了「無題録　其の頃の思い出」『瑞門会誌』第六号　瑞門会　一九六〇年
和泉慧晃「無題録　其の頃の思い出」『瑞門会誌』第六号　瑞門会　一九六〇年
小谷淡雲「無題録　其の頃の思い出」『瑞門会誌』第六号　瑞門会　一九六〇年
久我通則「無題録　其の頃の思い出」『瑞門会誌』第六号　瑞門会　一九六〇年
毛利松寿「無題録　其の頃の思い出」『瑞門会誌』第六号　瑞

門会　一九六〇年
沼隈秀峰「無題録　其の頃の思い出」『瑞門会誌』第六号　瑞門会　一九六〇年
太田信行「無題録　其の頃の思い出」『瑞門会誌』第六号　瑞門会　一九六〇年
岡西為人「無題録　其の頃の思い出」『瑞門会誌』第六号　瑞門会　一九六〇年
新宅博雄「無題録　其の頃の思い出」『瑞門会誌』第六号　瑞門会　一九六〇年
橘瑞超「無題録　其の頃の思い出」『瑞門会誌』第六号　瑞門会　一九六〇年
山本晃紹「無題録　其の頃の思い出」『瑞門会誌』第六号　瑞門会　一九六〇年
吉田義照「無題録　其の頃の思い出」『瑞門会誌』第六号　瑞門会　一九六〇年
多田等観「無題録　其の頃の思い出」『瑞門会誌』第六号　瑞門会　一九六〇年
小笠原彰眞「無題録　其の頃の思い出」『瑞門会誌』第六号　瑞門会　一九六〇年
田ノ倉真賢「無題録　其の頃の思い出」『瑞門会誌』第六号　瑞門会　一九六〇年
伊藤忠兵衛「甲南ノ生イタチ」『甲南』第六号　甲南編集委員会　一九六〇年
兵庫県印刷組合記念史委員会『兵庫県の印刷史』　兵庫県印刷紙工品工業協同組合・兵庫県印刷工業組合　一九六一年
前田多智馬『波のしぶき』　宮坂印刷所　一九六三年
岡西為人編『大谷光瑞師著作総覧』　瑞門会　一九六四年
本願寺史料研究所『本願寺史』第三巻　浄土真宗本願寺派　一九六九年
村尾喜夫「大正の甲南」『甲窓』第一一号　甲南学園五〇周年記念　甲南学園同窓会・甲南大学同窓会　一九六九年
中島道文「思い出される先生方」『甲窓』第一一号　甲南学園五〇周年記念　甲南学園同窓会・甲南大学同窓会　一九六九年
増田太郎右衛門「創立当時を偲ぶ」『甲窓』第一一号　甲南学園五〇周年記念　甲南学園同窓会・甲南大学同窓会　一九六九年
野田真三郎「甲南の想い出」『甲窓』第一一号　甲南学園五〇周年記念　甲南学園同窓会・甲南大学同窓会　一九六九年
香月慶太「二楽荘下の学園」『甲窓』第一一号　甲南学園五〇周年記念　甲南学園同窓会・甲南大学同窓会　一九六九年
野村正五郎「二楽荘のことなど」『甲窓』第一一号　甲南学園五〇周年記念　甲南学園同窓会・甲南大学同窓会　一九六九年
甲南学園五〇年史出版委員会『甲南学園五〇年史』　甲南学園　一九七〇年
榎原徹了『大谷光瑞上人の宗教哲学』　瑞門会　一九七二年
加藤龍一編『六麓荘四十年史』　芦屋市六麓荘町内会　一九七三年
朝倉斯道「快感・号外の鈴音」『朝倉斯道随想抄』　兵庫県社会福祉協議会　一九七三年
甲南大学調査広報室「旧校舎（元武庫中学校舎）の取り毀しについて」『甲南広報』第二〇号　甲南大学調査広報室　一九七四年
水谷穎介「田園都市　阪神間　住吉・御影・芦屋・岡本・夙川」『都市住宅』第八五号　鹿島出版会　一九七四年

村上次男「明治企業が生んだ甲南学園」『都市住宅』第八五号　鹿島出版会　一九七四年

向上編集部「修養団講習会の源流をさぐる　六甲山に天幕の花咲く」『向上』第七五七号　修養団　一九七五年

田辺眞人『東灘の史跡と木かげ　散歩道ガイド』　東灘区役所　一九七五年

長谷川堯「二楽荘から双生観へいたる阪神オムニバス」『別冊・都市住宅』第六号　一九七六年

伊藤正雄「二楽荘の思ひ出と甲南薫風会」『一点鐘』第三号（甲南学園通信）　甲南学園本部　一九七八年

久永丑次郎「二楽荘回顧」『一点鐘』第三号（甲南学園通信）甲南学園本部　一九七八年

矢野悟道「甲南の森　旧二楽荘跡の植物」『一点鐘』第三号（甲南学園通信）　甲南学園本部　一九七八年

佐賀龍谷学園創立百周年記念誌編集委員会編『ああ龍谷の流れは清く　創立百周年記念誌』　佐賀龍谷学園　一九七八年

日山正次「恩師を偲びて」『大谷光瑞上人生誕百年記念文集』瑞門会　一九七八年

仁本正恵「本願寺の明星」『大谷光瑞上人生誕百年記念文集』瑞門会　一九七八年

木辺宣慈「光瑞伯父様と僕の父」『大谷光瑞上人生誕百年記念文集』　瑞門会　一九七八年

嶋北三晃「六甲山に憶う」『大谷光瑞上人生誕百年記念文集』瑞門会　一九七八年

甲南学園本部「平生日記抄」（一）『一点鐘』第五号（甲南学園通信）　甲南学園本部　一九七九年

田辺眞人『東灘歴史散歩』　東灘区役所　一九八〇年

平安学園『平安学園百年のあゆみ』　平安学園　一九八一年

花山信勝『永遠への道　わが八十年の生涯』　日本工業新聞社　一九八二年

甲南学園本部「平生日記抄」（四）『一点鐘』第一二号（甲南学園通信）　甲南学園本部　一九八二年

伯水正英『報恩生活八十八年　鐘楼堂落慶法要記念』　明泉寺　一九八三年

坂田元三「おかもと今昔」『おかもとさんぽ』第二五号　岡本商店街振興組合　一九八五年

片山章雄「大谷探検隊関係記録拾遺」Ⅰ『季刊東西交渉』第四巻第三号　井草出版　一九八五年

嶋北三晃「六甲山に憶う　大谷光瑞猊下・武庫中学・二楽荘についての思い出」『季刊東西交渉』第四巻第三号　井草出版　一九八五年

片山章雄「大谷探検隊関係記録拾遺」Ⅱ『季刊東西交渉』第四巻第四号　井草出版　一九八五年

弘利真誓『よき人に導かれて』　同朋舎　一九八六年

片山章雄「大谷探検隊関係記録拾遺」Ⅲ『季刊東西交渉』第五巻第一号　井草出版　一九八六年

片山章雄「大谷探検隊関係記録拾遺」Ⅳ『季刊東西交渉』第五巻第二号　井草出版　一九八六年

片山章雄「大谷探検隊関係記録拾遺」Ⅴ『季刊東西交渉』第五巻第四号　井草出版　一九八六年

北陸学園『北陸学園百年史』　北陸学園　一九八七年

米本二郎『伝記久原房之助翁を語る』　株式会社リーブル　一九九一年

片山章雄「本邦無二の珍建築」『太陽』（特集大谷探検隊）六月号　平凡社　一九九一年

龍谷大学三五〇周年記念学術企画出版編集委員会編『仏教東

漸』 思文閣 一九九一年
岡本文化まつり会実行委員会『岡本文化まつり』 岡本財産管理会 一九九二年
白須淨眞『忘れられた明治の探険家 渡辺哲信』 中央公論社 一九九二年
寺田匡宏「大谷光瑞と失われた二楽荘」『都市探険通信』 増刊第二号 一九九二年
猪瀬直樹『唱歌誕生』 文藝春秋 一九九四年
本多隆成『大谷探検隊と本多恵隆』 平凡社 一九九四年
崇徳学園百二十年史編纂委員会編『崇徳学園百二十年史』 学校法人崇徳学園 一九九五年
白須淨眞・篠島善映「大谷探検隊と明治という時代」『季刊せいてん』三四 本願寺出版社 一九九六年
白須淨眞・篠島善映「大谷探検隊と明治という時代」二 『季刊せいてん』三五 本願寺出版社 一九九六年
和田克巳「二楽荘」『絵はがきに見る明治・大正・昭和初期 むかしの神戸』 神戸新聞総合出版センター 一九九七年
和田秀寿「六甲の天王台と評された二楽荘」『阪神間モダニズム』 淡交社 一九九七年
神戸高校一〇〇年史編集委員会編『神戸高校百年史』 兵庫県立神戸高等学校創立百周年記念事業後援会 一九九七年
河北新報社「評伝多田等観——チベット研究にかけた生涯」『河北新報』 河北新報社 一九九七年一月〜一九九七年三月
千葉乗隆・上山大峻・白須淨眞・片山章雄「大谷光瑞師とその時代」①『季刊せいてん』四一 本願寺出版社 一九九七年
小田義久「大谷光瑞師と大谷探検隊について 特に吉川小一郎氏の場合」『東洋史苑』 第五〇・五一合併号 龍谷大学東洋史学研究会 一九九八年
千葉乗隆・上山大峻・白須淨眞・片山章雄「大谷光瑞師とその時代」②『季刊せいてん』四二 本願寺出版社 一九九八年
水野信太郎『日本煉瓦史の研究』 法政大学出版局 一九九九年
芦屋市立美術博物館『モダニズム再考 二楽荘と大谷探検隊』 芦屋市立美術博物館 一九九九年
「本邦無二の珍建築 伝説の二楽荘を再建する」『芸術新潮』 新潮社 二〇〇〇年
『季刊文化遺産』（特集シルクロードと大谷探検隊） （財）島根県並河萬里写真財団 二〇〇一年
廣瀬覺『大谷光瑞と現代日本』 文芸社 二〇〇一年
橘瑞超『使命記 蒙古の部』 橘照嶺 二〇〇一年
片山章雄「一九〇二年八月、大谷探検隊のロンドン出発」『東海大学紀要文学部』 第七五輯 東海大学出版会 二〇〇一年
片山章雄「大谷光瑞の欧州留学」『東海大学紀要文学部』 第七六輯 東海大学出版会 二〇〇二年
片山章雄「資料紹介 大谷光瑞の英文著作」『東海史学』 第三六号 東海大学史学会 二〇〇二年
佐川美術館「旅順博物館 仏教芸術名品展」『絲綢路の至宝』 佐川美術館 二〇〇二年
佐川美術館「西本願寺 仏教伝播の道 踏査一〇〇年展」『絲綢路の至宝』 佐川美術館 二〇〇二年
臺信祐爾「大谷光瑞と西域美術」『日本の美術』 第四三四号 至文堂 二〇〇二年
片山章雄「大谷探検隊の活動と大谷尊重（光明）・渡辺哲信」『東海大学紀要文学部』 第七七輯 東海大学出版会 二〇〇

二年
白須淨眞『大谷探検隊とその時代』勉誠出版　二〇〇二年
東栄蔵『信州異端の近代女性たち』信濃毎日新聞社　二〇〇二年
片山章雄「ヨーロッパの大谷光瑞」『東海大学紀要文学部』第七八輯　東海大学出版会　二〇〇三年
芦屋市立美術博物館『モダニズム再考　二楽荘と大谷探検隊Ⅱ』芦屋市立美術博物館　二〇〇三年
片山章雄編『予曾々英国倫敦に在り』大谷記念館　二〇〇四年
柴田幹夫『大谷光瑞とアジア』勉誠出版　二〇一〇年

図86　英国室中央の展示ケース内の仏画（『西域考古図譜』上巻掲載仏画）
『西域考古図譜』上巻より／片山章雄蔵
図87　「新春の参拝所」（『大阪毎日新聞』大正3年1月1日・18面）
『大阪毎日新聞』大正3年1月1日・18面より
図88　久原房之助
甲南学園広報室提供
図89　久原邸宅図面
『久原房之助邸ゲオルギー・ミハイロヴィッチ大公訪日記念アルバム』（大正5年）より／個人蔵
図90　『甲南学園中学部仮校舎其他建築工事仕様書』添付図面の「甲南学園中学部校舎設計図」
甲南学園広報室提供
図91　『向上』第14巻第9号
修養団蔵
図92　『第七回修養団天幕講習会記念』
修養団蔵
図93　二楽荘本館　大正3年
『歴史写真』大正3年10月号より／光乗寺（岡山昭道）蔵
図94　二楽荘本館前庭の婦人たち　大正期後半
神戸新聞社発行『写真集むかしの神戸』より
図95　甲南学園教員の集合写真　大正期末頃
甲南学園広報室提供
図96　甲南学園生徒の集合写真　大正期末頃
甲南学園広報室提供
図97　二楽荘本館　大正10年
藤原知詮蔵
図98　昭和6年の六甲山の山火事
朝日新聞社提供
図99　焼け落ちる二楽荘本館
朝日新聞社提供
図100　解体される前の武庫仏教中学事務所
甲南学園広報室提供
図101　二楽荘付近採集の煉瓦
個人蔵
図102　二楽荘本館基礎煉瓦の積み方（写真帖M－12より）
『二楽荘写真帖』（明治45年、仮称）より／個人蔵
図103　煉瓦の組積方法
水野信太郎『日本煉瓦史の研究』（平成11年）より
図104　煉瓦の形状と種類
個人蔵
図105　細谷興太郎が描いた地下室の間取り
細谷興太郎作図

「二楽荘私的研究史」

『季刊東西交渉』1985年夏の号表紙と1985年秋の号の関連頁
片山章雄蔵
『季刊東西交渉』1986年秋の号表紙
片山章雄蔵
『建築工芸叢誌』第20冊（大正2年）と『住宅建築写真集成』第3輯（大正7年）
片山章雄蔵

「阪神間モダニズム文化の中の二楽荘」

岡本梅林と西本願寺別邸（明治44年）
御影弥生軒『御影の里』（明治44年）より
見よこの二大邸宅を
『神戸新聞』大正3年2月28日・7面より

「二楽荘と都市計画について――大谷光瑞にとって二楽荘とは何だったのか」

二楽荘本館からやや離れた場所から採取したモルタルと瓦片
大谷記念館蔵
光瑞がロンドン時代から愛用していた銀のスプーンとフォーク、「大連浴日荘」の銘が入った皿など
大谷記念館蔵
光瑞の鉄輪大谷邸　設計図（部分）
大谷記念館蔵
石碑「光瑞上人遷化之処」
掬月誓成撮影

図56－１　達徳会館（旧本館）
芦屋市立美術博物館撮影
図56－２　達徳会館　応接室
芦屋市立美術博物館撮影
図56－３　達徳会館　玄関
芦屋市立美術博物館撮影
図56－４　達徳会館　階段
芦屋市立美術博物館撮影
図56－５　達徳会館　大広間
芦屋市立美術博物館撮影
図57　兵庫県立農事試験場園芸場
『神戸新聞』大正３年７月23日・７面
図58　『郊外生活』
西宮市立郷土資料館蔵
図59　温室の大谷光瑞（左）と関露香
関露香『大谷光瑞』（大正５年）より
図60　温室内部　二楽荘絵はがき
光徳寺（富樫彰子）蔵
図61　『仏教青年』第３号巻頭に掲載された菩提樹などの植物
芦屋市立美術博物館蔵（阿部芳昭寄贈）
図62　二楽荘園芸部の広告　『関西農報』第８号
『関西農報』第８号より／関西大学図書館蔵
図63　二楽荘園芸部の広告　『関西農報』第９号
『関西農報』第９号より／関西大学図書館蔵
図64　二楽荘園芸部の広告　『関西農報』第10号
『関西農報』第10号より／関西大学図書館蔵
図65　「電気栽培の話」（『郊外生活』第２巻第４号）
西宮市立郷土資料館蔵
図66　「マスクメロンの作り方」（『郊外生活』第１巻第７号）
西宮市立郷土資料館蔵
図67　『関西農報』と千原清著『実験メロン栽培法』
関西大学図書館蔵
図68　中川源三郎
『気象百年史』（昭和50年）より
図69　二楽荘印刷部開設の広告
東京大学総合図書館蔵
図70　『二楽荘月報』
個人蔵
図71　『教海一瀾』
龍谷大学大宮図書館蔵
図72　『大無量寿経義疏』上製・並製
芦屋市立美術博物館蔵
図73　『二楽叢談』の発行趣意書
『教海一瀾』第517号（明治45年７月１日）
図74　『二楽叢書』第１号目録の広告
『教海一瀾』第521号（大正元年８月15日）
図75　徳富蘇峰に送られた二楽荘絵はがき
徳富蘇峰記念館塩崎財団蔵
図76　「発掘物絵はかき」袋
芦屋市立美術博物館蔵
図77　「聚遠閣絵はかき」袋
片山章雄蔵
図78　明治35年発行の『万国新地図地理統計表』中の「欧羅巴」（ヨーロッパ）地図
片山章雄蔵
図79　月刊誌 The Anglo-Japanese Gazette, Vol. 1, No. 3, Sept. 1902の冒頭を飾った論文
片山章雄蔵
図80　『京都帝室博物館列品目録』（明治40年）の表紙と関連するページ
片山章雄蔵
図81　『建築工芸叢誌』印度室【図27】の窓脇墨書の拡大画像
『建築工芸叢誌』より／片山章雄蔵
図82　旅順博物館現蔵の「孔目司文書」
『旅順博物館所蔵品展』より／片山章雄蔵
図83　再版写真集『住宅建築写真集成』第参輯（大正７年）英国室写真左の拡大、展示品記載紙片
『住宅建築写真集成』第参輯（大正７年）より／片山章雄蔵
図84　もう一つの展示品記載紙片の調整画像
『住宅建築写真集成』第参輯（大正７年）より／片山章雄蔵
図85　かつて英国室中央展示ケース内にあった旅順博物館現蔵の「阿弥陀浄土変」
『旅順博物館所蔵品展』より／片山章雄蔵

『建築工芸叢誌』（大正２年）より
図23－２　アラビヤ室（『建築工芸叢誌』より）
『建築工芸叢誌』（大正２年）より
図24　二楽荘（聚遠閣）絵はがき　イギリス室
光徳寺（富樫彰子）蔵
図25　英国封建時代室（『建築工芸叢誌』より）
『建築工芸叢誌』（大正２年）より
図26　二楽荘（聚遠閣）絵はがき　印度室
光徳寺（富樫彰子）蔵
図27　印度室（『建築工芸叢誌』より）
『建築工芸叢誌』（大正２年）より
図28　エジプト室（『建築工芸叢誌』より）
『建築工芸叢誌』（大正２年）より
図29　含秀居の近景
関露香『大谷光瑞』（大正５年）より
図30　大谷光瑞から徳富蘇峰宛　絵はがき（二楽荘絵はがき）大正２年８月４日付
徳富蘇峰記念館塩崎財団蔵
図31　井上好太郎が描いたケーブルカーの平面図
個人蔵
図32　二楽荘本館に到着したケーブルカー
照圓寺（森瀬高明）蔵
図33　昨日の二楽荘（「二楽荘公開第一日」『大阪毎日新聞』）
『大阪毎日新聞』大正元年11月３日・15面
図34　山を埋むる大群集（「二楽荘公開第二日」『大阪毎日新聞』）
『大阪毎日新聞』大正元年11月４日・９面
図35　集合写真
仙徳寺（精舎法雄）蔵
図36　「クラブ化粧品本店主催　二楽荘拝観券進呈」（『神戸又新日報』）
『神戸新聞』大正２年１月29日・４面
図37　「クラブ化粧品本店主催　二楽荘拝観券無料進呈、二楽荘拝観規定」（『神戸又新日報』）
『神戸又新日報』大正２年１月26日・４面
図38　『古美術行脚』
個人蔵
図39　大谷光瑞から徳富蘇峰宛封書在中　絵はがき　二楽荘本館夜景（光瑞撮影）　明治44年７月19日付
徳富蘇峰記念館塩崎財団蔵
図40　大谷光瑞から徳富蘇峰宛封書在中　二楽荘全景写真　明治44年７月19日付
徳富蘇峰記念館塩崎財団蔵
図41　武庫中学生一同より徳富蘇峰宛封書在中絵はがき（二楽荘絵はがき）　明治45年５月５日消印
徳富蘇峰記念館塩崎財団蔵
図42　大谷光瑞から徳富蘇峰宛封書在中　絵はがき（二楽荘絵はがき）　明治45年５月25日付
徳富蘇峰記念館塩崎財団蔵
図43　大谷光瑞から徳富蘇峰宛書簡　明治45年６月10日付
徳富蘇峰記念館塩崎財団蔵
図44　第四仏教中学　絵はがき（中尾学長在職10周年記念）
教蓮寺（那須嗣雅）蔵
図45　大谷光瑞より徳富蘇峰宛書簡　大正２年５月８日付
徳富蘇峰記念館塩崎財団蔵
図46　策進書院（二楽荘絵はがき）
光徳寺（富樫彰子）蔵
図47　策進書院教場
光徳寺（富樫彰子）蔵
図48　策進書院２階の一般学生の寝台
光徳寺（富樫彰子）蔵
図49　武庫仏教中学々則
教證寺（阿部芳昭）蔵
図50　数学の試験問題
教證寺（阿部芳昭）蔵
図51　学生（精舎昌美）によるノート
精舎昌美蔵
図52　武庫仏教中学教員一同
光徳寺（富樫彰子）蔵
図53　創立当時の兵庫県豊岡尋常中学校（明治29年）
『豊高60周年記念誌』（昭和31年）より
図54　兵庫県立豊岡中学校　和魂碑・本館　絵はがき
芦屋市立美術博物館蔵
図55　達徳会館　平面図（1/200）
和田秀寿作図

（雄の頭部拡大）
個人蔵
口絵27－２　龍の石造品（雄）
個人蔵
口絵28　龍の石造品（雌）
個人蔵
口絵29　温室側壁に利用された特殊煉瓦
個人蔵
口絵30　『二楽荘写真帖』
個人蔵

「二楽荘史談」

図１－１　石稼業　住吉石本徳三郎
『兵庫県下有馬・武庫・菟原豪商名所独案内の魁』（明治16年）より／個人蔵
図１－２　酒造業　御影細谷仁兵衛
『兵庫県下有馬・武庫・菟原豪商名所独案内の魁』（明治16年）より／個人蔵
図２　須磨を紹介した明治期の書籍
芦屋市立美術博物館蔵
図３　須磨浦療病院全景　絵はがき
神戸新聞総合出版センター（株式会社神戸新聞総合印刷）蔵
図４　須磨浦療病院（一号館）　絵はがき
神戸新聞総合出版センター（株式会社神戸新聞総合印刷）蔵
図５　須磨保養院の建物
個人蔵
図６　須磨花壇門前　絵はがき
神戸新聞総合出版センター（株式会社神戸新聞総合印刷）蔵
図７　住吉川周辺の土地利用（明治44年）
御影（２万分の１）明治43年測図、明治44年製版・発行　大日本陸地測量部より／個人蔵
図８　久原房之助邸（大正５年）
『久原房之助邸ゲオルギー・ミハイロヴィッチ大公訪日記念アルバム』（大正５年）より／個人蔵
図９　明治末から大正期にかけての須磨の別荘地
鴻山俊雄「思い出の記・須磨回想（１）」『日華月報』第229号（野田清之、鴻山俊雄作図）（昭和60年）より／関西大学図書館蔵
図10　明治末頃の西須磨村周辺
仲彦三郎編『西摂大観』（明治44年）より／個人蔵
図11　須磨月見山　絵はがき
芦屋市立美術博物館蔵
図12　月見山別邸　絵はがき「本願寺須磨月見山別邸桃林之景」
仙徳寺（精舎法雄）蔵
図13　月見山別邸　絵はがき「本願寺須磨月見山別邸庭園之全景」
仙徳寺（精舎法雄）蔵
図14　武庫離宮（大正10年）
藤原知詮蔵
図15　武庫離宮の遠景
須磨離宮公園事務所蔵
図16　「六甲の四八〇高地」（『郊外生活』第２巻第８号）
西宮市立郷土資料館蔵
図17　二楽荘本館及び附属施設の配置図（推定）
和田秀寿作図
図18－１　二楽荘本館外景（玄関面）（『建築工芸叢誌』より）
『建築工芸叢誌』（大正２年）より
図18－２　二楽荘本館外景（庭面）（『建築工芸叢誌』より）
『建築工芸叢誌』（大正２年）より
図19－１　二楽荘本館１階平面図（推定）
和田秀寿作図
図19－２　二楽荘本館２階平面図（推定）
和田秀寿作図
図19－３　二楽荘本館地下平面図（推定）
和田秀寿作図
図20　二楽荘（聚遠閣）絵はがき　支那室
光徳寺（富樫彰子）蔵
図21　二楽荘（聚遠閣）絵はがき　アラビヤ室
光徳寺（富樫彰子）蔵
図22　支那室（『建築工芸叢誌』より）
『建築工芸叢誌』（大正２年）より
図23－１　アラビヤ室（『建築工芸叢誌』より）

掲載図版リスト

掲載図版リストは、図版番号、図版キャプション、出典／所蔵（提供）先の順に記した。

口絵

口絵１　大谷光瑞
徳正寺（本多得爾）蔵
口絵２　久原房之助邸から見た二楽荘遠景
『久原房之助邸ゲオルギー・ミハイロヴィッチ大公訪日記念アルバム』（大正５年）より／個人蔵
口絵３　上空から見た二楽荘本館と前庭
朝日新聞社提供
口絵４　兵庫県武庫郡全図
『武庫郡誌』（大正10年）より／個人蔵
口絵５　須磨遊園地新吉野　絵はがき
神戸新聞総合出版センター（株式会社神戸新聞総合印刷）蔵
口絵６　原色版須磨名所　摂州須磨寺遊園地絵はがき
芦屋市立美術博物館蔵
口絵７　武庫離宮　池及谷筋埋築工事平面図
『武庫離宮新築工事録』24 自明治44年至大正３年／宮内庁書陵部蔵
口絵８　武庫離宮　在来建物第４号建物元仕人官舎建物図
『武庫離宮新築工事録』３ 自明治44年至大正３年／宮内庁書陵部蔵
口絵９　武庫離宮　在来建物第１号建物図
『武庫離宮新築工事録』３ 自明治44年至大正３年／宮内庁書陵部蔵
口絵10　「中亜探検発掘物観覧規定」
『大阪毎日新聞』大正元年10月31日・９面より
口絵11　御影名勝　二楽荘及び御影町　絵はがき
神戸新聞総合出版センター（株式会社神戸新聞総合印刷）蔵
口絵12　平福百穂画による二楽荘遠景
『山水随縁記』より／徳富蘇峰記念館塩崎財団蔵
口絵13　平福百穂画による「敦煌の仏画」（二楽荘展示）
『山水随縁記』より／徳富蘇峰記念館塩崎財団蔵
口絵14　武庫仏教中学の校章
照圓寺（森瀬高明）蔵
口絵15　「阪神沿道の気候は日本第一である」
『郊外生活』第１巻第５号より／芦屋市立美術博物館蔵
口絵16　明治期から大正期にかけての園芸関連の雑誌・書籍
芦屋市立美術博物館蔵
口絵17　二楽叢書
龍谷大学大宮図書館蔵
口絵18　簡易仏教講義録
光徳寺（富樫彰子）蔵
口絵19　仏教青年
芦屋市立美術博物館蔵（教證寺・阿部芳昭寄贈）
口絵20　宗義要論
長照寺（長谷是水）蔵
口絵21　蒙古語研究
片山章雄蔵
口絵22　『二楽荘ヱハガキ帖』表紙
細谷興太郎・細谷洋二蔵
口絵23　二楽荘絵はがきのいろいろ
個人蔵
口絵24　二楽荘絵はがきに押されたスタンプ
芦屋市立美術博物館蔵（教蓮寺・那須嗣雅寄贈）
口絵25　「阪神名勝図絵」 赤松麟作画（大正５年）
芦屋市立美術博物館蔵
口絵26　最新兵庫県鳥瞰図（部分）『大阪朝日新聞』 昭和４年11月１日付録
『大阪朝日新聞』昭和４年11月１日付録より／芦屋市立美術博物館蔵
口絵27－１　二楽荘に設置された龍の石造品

ま

や

ら

わ

主要人名索引

人名索引は、主に本文中に登場するものを収録した。敬称は省略した。

あ

か

さ

編著者略歴

和田秀寿（わだ・ひでとし）

一九六一年生まれ。龍谷大学大学院文学研究科修了。芦屋市立美術博物館学芸員、西本願寺を経て、現在龍谷大学龍谷ミュージアム事務部学芸員。専門は近代地域史・日本考古学など。主な編著書・論文に『二楽荘と大谷探検隊』Ⅰ・Ⅱ（芦屋市立美術博物館）「大谷探検隊の一側面——南洋諸島を調査した龍江義信の事績を中心として」（『仏教学研究』）などがある。

著者略歴

入澤崇（いりさわ・たかし）

一九五五年生まれ。龍谷大学大学院文学研究科博士課程（仏教学専攻）修了。現在、龍谷大学文学部仏教学科教授、龍谷ミュージアム館長。専門は仏教文化学。主な著書に『仏教初伝南方之路文物図録』（共著、文物出版社北京）など。

片山章雄（かたやま・あきお）

一九五七年生まれ。上智大学大学院博士後期課程単位取得退学。現在東海大学文学部教授。専門は内陸アジア史、古代民族史料論、近代探検史、出土文物、大谷探検隊、大谷光瑞研究など。主な著書に『予會々英国倫敦に在り——欧亜往還・西本願寺留学生大谷探検隊の一〇〇年』（大谷記念館・編著）など。

掬月誓成（きくづき・せいじょう）

一九五六年生まれ。龍谷大学文学部真宗学専攻卒業。現在、大谷記念館副館長。主な論文に「大谷光瑞師及び大谷探検隊顕彰碑の建立について」（『東洋史苑』）「大谷光瑞と別府」（『大谷光瑞とアジア』勉誠出版）など。

二楽荘史談《にらくそうしだん》

二〇一四年一一月一〇日　初版第一刷印刷
二〇一四年一一月一七日　初版第一刷発行

編著者　和田秀寿
発行者　佐藤今朝夫
発行所　株式会社国書刊行会
〒一七四—〇〇五六　東京都板橋区志村一—一三—一五
電話〇三—五九七〇—七四二一
ファクシミリ〇三—五九七〇—七四二七
http://www.kokusho.co.jp
E-mail：sales@kokusho.co.jp
装幀　D_CODE（垣本正哉＋李　健）
印刷・製本所　三松堂株式会社
ISBN 978-4-336-05830-0